A INCIDÊNCIA E OS CRITÉRIOS DE TERRITORIALIDADE DO IVA

RUI LAIRES

A INCIDÊNCIA E OS CRITÉRIOS DE TERRITORIALIDADE DO IVA

ALMEDINA

A INCIDÊNCIA E OS CRITÉRIOS
DE TERRITORIALIDADE DO IVA

AUTOR
RUI LAIRES

EDITOR
EDIÇÕES ALMEDINA. SA
Av. Fernão Magalhães, n.º 584, 5.º Andar
3000-174 Coimbra
Tel.: 239 851 904
Fax: 239 851 901
www.almedina.net
editora@almedina.net

PRÉ-IMPRESSÃO | IMPRESSÃO | ACABAMENTO
G.C. GRÁFICA DE COIMBRA, LDA.
Palheira – Assafarge
3001-453 Coimbra
producao@graficadecoimbra.pt

Outubro, 2008

DEPÓSITO LEGAL
282111/08

Os dados e as opiniões inseridos na presente publicação
são da exclusiva responsabilidade do(s) seu(s) autor(es).

Toda a reprodução desta obra, por fotocópia ou outro qualquer
processo, sem prévia autorização escrita do Editor, é ilícita
e passível de procedimento judicial contra o infractor.

Biblioteca Nacional de Portugal – Catalogação na Publicação

LAIRES, Rui

A incidência e os critérios de territorialidade
do IVA. – (Monografias)
ISBN 978-972-40-3644-1

CDU 336
     351

*À memória de meu pai, António Campos Laires,
um profundo conhecedor destes assuntos,
entre vários outros saberes.*

PREFÁCIO

O autor dispensa apresentações. Tem obra escrita que demonstra ser uma referência no universo da fiscalidade, num domínio vasto e especialmente complexo como é o do imposto sobre o valor acrescentado.

Tenho o privilégio de conhecer o Dr. Rui Laires há quase duas décadas, de ter trabalhado com ele no então Serviço de Administração do Imposto sobre o Valor Acrescentado e, agora, na Secretaria de Estado dos Assuntos Fiscais e de ser sua amiga. É um interlocutor brilhante, profundo conhecedor das matérias do imposto sobre o valor acrescentado quer a nível interno quer a nível comunitário, com quem partilho desde sempre muitas interrogações sobre este imposto.

Nesta obra de grande fôlego, numa linguagem bastante clara, com a boa escrita e o grande rigor que caracteriza todos os seus trabalhos, vem analisar uma das mais complexas temáticas deste imposto: a "dramática" questão da localização das operações tributáveis, questão esta que consegue desdramatizar de forma bastante acessível. E fá-lo com referência à legislação interna, às normas comunitárias e à jurisprudência do Tribunal de Justiça das Comunidades, no contexto da qual se movimenta com especial perícia.

A obra aborda, na Parte I, aspectos gerais, que nos elucidam sobre as disposições internas e comunitárias que estabelecem os critérios de territorialidade, bem como sobre o respectivo objectivo e natureza. Neste contexto, o autor analisa com especial detalhe as orientações do TJCE sobre a interpretação das regras de localização das operações, matéria esta muito pouco tratada entre nós, procedendo ainda a uma análise da delimitação dos espaços fiscais utilizados para o efeito.

É na Parte II que são analisadas com minúcia as regras de localização das operações, sempre com o adequado cuidado da referência às normas internas e comunitárias (Sexta Directiva e Directiva IVA), tratando separadamente as regras de localização das transmissões de bens, as regras de localização das prestações de serviços, as regras de localização das aquisições intracomunitárias de bens e as regras de localização das importações de bens. Os leitores são alertados para uma série de questões em particular, como, por exemplo, a delimitação cuidada e pormenorizada dos conceitos de transmissão de bens e de prestação de serviços, com referência a aspectos específicos que tantas vezes causam embaraço neste imposto, tais como o conceito de «sede da actividade económica» e de «estabelecimento estável a partir do qual os serviços são prestados», e as relações entre a sede e as sucursais de uma mesma pessoa jurídica, onde são, nomeadamente, abordadas as questões da repartição de custos comuns e do débito de prestações de serviços entre sedes e sucursais.

Especial ênfase para o facto de todas estas matérias serem tratadas sem esquecer, em particular, dos regimes especiais de tributação e das consequências da mais relevante jurisprudência do TJCE.

Na Parte III deste trabalho é analisada, de forma assaz pertinente, a relação existente entre as normas de isenção e a sua complementaridade com as regras de localização das operações.

São ainda abordados, na Parte IV, aspectos fundamentais complementares relativos às regras de localização das operações, como a liquidação e entrega do IVA pelos destinatários das operações, a representação de não residentes sem estabelecimento estável, o reembolso do IVA a entidades não estabelecidas e a questão da localização das operações no continente ou nas regiões autónomas.

Mas o autor vai ainda mais longe, alertando-nos e elucidando-nos quanto a um futuro "próximo", terminando, na Parte V do seu trabalho, com uma explicação sobre as futuras regras de localização das prestações de serviços previstas na Directiva 2008/8/CE, recentemente aprovadas e que, grosso modo, irão a vigorar a partir de 1 de Janeiro de 2010, alterando, de forma significativa, o panorama existente quanto à localização das prestações de serviços em IVA.

Temos, pois, a primeira obra de vulto publicada entre nós sobre a localização das operações em sede de imposto sobre o valor acrescentado.

Estamos todos agradecidos, meio profissional e comunidade académica, por esta obra que, sobretudo, nos elucida de forma clara para problemas do quotidiano deste imposto, deixando-nos, inequivocamente, uma vez mais, especialmente enriquecidos.

Muito obrigada Rui!

Lisboa, 25 de Junho de 2008

Clotilde Celorico Palma

ÍNDICE

Abreviaturas 25

Parte I – Parte Geral

Capítulo I – Aspectos gerais sobre os critérios de territorialidade do IVA 29

1. Introdução 29
2. Disposições que estabelecem os critérios de territorialidade
   2.1. Disposições internas 32
   2.2. Disposições comunitárias..................................... 36
3. Objectivo das normas que contêm os critérios de territorialidade... 38
4. Natureza das normas que contêm os critérios de territorialidade 44

Capítulo II – Orientações do TJCE sobre a interpretação das
regras de localização das operações 49

1. Alusão a um «princípio orientador da Sexta Directiva» 49
2. Interpretação das regras de localização das transmissões
   de bens... 50
3. Interpretação das regras de localização das prestações de
   serviços.. 51
   3.1. Relação entre a regra geral e as regras específicas 51
   3.2. Interpretação da regra geral................................ 52
   3.3. Interpretação das regras específicas 53
       3.3.1. Aspectos em comum 53
       3.3.2. Artigo 45.º da Directiva do IVA 54
       3.3.3. Artigo 52.º, alínea a), da Directiva do IVA 55
           3.3.3.1. Finalidade da norma 55
           3.3.3.2. Conceito de «actividades similares» 55

3.3.4. Artigo 52.º, alínea c), da Directiva do IVA	56
3.3.5. Artigo 56.º, n.º 1, alínea b), da Directiva do IVA	57
3.3.6. Artigo 56.º, n.º 1, alínea c), da Directiva do IVA	58
3.3.6.1. Profissões indicadas na norma	58
3.3.6.2. Conceito de «demais prestações similares»	58
3.4. Serviços de intermediários que actuem em nome próprio	59

Capítulo III – Delimitação dos espaços fiscais referidos nas regras de localização	61
1. Disposições que definem os espaços fiscais relevantes	61
2. Conceito de «território nacional»	62
3. Conceito de «Comunidade» ou «território da Comunidade»	63
4. Conceitos de «país terceiro» e de «território terceiro»	63
5. Equiparações a territórios de Estados membros	65
6. Extensão do conceito de «território de um Estado membro»	66
6.1. Transporte em águas internacionais	66
6.2. Serviços prestados em alto mar	67
6.3. Transporte no mar territorial de um Estado membro	67
6.4. Mar territorial, zona económica exclusiva e plataforma continental	68

Parte II – Regras de localização das operações

Capítulo I – Localização das transmissões de bens	73
A – Regra geral	73
1. Legislação	73
1.1. Código do IVA	73
1.2. Directiva do IVA	73
1.3. Sexta Directiva	74

Índice

2. Aspectos gerais 74
3. Conceito de «transmissão de bens» 76
   3.1. Conceito genérico 76
   3.2. Operações equiparadas a transmissão de bens 77
   3.3. Operações excluídas do conceito de transmissão de bens ... 78
4. Operações constituídas por um conjunto de elementos ou de actos ... 80
5. Transmissões sucessivas no âmbito do comércio intracomunitário ... 82
6. Fornecimento e instalação de um cabo submarino 85
7. Títulos relativos a ouro para investimento 89

B – Transmissões que precedam a importação dos bens 90

1. Legislação 90
   1.1. Código do IVA 90
   1.2. Directiva do IVA 90
   1.3. Sexta Directiva 90
2. Aspectos gerais 91
3. Aplicação do artigo 6.º, n.º 2, do CIVA 91

C – Transmissões a bordo de um meio de transporte com destino a outro Estado membro 93

1. Legislação 93
   1.1. Código do IVA 93
   1.2. Directiva do IVA 93
   1.3. Sexta Directiva 93
2. Aspectos gerais 94
3. Conceito de «transporte intracomunitário de passageiros» 94
4. Conceito de «escala fora da Comunidade» 95

D – Fornecimentos de gás natural e de electricidade 97
1. Legislação 97
   1.1. Código do IVA 97
   1.2. Directiva do IVA 98
   1.3. Sexta Directiva 99
2. Aspectos gerais 100
3. Conceito de «sujeito passivo revendedor de gás ou de electricidade» ... 102

12 A Incidência e os Critérios de Territorialidade do IVA

4. Aplicação das regras relativas aos fornecimentos de gás natural e de electricidade 102

E – Transmissões de bens instalados ou montados noutro Estado membro 104

1. Legislação 104
   1.1. Regime do IVA nas Transacções Intracomunitárias 104
   1.2. Directiva do IVA 104
   1.3. Sexta Directiva 105
2. Aspectos gerais 105
3. Fornecimento e instalação de um cabo submarino (remissão) 106

F – Transmissões intracomunitárias de bens com destino a não sujeitos passivos ou a sujeitos passivos isentos 106

1. Legislação 106
   1.1. Regime do IVA nas Transacções Intracomunitárias 106
   1.2. Directiva do IVA 108
   1.3. Sexta Directiva 110
2. Aspectos gerais 112
   2.1. «Vendas à distância» a partir do território nacional 113
   2.2. «Vendas à distância» a partir de outro Estado membro 115
3. Transacções intracomunitárias de bens sujeitos a IEC 116
4. Exclusão da aplicação das regras das «vendas à distância» ... 118
5. Limiares de tributação das «vendas à distância» 118
6. Efeitos da transposição dos limiares das «vendas à distância» 119

Capítulo II – Localização das prestações de serviços 121

A – Regra geral 121
1. Legislação 121
   1.1. Código do IVA 121
   1.2. Directiva do IVA 121
   1.3. Sexta Directiva 122
2. Aspectos gerais 122
3. Conceito de «prestação de serviços» 123
   3.1. Conceito genérico 123

3.2. Operações equiparadas a prestação de serviços 124
3.3. Operações excluídas do conceito de prestação de serviços 125
4. Operações constituídas por um conjunto de elementos ou de actos (remissão).. 125
5. Conceito de «sede da actividade económica» 125
6. Conceito de «estabelecimento estável a partir do qual os serviços são prestados» 126
7. Relação entre a sede e as sucursais de uma mesma pessoa jurídica 142
   7.1. Repartição de custos comuns 143
   7.2. Débito de prestações de serviços entre sedes e sucursais 147
   7.3. Consequências do acórdão relativo ao caso *FCE Bank* 148
8. Algumas prestações de serviços enquadráveis na regra geral 152
   8.1. Organização de cerimónias fúnebres............................ 152
   8.2. Arbitragem de conflitos 152
   8.3. Recolha, triagem, transporte e eliminação de resíduos 154
   8.4. Restauração hoteleira 157
   8.5. Veterinários 157

B – Serviços relacionados com bens imóveis 160

1. Legislação 160
   1.1. Código do IVA.. 160
   1.2. Directiva do IVA... 161
   1.3. Sexta Directiva 161
2. Aspectos gerais 162
3. Conceito de «bem imóvel»... 163
4. Arquitectos e gabinetes técnicos de fiscalização.................. 163
5. Locação de postos de amarração em docas portuárias......... 164
6. Licenças de pesca.. 164
7. Colocação de telhas, papel estampado e soalho 168
8. Intermediações em nome e por conta de outrem (remissão) 169

C – Trabalhos e peritagens sobre bens móveis corpóreos........... 169

1. Legislação 169

14 *A Incidência e os Critérios de Territorialidade do IVA*

1.1. Código do IVA... 169
1.2. Directiva do IVA... 171
1.3. Sexta Directiva 171
2. Aspectos gerais.. 172
3. Conceito de «trabalhos e peritagens relativos a bens móveis corpóreos» 175
4. Serviços incluídos no conceito 176
    4.1. Montagem de máquinas 176
    4.2. Subcontratação de trabalhos sobre bens móveis corpóreos.. 176
5. Serviços exluídos do conceito 177
    5.1. Recolha, triagem, transporte e eliminação de resíduos 177
    5.2. Cultura de ostras em viveiro............................. 178
6. Aplicação das regras relativas a trabalhos sobre bens móveis corpóreos... 178

D – Prestações de serviços de carácter cultural, artístico, científico, desportivo, recreativo, docente e similares................. 179

1. Legislação 179
    1.1. Código do IVA... 179
    1.2. Directiva do IVA.. 180
    1.3. Sexta Directiva 180
2. Aspectos gerais.. 181
3. Exploração de máquinas de jogos............................... 181
4. Feiras e exposições 186
5. Serviços prestados por intérpretes 189
6. Operações acessórias de manifestações artísticas ou recreativas 190

E – Alguns serviços prestados a sujeitos passivos ou a pessoas residentes fora da Comunidade 192

1. Legislação 192
    1.1. Código do IVA... 192
    1.2. Directiva do IVA.. 194
    1.3. Sexta Directiva 195
2. Aspectos gerais.. 197
3. Natureza do destinatário dos serviços......................... 198
    3.1. Comprovação da qualidade de sujeito passivo 198
    3.2. Entidades excluídas do conceito de sujeito passivo 198

4. Cessão de direitos de autor, *brevets*, licenças, marcas de fabrico e de comércio e outros direitos análogos 200
  4.1. Propriedade intelectual 200
    4.1.1. Código do Direito de Autor e dos Direitos Conexos 200
    4.1.2. Direitos de autor sobre programas informáticos 203
    4.1.3. Direitos de transmissão televisiva 204
  4.2. Propriedade industrial 204
    4.2.1. Código da Propriedade Industrial 204
    4.2.2. Patentes 205
    4.2.3. Cedências de marcas de fabrico 206
5. Serviços de publicidade 207
6. Serviços de consultores, engenheiros, advogados, economistas, contabilistas e de gabinetes de estudo 218
  6.1. Âmbito da categoria 218
  6.2. Profissões liberais 219
  6.3. Serviços de jurisconsultos, advogados e solicitadores 220
  6.4. Programas informáticos 221
    6.4.1. Qualificação das operações relativas a programas informáticos 221
    6.4.2. Direitos de autor sobre programas informáticos (remissão) 222
  6.5. Serviços relativos a pedidos de reembolso do IVA 222
7. Tratamento de dados e fornecimento de informações 222
  7.1. Conceito de «*know-how*» 222
  7.2. Serviços de tradução 223
  7.3. Serviços de interpretação oral (remissão) 224
  7.4. Investigação sobre a existência ou o paradeiro de herdeiros 224
8. Operações bancárias, financeiras e de seguros 224
9. Colocação de pessoal à disposição 226
  9.1. Sujeição a IVA da colocação de pessoal à disposição 226
  9.2. Colocação de pessoal à disposição para prospecção de petróleo 227
10. Locação de bens móveis corpóreos (com excepção de meios de transporte) 228
  10.1. Equipamentos para prospecção de petróleo 228
  10.2. Contentores para transporte de mercadorias 229

16 A Incidência e os Critérios de Territorialidade do IVA

11. Cedência de direitos sobre atletas desportivos 229
12. Cedência de redes de distribuição de gás natural ou de electricidade 230
13. Obrigação de não exercer uma actividade profissional ou um direito 231
14. Intermediações em nome e por conta de outrem (remissão) 231
15. Telecomunicações, radiodifusão, televisão e serviços prestados por via electrónica (remissão) 231

F – Serviços de telecomunicações, radiodifusão, televisão e serviços prestados por via electrónica 232

  1. Legislação 232
    1.1. Código do IVA 232
    1.2. Directiva do IVA 233
    1.3. Sexta Directiva 235
  2. Aspectos gerais 236
  3. Serviços de telecomunicações 238
    3.1. Conceito de «serviços de telecomunicações» 238
    3.2. Aplicação das regras relativas aos serviços de telecomunicações 239
  4. Conceito de «serviços de radiodifusão» 240
  5. Conceito de «serviços de televisão» 241
  6. Serviços prestados por via electrónica 241
    6.1. Lista exemplificativa 241
    6.2. Desenvolvimento do conceito 242
      6.2.1. Inclusões no conceito 242
      6.2.2. Exclusões do conceito 243
    6.3. Regime especial para sujeitos passivos não estabelecidos na Comunidade 245

G – Locação de meios de transporte 249

  1. Legislação 249
    1.1. Código do IVA 249
    1.2. Directiva do IVA 249
    1.3. Sexta Directiva 250
  2. Aspectos gerais 250
  3. Conceito de «meios de transporte» 251
    3.1. Vagões, reboques e semi-reboques 251
    3.2. Iates de recreio (remissão) 252

Índice

4. Locação de veículos utilizados noutro Estado membro 252
5. Locação de iates de recreio 255

H – Prestações de serviços de transporte (excepto transporte
intracomunitário de bens) 257

1. Legislação 257
   1.1. Código do IVA 257
   1.2. Directiva do IVA 257
   1.3. Sexta Directiva 258
2. Aspectos gerais 258
3. Transporte nas águas internacionais 259
4. Repartição do valor tributável 262

I – Serviços acessórios do transporte (excepto do transporte
intracomunitário de bens) 264

1. Legislação 264
   1.1. Código do IVA 264
   1.2. Directiva do IVA 264
   1.3. Sexta Directiva 265
2. Aspectos gerais 265
3. Conceito de «serviços acessórios de um transporte» 265

J – Transporte intracomunitário de bens 266

1. Legislação 266
   1.1. Código do IVA 266
   1.2. Directiva do IVA 267
   1.3. Sexta Directiva 267
2. Aspectos gerais 267
3. Conceito de «transporte intracomunitário de bens» 268
4. Equiparação a transporte intracomunitário de bens 269
5. Transporte intracomunitário de bens em águas não territoriais 269
6. Aplicação das regras relativas ao transporte intracomunitário de bens 270

L – Serviços acessórios do transporte intracomunitário de bens 272

1. Legislação 272
   1.1. Código do IVA 272

18   *A Incidência e os Critérios de Territorialidade do IVA*

1.2. Directiva do IVA 272
1.3. Sexta Directiva 273
2. Aspectos gerais 273
3. Conceito de «serviços acessórios de um transporte» 274

M – Intermediários actuando em nome e por conta de outrem 274

1. Legislação 274
    1.1. Código do IVA 274
    1.2. Directiva do IVA 277
    1.3. Sexta Directiva 278
2. Aspectos gerais 280
    2.1. Intermediação em operações relacionadas com bens imóveis 280
    2.2. Intermediação em serviços indicados no artigo 6.°, n.° 8, do CIVA 283
    2.3. Intermediação no transporte intracomunitário de bens e em serviços acessórios 283
    2.4. Intermediação em outras operações 284
3. Aplicação das regras relativas à intermediação em nome e por conta de outrem 286
4. Intermediações por conta do prestador ou por conta do destinatário da operação principal 288
5. Intermediação em operação intracomunitária entre dois particulares 289

N – Serviços de agências de viagens 293

1. Legislação 293
    1.1. Decreto-Lei n.° 221/85, de 3 de Julho 293
    1.2. Directiva do IVA 293
    1.3. Sexta Directiva 294
2. Aspectos gerais 294

Capítulo III – Localização das aquisições intracomunitárias de bens 297

A – Regra geral 297
1. Legislação 297
    1.1. Regime do IVA nas Transacções Intracomunitárias 297

1.2.	Directiva do IVA	297
1.3.	Sexta Directiva	298
2. Aspectos gerais		298
3. Aquisições intracomunitárias de bens sujeitas a IVA		299
3.1.	Conceito genérico de «aquisição intracomunitária de bens»	299
3.2.	Âmbito de incidência das aquisições intracomunitárias de bens	299
3.3.	Operações assimiladas a aquisições intracomunitárias de bens	300
3.4.	Exclusões do regime de sujeição a IVA das aquisições intracomunitárias de bens	301
4. Transmissões sucessivas com expedição ou transporte para outro Estado membro		303
5. Procedimento em caso de liquidação indevida do IVA		304

B – Cláusula de salvaguarda e «operações triangulares» 305

1. Legislação		305
1.1.	Regime do IVA nas Transacções Intracomunitárias	305
1.2.	Directiva do IVA	305
1.3.	Sexta Directiva	306
2. Aspectos gerais		307

C – Meios de transporte novos 309

1. Legislação		309
1.1.	Regime do IVA nas Transacções Intracomunitárias	309
1.2.	Directiva do IVA	309
1.3.	Sexta Directiva	310
2. Aspectos gerais		310
3. Conceito de «meios de transporte novos»		311
4. Não aplicação do regime especial dos bens em segunda mão		312

Capítulo IV – O elemento territorial do conceito de importação de bens 313

1. Legislação		313
1.1.	Código do IVA	313

1.2.	Directiva do IVA	313
1.3.	Sexta Directiva	314

2. Aspectos gerais 315
3. Conceito de «livre prática» 316
4. Território aduaneiro da Comunidade 317
5. Territórios terceiros para efeitos fiscais 319
6. Importações ilícitas 320
   6.1. Importações ilícitas abrangidas pela incidência do IVA 320
   6.2. Importações ilícitas não abrangidas pela incidência do IVA 321
7. Saída de bens do regime de trânsito comunitário externo 321
8. Bens em regime de importação temporária 322

Parte III – As normas de isenção e a sua complementaridade com as regras de localização das operações

Capítulo I – Relação entre as regras de localização e as normas de isenção 327

Capítulo II – Disposições que estabelecem as isenções do IVA 329

1. Isenções nas operações internas 329
   1.1. Legislação aplicável 329
   1.2. Actividades ou operações internas isentas 330
2. Transmissões intracomunitárias de bens e serviços conexos 332
3. Exportações, operações equiparadas a exportação e transportes internacionais 335
4. Aquisições intracomunitárias de bens 336
5. Importações de bens e serviços conexos 337
   5.1. Isenções previstas no CIVA 337
   5.2. Isenções previstas em legislação complementar 338
6. Isenções especiais relacionadas com o tráfego internacional de mercadorias 340
7. Operações relacionadas com ouro para investimento 341
8. Dedução do IVA relacionado com operações isentas 341
   8.1. Isenções «simples» ou «incompletas» 341
   8.2. Isenções «completas» ou «operações à taxa zero» 342

Índice 21

Capítulo III – Comprovação do direito à isenção nas operações internacionais 343

1. Transmissões intracomunitárias de bens........................ 343
2. Exportações de bens e operações assimiladas a exportação 348

Parte IV – Aspectos complementares relativos às regras de localização das operações

Capítulo I – Liquidação e entrega do IVA pelos destinatários das operações... 353

1. Introdução 353
2. Operações praticadas por entidades não estabelecidas.......... 353
   2.1. Legislação aplicável... 353
   2.2. Artigo 2.º, n.º 1, alínea a), segundo parágrafo, do CIVA 355
   2.3. Artigo 2.º, n.º 1, alínea e), do CIVA..................... 356
   2.4. Artigo 2.º, n.º 1, alínea f), do CIVA..................... 357
   2.5. Artigo 2.º, n.º 1, alínea g), do CIVA 358
   2.6. Artigo 2.º, n.º 1, alínea h), do CIVA 360
3. Apuramento e entrega do IVA pelos destinatários das operações 361
   3.1. Sujeitos passivos que realizem operações que conferem direito à dedução do IVA 361
   3.2. Sujeitos passivos que apenas realizem operações que não conferem direito à dedução do IVA 362
   3.3. Formalidades para a dedução do IVA devido pelos destinatários das operações 363

Capítulo II – Representação de não residentes sem estabelecimento estável 365

Capítulo III – Reembolso do IVA a entidades não estabelecidas..... 367

1. Legislação aplicável 367
2. Procedimentos em matéria de reembolso do IVA 373

22   *A Incidência e os Critérios de Territorialidade do IVA*

3. Reembolso a sujeitos passivos estabelecidos noutros Estados membros 375

    3.1. Sujeitos passivos isentos 375

    3.2. Sujeitos passivos «mistos» 376

    3.3. Carácter probatório do certificado de sujeito passivo 378

    3.4. Facturas comprovativas do direito ao reembolso 382

    3.5. Reembolso de IVA indevidamente liquidado 384

    3.6. Prazo para proceder ao reembolso 388

    3.7. Juros pelo atraso no pagamento do reembolso 389

    3.8. Reembolso a empresas que exerçam actividades de tratamento de resíduos 390

4. Reembolso a empresas ou profissionais livres não estabelecidos na Comunidade 391

    4.1. Conceito de «sede da actividade económica» 391

    4.2. «Cláusula da nação mais favorecida» prevista no GATS 391

Capítulo IV – Localização das operações no continente ou nas regiões autónomas 395

1. Interesse da distinção 395

2. Critérios definidos no Decreto-Lei n.º 347/85, de 23 de Agosto 397

3. Alguns casos particulares 398

    3.1. Serviços relacionados com imóveis 398

    3.2. Trabalhos sobre bens móveis corpóreos 398

    3.3. Bens objecto de instalação ou montagem 399

    3.4. Serviços previstos no artigo 6.º, n.º 8, do CIVA 399

Parte V – As futuras regras de localização das prestações de serviços previstas na Directiva 2008/8/CE

Capítulo I – Introdução 403

Capítulo II – Regras a vigorar a partir de 1 de Janeiro de 2010 405

1. Localização dos serviços prestados a sujeitos passivos 405

    1.1. Regra geral 405

1.2.	Serviços relacionados com bens imóveis	406
1.3.	Transporte de passageiros	406
1.4.	Serviços culturais, artísticos, desportivos, científicos, educativos, recreativos e similares	407
1.5.	Serviços de restauração e de *catering*	407
1.6.	Locação de «curta duração» de meios de transporte	408
1.7.	Serviços de restauração ou de *catering* prestados a bordo de meios de transporte	408

2. Localização dos serviços prestados a não sujeitos passivos 409

2.1.	Regra geral	409
2.2.	Intermediações em nome e por conta de outrem	410
2.3.	Serviços relacionados com bens imóveis	410
2.4.	Transporte de passageiros	410
2.5.	Transporte de bens	411
2.6.	Serviços culturais, artísticos, desportivos, científicos, educativos, recreativos e similares	411
2.7.	Serviços acessórios dos transportes	412
2.8.	Peritagens e trabalhos relativos a bens móveis	412
2.9.	Serviços de restauração e de *catering*	412
2.10.	Locação de «curta duração» de meios de transporte	413
2.11.	Serviços de restauração ou de *catering* prestados a bordo de meios de transporte	412
2.12.	Serviços por via electrónica prestados por sujeitos passivos não estabelecidos na Comunidade	414
2.13.	Diversos serviços prestados a não residentes na Comunidade	415

3. Prevenção da dupla tributação e da não tributação 416
4. Mapa recapitulativo dos serviços prestados 417

Capítulo III – Regras a vigorar a partir de 1 de Janeiro de 2011 419

1. Serviços culturais, artísticos, desportivos, científicos, educativos, recreativos e similares prestados a sujeitos passivos 419
2. Localização dos serviços prestados a não sujeitos passivos 419

24 *A Incidência e os Critérios de Territorialidade do IVA*

Capítulo IV – Regras a vigorar a partir de 1 de Janeiro de
2013 421

1. Localização dos serviços prestados a sujeitos passivos 421
2. Locação de meios de transporte a não sujeitos passivos 421

Capítulo V – Regras a vigorar a partir de 1 de Janeiro de
2015 423

1. Localização dos serviços prestados a sujeitos passivos 423
2. Serviços de telecomunicações, radiodifusão, televisão ou
   por via electrónica prestados a não sujeitos passivos 423
3. Prevenção da dupla tributação e da não tributação 424

Capítulo VI – Sistema simplificado de cumprimento de obrigações por via electrónica 425

ABREVIATURAS

AD – Acórdãos Doutrinais do Supremo Tribunal Administrativo
CAC – Código Aduaneiro Comunitário
CDADC – Código do Direito de Autor e dos Direitos Conexos
CEF – Centro de Estudos Fiscais
CIVA – Código do Imposto sobre o Valor Acrescentado
Colect. – Colectânea de Jurisprudência do Tribunal de Justiça das Comunidades Europeias
CE – Comunidade Europeia
CEE – Comunidade Económica Europeia
CPI – Código da Propriedade Industrial
DG – Director-Geral dos Impostos
DGAIEC – Direcção-Geral das Alfândegas e dos Impostos Especiais sobre o Consumo
DGCI – Direcção-Geral dos Impostos
D.R. – Diário da República
DSCA – Direcção de Serviços de Concepção e Administração, do ex-Serviço de Administração do IVA
DSIVA – Direcção de Serviços do IVA
ECR – *European Court Reports*
IEC – Impostos Especiais sobre o Consumo
IVA – Imposto sobre o Valor Acrescentado
JOCE – Jornal Oficial das Comunidades Europeias
OCDE – Organização para a Cooperação e Desenvolvimento Económico
Réc. – *Récueil de la Jurisprudence de la Cour de Justice de la Communauté Européenne*
RITI – Regime do IVA nas Transacções Intracomunitárias
SDG – Subdirector-Geral dos Impostos
SIVA – Serviço de Administração do IVA
STA – Supremo Tribunal Administrativo

TCAS – Tribunal Central Administrativo (Sul)
TCE – Tratado que institui a Comunidade Europeia
TJCE – Tribunal de Justiça das Comunidades Europeias
VIES – *VAT Information Exchange System*

PARTE I

PARTE GERAL

CAPÍTULO I

ASPECTOS GERAIS SOBRE OS CRITÉRIOS DE TERRITORIALIDADE DO IVA

1. INTRODUÇÃO

Entre os aspectos ligados à incidência do imposto sobre o valor acrescentado (IVA) cujo estudo revela particular interesse e apresenta maior complexidade, conta-se o problema da determinação do lugar em que as operações previstas na incidência do imposto se consideram efectuadas. Um dos elementos integrantes da definição das operações tributáveis no domínio do IVA consiste no requisito de que os factos tributários tenham lugar no território do país. As transmissões de bens, as prestações de serviços, as aquisições intracomunitárias de bens e as importações de bens só se encontram sujeitas a IVA em Portugal na medida em que sejam de considerar efectuadas no território nacional.

Com efeito, logo na alínea a) do n.º 1 do artigo 1.º do Código do IVA (CIVA), se declara pretender submeter a tributação as transmissões de bens e as prestações de serviços efectuadas no território nacional. Também no caso das aquisições intracomunitárias de bens, estabelece a alínea a) do artigo 1.º do Regime do IVA nas Transacções Intracomunitárias (RITI) que tais aquisições estão sujeitas a IVA quando efectuadas no território nacional. Do mesmo modo, o facto tributário "importação de bens" implica a entrada de bens no território nacional com proveniência de um país ou território terceiro, de harmonia com o conceito genérico delineado no n.º 1 do artigo 5.º do CIVA.[1]

---

[1] O CIVA e o RITI foram objecto de uma republicação levada a cabo através do Decreto-Lei n.º 102/2008, de 20 de Junho, na sequência de alterações de carácter formal estabelecidas no mesmo diploma, no sentido de uma adequada adaptação do articulado às actuais regras de legística, bem como de uma actualização de certas remissões ou referências dele constantes. A republicação, entrada em vigor a 25 de Junho de 2008, deu também novo

30   *A Incidência e os Critérios de Territorialidade do IVA*

Afigura-se adequado, portanto, afirmar que a legislação portuguesa define as categorias de operações tributáveis em IVA recorrendo a um elemento de carácter espacial, consistindo este na localização no território nacional dessas operações. Tal condição, para que possa haver lugar à tributação de uma dada operação económica em sede do IVA português, decorre das regras relativas ao sistema comum deste imposto vigente em todos os Estados membros da Comunidade Europeia. Durante um longo período, essas regras constaram da Directiva 77/388/CEE, do Conselho, de 17 de Maio de 1977, e suas subsequentes alterações, integrando actualmente a Directiva 2006/112/CE, do Conselho, de 28 de Novembro de 2006.[2]

Quando uma dada transmissão de bens, prestação de serviços, aquisição intracomunitária de bens ou importação de bens for, nos termos das disposições pertinentes sobre a matéria, de considerar efectuada em território nacional, essa operação encontra-se abrangida pelo âmbito de incidência do IVA português, considerando-se sujeita a imposto em Portugal, isto sem prejuízo de uma eventual norma de isenção que, num segundo momento, porventura lhe seja aplicável. Ao invés, se uma dada transmissão de bens, prestação de serviços, aquisição intracomunitária de bens ou importação de bens não for considerada efectuada no território nacional, a mesma não se encontra abrangida pelo âmbito de incidência do IVA português, não podendo a mesma, portanto, ser submetida a IVA em Portugal.

Todavia, determinar se uma operação se deve considerar ou não realizada em Portugal, para efeitos da sua sujeição ao IVA, não resulta de uma mera constatação de carácter empírico ou da simples aplicação de um conceito que se explique por si próprio. Desse modo, uma não indicação dos critérios que permitissem apurar se uma dada operação se considera efectuada no território nacional levaria a que o intérprete ou aplicador da lei, em múltiplas ocasiões, se defrontasse com insuperáveis dúvidas sobre se o requisito de ordem territorial integrante da alínea a) do n.º 1 do artigo 1.º do CIVA se mostraria verificado.

---

número a algumas disposições do CIVA e do RITI, tendo a nova numeração sido já adoptada na presente obra. Sempre que se transcrevem excertos de textos anteriores à republicação, procurou-se, na medida do possível, indicar em nota de rodapé a correspondência com o articulado actualmente em vigor. Note-se que o Decreto-Lei n.º 102/2008 foi objecto da Declaração de Rectificação n.º 44-A/2008, publicada no D.R. n.º 156, Série I, de 13 de Agosto de 2008.

[2] Objecto de uma rectificação publicada no JOCE L 335, de 20 de Dezembro de 2007.

Capítulo I – Aspectos Gerais sobre os Critérios de Territorialidade do IVA   31

A título de exemplo, admita-se a transacção de uma mercadoria armazenada em Espanha, mas cujo contrato de compra e venda tivesse sido celebrado em Portugal. Só por estas circunstâncias, poder-se-ia de imediato pensar que a transmissão dos bens se consideraria efectuada em Portugal, uma vez que o contrato por via do qual ocorrera a transferência do direito de propriedade sobre a mercadoria havia sido celebrado no território nacional. Todavia, não deixaria também de ser possível entender-se que se situava em Espanha o lugar em que a transmissão ocorrera, em virtude de ter sido no seu território que a mercadoria, em princípio, fora material ou fisicamente entregue ao seu comprador. Do mesmo modo, poder-se-ia considerar que o que seria relevante seria o lugar do estabelecimento ou residência de uma das partes envolvidas na transacção. E, para que se pudessem abrir inúmeras alternativas, bastaria pensar que àquelas circunstâncias se poderiam adicionar outras mais complexas, como, por exemplo, que o vendedor da mercadoria teria o seu estabelecimento comercial em França ou que teria ficado acordado entre as partes que a mercadoria seria posta à disposição do comprador nesse país. Em qualquer destas duas sub-hipóteses, também não haveria razões, à partida, para se excluir que em tais condições a transmissão de bens poderia ser considerada efectuada em território francês, fosse, no primeiro caso, por ser esse o país em que o transmitente exercia a sua actividade comercial, fosse, no segundo caso, por ter sido esse o lugar em que a mercadoria ficou efectivamente em poder do seu novo proprietário.

De igual modo, se se pensar no caso das prestações de serviços, frequentes situações surgiriam em que o intérprete ou aplicador da lei se veria em dificuldades para determinar o lugar em que uma dada prestação de serviços deveria ser tida por realizada. Poderia suceder, por exemplo, que uma empresa francesa, pretendendo abrir uma sucursal em Espanha, recorresse a um advogado com escritório neste país para obter informações sobre o regime jurídico que lhe seria aplicável, e que esse advogado, estando de partida para uma estadia temporária em Portugal, optasse por realizar o trabalho durante o período de permanência no nosso país. Na falta de definição de um critério que permitisse determinar onde a prestação de serviços deveria considerar-se efectuada, não haveria razões para não se poder entender que a prestação de serviços de consultoria jurídica teria sido realizada em Espanha, por aí se situar o escritório do advogado ou por ser aí que a sucursal iria ser constituída. Mas, pelo menos à primeira vista, também não deixaria de ser admissível o entendimento de que a prestação de serviços se consideraria efectuada em França, por aí se encontrar a sociedade a quem a prestação de serviços era efectuada e que seria a beneficiária dessa prestação, ou mesmo em Portugal, por, no final de contas, ter sido em território nacional que havia sido materialmente executado o trabalho em que a prestação de serviços se consubstanciara.

Às situações acabadas de descrever, poder-se-iam adicionar outras variáveis susceptíveis de adensar a dificuldade em atribuir a competência para a respectiva tributação a um dado espaço fiscal, como seria uma hipotética tomada em consideração da nacionalidade das partes envolvidas, do lugar estipulado para o pagamento do preço ou da moeda utilizada para o efeito.

Nas circunstâncias expostas, os elementos ou critérios de conexão que permitem determinar o lugar – correspondente a uma jurisdição fiscal nacional – em que se consideram efectuadas as diferentes categorias de operações que integram a incidência do IVA assumem um papel crucial na determinação dos factos sujeitos ao imposto, em particular quando tais factos ou situações comportam elementos em contacto com mais do que um ordenamento jurídico-tributário.

2. DISPOSIÇÕES QUE ESTABELECEM OS CRITÉRIOS DE TERRITORIALIDADE

2.1. Disposições internas

Como se deixou assinalado, a legislação do IVA, relativamente às categorias de operações que compõem a incidência do imposto – transmissões de bens, prestações de serviços, aquisições intracomunitárias de bens e importações de bens –, necessita definir os critérios que permitem atribuir a sua realização a um dado território ou, formulando de um modo mais abrangente, a um dado ordenamento jurídico-tributário.

Para tanto, no plano interno, o regime jurídico do IVA, tendo por base as regras definidas a nível comunitário, contém disposições em que vêm indicados os elementos ou critérios de conexão que possibilitam determinar se os vários tipos de operações que se visa submeter ao imposto se consideram, para esse efeito, localizadas ou não no território nacional. Essas regras operam, portanto, através da

Capítulo I – Aspectos Gerais sobre os Critérios de Territorialidade do IVA   33

identificação dos elementos constitutivos dessas situações que são relevantes para atribuir a respectiva ocorrência a um dado lugar, correspondente a uma jurisdição tributária nacional.[3]

Em sede do IVA, os elementos ou critérios de conexão com o ordenamento são, de um modo geral, baseados em aspectos de carácter fundamentalmente normativo ou jurídico, como sejam o lugar da sede, estabelecimento estável ou domicílio dos intervenientes nas operações, assim como a sua qualidade ou não de sujeitos passivos do IVA. No entanto, a legislação também remete, em vários casos, para elementos de ordem material ou factual, nomeadamente a situação dos bens ou o lugar dos eventos ou da prática material de certos actos.[4]

Os critérios de conexão com o território nacional, para efeitos da localização nele das transmissões de bens, prestações de serviços, aquisições intracomunitárias de bens e importações, caracterizam-se pelo seu elevado número e por algum grau de sofisticação e com-plexidade, abarcando uma mesma regra, por vezes, a conjugação de múltiplos elementos de conexão. O conjunto dos vários critérios de conexão definidos na legislação, com vista à sua aplicação em função da qualificação de cada uma das categorias de operações previstas na incidência do IVA, constituem as regras de localização das ope-rações tributáveis, que, para efeitos de tributação em sede deste impos-to, permitem considerar tais operações efectuadas ou não no território nacional.

No plano interno, as regras de localização das operações previstas na incidência do IVA integram os artigos 5.º e 6.º do CIVA e os artigos 8.º a 11.º do RITI.

No artigo 5.º do CIVA, que integra a definição de "importação de bens" para efeitos do IVA, encontra-se uma referência ao elemento territorial inserido no conceito. Neste caso, a norma que identifica o

---

[3] Como define ALBERTO XAVIER, *"[o]elemento de conexão é o elemento da previsão normativa que, fixando a 'localização' de uma situação da vida num certo ordenamento tributário, tem como efeito típico determinar o âmbito de aplicação das leis desse ordenamento a essa mesma situação"*. (Cf. A. cit., em colaboração com CLOTILDE CELORICO PALMA e LEONOR XAVIER, *Direito Tributário Internacional*, 2.ª ed. act., Almedina, Coimbra, 2007, p. 224).

[4] Obviamente que estes critérios de carácter material ou fáctico, a partir do momento em que são objecto de reconhecimento na legislação do IVA como determinantes do lugar de tributação das operações, não deixam também de se tornar critérios de ordem jurídica ou normativa.

critério de conexão – a entrada em território nacional – é destituída de autonomia formal, fazendo parte integrante do dispositivo que identifica o próprio conceito de importação de bens.

Por sua vez, as normas que definem os critérios de conexão das operações qualificadas como transmissões de bens, prestações de serviços ou aquisições intracomunitárias de bens constam de disposições formalmente autónomas dedicadas ao assunto.

Assim, os n.ᵒˢ 1 a 3 e os n.ᵒˢ 22 e 23 do artigo 6.º do CIVA, a par dos artigos 9.º a 11.º do RITI, estabelecem as regras relativas à localização das operações qualificadas como transmissões de bens. O n.º 1 do artigo 6.º do CIVA comporta a regra geral de localização das transmissões de bens. O n.º 2 respeita às transmissões de bens que precedam a respectiva importação para o território nacional. O n.º 3 versa sobre as transmissões de bens ocorridas a bordo de uma aeronave, comboio ou embarcação durante um transporte intracomunitário de passageiros. Por sua vez, os n.ᵒˢ 22 e 23 do mesmo artigo 6.º respeitam às regras de localização aplicáveis aos fornecimentos de gás, através do sistema de distribuição de gás natural, e de electricidade.

Quanto às regras de localização das transmissões de bens que vêm previstas no RITI, o artigo 9.º deste respeita às transmissões de bens objecto de instalação ou montagem num Estado membro diferente, ao passo que os seus artigos 10.º e 11.º respeitam às transmissões de bens com destino a não sujeitos passivos ou a sujeitos passivos isentos residentes num Estado membro diferente.

A regra geral de localização das transmissões de bens, tal como vem formulada no n.º 1 do artigo 6.º do CIVA, estabelece como elemento de conexão o lugar em que se inicia a expedição ou transporte dos bens com destino ao adquirente ou, não havendo expedição ou transporte, o lugar em que os bens são colocados à disposição do adquirente. A regra geral assume um carácter residual, sendo aplicável sempre que uma dada transmissão de bens, pela natureza destes ou pelas circunstâncias em que essa transmissão ocorre, não seja objecto de uma regra de localização específica.

Por seu turno, nos n.ᵒˢ 4 a 21 do artigo 6.º do CIVA vêm estabelecidas as regras de localização das prestações de serviços, complementadas também pelo disposto no n.º 2 do artigo 1.º do Decreto-Lei n.º 221/85, de 3 de Julho, relativo ao regime especial de tributação das agências de viagens.

Capítulo I – Aspectos Gerais sobre os Critérios de Territorialidade do IVA   35

O n.º 4 do artigo 6.º do CIVA respeita à regra geral de localização das prestações de serviços. Os n.ᵒˢ 5 e 6 contêm as regras relativas aos serviços relacionados com bens imóveis, ao transporte e seus serviços acessórios, aos trabalhos e peritagens sobre bens móveis corpóreos, e aos serviços de carácter cultural, artístico, científico, desportivo, recreativo, docente e similares. Os n.ᵒˢ 8 e 9 versam sobre certas prestações de serviços quando constituam *inputs* da actividade de sujeitos passivos do IVA na Comunidade Europeia ou que tenham como destinatárias pessoas residentes fora da Comunidade. O n.º 10 contém critérios de conexão adicionais em matéria locação de meios de transporte, de serviços de telecomunicações, de radiodifusão e televisão, e de serviços prestados por via electrónica. Os n.ᵒˢ 7, 11 e 12 respeitam às regras de localização do transporte intracomunitário de bens. Os n.ᵒˢ 13 e 14 versam sobre serviços acessórios de um transporte intracomunitário de bens. Os n.ᵒˢ 15 a 18 contêm regras complementares relativas aos serviços de intermediação em nome e por conta de outrem. Por sua vez, os n.ᵒˢ 20 a 22 do mesmo artigo 6.º do CIVA estabelecem regras de localização complementares em matéria de trabalhos efectuados sobre bens móveis corpóreos e peritagens a eles referentes.

A regra geral de localização das prestações de serviços, prevista no n.º 4 do artigo 6.º do CIVA, estabelece como elemento de conexão o lugar da sede, estabelecimento estável ou domicílio do prestador, sendo aplicável sempre que uma dada prestação de serviços, pela sua natureza ou pelas circunstâncias em que a sua realização ocorre, não seja objecto de uma regra de localização específica.

Por último, no tocante às regras de localização das operações qualificadas como aquisições intracomunitárias de bens, as mesmas vêm enumeradas no artigo 8.º do RITI.

O n.º 1 do artigo 8.º do RITI indica a regra geral de localização das aquisições intracomunitárias de bens, estabelecendo como elemento de conexão o lugar de chegada da expedição ou transporte dos bens. Os n.ᵒˢ 2 e 3 respeitam a uma cláusula de salvaguarda aplicável a certas situações, nomeadamente, no caso das designadas "operações triangulares". Do n.º 4 do artigo 8.º do RITI consta uma regra de localização relativa a aquisições intracomunitárias de meios de transporte novos.

O teor e conteúdo de cada uma destas disposições são explicitados mais adiante, na Parte II da presente obra.

2.2. Disposições comunitárias

As regras relativas ao sistema harmonizado do IVA, vigente na Comunidade, começaram por ser delineadas pela Directiva 67/228/ /CEE, do Conselho, de 11 de Abril de 1967 (conhecida por "Segunda Directiva do IVA", aqui "Segunda Directiva").[5] No quadro da Segunda Directiva, a localização das transmissões de bens e das prestações de serviços era objecto de breve referência no n.º 4 do artigo 5.º e n.º 3 do artigo 6.º, respectivamente.

Em matéria de transmissões de bens, o n.º 4 do artigo 5.º da Segunda Directiva estabelecia que por "lugar da entrega" se deveria entender: *"a) Se o bem for expedido ou transportado pelo fornecedor, pelo adquirente ou por um terceiro: o lugar onde se encontra o bem no momento em que se inicia a expedição ou o transporte com destino ao adquirente; b) Se o bem não for expedido nem transportado: o lugar onde se encontra o bem no momento da entrega."*

Por seu turno, no domínio da localização das prestações de serviços, o n.º 3 do artigo 6.º da Segunda Directiva limitava-se a estabelecer o seguinte: *"Por 'lugar da prestação de serviços' entende- -se, em princípio, o lugar em que o serviço prestado, o direito cedido ou concedido ou o bem locado são utilizados ou aproveitados."*

Em contrapartida, as regras definidas na actualidade caracterizam-se por um elevado grau de complexidade e sofisticação que já nada tem a ver com a vaga e ambígua delimitação de competências formulada inicialmente na Segunda Directiva, frequentemente geradora de situações de conflito devido a interpretações divergentes e a soluções legais não harmonizadas, particularmente em matéria de localização das prestações de serviços.[6] As actuais regras, durante cerca

---

[5] A Directiva 67/227/CEE, do Conselho, também de 11 de Abril de 1967 (conhecida por "Primeira Directiva do IVA" ou, simplesmente, "Primeira Directiva"), veio impor aos Estados membros, então integrantes da Comunidade Económica Europeia, a adopção de um sistema comum de imposto sobre o valor acrescentado, inicialmente prevista ocorrer, o mais tardar, a partir de 1 de Janeiro de 1970 (data depois prorrogada para o 1 de Janeiro de 1972 e, no caso da Itália, para 1 de Janeiro de 1973), assim como definiu o princípio geral de funcionamento desse sistema comum. Por sua vez, a Segunda Directiva estabeleceu as primeiras regras comuns quanto à estrutura e às modalidades de aplicação do IVA pelos Estados membros.

[6] Cf. J.G. XAVIER DE BASTO, *A Tributação do Consumo e a Sua Coordenação Internacional*, Cadernos de Ciência e Técnica Fiscal, n.º 164, DGCI/CEF, Lisboa, 1991, p. 189, nota 212.

Capítulo I – Aspectos Gerais sobre os Critérios de Territorialidade do IVA   37

de três décadas, integraram a Directiva 77/388/CEE, do Conselho, de 17 de Maio de 1977 (conhecida por "Sexta Directiva do IVA", aqui "Sexta Directiva"), tendo recentemente sido vertidas para a Directiva 2006/112/CE, do Conselho, de 28 de Novembro de 2006, relativa ao sistema comunitário do IVA (aqui identificada por "Directiva do IVA").[7]

No início da vigência da Sexta Directiva, as regras atinentes ao lugar de tributação das transmissões de bens e das prestações de serviços constavam em exclusivo dos seus artigos 8.º e 9.º, respectivamente. Em período posterior, iniciado a 1 de Janeiro de 1993, em resultado das alterações decorrentes da Directiva 91/680/CEE, do Conselho, de 16 de Dezembro de 1991, relativa à abolição das fronteiras fiscais no interior da Comunidade, tais regras passaram a estar também integradas no artigo 28.º-B da Sexta Directiva. Assim, da parte B do artigo 28.º-B vieram a constar regras de localização relativas a certas transmissões de bens de carácter intracomunitário, e nas partes C, D, E e F do artigo 28.º-B foram incluídas regras respeitantes ao lugar de tributação de algumas prestações de serviços ligadas a operações intracomunitárias. Por seu turno, quanto à nova categoria de factos tributários submetidos ao IVA a partir de 1 de Janeiro de 1993 – as aquisições intracomunitárias de bens –, as respectivas normas com vista à definição do lugar de tributação foram reunidas na parte A do artigo 28.º-B da Sexta Directiva.[8]

As disposições contendo os critérios de conexão definidores do lugar de tributação das operações abrangidas pela incidência do IVA, praticamente com idêntico conteúdo mas objecto de uma diferente

---

[7] A Directiva do IVA veio reformular a Sexta Directiva com efeitos a partir de 1 de Janeiro de 2007. No essencial, a mesma teve em vista proceder a uma diferente sistematização das matérias e a uma nova numeração dos artigos, sem que, para além de casos pontuais devidamente identificados, se tenha visado qualquer alteração de conteúdo. Ao longo da presente obra, far-se-á referência, quer ao articulado da Sexta Directiva, quer ao articulado da nova Directiva do IVA, procurando, num caso e noutro, sempre que não se trate da mera citação de textos provenientes de outra fonte, indicar as correspondências.

[8] Durante o período de vigência da Sexta Directiva, isto é, entre 1 de Janeiro de 1978 e 31 de Dezembro de 2006, as redacções dos artigos 8.º, 9.º e 28.º-B foram objecto de alterações promovidas por: Directiva 84/386/CEE, do Conselho, de 31 de Julho de 1984 ("Décima Directiva"); Directiva 91/680/CEE, do Conselho, de 16 de Dezembro de 1991; Directiva 92/111/CEE, do Conselho, de 14 de Dezembro de 1992; Directiva 95/7/CE, do Conselho, de 10 de Abril de 1995; Directiva 1999/59/CE, do Conselho, de 17 de Junho de 1999; e Directiva 2002/38/CE, do Conselho, de 7 de Maio de 2002, e sua prorrogação pela Directiva 2006/58/CE, do Conselho, de 27 de Junho de 2006.

38 A Incidência e os Critérios de Territorialidade do IVA

formalização e sistematização, foram transladadas para o título V da actual Directiva do IVA, com a epígrafe *"Lugar das operações tributáveis"*, correspondendo aos seus artigos 31.º a 61.º. Na Directiva do IVA, os artigos 31.º a 39.º versam sobre o lugar em que se consideram realizadas as transmissões de bens; os artigos 40.º a 42.º sobre a localização das aquisições intracomunitárias de bens; os artigos 43.º a 59.º debruçam-se sobre o lugar das prestações de serviços; e os artigos 60.º e 61.º são dedicados ao lugar das importações de bens.

À semelhança do que sucede com as disposições congéneres da legislação interna portuguesa, o teor e conteúdo das disposições previstas na Sexta Directiva e na Directiva do IVA são explicitados com mais detalhe na Parte II deste livro.

Recentemente, em matéria de lugar de tributação das prestações de serviços, a Directiva do IVA foi objecto de uma significativa revisão, em especial no que concerne às prestações de serviços cujos destinatários sejam sujeitos passivos do IVA estabelecidos num Estado membro diferente do prestador. Tais alterações, concretizadas através da Directiva 2008/8/CE, do Conselho, de 12 de Fevereiro de 2008, irão entrar em vigor, na sua maior parte, a 1 de Janeiro de 2010. A mesma Directiva estabelece ainda outras alterações em matéria de localização das prestações de serviços destinadas a entrar em vigor em datas posteriores, algumas delas a 1 de Janeiro de 2011, outras a 1 de Janeiro de 2013 e, finalmente, outras a 1 de Janeiro de 2015.

Às futuras alterações à Directiva do IVA promovidas pela Directiva 2008/8/CE é dedicada a Parte V da presente obra.

3. OBJECTIVO DAS NORMAS QUE CONTÊM OS CRITÉRIOS DE TERRITORIALIDADE

De harmonia com reiterada jurisprudência emanada pelo Tribunal de Justiça das Comunidades Europeias (TJCE)[9], as normas comu-

---

[9] A jurisprudência do TJCE vem publicada na *Colectânea da Jurisprudência do Tribunal de Justiça e do Tribunal de Primeira Instância, Parte I – Tribunal de Justiça*, nos volumes correspondentes ao ano em que o acórdão é proferido. Essa publicação é aqui abreviadamente mencionada como "Colect.", indicando-se a seguir o número da página em que tem início a reprodução do acórdão. Quando um acórdão ainda não tiver sido objecto de publicação ou se desconhecer a página respectiva, indica-se "Colect. p. I-?". No entanto, os textos dos acórdãos e das conclusões dos advogados-gerais estão também disponíveis a partir do sítio da rede global com o endereço ‹www.europa.eu›.

Capítulo I – Aspectos Gerais sobre os Critérios de Territorialidade do IVA   39

nitárias que definem os critérios de localização das operações abrangidas pelo imposto visam delimitar, de uma forma racional, o âmbito de aplicação das legislações internas dos Estados membros no domínio do IVA, de modo a determinar uniformemente o lugar em que, para efeitos deste imposto, as mesmas se consideram efectuadas. O objectivo primordial dessas normas, na acepção do TJCE, consiste em evitar conflitos de jurisdição entre os Estados membros que pudessem conduzir, no plano comunitário, a situações de dupla tributação ou de total ausência de tributação.

Para alicerçar esse ponto de vista, as decisões sobre a matéria invocam frequentemente o enunciado no sétimo considerando do preâmbulo da Sexta Directiva, com o seguinte teor:

> «Considerando que a determinação do lugar das operações tributáveis provocou conflitos de competência entre os Estados membros, designadamente no que se refere à entrega de bens para montagem e às prestações de serviços; que, muito embora o lugar das prestações de serviços deva ser fixado, em principio, no lugar onde o prestador de serviços tem a sede da sua actividade profissional, convém, no entanto, fixar esse lugar no país do destinatário, designadamente no que se refere a algumas prestações de serviços, efectuadas entre sujeitos passivos, cujo custo esteja incluído no preço dos bens.»

Em face disso, o TJCE tem assinalado, reiteradamente, na esteira do citado sétimo considerando, que o artigo 9.º da Sexta Directiva visa assegurar uma repartição uniforme e racional do âmbito de aplicação das legislações internas dos Estados membros, de modo a que, na hipótese de uma prestação de serviços ser susceptível de se relacionar com a ordem jurídica de mais do que um Estado membro, se evitem conflitos de competência conducentes a casos de dupla tributação ou de ausência de tributação.[10]

---

[10] A esse desiderato é feita referência, nomeadamente, nos seguintes acórdãos: de 4 de Julho de 1985 (processo 168/84, caso *Berkholz*, ECR p. 2251, n.º 14); de 23 de Janeiro de 1986 (processo 283/84, caso *Trans Tirreno Express*, Colect. p. 231, n.ºs 14 e 15); de 15 de Março de 1989 (processo 51/88, caso *Hamann*, Colect. p. 767, n.º 17); de 13 de Março de 1990 (processo C-30/89, Comissão/França, Colect. p. I-709, n.º 10); de 26 de Setembro de 1996 (processo C-327/94, caso *Dudda*, Colect. p. I-4595, n.º 20); de 6 de Março de 1997 (processo C-167/95, caso *Linthorst, Pouwels en Scheren*, Colect. p. I-1195,

Quanto às operações qualificadas como transmissões de bens, a jurisprudência comunitária atribui semelhante desiderato ao artigo 8.º da Sexta Directiva, também à luz do sétimo considerando preambular. A esse propósito, o advogado-geral Poiares Maduro, em conclusões apresentadas a 7 de Abril de 2005, relativas ao processo C-58/04 (caso *Köhler*, Colect. p. I-8219, n.ᵒˢ 13 a 15), já afirmara que o artigo 8.º da Sexta Directiva contém várias regras de conflitos que visam delimitar racionalmente, entre os Estados membros, as respectivas esferas de aplicação das suas legislações internas no domínio do IVA. Essas regras definem qual o Estado membro exclusivamente competente para tributar uma dada transmissão de bens, quando, em face dos elementos de conexão relevantes, definidos no artigo 8.º, a mesma se considere verificada no território desse Estado membro. A este respeito, remata aquele advogado-geral, *"é inevitável encarar em paralelo este artigo 8.º e o artigo 9.º, onde se encontram as regras de conflitos relativas às prestações de serviços. Ambos constituem, aliás, os dois únicos artigos que integram o título VI da Sexta Directiva 'Lugar das operações tributáveis', e a ambos se refere indistintamente o sétimo considerando [...]"*. É certo, como reconhecia o mesmo advogado-geral, que até esse momento o TJCE não havia ainda assinalado expressamente, ao contrário do que já fizera por várias vezes em relação ao artigo 9.º, que o artigo 8.º da Sexta Directiva visava evitar conflitos de competência entre os Estados membros, no entanto, *"[o] paralelismo entre o quadro de regras de repartição de competências fiscais previstas no artigo 9.º e o previsto no seu artigo 8.º é notório"*.[11]

---

n.º 10); de 6 de Novembro de 1997 (processo C-116/96, caso *Binder*, Colect. p. I-6103, n.º 12); de 25 de Janeiro de 2001 (processo C-429/97, Comissão/França, Colect. p. I-637, n.º 41); de 15 de Março de 2001 (processo C-108/00, caso *SPI*, Colect. p. 2361, n.º 15); de 5 de Junho de 2003 (processo C-438/01, caso *Design Concept/Flanders Expo*, Colect. p. I-5617, n.º 22); de 11 de Setembro de 2003 (processo C-155/01, caso *Cookies World*, Colect. p. I-8785, n.º 46); de 12 de Maio de 2005 (processo C-452/03, caso *RAL CI e o.*, Colect. p. I-3947, n.º 23); de 27 de Outubro de 2005 (processo C-41/04, *Levob*, Colect. p. I-9433, n.º 32); de 9 de Março de 2006 (processo C-114/05, caso *Gillan Beach*, Colect. p. I-2427, n.º 14); e de 6 de Dezembro de 2007 (processo C-401/06, Comissão/Alemanha, Colect. p. I-?, n.º 29).

[11] Esse processo C-58/04, referente ao caso *Köhler*, veio a dar lugar ao acórdão de 15 de Setembro de 2005, em cujo n.º 22 se afirma que a alínea c) do n.º 1 do artigo 8.º da Sexta Directiva visa determinar de um modo uniforme o lugar de tributação das transmissão de bens ocorridas a bordo de um meio de transporte no decurso de uma viagem

Capítulo I – Aspectos Gerais sobre os Critérios de Territorialidade do IVA   41

A perspectiva enunciada em relação a uma das disposições definidoras do lugar de tributação das transmissões de bens acabou, mais tarde, por ter expresso eco pelo Tribunal em relação à generalidade das disposições integrantes do artigo 8.º da Sexta Directiva, através do acórdão de 29 de Março de 2007, proferido no processo C-111/05 (caso *NN*, Colect. p. I-?, n.º 43). Nesse aresto, o TJCE sublinhou que o objectivo prosseguido, quer pelo artigo 8.º da Sexta Directiva, quer pelo seu artigo 9.º, conforme se infere do teor do sétimo considerando, *"é estabelecer a repartição racional dos âmbitos de aplicação das legislações nacionais em matéria de IVA, determinando de modo uniforme o lugar de conexão fiscal das entregas de bens e das prestações de serviços [e que] [e]stas disposições têm igualmente por finalidade evitar os conflitos de competência susceptíveis de conduzir tanto a situações de dupla tributação como à não tributação de receitas"*.

Ainda no quadro dos objectivos ligados à repartição racional e uniforme da tributação e à prevenção de conflitos de competência entre jurisdições, o TJCE também tem recorrido frequentemente ao teor daquele sétimo considerando como um elemento coadjuvante na qualificação dos factos ou situações subsumíveis em cada uma das regras que estabelecem o lugar das operações para efeitos do IVA e, portanto, na interpretação do alcance de cada uma dessas regras. Assim, por exemplo, no acórdão de 17 de Novembro de 1993, proferido no processo C-68/92 (Comissão/França, Colect. p. I-5881, n.º 15), a propósito da qualificação, para efeitos de determinação da regra de localização aplicável, de um conjunto de acções promocionais como prestação de serviços de publicidade, o TJCE afirmou que, relativamente a certos serviços como é o caso dos serviços de publicidade, a respectiva tributação no lugar em que se encontra estabelecido o destinatário dos mesmos se justifica pelo facto de o custo de tais prestações de serviços, quando realizadas entre sujeitos passivos do imposto, estar normalmente incluído no preço dos bens comercializados. Na acepção do TJCE, o legislador comunitário manifestou que, *"na medida em que o destinatário vende habitualmente mercadorias ou fornece serviços que são objecto de publicidade no Estado onde tem a sua sede, recebendo o IVA correspondente do consumidor final, como o IVA tem por matéria*

---

iniciada e concluída no território da Comunidade, de modo a evitar conflitos de competências fiscais entre os Estados membros atravessados.

colectável a prestação de serviços de publicidade deve ele próprio ser pago pelo destinatário a esse Estado".[12]

Em matéria de localização das prestações de serviços, o intuito de regular de um modo especial o caso de serviços cujo custo se encontra incluído no preço dos bens, a que se faz alusão no sétimo considerando, foi reconhecido pelo TJCE como estando presente na generalidade das prestações de serviços abarcadas pelo n.º 2 do artigo 9.º da Sexta Directiva, conforme afirmado no acórdão de 26 de Setembro de 1996, proferido no processo C-327/94 (caso *Dudda*, Colect. p. 4595, n.º 23).

No entanto, como já foi esclarecido, por exemplo, no acórdão de 12 de Maio de 2005, referente ao processo C-452/03 (caso *RAL CI e o.*, Colect. p. I-3947, n.º 33), a aplicação das regras contidas no n.º 2 do artigo 9.º da Sexta Directiva não está sempre dependente de o destinatário dos serviços ser um sujeito passivo do imposto, já que várias delas não podem ser afastadas pelo simples facto de os destinatários se tratarem de consumidores finais.

Actualmente, o sétimo considerando do preâmbulo da Sexta Directiva encontra-se vertido no décimo sétimo considerando preambular da Directiva do IVA, com o seguinte teor:

> «(17) A determinação do lugar das operações tributáveis pode dar azo a conflitos de competência entre os Estados-Membros, designadamente no que se refere à entrega de bens com montagem e às prestações de serviços. Muito embora o lugar das prestações de serviços deva ser fixado, em princípio, no lugar em que o prestador de serviços tenha estabelecido a sede da sua actividade económica, convém fixar esse lugar no Estado--Membro do destinatário, designadamente no que se refere a algumas prestações de serviços, efectuadas entre sujeitos passivos, cujo custo esteja incluído no preço dos bens.»

Além dele, a matéria referente à definição dos elementos ou critérios de conexão é também abordada nos décimo oitavo a vigésimo terceiro considerandos do preâmbulo da Directiva do IVA, nos quais se reproduziram os considerandos retirados de algumas das directivas

---

[12] O mesmo ponto de vista é reproduzido em outros dois arestos da mesma data, 17 de Novembro de 1993, proferidos nos processos C-69/92 (Comissão/Luxemburgo, Colect. p. I-5907, n.º 15) e C-73/92 (Comissão/Espanha, Colect. p. I-5997, n.º 13).

Capítulo I – Aspectos Gerais sobre os Critérios de Territorialidade do IVA   43

comunitárias que, no domínio em apreço, haviam procedido a alterações à Sexta Directiva.

No que respeita a certas operações qualificadas como transmissões de bens, o teor desses considerandos preambulares é o seguinte:

«(18) É necessário precisar a definição de lugar de tributação de certas operações efectuadas a bordo de embarcações, aviões ou comboios, durante o transporte de passageiros na Comunidade.

(19) O gás e a electricidade são considerados bens para efeitos do IVA, sendo no entanto particularmente difícil determinar o respectivo lugar de fornecimento. A fim de evitar a dupla tributação ou a não tributação e realizar um verdadeiro mercado interno, o lugar de fornecimento do gás, através da rede de distribuição de gás natural, e da electricidade, antes de estes bens alcançarem a fase final de consumo, deverá por conseguinte ser o lugar em que o adquirente tem a sede da sua actividade económica. O fornecimento de gás e de electricidade na fase final, efectuado pelos negociantes e distribuidores ao consumidor final, deverá ser tributado no lugar em que o adquirente utiliza e consome efectivamente os bens.»

A propósito de algumas operações qualificadas como prestações de serviços, o preâmbulo da Directiva do IVA assinala o seguinte:

«(20) A aplicação à locação de um bem móvel corpóreo da regra geral segundo a qual as prestações de serviços são tributadas no Estado-Membro em que o prestador está estabelecido pode conduzir a distorções consideráveis de concorrência sempre que o locador e o locatário estejam estabelecidos em Estados-Membros diferentes e as taxas do imposto aplicáveis variem de um Estado--Membro para outro. Consequentemente, é necessário estabelecer que o lugar da prestação de serviços é o lugar onde o destinatário tem a sede da sua actividade económica ou dispõe de um estabelecimento estável para o qual foi prestado o serviço ou, na falta de sede ou de estabelecimento estável, o lugar onde tem domicílio ou residência habitual.

(21) Todavia, no que diz respeito à locação de meios de transporte, convém, por razões de controlo, aplicar estritamente a regra geral, localizando essas prestações de serviços no lugar em que o prestador está estabelecido.

(22) É conveniente tributar a totalidade dos serviços de telecomunicações utilizados na Comunidade, a fim de evitar distor-

çöes de concorrência nesse domínio. Para o efeito, os serviços de telecomunicações prestados a sujeitos passivos estabelecidos na Comunidade ou a destinatários estabelecidos em países terceiros deverão, em princípio, ser tributados no lugar em que esteja estabelecido o destinatário desses serviços. Para assegurar a tributação uniforme dos serviços de telecomunicações prestados por sujeitos passivos estabelecidos em territórios ou países terceiros a pessoas que não sejam sujeitos passivos estabelecidas na Comunidade, serviços esses efectivamente utilizados e explorados na Comunidade, os Estados-Membros deverão, todavia, estabelecer que o lugar da prestação de serviços se situa no território da Comunidade.

(23) Também para evitar distorções de concorrência, os serviços de radiodifusão e televisão e os serviços prestados por via electrónica a partir de territórios terceiros ou de países terceiros a pessoas estabelecidas na Comunidade ou, a partir da Comunidade, a destinatários estabelecidos em territórios terceiros ou em países terceiros deverão ser tributados no lugar de estabelecimento do destinatário desses serviços.»

4. NATUREZA DAS NORMAS QUE CONTÊM OS CRITÉRIOS DE TERRITORIALIDADE

Como se viu, o TJCE, em várias decisões, indicou que as normas constantes dos artigos 8.º e 9.º da Sexta Directiva se destinam a resolver conflitos acerca do âmbito de competência da legislação de cada um dos Estados membros para submeter ao IVA as operações que constituem a incidência real ou objectiva do imposto. Como evidenciou o advogado-geral Poiares Maduro, em conclusões apresentadas a 7 de Abril de 2005, relativas ao processo C-58/04 (caso *Köhler*, Colect. p. I-8219, n.º 22), *"[a] competência fiscal de um Estado-Membro para aplicar o sistema comum do IVA termina, assim, segundo o princípio da territorialidade, onde começa a competência fiscal de Estados terceiros para tributarem as entregas de bens realizadas nos seus territórios respectivos"*.

O mesmo é dizer, por outras palavras, que as regras comunitárias previstas nesta matéria permitem delimitar o âmbito de competência de cada Estado membro relativamente à pretensão tributária que pode exercer, submetendo todos eles a regras comuns que visam dirimir *a*

Capítulo I – Aspectos Gerais sobre os Critérios de Territorialidade do IVA   45

priori possíveis conflitos positivos ou negativos das respectivas leis internas. Daí decorre, portanto, que as normas comunitárias que definem os critérios de conexão das operações com os espaços ou soberanias fiscais sejam qualificadas como "normas de conflitos" ou "regras de conflitos" em várias decisões do TJCE, como sucede, por exemplo, nos acórdãos de 17 de Novembro de 1993, proferidos nos processos C-68/92 (Comissão/França, Colect. p. I-5881, n.º 14), C-69/92 (Comissão/Luxemburgo, Colect. p. I-5907, n.º 15) e C-73/92 (Comissão/ /Espanha, Colect. p. I-5997, n.º 12).[13]

Em sede do IVA, as normas que definem a localização das operações procedem à indicação dos critérios que permitem estabelecer uma ligação entre as operações a que se alarga a incidência do imposto e o território ou ordenamento jurídico-fiscal de cada Estado membro. Tais critérios, característicos das normas de conflitos, são normalmente designados de "critérios de conexão" ou "elementos de conexão".[14]

As regras relativas à localização das categorias de operações previstas na incidência do IVA têm, na sua esboçada harmonia e complementaridade, a preocupação de evitar, em especial nas situações potencialmente em contacto com mais do que um ordenamento jurídico-fiscal, que as legislações dos Estados membros envolvidos entrem em colisão, provocando casos de "pluritributação" ou de total ausência de tributação.

---

[13] Entre as classificações possíveis das normas jurídicas, distinguem-se as "normas materiais" e as "normas remissivas". Na primeira categoria englobam-se as normas jurídicas que contenham, elas próprias, a regulamentação da matéria a que respeitam, sendo, por esse facto, também denominadas de "normas de regulamentação directa". Na segunda categoria, englobam-se aquelas regras cuja forma utilizada para a atribuição de efeitos ao facto contido na previsão é indirecto, consistindo numa remissão para as regras materiais consideradas aplicáveis à situação em causa, sendo também designadas de "normas de regulamentação indirecta" ou *"per relationem"* (cf. J. Dias Marques, *Introdução ao Estudo do Direito*, Ed. Danúbio, Lisboa, 1986, pp. 171/172). A principal categoria de regras remissivas é a correspondente às "normas de devolução" que, na sua maioria, integram o direito internacional privado. Tais comandos não visam regular directamente as situações que entram em contacto com mais do que um ordenamento jurídico estadual, mas permitem identificar qual deles se considera em posição privilegiada para, face à natureza do caso, as regular. O seu objectivo é, assim, dirimir conflitos de leis potencialmente aplicáveis, sendo frequentemente designadas de "normas de conflitos" (cf. J. Oliveira Ascensão, *O Direito – Introdução e Teoria Geral*, 13.ª ed. refund., Almedina, Coimbra, 2005, pp. 518 e 575/576).

[14] Cf. Alberto Xavier (em colaboração com Clotilde Celorico Palma e Leonor Xavier), *Direito Tributário Internacional*, 2.ª ed. act., Almedina, Coimbra, 2007, pp. 221 e ss.).

46   *A Incidência e os Critérios de Territorialidade do IVA*

Ainda assim, apesar do elevado grau de harmonização das legislações nacionais, tal não significa que o direito comunitário não apresente algumas lacunas nessa matéria ou não proporcione até situações causadoras de interpretações antagónicas, que acabam por dar origem, por vezes, a soluções não harmonizadas.[15]

Além disso, o objectivo de estabelecer regras comuns para limitar ou evitar a ocorrência de conflitos positivos ou negativos de leis só é verdadeiramente patente para os conflitos entre as leis dos próprios Estados membros, sendo menos evidente em relação aos potenciais conflitos de jurisdições nas situações em contacto com países não pertencentes à Comunidade.

O TJCE já deixou antever, inclusivamente, que certas situações consideradas "puramente internas" não são reguladas pelo artigo 9.º da Sexta Directiva (actuais artigos 43.º e seguintes da Directiva do IVA), mas pelos seus artigos 2.º e 3.º (actuais n.º 1 do artigo 2.º e artigos 5.º a 7.º da Directiva do IVA). Com efeito, no acórdão de 23 de Janeiro de 1986, referente ao processo 283/84 (processo *Trans Tirreno Express*, Colect. p. 238, n.ᵒˢ 17 a 19), o TJCE manifestou o ponto de vista de que a regra de localização em matéria de serviços de transporte, que constava da alínea b) do n.º 2 do artigo 9.º da Sexta Directiva (actual artigo 46.º da Directiva do IVA), visaria o objectivo de delimitar as competências para a tributação no caso de serviços de transporte realizados no território de diferentes Estados membros. As disposições do artigo 9.º da Sexta Directiva, na sua óptica, não operariam na hipótese de um transporte que unia dois pontos do território do mesmo Estado membro, muito embora parte do trajecto fosse realizado em águas internacionais. A esse respeito, afirmou o Tribunal no n.º 19 do acórdão, *"[a] determinação do âmbito de aplicação territorial do IVA deve fazer-se, na hipótese destes transportes, que podem ser considerados puramente internos, em função das regras de base dos artigos 2.º e 3.º da directiva, e não*

---

[15] Cf. Gilbert Tixier, *O Direito Fiscal Internacional*, Europa-América, Lisboa, s/ data, p. 60. Tal é também salientado por Alexandra Coelho Martins, ao afirmar que *"mesmo neste espaço harmonizado, a frequente qualificação das operações à luz dos sistemas jurídicos internos, interpretações divergentes das situações concretas nos diversos Estados membros, ainda que as respectivas legislações se revelem aparentemente consonantes e conformes à Sexta Directiva, entre outros factores, traduzem incongruências indesejáveis, que terminam em situações de dupla tributação ou de não tributação das operações"* (cf. A. cit., *A Admissibilidade de uma Cláusula Geral Anti-Abuso em Sede de IVA*, Cadernos IDEFF, n.º 7, Almedina, Coimbra, 2007, pp. 92 a 95).

do artigo 9.ᵒ". Por conseguinte, acrescenta-se no n.º 20 do acórdão, o regime comum do IVA aplica-se, obrigatória e imperativamente, ao conjunto do território nacional dos Estados membros, mas "*não limita de modo algum a liberdade dos Estados-membros de estender o campo de aplicação da sua legislação fiscal para lá dos seus limites territoriais propriamente ditos, desde que não invadam as competências de outros Estados*".

Nos termos expostos, o TJCE parece, assim, entender que a competência de um Estado membro para submeter a IVA as operações consideradas efectuadas no seu território não se esgota nos termos em que os anteriores artigos 8.º, 9.º e 28.º-B da Sexta Directiva e os actuais artigos 31.º a 59.º da Directiva do IVA o definem. Nessa acepção, não só as situações exclusivamente ocorridas no interior desse Estado membro não seriam reguladas por aquelas disposições, como cada Estado membro poderia estender o âmbito do conceito de operações efectuadas no seu território a situações ou factos não regulados nos mencionados artigos, desde tal não colidisse com as competências tributárias de outros Estados.

Paralelamente, cabe também assinalar, em particular no que respeita a operações com elementos em contacto com mais do que uma jurisdição fiscal, que as regras de localização nem sempre decidem do país em que essas operações são efectivamente tributadas. Isto porque o papel de evitar a ocorrência de casos de dupla tributação em situações "plurilocalizadas" é frequentemente desempenhado pelas normas de isenção, pois muitas vezes é só da aplicação destas últimas que se obtém a desejada harmonia de soluções no plano do comércio internacional.[16] Tal sucede, inclusive, no domínio das transacções intracomunitárias de bens, em que, por exemplo, a uma transmissão no território nacional de bens destinados a outro Estado membro corresponde, em certas ocasiões, uma aquisição intracomunitária sujeita a imposto no país de destino. Nesses casos, a não ocorrência de uma situação de dupla tributação deve-se apenas à existência no país de origem dos bens de uma norma que isenta aquela transmissão, e não às regras que definem o elemento de conexão com cada Estado membro, na sequência dos quais, aliás, a transacção seria tributada em IVA nos dois países. Hipótese semelhante ocorreria, aliás, se, em

---

[16] Com efeito, na maior parte dos casos, são as normas de isenção que permitem consagrar o princípio do destino nas trocas comerciais com países terceiros, o qual continua também, em boa parte, a aplicar-se ao próprio comércio intracomunitário.

48   *A Incidência e os Critérios de Territorialidade do IVA*

lugar de se destinarem a outro Estado membro, os bens fossem exportados para fora da Comunidade, uma vez que a importação efectuada no país de destino estaria provavelmente sujeita a IVA ou a um outro imposto sobre o consumo vigente nesse país, pelo que só a isenção nas exportações permite evitar a dupla tributação.

De qualquer modo, uma vez transpostas para o ordenamento interno, as regras de localização aplicáveis às várias categorias de operações previstas na incidência do IVA definem as circunstâncias em que os factos sob apreciação se consideram ocorridos no território do país, como sucede no caso dos artigos 5.º e 6.º do CIVA e dos artigos 8.º a 11.º do RITI. Quer se tratem de operações que, pelo menos na aparência, sejam exclusivamente internas, quer de situações com elementos em contacto com outros ordenamentos jurídico-tributários, de âmbito comunitário ou não, o efeito daquelas regras da legislação interna é o de permitir determinar se, na realidade, se verifica um dos elementos ou pressupostos da incidência do IVA que é comum às várias categorias de operações por ela abrangidas. Esse pressuposto consiste na condição de que as transmissões de bens, as prestações de serviços, as aquisições intracomunitárias de bens e as importações se considerem efectuadas no território nacional, sem a qual nunca pode ocorrer a tributação em IVA em Portugal.

A este respeito, ainda que pudesse decorrer da jurisprudência comunitária que o legislador interno teria a faculdade de considerar ocorridos em território nacional outros factos ou situações para além dos que são regulados pelos critérios de conexão previstos nos actuais artigos 31.º a 59.º da Directiva do IVA, não foi essa a opção seguida no artigo 6.º do CIVA e nos artigos 8.º a 11.º do RITI. Estas disposições internas, salvo melhor opinião, indicam exaustivamente os casos em que as operações, para efeitos da sua tributação em sede do IVA vigente em Portugal, podem ser consideradas efectuadas no território nacional.[17]

---

[17] Tal circunstância permite equacionar se as normas contidas no artigo 6.º do CIVA e nos artigos 8.º a 11.º do RITI se configurariam como normas materiais que contribuem directamente para a própria definição da incidência do imposto, porventura com as características das normas materiais espacialmente auto-limitadas, ou se se tratariam simplesmente de regras de conflitos. Nesta segunda hipótese, o papel das referidas normas não seria proceder a uma delimitação do elemento espacial dos próprios factos tributários, mas caracterizar-se-ia pelo processo indirecto com que visaria regular as situações tributárias internacionais, indicando os casos em que a ordem tributária interna seria competente para disciplinar tais situações. Esta interessante problemática, relacionada com a natureza jurídica das referidas normas, eventualmente com consequências no âmbito do princípio da legalidade e no domínio da interpretação dessas mesmas normas, não será, no entanto, aqui desenvolvida.

CAPÍTULO II

ORIENTAÇÕES DO TJCE SOBRE A INTERPRETAÇÃO DAS REGRAS DE LOCALIZAÇÃO DAS OPERAÇÕES

1. ALUSÃO A UM «PRINCÍPIO ORIENTADOR DA SEXTA DIRECTIVA»

O advogado-geral L. A. Geelhoed, nos n.ºs 28 a 30 das suas conclusões de 10 de Outubro de 2002, apresentadas no processo C--155/01 (caso *Cookies World*)[18], a propósito de um "princípio orientador da Sexta Directiva" em matéria de operações que, potencialmente, apresentam aspectos em conexão com o ordenamento jurídico-tributário de mais do que um Estado membro, afirma o seguinte:

> «O princípio orientador da Sexta Directiva nas transacções que apresentam elementos transfronteiras, no interior da Comunidade Europeia, é o de que se deve evitar quer a dupla tributação do IVA quer a falta de tributação do IVA.
>
> [...] Este princípio é um dos pressupostos de que partiu o legislador comunitário na elaboração da Sexta Directiva e que o Tribunal de Justiça tem repetidas vezes confirmado. Consiste no seguinte:
> – neutralidade fiscal: garantir uma perfeita neutralidade quanto à carga fiscal de todas as actividades económicas, quaisquer que sejam os fins ou os resultados dessas actividades, na condição de as referidas actividades estarem, elas próprias, sujeitas ao IVA [...];

---

[18] Este processo deu origem ao acórdão do TJCE de 11 de Setembro de 2003. Uma sinopse desta decisão pode ser vista, *infra*, no n.º 4 da secção G do capítulo II da Parte II.

50   *A Incidência e os Critérios de Territorialidade do IVA*

– igualdade de tratamento fiscal, a fim de evitar distorções da concorrência. Nesse sentido, as excepções à harmonização devem ser interpretadas de modo estrito: só são admitidas nos casos expressamente previstos pela Sexta Directiva. Com efeito, qualquer excepção conduz a uma maior disparidade entre os níveis da carga fiscal nos Estados-Membros [...].

A fim de concretizar o referido princípio orientador, os artigos 8.º e 9.º regulam em pormenor a determinação do lugar de uma operação sujeita a imposto. [...]».

2. INTERPRETAÇÃO DAS REGRAS DE LOCALIZAÇÃO DAS TRANSMISSÕES DE BENS

No acórdão de 29 de Março de 2007, relativo ao processo C-111/05 (caso *NN*, Colect. p. I-?, n.ºˢ 43 a 46), o TJCE sublinhou que as disposições do artigo 8.º da Sexta Directiva (artigos 31.º a 42.º da Directiva do IVA), conforme decorre do sétimo considerando da Sexta Directiva (décimo sétimo considerando da Directiva do IVA), têm por objectivo estabelecer uma repartição racional dos âmbitos de aplicação das legislações nacionais em matéria de IVA, determinando de modo uniforme o lugar de conexão fiscal das entregas de bens. Além disso, essas disposições têm por finalidade evitar os conflitos de competência susceptíveis de conduzir tanto a situações de dupla tributação como a uma não tributação de receitas.

Antes da prolação do referido acórdão, idênticos objectivos já tinham sido várias vezes apontados em relação ao artigo 9.º da Sexta Directiva, em matéria de localização das prestações de serviços, como adiante se indicará.

No que respeita à localização das transmissões de bens, o mencionado aresto assinala que o artigo 8.º da Sexta Directiva estabelece vários elementos de conexão específicos, consoante se trate da entrega de bens com ou sem transporte, da entrega de bens a bordo de um navio, de um avião ou de um comboio, do fornecimento de gás ou de electricidade pelos sistemas de distribuição ou, ainda, da entrega de um bem que seja objecto de uma instalação ou de uma montagem, com ou sem ensaio de funcionamento, pelo fornecedor ou por sua conta.

Em princípio, como enunciou o Tribunal, uma norma de conflitos deve permitir que a competência fiscal para sujeitar uma dada operação

Capítulo II – Orientações do TJCE sobre a Interpretação das Regras de... 51

ao IVA seja atribuída unicamente a um dos Estados-Membros interessados. No entanto, no caso de uma transmissão de bens com instalação ou montagem, em que esta implique a incorporação do bem no território de mais do que um Estado membro, deve considerar-se que o lugar de entrega do bem é o território de cada um desses Estados membros.

3. INTERPRETAÇÃO DAS REGRAS DE LOCALIZAÇÃO DAS PRESTAÇÕES DE SERVIÇOS

3.1. Relação entre a regra geral e as regras específicas

Relativamente aos n.ºs 1 e 2 do artigo 9.º da Sexta Directiva (artigos 43.º e seguintes da Directiva do IVA), em matéria de lugar das prestações de serviços, o TJCE várias vezes tem salientado que o n.º 1 estabelece uma regra geral, ao passo que o n.º 2 indica uma série de conexões específicas. Tal é afirmado, entre outros, no acórdão de 26 de Setembro de 1996 (processo C-327/94, caso *Dudda*, Colect. p. I-4595, n.º 20), e no acórdão de 9 de Março de 2006 (processo C-114/05, caso *Gillan Beach*, Colect., p. I-2427, n.º 14);

Uma vez que as várias regras previstas no n.º 2 do artigo 9.º da Sexta Directiva estabelecem certas "conexões específicas" das prestações de serviços, não assumindo, porém, um carácter excepcional, as mesmas não têm de ser objecto de uma interpretação "estrita". A desnecessidade de recurso a uma interpretação estrita vem expressa, por exemplo, no acórdão de 15 de Março de 2001 (processo C-108/00, caso *SPI*, Colect. p. I-2361, n.ºs 17 a 19), no acórdão de 27 de Outubro de 2005 (processo C-41/04, caso *Levob*, Colect. p. I-9433, n.º 34), e no acórdão de 7 de Setembro de 2006 (processo C-166/05, caso *H. Rudi*, Colect. p. I-7749, n.º 17).

Daí decorre que entre as disposições do artigo 9.º da Sexta Directiva não existe qualquer primado ou proeminência do n.º 1 sobre o n.º 2. O mesmo é dizer, à luz da actual Directiva do IVA, que não existe uma proeminência da regra geral de localização das prestações de serviços contida no seu artigo 43.º em relação às regras específicas constantes dos seus artigos 44.º e seguintes.

Assim, a questão que se coloca em cada caso concreto é a de saber se este se rege por alguma das regras anteriormente contidas no

52   *A Incidência e os Critérios de Territorialidade do IVA*

n.º 2 do artigo 9.º da Sexta Directiva, pois, não o sendo, é-lhe aplicável a regra geral anteriormente prevista no n.º 1 desse artigo.[19]

Para o efeito, como tem afirmado o TJCE em várias ocasiões, na interpretação de uma disposição de direito comunitário há que ter em conta, não apenas os seus termos, mas também o seu contexto e os objectivos prosseguidos pela regulamentação de que faz parte.[20]

3.2. Interpretação da regra geral

O TJCE já teve ocasião de salientar que n.º 1 do artigo 9.º da Sexta Directiva (actual artigo 43.º da Directiva do IVA) destina-se a determinar o sujeito passivo do imposto no que toca às operações entre uma sede ou uma sucursal e terceiros, não se aplicando *"a transacções entre uma sociedade residente num Estado-Membro e uma das suas sucursais estabelecidas noutro Estado-Membro"*.[21]

Para efeitos do IVA, os conceitos de "sede da actividade económica" e de "estabelecimento estável", assim como o critério de conexão a seguir quando um sujeito passivo disponha de sede e de estabelecimento estável em diferentes Estados membros, não constam da legislação comunitária, tal como não constam, aliás, da legislação interna portuguesa no domínio do IVA. A matéria tem sido, no entanto, várias vezes abordada na jurisprudência comunitária, em particular o conceito de "estabelecimento estável".

Em traços gerais, o TJCE tem definido o estabelecimento estável para efeitos do IVA como uma instalação com carácter de permanência que reúna os meios humanos e técnicos necessários à realização a

---

[19] Semelhante explanação vem feita, nomeadamente, nos seguintes acórdãos do TJCE: de 26 de Setembro de 1996 (processo C-327/94, caso *Dudda*, Colect. p. I-4595, n.º 21); de 9 de Março de 2006 (processo C-114/05, caso *Gillan Beach*, Colect., p. I-2427, n.º 15); de 6 de Março de 1997 (processo C-167/95, caso *Linthorst, Pouwels en Scheren*, Colect. p. I-1195, n.º 11); de 15 de Março de 2001 (processo C-108/00, caso *SPI*, Colect. p. I-2361, n.º 16); de 12 de Maio de 2005 (processo C-452/03, caso *RAL CI e o.*, Colect. p. I-3947, n.º 24); e de 6 de Dezembro de 2007 (processo C-401/06, Comissão/Alemanha, Colect. p. I-?, n.º 30).

[20] Cf. acórdão de 9 de Março de 2006 (processo C-114/05, caso *Gillan Beach*, Colect. p. I-2427, n.º 21).

[21] Cf. acórdão de 23 de Março de 2006 (processo C-210/04, caso *FCE Bank*, Colect. p. I-2803, n.º 38).

Capítulo II – Orientações do TJCE sobre a Interpretação das Regras de... 53

partir dela de operações tributáveis. Se um sujeito passivo dispuser de sede e de um estabelecimento estável em Estados membros diferentes, o TJCE tem apontado para a prevalência do lugar da sede, considerando que a adopção do critério relativo ao lugar do estabelecimento estável só deve ser tomado em consideração se o critério da sede não levar a uma solução fiscalmente racional ou criar um conflito de competências com outro Estado-Membro.[22]

3.3. Interpretação das regras específicas

3.3.1. *Aspectos em comum*

Como já se assinalou acima, o TJCE, em várias ocasiões, recusou haver uma proeminência do n.º 1 do artigo 9.º sobre o disposto no n.º 2 do artigo 9.º da Sexta Directiva (actuais artigos 43.º e seguintes da Directiva do IVA). Tal resulta da circunstância de as várias regras previstas no n.º 2 do artigo 9.º da Sexta Directiva estabelecerem determinadas "conexões específicas" das prestações de serviços, sem que assumam um "carácter excepcional", pelo que não têm de ser objecto de uma interpretação "estrita". Essas disposições devem, portanto, ser interpretadas no sentido de que o critério de conexão eleito pelo legislador respeita à natureza da prestação de serviços enquanto tal.

Nesse contexto, o âmbito do n.º 2 do artigo 9.º deve determinar--se à luz da sua finalidade, a qual decorre do sétimo considerando do preâmbulo da Sexta Directiva, pelo que esse n.º 2, no seu conjunto, pretende definir um lugar de tributação próprio para as prestações de serviços efectuadas entre sujeitos passivos e cujo custo esteja incluído no preço dos bens.

A indicação de que o objectivo acabado de mencionar atravessa as várias regras que vinham incluídas no n.º 2 do artigo 9.º da Sexta Directiva encontra-se no acórdão de 26 de Setembro de 1996, referente ao processo C-327/94 (caso *Dudda*, Colect. p. I-4595, n.os 22 e 23). O mesmo se passa quanto à relação entre o anterior n.º 1 do artigo

---

[22] As matérias acabadas de aflorar são abordadas com mais detalhe na secção A do capítulo II da Parte II.

54 A Incidência e os Critérios de Territorialidade do IVA

9.º da Sexta Directiva e as regras de localização de certas prestações de serviços previstas no seu artigo 28.º-B, como o TJCE teve ocasião de afirmar no n.º 16 do acórdão de 27 de Maio de 2004 (processo C-68/03, caso *D. Lipjes*, Colect. p. I-5879).

Seguidamente, embora de uma forma algo genérica, indicam-se as orientações emanadas da jurisprudência comunitária acerca dos aspectos a tomar em consideração relativamente às regras de localização aplicáveis a certos serviços específicos.[23]

3.3.2. Artigo 45.º da Directiva do IVA[24]

De harmonia com o decidido no acórdão de 7 de Setembro de 2006, tirado no processo C-166/05 (caso *H. Rudi*, Colect. p. I-7749, n.ºs 23 de 24), para se determinar se uma prestação de serviços é abrangida pela regra de localização prevista na alínea a) do n.º 2 do artigo 9.º da Sexta Directiva (actual artigo 45.º da Directiva do IVA), em que se estabelece como elemento de conexão o lugar dos bens imóveis, há que verificar se a intensidade do vínculo que une essa prestação de serviços ao imóvel é suficiente.

Segundo o mesmo acórdão, no âmbito de aplicação desta regra não se pode incluir qualquer prestação de serviços que apresente uma conexão, ainda que muito ténue, com um bem imóvel, já que um grande número de serviços se encontra, de uma forma ou de outra, mais ou menos ligado a um bem imóvel. Assim, apenas as prestações de serviços que apresentem uma relação suficientemente directa com um imóvel são abrangidas pela referida disposição, como resulta, aliás, das prestações que nela se encontram expressamente referenciadas.

---

[23] Estas orientações são abordadas com mais detalhe no capítulo II da Parte II.

[24] Embora as decisões do TJCE respeitem ainda ao articulado da Sexta Directiva, optou-se, na epígrafe dos subpontos que seguem, por indicar o actual articulado da Directiva do IVA.

Capítulo II – Orientações do TJCE sobre a Interpretação das Regras de...   55

3.3.3. Artigo 52.º, alínea a), da Directiva do IVA

3.3.3.1. Finalidade da norma

O primeiro travessão da alínea c) do n.º 2 do artigo 9.º [actual alínea a) do artigo 52.º da Directiva do IVA] fixa o lugar das prestações de serviços que têm por objecto, entre outras, actividades artísticas, desportivas ou recreativas, bem como actividades que lhes sejam acessórias, no lugar onde essas prestações são materialmente executadas. Segundo o enunciado no acórdão de 26 de Setembro de 1996, referente ao processo C-327/94 (caso *Dudda*, Colect. p. I--4595, n.º 24), o legislador comunitário considerou que, na medida em que o prestador fornece os seus serviços no Estado em que tais prestações são materialmente executadas e que o organizador da manifestação cobra nesse mesmo Estado o IVA pago pelo consumidor final, o imposto, que tem por matéria colectável o conjunto das prestações cujo custo entra no preço da prestação global paga por esse consumidor, deve ser pago a esse Estado, e não àquele em que o prestador estabeleceu a sede da sua actividade económica.

Além disso, na interpretação da norma em apreço, deve ter-se em consideração, por um lado, que não é exigível ao prestador um particular nível artístico, desportivo ou afim. Por outro lado, a norma inclui, não só prestações que têm por objecto, nomeadamente, actividades artísticas, desportivas ou recreativas, mas também as prestações que têm por objecto actividades simplesmente similares.[25]

3.3.3.2. Conceito de «actividades similares»

Nos termos do acórdão de 9 de Março de 2006, relativo ao processo C-114/05 (caso *Gillan Beach*, Colect. p. I-2427, n.º 20), o conceito de "actividades similares", incluído no primeiro travessão da alínea c) do n.º 2 do artigo 9.º da Sexta Directiva [actual alínea a) do artigo 52.º da Directiva do IVA] é um conceito autónomo de direito comunitário, que deve ser interpretado uniformemente, com vista a evitar situações de dupla tributação ou de não tributação.

---

[25] Nesse sentido se pronunciaram o acórdão de 26 de Setembro de 1996 (processo C-327/94, caso *Dudda*, Colect. p. I-4595, n.º 25); e o acórdão de 9 de Março de 2006 (processo C-114/05, caso *Gillan Beach*, Colect. p. I-2427, n.º 19).

56 *A Incidência e os Critérios de Territorialidade do IVA*

Tendo em conta o objectivo prosseguido pelo legislador comunitário de definir, como lugar de tributação das operações referidas naquela disposição, o Estado membro em cujo território as mesmas são materialmente executadas, qualquer que seja o lugar onde o prestador tem a sede da sua actividade profissional, o Tribunal adiantou, no n.º 22 da mesma decisão, que devem ser consideradas actividades similares as que, à luz desse objectivo, possuam características comuns às outras categorias de actividades enumeradas na referida disposição. Concretizando essas características comuns, os n.ᵒˢ 23 e 24 do acórdão apontam as seguintes:

i) As diferentes categorias de serviços indicadas na disposição em apreço caracterizam-se pelo carácter complexo de cada uma delas, compreendendo vários serviços;

ii) Têm normalmente uma pluralidade de destinatários, ou seja, o conjunto de pessoas que participa, a vários títulos, em actividades culturais, artísticas, desportivas, científicas, docentes ou recreativas;

iii) São geralmente exercidas no âmbito de manifestações pontuais; e

iv) Os locais onde essas manifestações ocorrem são normalmente locais precisos e fáceis de identificar.

3.3.4. *Artigo 52.º, alínea c), da Directiva do IVA*

Inserem-se na regra de localização contida na alínea c) do artigo 57.º da Directiva do IVA as prestações de serviços que consistam em peritagens ou trabalhos sobre bens móveis corpóreos.

A jurisprudência comunitária sobre esta disposição não se tem inclinado para atribuir à mesma um âmbito de aplicação muito abrangente.

Assim, a norma abarca, por um lado, as peritagens sobre bens móveis corpóreos, correspondendo, de um modo geral, à análise do estado ou da autenticidade desses bens, em ordem, por exemplo, a determinar o seu valor ou a apurar os trabalhos ou os montantes necessários com vista à sua reparação.[26]

---

[26] Cf. acórdão do TJCE de 6 de Março de 1997 (processo C-167/95, caso *Linthorst, Pouwels en Scheren*, Colect. p. I-1195, n.º 13).

Capítulo II – Orientações do TJCE sobre a Interpretação das Regras de...   57

Por outro lado, a norma abrange também os trabalhos sobre bens móveis corpóreos, pressupondo estes estar-se perante uma intervenção de carácter material sobre esses bens, não correspondendo, em princípio, a uma intervenção de carácter científico ou intelectual.[27]

3.3.5. *Artigo 56.º, n.º 1, alínea b), da Directiva do IVA*

Nas decisões a propósito do âmbito desta disposição, o TJCE vem preconizando uma interpretação relativamente lata do conceito de "serviços de publicidade". Segundo o TJCE, trata-se de um conceito autónomo de direito comunitário que deve ser objecto de uma interpretação uniforme, envolvendo as diferentes formas de difusão de uma mensagem destinada a informar o mercado acerca de um produto, normalmente feita através da rádio, da televisão ou da imprensa, muito embora nada impeça que haja um recurso total ou parcial a outros meios. Por outro lado, também não é forçoso que as prestações de serviços em causa sejam asseguradas por agências de publicidade.[28]

Integram-se no conceito as prestações de serviços com os fins acima referidos, inseridas em conferências de imprensa, seminários, *cocktails* ou sessões recreativas[29], assim como a produção de filmes e outros serviços publicitários não facturados directamente ao anunciante, mas a uma agência de publicidade ou a um outro intermediário que, por seu turno, os factura ao anunciante.[30]

---

[27] Ibidem, n.º 17.

[28] Cf. acórdão do TJCE de 17 de Novembro de 1993 (processo C-68/92, Comissão/ /França, Colect. p. I-5881).

[29] Cf. acórdão do TJCE de 17 de Novembro de 1993 (processo C-69/92, Comissão/ /Luxemburgo, Colect. p. I-5907).

[30] Cf. acórdãos do TJCE de 15 de Março de 2001 (processo C-108/00, caso *SPI*, Colect. p. I-2361), e de 5 de Junho de 2003 (processo C-438/01, caso *Design Concept/ Flanders Expo*, Colect. p. I-5617).

3.3.6. Artigo 56.º, n.º 1, alínea c), da Directiva do IVA

3.3.6.1. Profissões indicadas na norma

A disposição prevista no terceiro travessão da alínea e) do n.º 2 do artigo 9.º da Sexta Directiva [actual alínea c) do n.º 1 do artigo 56.º da Directiva do IVA] não visa genericamente as profissões aí indicadas – advogado, consultor, perito contabilista ou engenheiro –, mas as prestações normalmente efectuadas por esses profissionais e as que lhe são equiparadas. Assim, deve entender-se que o legislador comunitário recorreu à enumeração das mencionadas profissões como um meio para definir as categorias de prestações de serviços abrangidas pela referida disposição.

Neste sentido se pronunciaram o acórdão de 16 de Setembro de 1997, relativo ao processo C-145/96 (caso *Hoffmann*, Colect. p. I--4857, n.º 15), e o acórdão de 27 de Setembro de 2005, proferido no processo C-41/04 (caso *Levob Vergekeringen e OV Bank*, Colect. p. I-9433, n.º 37).

3.3.6.2. Conceito de «demais prestações similares»

Conforme é apontado nos acórdãos de 6 de Março de 1997 (processo C-167/05, caso *Linthorst, Pouwels en Scheren*, Colect. p. I-1195, n.ºs 19 a 22); de 16 de Setembro de 1997 (processo C-145//96, caso *Hoffmann*, Colect. p. I-4857, n.ºs 20 e 21), e de 6 de Dezembro de 2007 (processo C-401/06, Comissão/Alemanha, Colect. p. I-?, n.º 31), a expressão "demais prestações similares", indicada no terceiro travessão da alínea e) do n.º 2 do artigo 9.º da Sexta Directiva [actual alínea c) do n.º 1 do artigo 56.º da Directiva do IVA], não se refere a nenhum elemento comum às actividades heterogéneas mencionadas nessa disposição, mas a prestações de serviços similares em relação a cada uma dessas actividades considerada separadamente.

Assim, afirmou o Tribunal, *"uma prestação deve ser considerada similar em relação a uma das actividades mencionadas nesse artigo, quando ambas corresponderem à mesma finalidade"*.

3.4. Serviços de intermediários que actuem em nome próprio

No caso de serviços prestados em cadeia, isto é, em que o prestador do serviços factura a um intermediário actuando em nome próprio, que por sua vez debita os mesmos serviços ao respectivo destinatário, há que aplicar as regras de determinação do lugar das operações tributáveis previstas no artigo 9.º a cada operação de prestação de serviços. Nesse sentido se pronunciou o TJCE no seu acórdão de 5 de Junho de 2003, proferido no processo C-438/01 (caso *Design Concept/Flanders Expo*, Colect. p. I-5617, n.º 24).

CAPÍTULO III

DELIMITAÇÃO DOS ESPAÇOS FISCAIS REFERIDOS NAS REGRAS DE LOCALIZAÇÃO

1. DISPOSIÇÕES QUE DEFINEM OS ESPAÇOS FISCAIS RELEVANTES

Os critérios de determinação do lugar em que as operações sujeitas ao IVA se consideram realizadas, nomeadamente os relativos à residência do operador económico que as realiza ou do destinatário das mesmas, assim como os relativos à situação dos bens objecto de transacção e os que dão relevo ao lugar de execução material das operações, distinguem consoante os elementos de conexão relevantes se relacionem com o território nacional, com o território fiscal de outros Estados membros da Comunidade ou com países ou territórios terceiros.

O âmbito de aplicação territorial do sistema comunitário do IVA vinha inicialmente definido no artigo 3.º da Sexta Directiva, ao qual foi incutido um maior detalhe na sequência das alterações promovidas pela Directiva 91/680/CEE, do Conselho, de 16 de Dezembro de 1991, relativa à abolição das fronteiras fiscais no interior do espaço comunitário, bem como pela Directiva 92/111/CEE, do Conselho, de 14 de Dezembro de 1992, que teve em vista complementar e simplificar o regime do IVA decorrente da abolição das fronteiras fiscais, ocorrida a partir de 1 de Janeiro de 1993.

Actualmente, a aplicação territorial do sistema comum do IVA encontra-se definida nos artigos 5.º a 8.º da Directiva do IVA.

Como já evidenciou o TJCE, enquanto o n.º 1 do artigo 2.º da Sexta Directiva [actuais alíneas a) e c) do n.º 1 do artigo 2.º da Directiva do IVA] obriga os Estados membros a sujeitar ao IVA todas as transmissões de bens e prestações de serviços efectuadas no território do país por um sujeito passivo, o seu artigo 3.º (actuais artigos 5.º a 8.º da Directiva do IVA) estabelece o âmbito de aplicação territorial do sistema comum do IVA. Nos n.ºˢ 2 e 3 do artigo 3.º da Sexta Directiva [actuais alínea 2) do artigo 5.º e artigo 6.º da Directiva do IVA] vêm definidos os conceitos de "território de um Estado-Membro" e de "território da Comunidade". Com excepção de determinados territórios nacionais, expressamente excluídos pelo n.º 3 do artigo 3.º da Sexta Directiva (actual artigo 6.º da Directiva do IVA), o conceito de "território do país" corresponde ao âmbito de aplicação do Tratado que institui a Comunidade Europeia (TCE), tal como é definido no seu artigo 299.º (anterior artigo 227.º do Tratado de Roma). O regime da Sexta Directiva e, actualmente, da Directiva do IVA aplica-se, obrigatória e imperativamente, no conjunto dos territórios nacionais dos Estados membros.[31]

A transposição das referidas disposições comunitárias para o ordenamento interno consta das alíneas a) a d) do n.º 2 do artigo 1.º do CIVA, contendo, respectivamente, as definições de "território nacional", de "Comunidade" ou "território da Comunidade", de "país terceiro" e de "território terceiro".

2. CONCEITO DE «TERRITÓRIO NACIONAL»

De harmonia com o disposto na alínea a) do n.º 2 do artigo 1.º do CIVA, entende-se por "território nacional", para efeitos deste imposto, todo o território português tal como é definido no artigo 5.º da Constituição da República Portuguesa (CRP).

Nos termos do n.º 1 do artigo 5.º da CRP, o território português abrange o território historicamente definido no continente europeu e os arquipélagos dos Açores e da Madeira. Além disso, com base no disposto no n.º 2 do artigo 5.º da CRP, a extensão e o limite do mar territorial, a zona económica exclusiva e os direitos de Portugal aos fundos marinhos contíguos são definidos pela lei ordinária.

A definição constitucional de território nacional inclui, para além espaço terrestre, o espaço e as zonas marítimas e o espaço aéreo, nos termos definidos na legislação portuguesa e nos limites impostos

---

[31] Cf. v.g. acórdão de 23 de Janeiro de 1986 (processo 283/84, caso *Trans Tirreno Express*, Colect. p. 231, n.º 20); e acórdão de 29 de Março de 2007 (processo C-111/05, caso *NN*, Colect. p. I-?, n.ºˢ 55).

Capítulo III – Delimitação dos Espaços Fiscais Referidos nas Regras de... 63

pelo Direito Internacional Público.[32] Neste domínio rege, em particular, a Convenção das Nações Unidas sobre o Direito do Mar, assinada em Montego Bay a 10 de Dezembro de 1982.[33]

A Lei n.º 34/2006, de 28 de Julho, que determina a extensão das zonas marítimas sob soberania ou jurisdição nacional e os poderes que o Estado português nelas exerce, bem como os poderes exercidos no alto mar[34], fixa, no seu artigo 6.º, o limite exterior do mar territorial em doze milhas náuticas, correspondente à medida máxima admitida pelo artigo 3.º da referida Convenção.

3. CONCEITO DE «COMUNIDADE» OU «TERRITÓRIO DA COMUNIDADE»

Nos termos da alínea b) do n.º 2 do artigo 1.º do CIVA, entende-se por "Comunidade" ou por "território da Comunidade" o conjunto dos territórios nacionais dos Estados membros, tal como são definidos actualmente no artigo 299.º do TCE, com excepção dos seus territórios que se encontrem incluídos nas definições de país terceiro ou de território terceiro.

4. CONCEITOS DE «PAÍS TERCEIRO» E DE «TERRITÓRIO TERCEIRO»

Os conceitos de "país terceiro" e de "território terceiro" encontram-se, respectivamente, na alínea c) e na alínea d) do n.º 2 do artigo 1.º do CIVA.

Em geral, considera-se "país terceiro" um país não pertencente à Comunidade Europeia. No entanto, para efeitos do IVA, o conceito de país terceiro inclui também alguns territórios de Estados membros da Comunidade que não fazem parte do território aduaneiro da Comu-

---

[32] Cf. Jorge Miranda e Rui Medeiros, *Constituição Portuguesa Anotada*, tomo I, Coimbra Edit., Coimbra, 2005, pp. 72 a 75.

[33] Em vigor desde 16 de Novembro de 1994. No plano comunitário, a Convenção foi aprovada pela Decisão 98/392/CE, do Conselho, de 23 de Março de 1998 (publicada no JOCE L 179).

[34] O referido diploma revogou a Lei n.º 33/77, de 28 de Maio, que também fixava a extensão do mar territorial em doze milhas náuticas.

nidade. Tal sucede com a ilha de Helgoland e o território de Büsingen, pertencentes à República Federal da Alemanha; com Ceuta e Melilha, integrantes do Reino de Espanha; e com Livigno, Campione d'Italia e as águas nacionais do lago de Lugano, pertencentes à República Italiana.

Quanto ao conceito de "território terceiro", o mesmo corresponde a territórios de Estados membros que integram o território aduaneiro da Comunidade, mas que estão excluídos do respectivo território fiscal, isto é, do espaço comunitário em que é aplicável o sistema comum do IVA. Tal sucede com as ilhas Canárias, do Reino de Espanha; com os departamentos ultramarinos da República Francesa; com o Monte Atos (também designado "Agion Oros"), da República Helénica; com as ilhas anglo-normandas do Reino Unido da Grã--Bretanha e Irlanda do Norte; e com as ilhas Åland, da República da Finlândia.

Integram os departamentos ultramarinos franceses considerados territórios terceiros Guadalupe, Martinica, Reunião e Guiana Francesa. São Pedro e Miquelão, assim como Maiote, estão excluídos do território aduaneiro da Comunidade e, como tal, para efeitos do IVA, são considerados países terceiros.[35]

As ilhas anglo-normandas do Reino Unido são constituídas pelo bailiado de Jersey, que inclui também as ilhas de Minquiers e de Ecréhos, e pelo bailiado de Guernesey, que inclui também as ilhas de Aldernay, Brechou, Sark, Herm, Jethou, Lihou e vários ilhéus, na sua maior parte desertos.[36]

Para efeitos do IVA comunitário, os territórios terceiros, salvo qualquer disposição especial, são tratados como países terceiros, não lhes sendo aplicáveis, nomeadamente, as disposições referentes às operações intracomunitárias. Para efeitos deste imposto, às mercadorias provenientes de territórios terceiros são aplicáveis as disposições do IVA relativas às importações, e às mercadorias expedidas a partir da

---

[35] Também são considerados países terceiros os territórios ultramarinos franceses, nomeadamente, Nova Caledónia (Kanaky), Polinésia Francesa, Wallis e Futuna, e os territórios franceses austrais e antárticos.

[36] O estatuto jurídico e político destes territórios, face ao Reino Unido da Grã--Bretanha e Irlanda do Norte, bem como à coroa britânica e ao direito internacional e comunitário, vem explanado com detalhe nas conclusões do advogado-geral LA PERGOLA, apresentadas a 23 de Setembro de 1997 (processo C-171/96, caso *Pereira Roque*, Colect. p. I-4607), a que correspondeu o acórdão do TJCE de 16 de Julho de 1998.

Comunidade para esses territórios terceiros são aplicáveis as disposições do IVA referentes às exportações de bens. Idêntica acepção ocorre em relação às prestações de serviços, sendo os territórios terceiros considerados fora da Comunidade para efeitos de aplicação das regras de localização dessas operações.

Para além dos mencionados nas alíneas c) e d) do n.º 2 do artigo 1.º do CIVA, exemplos de outros países ou territórios considerados fora da Comunidade, a que não são aplicáveis as regras relativas às operações intracomunitárias, são os casos de Andorra, ilhas Faroé, Gibraltar, Gronelândia e São Marinho.[37]

5. EQUIPARAÇÕES A TERRITÓRIOS DE ESTADOS MEMBROS

Em contrapartida, nos termos do n.º 4 do artigo 1.º do CIVA, incluem-se no âmbito do IVA comunitário as operações relacionadas com alguns territórios que não estão abrangidos pelos conceitos de "Comunidade" ou "território da Comunidade", definidos na alínea b) do n.º 2 do artigo 1.º do CIVA, mas a que é aplicável idêntico regime.

Assim, as operações efectuadas a partir do Principado do Mónaco, ou com destino a este, consideram-se como efectuadas a partir da República Francesa, ou com destino a esta.

As operações efectuadas a partir da ilha de Man, ou com destino a esta, consideram-se como efectuadas a partir do Reino Unido da Grã-Bretanha e da Irlanda do Norte, ou com destino a este.

As operações efectuadas a partir das zonas de soberania do Reino Unido em Akrotiri e Dhekelia, ou com destino as estas, consideram-se como efectuadas a partir da República do Chipre, ou com destino a ela.

---

[37] No acórdão de 21 de Julho de 2005 (processo C-349/03, Comissão/Reino Unido, Colect. p. I-?), o TJCE reiterou que, por força do artigo 28.º do Acto Relativo às Condições de Adesão do Reino da Dinamarca, da Irlanda e do Reino Unido da Grã-Bretanha e Irlanda do Norte, o território de Gibraltar não está abrangido pelo sistema comum do IVA. No entanto, entendeu o TJCE, o território de Gibraltar não deixa de ser abrangido pelas obrigações de assistência mútua em matéria de impostos indirectos (IVA e impostos especiais de consumo) impostas pela Directiva 77/799/CEE, do Conselho, de 19 de Dezembro de 1977, com as suas subsequentes alterações.

6. EXTENSÃO DO CONCEITO DE «TERRITÓRIO DE UM ESTADO MEMBRO»

6.1. Transporte em águas internacionais

No acórdão de 23 de Janeiro de 1986, tirado no processo 283//84 (caso *Trans Tirreno Express*, Colect. p. 231), o TJCE apreciou a questão da aplicação das regras de localização do IVA quando da passagem de um navio por águas internacionais. No contexto deste processo estava em apreço o serviço de transporte de passageiros realizado a bordo de um navio que fazia a travessia entre o continente italiano e uma ilha italiana, cruzando no seu percurso águas internacionais.

A decisão pendeu no sentido de que não estava em causa um transporte internacional, mas um transporte interno em Itália, uma vez que a ligação marítima ocorria apenas entre dois pontos do território do mesmo Estado membro.

Sendo assim, o TJCE afirmou que a resolução da questão, em lugar de ter em conta o artigo 9.º da Sexta Directiva (correspondente, com excepção de algumas disposições, aos actuais artigos 43.º a 59.º da Directiva do IVA), deveria tomar em consideração os artigos 2.º e 3.º da Sexta Directiva [alínea a) do n.º 1 do artigo 2.º e artigo 5.º a 7.º da Directiva do IVA], a respeito do âmbito de aplicação territorial do IVA comunitário. Em conformidade, no n.º 20 do acórdão, o TJCE concluiu que, embora o âmbito de aplicação territorial do sistema comum do IVA seja apenas o território dos Estados membros, estes têm liberdade para estender a aplicação da sua legislação do IVA a situações ocorridas fora dele, na condição de não entrarem em conflito com a legislação fiscal de outro Estado.

Por seu turno, no acórdão de 13 de Março de 1990, proferido no processo C-30/89 (Comissão/França, Colect. p. 691), esteve em apreço uma acusação da Comissão de que a França não estaria a dar cumprimento ao sistema comum do IVA, em virtude de não tributar os transportes marítimos e aéreos entre o continente francês e a ilha francesa da Córsega, na parte em que cruzavam as águas internacionais ou o espaço aéreo internacional.

Sobre a matéria, o TJCE referiu que a legislação comunitária do IVA não contém regras que exijam que um Estado membro tribute os serviços de transporte na parte em que este tem lugar para além dos

Capítulo III – Delimitação dos Espaços Fiscais Referidos nas Regras de...   67

seus limites territoriais. Assim, fazendo menção ao decidido no citado caso *Trans Tirreno Express*, o TJCE reafirmou que um Estado membro não está impedido de tributar um transporte entre dois pontos do seu território, englobando a parte do trajecto percorrida fora do seu território, na condição de que tal não interfira com a competência de outros Estados. No entanto, adiantou o Tribunal, trata-se apenas de uma faculdade, pelo que tal não significa que um Estado membro esteja obrigado a submeter a tributação a parte do trajecto percorrida fora do seu território.

6.2. Serviços prestados em alto mar

No seu acórdão de 4 de Julho de 1985, proferido no processo 168/84 (caso *Berkholz*, Colect. p. 2251), o TJCE pronunciou-se sobre o regime do IVA aplicável a prestações de serviços que consistam na disponibilização aos passageiros, a bordo de dois *ferry-boats*, de máquinas de jogos. Os *ferry-boats* faziam a travessia entre a Alemanha e a Dinamarca, e a entidade que explorava as máquinas estava sediada na Alemanha.

Um dos aspectos apreciados no processo residiu na aplicação territorial do IVA comunitário. Nesse domínio, o TJCE pronunciou- -se, no n.º 16 do acórdão, no sentido de que a legislação comunitária do IVA não impõe a um Estado membro que não sujeite a IVA os serviços realizados a bordo de uma embarcação enquanto estiver no alto mar.

O TJCE considerou, assim, que um Estado membro tem a faculdade de submeter a tributação os serviços realizados durante a permanência em alto mar, na condição de que esse Estado membro, em face dos critérios de conexão aplicáveis a esses serviços, seja considerado o lugar de realização dos mesmos.

6.3. Transporte no mar territorial de um Estado membro

No acórdão de 23 de Maio de 1996, referente ao processo C- -331/94 (Comissão/Grécia, Colect. p. I-2675), esteve sob análise uma acusação da Comissão contra a Grécia, pelo facto de este Estado membro não tributar em IVA os cruzeiros efectuados por navios que

68 *A Incidência e os Critérios de Territorialidade do IVA*

arvoravam pavilhão helénico na parte do trajecto efectuada no mar territorial daquele Estado membro, mesmo em relação aos cruzeiros que não faziam qualquer escala em portos estrangeiros.

No n.º 16 do acórdão, o TJCE considerou que a legislação do IVA implica que os transportes de passageiros sejam sujeitos a IVA nas partes do trajecto efectuadas nas águas territoriais de um Estado membro, salvo vigência de qualquer disposição transitória que permita isentá-los.

6.4. Mar territorial, zona económica exclusiva e plataforma continental

No seu acórdão de 29 de Março de 2007, proferido no processo C-111/05 (caso *NN*, Colect. p. I-?, n.ºs 52 a 60), o TJCE pronunciou--se sobre a possibilidade de extensão do conceito de "território de um Estado-Membro", para efeitos do IVA, ao seu mar territorial, ao leito desse mar e seu subsolo.

Nesse domínio, o TJCE começou por salientar que, com excepção de determinados territórios nacionais, expressamente excluídos do então n.º 3 do artigo 3.º da Sexta Directiva, o conceito de "território do país" corresponde ao âmbito de aplicação do TCE, tal como é definido no seu artigo 299.º. No entanto, nesse mesmo aresto, o TJCE aditou que, na ausência de uma definição mais detalhada do território abrangido pela soberania de cada Estado membro, cabe a cada um deles definir a extensão e os limites desse território, em conformidade com as regras do direito internacional público.

Invocando o artigo 2.º da Convenção das Nações Unidas sobre o Direito do Mar, o TJCE referiu que a soberania de um Estado costeiro se estende ao mar territorial, ao leito do mar e ao seu subsolo. Desse modo, o território nacional dos Estados membros integra também o mar territorial, o leito do mar territorial e o seu subsolo, cabendo a cada Estado membro fixar a largura desse mar até um limite que não ultrapasse doze milhas náuticas, em conformidade com o artigo 3.º da mencionada Convenção.

Já no que respeita às zonas económicas exclusivas, bem como às respectivas plataformas continentais, a soberania dos Estados membros é meramente funcional, estando limitada ao direito de exercer as

Capítulo III – Delimitação dos Espaços Fiscais Referidos nas Regras de...   69

actividades de exploração e de aproveitamento previstas nos artigos 56.º e 77.º da referida Convenção.[38]

Por maioria de razão, idêntico ponto de vista resulta do artigo 89.º da mesma Convenção, pelo que a parte de uma operação ocorrida em alto mar não é abrangida pelo sistema comum do IVA, dado que este se encontra subtraído à soberania dos Estados membros.

Em relação a esta última parte da decisão, note-se que o TJCE afirmou que os Estados membros teriam forçosamente de excluir da tributação as situações ocorridas nas águas internacionais, em lugar de dizer, como já fizera antes, que os Estados membros tinham a faculdade de optar pela tributação de tais situações. É possível que tal diferença esteja relacionada com a resposta dada no mesmo acórdão a uma questão prejudicial anterior, na qual o TJCE concluiu que a regra de localização aplicável à totalidade da operação em causa implicava uma competência repartida entre Estados membros, de harmonia com a qual cada um deles deveria apenas tributar a parte relativa ao cabo óptico colocado no seu território. Caso contrário, se concedesse a ambos os Estados membros a possibilidade tributarem a parte da operação ocorrida em alto mar, tal poderia conduzir a um conflito positivo de competências para tributar, potencialmente gerador de uma dupla tributação.

---

[38] Em face disso, o TJCE decidiu no acórdão em referência – acórdão de 29 de Março de 2007 (processo C-111/05, caso NN, Colect. p. I-?, n.ᵒˢ 59 e 60) – que, uma vez que a entrega e a colocação de um cabo submarino não constam entre as actividades enumeradas nos artigos 56.º e 77.º da Convenção, a parte dessa operação realizada na zona económica exclusiva e na plataforma continental não se encontra abrangida pela soberania do Estado costeiro. Na óptica do TJCE, essa acepção é confirmada pelo n.º 1 do artigo 58.º e o n.º 1 do artigo 79.º da Convenção, que reservam, sob determinadas condições, o direito de colocar cabos submarinos nas referidas zonas a quaisquer outros Estados membros. Daí decorre que essa parte da operação não pode ser considerada como tendo sido realizada no território do país, na acepção do n.º 1 do artigo 2.º da Sexta Directiva.

PARTE II

REGRAS DE LOCALIZAÇÃO DAS OPERAÇÕES

CAPÍTULO I

LOCALIZAÇÃO DAS TRANSMISSÕES DE BENS

A – Regra geral

1. LEGISLAÇÃO

1.1. Código do IVA

«Artigo 6.º

[...]

1 – São tributáveis as transmissões de bens que estejam situados no território nacional no momento em que se inicia o transporte ou expedição para o adquirente ou, no caso de não haver expedição ou transporte, no momento em que são postos à disposição do adquirente.
[...]»

1.2. Directiva do IVA

«Artigo 31.º

Caso os bens não sejam expedidos nem transportados, considera-se lugar da entrega o lugar onde se encontram os bens no momento da entrega.

74 *A Incidência e os Critérios de Territorialidade do IVA*

ARTIGO 32.º

Caso os bens sejam expedidos ou transportados pelo fornecedor, pelo adquirente ou por um terceiro, considera-se lugar da entrega o lugar onde se encontram os bens no momento em que se inicia a expedição ou o transporte com destino ao adquirente.
[...]»

1.3. Sexta Directiva

«ARTIGO 8.º

[...]

1. Por "lugar de entrega de um bem" entende-se:

a) Se o bem for expedido ou transportado pelo fornecedor, pelo adquirente, ou por um terceiro ‾ o lugar onde se encontra o bem no momento em que se inicia a expedição ou o transporte com destino ao adquirente.[...];

b) Se o bem não for expedido nem transportado – o lugar onde se encontra o bem no momento da entrega.
[...]»

2. ASPECTOS GERAIS

Sem prejuízo dos casos particulares indicados nas secções subsequentes deste capítulo, as transmissões de bens consideram-se, como regra geral, efectuadas no território nacional quando os bens nele se encontrem no momento em que se iniciar a expedição ou transporte com destino ao adquirente. Não havendo a expedição ou transporte dos bens com destino ao adquirente, as transmissões consideram-se efectuadas no lugar em que os bens se encontrem no momento em que forem postos à disposição do adquirente.

De harmonia com a regra geral de localização das transmissões de bens, para que as mesmas sejam sujeitas a imposto não é relevante se o transmitente dos bens dispõe ou não no território nacional da respectiva sede, estabelecimento estável ou domicílio. Ainda que o transmitente dos bens seja um não residente sem estabelecimento

Capítulo I – Localização das Transmissões de Bens   75

estável em Portugal, as transmissões de bens, como regra geral, são aqui consideradas realizadas se os bens transmitidos se encontrarem no território nacional, nas circunstâncias descritas.

Em contrapartida, de acordo com a regra geral, ainda que o transmitente dos bens se encontre sediado, estabelecido ou domiciliado em Portugal, não se consideram efectuadas no território nacional as transmissões cujos bens não se encontrem nele no momento em que se iniciar a expedição ou transporte para o adquirente ou, não havendo lugar a expedição ou transporte, no momento em que os bens forem postos à disposição do adquirente.

Saliente-se também que, para efeitos da localização de uma dada transmissão de bens, não assume importância o lugar em que for celebrado o contrato de compra e venda das mercadorias. Ou seja, pelo facto de determinado contrato de compra e venda ser celebrado em território nacional, e apesar de, em princípio, a transmissão da propriedade dos bens operar por mero efeito do contrato[39], tal operação não será, segundo a regra geral, sujeita a IVA em Portugal, se os bens não se encontrarem, eles próprios, localizados no território nacional nas circunstâncias previstas no n.º 1 do artigo 6.º do CIVA.

O facto de se verificar que uma dada transmissão de bens efectuada por um sujeito passivo é considerada, para efeitos do IVA, como efectuada no território nacional, determinando a sua inclusão no âmbito de incidência do IVA português, não implica, necessariamente, que a mesma seja submetida a tributação, cumprindo verificar, adicionalmente, se não lhe é aplicável uma eventual norma de isenção.

A regra geral de localização das transmissões de bens não prejudica a aplicação de regras específicas de localização a este tipo de operações, nas situações mencionadas nas secções B a F do presente capítulo, isto é, nas transmissões que precedam a importação dos bens; nas transmissões de bens a bordo de uma aeronave, comboio ou embarcação com destino a outro Estado membro; nos fornecimentos de gás, através do sistema de distribuição de gás natural, e de electricidade; nas transmissões de bens objecto de instalação ou montagem noutro Estado membro; e nas transmissões de bens com destino a não sujeitos passivos ou a sujeitos passivos isentos noutro Estado membro.

---

[39] Na falta de estipulação em contrário pelas partes contratantes, é esse o regime que opera supletivamente, uma vez que, da conjugação do n.º 1 do artigo 408.º com a alínea

3. CONCEITO DE «TRANSMISSÃO DE BENS»

3.1. Conceito genérico

Nos termos da alínea a) do n.º 1 do artigo 1.º do CIVA, estão sujeitas ao imposto as transmissões de bens e as prestações de serviços efectuadas no território nacional, a título oneroso, por um sujeito passivo agindo como tal. A qualificação de uma operação como transmissão de bens ou como prestação de serviços tem particular relevância, atendendo às diferentes regras relativas à determinação do lugar de tributação caso se esteja perante uma transmissão de bens ou perante uma prestação de serviços.

O conceito de "transmissão de bens", para efeitos do IVA, vem previsto no artigo 3.º do CIVA, o qual tem por base o disposto nos artigos 14.º a 18.º da Directiva do IVA, correspondentes ao anterior artigo 5.º da Sexta Directiva.

Nos termos do n.º 1 do artigo 3.º do CIVA, *"[c]onsidera-se, em geral, transmissão de bens a transferência onerosa de bens corpóreos por forma correspondente ao exercício do direito de propriedade"*.

Para esse efeito, estabelece-se no n.º 2 do artigo 3.º que a energia eléctrica, o gás, o calor, o frio e similares são considerados bens corpóreos.

Como é frequentemente apontado pelo TJCE, o objectivo do sistema comum do IVA poderia ficar comprometido se a ocorrência de uma transmissão de bens para efeitos do IVA ficasse submetida a condições que variassem em função do regime juscivilista dos Estados membros. Assim, o conceito genérico de transmissão de bens, adoptado para efeitos do IVA, não se reporta à transferência de propriedade nas formas previstas no direito interno dos Estados membros, mas inclui qualquer operação de transferência de um bem corpóreo que confira a outrem o poder de dispor dele, de facto, como se fosse o seu proprietário.[40]

---

a) do artigo 879.º do Código Civil, resulta que a transmissão da propriedade da coisa ou da titularidade do direito é um dos efeitos essenciais da compra e venda e opera automaticamente por mero efeito do contrato.

[40] Sobre o conceito de transmissão de bens para efeitos do IVA podem ver-se, designadamente, as seguintes decisões do TJCE: acórdão de 8 de Fevereiro de 1990 (processo C-320/88, caso *Shipping and Forwarding Enterprise Safe*, Colect. p. I- 285, n.os 7 e 8); acórdão de 4 de Outubro de 1995 (processo C-291/92, caso *Armbrecht*, Colect.

3.2. Operações equiparadas a transmissão de bens

O n.º 3 do artigo 3.º do CIVA prevê outras situações que, embora não subsumíveis no conceito genérico de transmissão de bens acima referido, são também consideradas transmissões de bens para efeitos do IVA.
Essas operações são as seguintes:

i) A entrega material de bens em execução de um contrato de locação, com cláusula, vinculante para ambas as partes, de transferência de propriedade;

ii) A entrega material de bens móveis decorrente da execução de um contrato de compra e venda em que se preveja a reserva de propriedade até ao momento do pagamento total ou parcial do preço;

iii) As transferências de bens entre comitente e comissário, efectuadas em execução de um contrato de comissão definido no artigo 266.º do Código Comercial, incluindo as transferências entre consignante e consignatário de mercadorias enviadas à consignação. Na comissão de venda considera-se comprador o comissário e na comissão de compra considera-se comprador o comitente;

iv) A não devolução, no prazo de um ano a contar da data da entrega ao destinatário, de mercadorias enviadas à consignação;

v) A entrega de bens móveis produzidos ou montados sob encomenda, quando a totalidade dos materiais seja fornecida pelo sujeito passivo que os produziu ou montou;

vi) A afectação permanente de bens da empresa a uso próprio do seu titular, do pessoal ou, em geral, a fins alheios à mesma, bem como a sua transmissão gratuita, quando, relativamente a esses bens ou aos elementos que os constituem, tenha havido dedução total ou parcial do imposto, excepto

---

p. I-2775, n.ºˢ 13 e 14); acórdão de 6 de Fevereiro de 2003 (processo C-185/01, caso *Lease Holland*, Colect. p. I-1317, n.ºˢ 32 e 33); acórdão de 21 de Abril de 2005 (processo C--25/03, caso *HE*, Colect. p. I-3123, n.º 64); e acórdão de 29 de Março de 2007 (processo C-111/05, caso *NN*, Colect. p. I-?, n.º 32).

78   *A Incidência e os Critérios de Territorialidade do IVA*

nas situações que sejam abrangidas pelo ajustamento anual das deduções previsto no n.º 1 do artigo 26.º do CIVA;[41]

vii) A afectação de bens por um sujeito passivo a um sector de actividade isento e, bem assim, a afectação ao uso da empresa de bens referidos no n.º 1 do art. 21.º do CIVA, quando, relativamente a esses bens ou aos elementos que os constituem, tenha havido dedução total ou parcial do imposto.

Além das operações indicadas, é também equiparada a transmissão de bens a título oneroso, nos termos do n.º 1 do artigo 7.º do RITI, a transferência de bens móveis corpóreos expedidos ou transportados com destino a outro Estado membro, por um sujeito passivo, ou por sua conta, para as necessidades da sua empresa.

São também incluídas no conceito de transmissão de bens, para efeitos do IVA, nos termos do Regime especial do IVA aplicável às operações relativas a ouro para investimento, aprovado pelo Decreto-Lei n.º 362/99, de 16 de Setembro, certas operações sobre ouro para investimento representado por certificados sobre ouro.[42]

3.3. Operações excluídas do conceito de transmissão de bens

Por seu turno, embora à partida susceptíveis de se integrar no conceito genérico de transmissão de bens, estão expressamente excluídas do mesmo, ficando à margem da incidência do IVA, as seguintes operações:

i) As cessões a título oneroso ou gratuito do estabelecimento comercial, da totalidade de um património ou de uma parte

---

[41] Nos termos do n.º 7 do artigo 3.º do CIVA, aditado pela Lei n.º 67-A/2007, de 31 de Dezembro, não são abrangidas por esta disposição, em certas condições, as amostras e os bens destinados a oferta. Por amostras, entendem-se os bens não destinados a posterior comercialização que, tendo características, tamanho ou formato diferentes, visem promover os bens produzidos ou comercializados pelo sujeito passivo. Ofertas não tributadas são as correspondentes a bens de valor unitário igual ou inferior a 50 euros e em conformidade com os usos comerciais, não podendo as mesmas, para efeitos da não tributação, ultrapassar o valor anual total de cinco por mil do volume de negócios do sujeito passivo. Anteriormente ao mencionado diploma, a matéria era objecto da Circular n.º 19/89, da DGCI, de 18 de Dezembro de 1989. Sobre amostras de livros, discos e outros suportes de som ou imagem, veja-se o ofício-circulado n.º 67 880, de 19 de Junho de 1995, da DSIVA, disponível em ‹www.dgci.min-financas.pt›.

[42] A este propósito, veja-se, *infra*, o n.º 7 da presente secção.

dele, que seja susceptível de constituir um ramo de actividade independente, quando, em qualquer dos casos, o adquirente seja, ou venha a ser, pelo facto da aquisição, um sujeito passivo do imposto de entre os referidos na alínea a) do n.º 1 do artigo 2.º do CIVA. Para efeitos desta disposição, a administração fiscal está incumbida de adoptar as medidas regulamentares adequadas, nomeadamente a limitação do direito à dedução, quando o adquirente não seja um sujeito passivo que pratique exclusivamente operações tributadas;[43]

ii) As cedências, devidamente documentadas, feitas por cooperativas agrícolas aos seus sócios, de bens, não embalados para fins comerciais, resultantes da primeira transformação de matérias-primas por eles entregues, na medida em que não excedam as necessidades do seu consumo familiar, segundo limites e condições a definir por portaria do Ministro das Finanças. Sobre esta matéria, foram publicadas a Portaria n.º 521/89, de 8 de Julho, relativamente às cedências de vinho, e a Portaria n.º 1158/2000, de 7 de Dezembro, relativamente às cedências de azeite.

Além das referidas operações expressamente excluídas da incidência pelos n.ºˢ 4 e 6 do artigo 3.º do CIVA, o n.º 2 do artigo 7.º do RITI exclui da equiparação a transmissão de bens prevista no n.º 1 do mesmo artigo as seguintes transferências de bens com destino a outros Estados membros para as necessidades da empresa de um sujeito passivo:

i) A transferência de bens para serem objecto de instalação ou montagem noutro Estado membro, nos termos do n.º 1 do artigo 9.º do RITI, ou de bens cuja transmissão não seja tributável no território nacional, nos termos dos n.ºˢ 1 a 3 do artigo 10.º do RITI;

ii) A transferência de bens para serem objecto de transmissão a bordo de uma embarcação, aeronave ou comboio durante um transporte em que o lugar de partida e de chegada se situem na Comunidade;

---

[43] A este propósito, veja-se o ofício-circulado n.º 134 850, de 21 de Novembro de 1989, da ex-DSCA.

80 A Incidência e os Critérios de Territorialidade do IVA

iii) A transferência de bens que consista em operações de exportação e operações assimiladas previstas no artigo 14.º do CIVA ou em transmissões isentas nos termos do artigo 14.º do RITI;

iv) A transferência de gás, através do sistema de distribuição de gás natural, e de electricidade;

v) A transferência de bens para serem objecto de peritagens ou quaisquer trabalhos que consistam em prestações de serviços a efectuar ao sujeito passivo, materialmente executadas no Estado membro de chegada da expedição ou transporte dos bens, desde que, após a execução dos referidos trabalhos, os bens sejam reexpedidos para o território nacional com destino ao sujeito passivo;

vi) A transferência de bens para serem temporariamente utilizados em prestações de serviços a efectuar pelo sujeito passivo no Estado membro de chegada da expedição ou transporte dos bens;

vii) A transferência de bens para serem temporariamente utilizados pelo sujeito passivo, por um período que não exceda vinte e quatro meses, no território de outro Estado membro no interior do qual a importação do mesmo bem proveniente de um país terceiro, com vista a uma utilização temporária, beneficiaria do regime de importação temporária com isenção total de direitos.

4. OPERAÇÕES CONSTITUÍDAS POR UM CONJUNTO DE ELEMENTOS OU DE ACTOS

Como resulta da jurisprudência comunitária, quando uma operação é constituída por um conjunto de elementos ou de actos, devem tomar-se em consideração todas as circunstâncias em que a mesma se desenvolve, com vista a determinar, por um lado, se se está na presença de duas ou mais operações distintas ou de uma única operação e, por outro lado, neste segundo caso, se se está na presença de uma operação que deva ser qualificada como transmissão de bens ou como prestação de serviços.[44]

---

[44] Cf. os seguintes acórdãos do TJCE: de 2 de Maio de 1996 (processo C-231/94, caso *Faaborg-Gelting Linien*, Colect. p. I-2395, n.ºs 12 a 14); de 25 de Fevereiro de 1999

Capítulo I – Localização das Transmissões de Bens 81

Em princípio, como decorria do n.º 1 do artigo 2.º da Sexta Directiva e decorre também do actual n.º 1 do artigo 2.º da Directiva do IVA, cada operação deve ser considerada distinta e independente em relação às restantes. No entanto, uma única operação no plano económico não deve ser artificialmente decomposta em várias operações. Assim, é importante detectar os elementos ou actos característicos da operação em causa, no sentido de apurar se o sujeito passivo fornece ao cliente diversas operações principais distintas ou se fornece uma única prestação.

Para que se considere estar perante uma operação única, os dois ou mais elementos ou actos que a constituem, que são fornecidos ou prestados pelo sujeito passivo ao seu cliente, devem estar estreitamente ligados, de tal modo que, objectivamente, formem uma única operação económica indissociável, cuja decomposição em várias operações revestiria um carácter artificial.[45]

Quando se conclua estar na presença de uma operação única, constituída por um complexo de actos ou de elementos, caso se suscitem dúvidas sobre se essa operação única é de qualificar como transmissão de bens ou como prestação de serviços, cumpre começar por identificar os elementos ou actos que são dominantes e os que lhes são acessórios. Nesse domínio, devem ser considerados acessórios em relação a uma prestação principal os actos ou elementos que não constituam para o cliente um fim em si mesmo, mas um meio de beneficiar, nas melhores condições, da prestação principal do fornecedor.[46]

(processo C-349/96, caso *CPP*, Colect. p. I-973, n.º 28); de 27 de Outubro de 2005 (processo C-41/04, caso *Levob Verzekeringen e OV Bank*, Colect. p. I-9433, n.º 19); e de 29 de Março de 2007 (processo C-111/05, caso *NN*, Colect. p. I-?, n.º 21).

[45] Cf. acórdão de 27 de Outubro de 2005 (processo C-41/04, caso *Levob Verzekeringen e OV Bank*, Colect. p. I-9433, n.os 20 e 22); e acórdão 29 de Março de 2007 (processo C-111/05, caso *NN*, Colect. p. I-?, n.os 22 e 23).

[46] Sobre a matéria, veja-se, nomeadamente, os seguintes acórdãos: de 2 de Maio de 1996 (processo C-231/94, caso *Faaborg-Gelting Linien*, Colect. p. I-2395, n.os 12 e 14); de 22 de Outubro de 1998 (processos C-308/96 e C-94/97, casos *Madgett e Baldwin*, Colect. p. I-6229, n.º 24); de 25 de Fevereiro de 1999 (processo C-349/96, caso *CPP*, Colect. p. I-973, n.º 30); de 27 de Outubro de 2005 (processo C-41/04, caso *Levob Verzekeringen e OV Bank*, Colect. p. I-9433, n.os 27); e de 29 de Março de 2007 (processo C-111/05, caso *NN*, Colect. p. I-?, n.os 27 e 28).

5. TRANSMISSÕES SUCESSIVAS NO ÂMBITO DO COMÉRCIO INTRACOMUNITÁRIO

Acórdão do TJCE de 6 de Abril de 2006, processo C-245/04, caso *EMAG*, Colect. p. I-3227:

Neste aresto esteve em causa determinar o lugar onde se considera efectuada uma transmissão de bens num caso em que um sujeito passivo na Áustria – a *EMAG* – adquiriu mercadorias a uma outra empresa do mesmo país – a sociedade *K* –, as quais, no entanto, não estavam na Áustria no momento do contrato. Os bens em causa encontravam-se, nesse momento, noutros Estados membros e eram propriedade de empresas estabelecidas nestes países. A empresa austríaca vendedora dos bens à *EMAG* adquirira-os aos seus proprietários e solicitara a estes que expedissem os bens directamente para a *EMAG*, a partir dos respectivos Estados membros, nomeadamente a partir de Itália e dos Países Baixos.

A empresa austríaca *K*, vendedora dos bens à *EMAG*, procedera à liquidação do IVA austríaco, tendo a *EMAG* exercido a correspondente dedução. No entanto, a administração fiscal daquele país não concordou com essa dedução, por ter considerado que se tratava de um IVA indevidamente liquidado. Na óptica desta, estavam em causa transmissões de bens efectuadas noutros Estados membros, e não transmissões de bens efectuadas na Áustria, pelo que a empresa *K* não deveria ter procedido à liquidação do imposto.

A título prejudicial, foi suscitado perante o TJCE um conjunto de questões em que estava em causa, essencialmente, a interpretação e aplicação do disposto nas alíneas a) e b) do n.º 1 do artigo 8.º da Sexta Directiva (actuais artigo 31.º e primeiro parágrafo do artigo 32.º da Directiva do IVA).

O TJCE começou por dar resposta ao problema de saber, quando duas transmissões sucessivas dos mesmos bens dão lugar a uma única expedição ou transporte de bens de um Estado membro para outro, se ambas as transmissões se podem constituir como operações intracomunitárias isentas, ao abrigo do disposto na alínea a) da parte A do artigo 28.º-C da Sexta Directiva (artigo 138.º, n.º 1, da Directiva do IVA). Simultaneamente, o Tribunal analisou se para dar resposta a essa questão seria relevante saber quem – de entre o vendedor inicial, o comprador-vendedor intermédio e o adquirente final – detinha o poder de dispor dos bens durante a respectiva expedição ou transporte.

Capítulo I – Localização das Transmissões de Bens   83

Desde logo, o TJCE salientou que se as duas transmissões sucessivas beneficiassem da isenção prevista na alínea a) da parte A do artigo 28.º-C tal implicaria que a mesma deslocação intracomunitária dos bens teria de ser imputável às duas transmissões. Ora, isso significaria que havia lugar a uma primeira transmissão no Estado membro de partida, por força da alínea a) do n.º 1 do artigo 8.º, que seria aí isenta e a que corresponderia uma aquisição intracomunitária de bens na Áustria, a par de uma segunda transmissão no Estado membro de partida, aí realizada pela empresa austríaca fornecedora da *EMAG*, por força da mesma disposição do artigo 8.º, também isenta nesse Estado membro e dando lugar a uma segunda aquisição intracomunitária de bens efectuada na Áustria, desta feita pela *EMAG*. Como afirmou o Tribunal no n.º 37 do texto do acórdão, *"[t]al encadeamento seria simultaneamente ilógico e contrário à sistemática do regime transitório de tributação das trocas comerciais entre Estados Membros [...]"*.

Ao invés, a solução adequada é considerar que as duas transmissões se sucedem no tempo, e que a segunda só tem lugar após a *K*, empresa austríaca transmitente dos bens à *EMAG*, obter o poder de dispor deles como um proprietário. Tal solução permite atingir de forma simples o objectivo prosseguido pelo regime transitório e garante uma adequada delimitação das soberanias fiscais dos Estados membros envolvidos. Com efeito, salientou o TJCE no n.º 42 do acórdão, qualificar simultaneamente a primeira e a segunda transmissões como operações intracomunitárias não seria útil para assegurar a transferência da receita fiscal para o Estado membro de consumo final. Acresce que esta última hipótese, por um lado, destituiria de efeito útil a alínea b) do n.º 3 do artigo 17.º da Sexta Directiva (na versão resultante do n.º 1 do seu artigo 28.º-F) e, por outro lado, multiplicaria o número de casos em que seria necessário o preenchimento da declaração recapitulativa das transacções intracomunitárias, para efeitos de troca de informações entre os Estados membros.

Debruçando-se em concreto sobre qual a regra de localização das transmissões de bens se mostraria aplicável, o TJCE salientou que a deslocação dos bens entre dois Estados membros só pode ser imputável a uma das duas transmissões sucessivas. Uma delas dará lugar à expedição ou transporte com destino a outro Estado membro e, portanto, será abrangida pela regra de localização prevista na alínea a) do n.º 1 do artigo 8.º da Sexta Directiva. A outra não dará origem a uma expedição ou transporte para um espaço fiscal diferente e,

84   *A Incidência e os Critérios de Territorialidade do IVA*

portanto, ser-lhe-á aplicável a regra de localização constante da alínea b) do n.º 1 do mesmo artigo 8.º.

Em face disso, o TJCE, no n.º 50 do acórdão, referiu que se poderia estar perante uma das seguintes situações: *i)* Se a transmissão que der lugar à expedição ou transporte intracomunitário dos bens for a primeira, implicando, assim, a tributação no Estado membro de destino da correspondente aquisição intracomunitária de bens, a segunda transmissão deve ser considerada efectuada no segundo Estado membro, ou seja, no Estado membro em que se verificou a chegada da expedição ou transporte dos bens; *ii)* Ao invés, se a transmissão de bens que dá lugar à expedição ou transporte intracomunitário dos bens for a segunda, tal implica que a primeira transmissão ocorreu antes dessa expedição ou transporte, pelo que a primeira transmissão deve considerar-se uma transmissão interna no Estado membro de partida dos bens e a segunda transmissão aquela a que corresponde uma aquisição intracomunitária efectuada no Estado membro de chegada da expedição ou transporte.

Posto isto, em resposta às questões prejudiciais que lhe foram colocadas, o Tribunal entendeu declarar o seguinte:

> «1) Quando duas entregas sucessivas que têm por objecto os mesmos bens, efectuadas a título oneroso entre sujeitos passivos agindo nessa qualidade, dão origem a uma única expedição ou transporte ou a um único transporte intracomunitário desses bens, essa expedição ou esse transporte só podem ser imputados a uma das duas entregas, que será a única isenta por aplicação do artigo 28.º C, A, alínea a), primeiro parágrafo da Sexta Directiva [...].
>
> Esta interpretação é válida seja qual for o sujeito passivo – primeiro vendedor, adquirente intermédio ou segundo adquirente – que detém o poder de dispor dos bens, durante a expedição ou transporte.
>
> 2) Só o lugar da entrega que dá lugar à expedição ou ao transporte intracomunitário de bens é determinado em conformidade com o artigo 8.º, n.º 1, alínea a), da Sexta Directiva [...]; considera-se que esse lugar se situa no Estado-Membro de partida dessa expedição ou desse transporte. O lugar da outra entrega é determinado em conformidade com o artigo 8.º, n.º 1, alínea b), da mesma directiva; considera-se que esse lugar se situa quer no Estado-Membro da partida, quer

Capítulo I – Localização das Transmissões de Bens 85

no Estado-Membro da chegada da referida expedição ou do referido transporte, consoante essa entrega seja a primeira ou a segunda das duas entregas sucessivas.»

6. FORNECIMENTO E INSTALAÇÃO DE UM CABO SUBMARINO

Acórdão do TJCE de 29 de Março de 2007, processo C-111//05, caso *NN*, Colect. p. I-?:

No processo em referência foi analisado o tratamento em IVA de uma operação que consistia no fornecimento e instalação de um cabo de fibra óptica, assegurados pela empresa *NN*, com sede na Suécia. O cabo começava por ser instalado no território continental sueco, continuando depois pelo leito do mar, primeiro nas águas interiores e no mar territorial da Suécia, depois na plataforma continental da Suécia, na plataforma continental de outro Estado membro, no mar territorial e nas águas interiores deste segundo Estado membro e, finalmente, no território continental deste último. Em princípio, o custo do material ascenderia a cerca de 80% ou 85% do custo total da operação. O direito de propriedade do cabo de fibra óptica transferia-se para o cliente da *NN* após a sua instalação e alguns ensaios preliminares.

Sobre a matéria vinha colocado ao TJCE um conjunto de questões prejudiciais. Em primeiro lugar, a questão de saber se uma operação que consistia no fornecimento e instalação de um cabo de fibra óptica, que ligava dois Estados membros e que se encontrava parcialmente fora do território da Comunidade, em que o preço do cabo representava uma parte claramente preponderante do custo total da operação, deveria ser considerada uma transmissão de bens na acepção do n.º 1 do artigo 5.º da Sexta Directiva.

Nesse domínio, o acórdão salientou a necessidade de começar por apurar se, por via do fornecimento do cabo e da sua instalação, se estaria na presença de duas operações distintas ou se se trataria de uma única operação. Após fazer referência a jurisprudência comunitária anterior sobre a qualificação de operações constituídas por vários actos ou elementos, o TJCE evidenciou que o contrato celebrado pela *NN* tinha como objecto a cessão de um cabo de fibra óptica instalado e em condições de funcionar. Desse modo, todos os elementos que compunham a operação em causa estavam estreitamente

86 A Incidência e os Critérios de Territorialidade do IVA

ligados e revelam-se necessários para a realização da mesma, pelo que não pareceria curial a acepção de que o cliente visava que a *NN*, por um lado, lhe transmitisse o cabo e, separadamente, obter do mesmo fornecedor a prestação de serviços de instalação. Nessas circunstâncias, o fornecimento e a colocação do cabo de fibra óptica deveria considerar-se uma operação única para efeitos do IVA.

Ainda no âmbito da primeira questão prejudicial que lhe vinha submetida, o TJCE observou que a decisão de reenvio permitia esclarecer que a instalação do cabo implicava o recurso a procedimentos técnicos bastante complexos, exigindo a utilização de equipamento especializado e a colocação em prática de um *know-how* específico, os quais, não só eram indissociáveis da transmissão do bem, como indispensáveis à sua utilização e exploração subsequentes. Por esse facto, a instalação do cabo não constituía um mero elemento acessório da respectiva transmissão. Ainda assim, considerou o Tribunal, haveria que determinar, em face aos elementos que caracterizam a operação em causa, se seria a transmissão do cabo ou a sua instalação que deveria prevalecer, para efeitos de qualificar a operação como transmissão de bens ou como prestação de serviços.

Nesse particular, o Tribunal afirmou que, em princípio, nada obstava a que o fornecimento de um bem com instalação ou montagem, ainda que através da sua incorporação no solo, fosse considerada uma transmissão de bens, atendendo ao disposto nos n.os 1 e 5 do artigo 8.º da Sexta Directiva (actuais n.os 1 e 3 do artigo 14.º da Directiva do IVA).

Um dos critérios possíveis, mas não absolutamente determinante, para a qualificação como transmissão de bens seria o facto de o valor dos bens ser bastante superior ao preço correspondente à respectiva instalação. Assim, haveria que examinar também a importância da prestação de serviços relativamente à entrega do cabo. A esse respeito, pese embora o cabo necessitasse ser instalado para poder ser utilizado e tal comportasse grande complexidade, daí não resultava que a prestação de serviços tivesse um carácter predominante em relação à entrega do bem. Nesse domínio, o Tribunal salientou que os trabalhos a efectuar pelo fornecedor se limitavam à colocação do cabo, não tendo como objectivo ou resultado uma alteração da natureza do referido cabo, nem adaptá-lo às necessidades específicas do cliente, pelo que a operação em causa deveria ser qualificada como uma transmissão de bens.

Seguidamente, o acórdão passou a apreciar a questão de saber se a alínea a) do n.º 1 do artigo 8.º da Sexta Directiva (actual artigo 31.º da Directiva do IVA) deveria ser interpretada no sentido de que a competência fiscal de cada Estado membro estaria limitada à parte do cabo instalada no respectivo território.

Nessa matéria, após se referir ao papel das normas relativas ao lugar de tributação das operações, que compunham os artigos 8.º e 9.º da Sexta Directiva, o TJCE evidenciou que, perante uma transmissão de bens com instalação ou montagem, com ou sem ensaio de funcionamento, pelo fornecedor ou por sua conta, se considera que o lugar da transmissão é o lugar onde se efectua a instalação ou a montagem. Assim, embora as normas referidas devam, por via de regra, permitir atribuir a competência fiscal unicamente a um dos Estados membros interessados, tal não significa que o segundo período da alínea a) do n.º 1 do artigo 8.º da Sexta Directiva não seja aplicável no caso de a instalação de um bem no território de um dos Estados membros continuar ao longo do território de outro Estado membro. Com efeito, quando o bem for objecto de instalação no território de um primeiro Estado membro e a seguir no de um segundo, deve considerar-se que o lugar da transmissão de bens é, sucessivamente, o território de cada um dos Estados membros. Cada Estado membro deve, portanto, ter competência para tributar a operação relativamente à parte do cabo instalada no seu território.

Adicionalmente, o TJCE careceu analisar o que deveria ser considerado como território de cada um dos Estados membros, para efeitos da repartição da competência para tributar a operação.

Para tanto, fez alusão às disposições contidas no n.º 1 do artigo 2.º e nos n.ºs 2 e 3 do artigo 3.º da Sexta Directiva [actuais alínea a) do n.º 1 do artigo 2.º e artigos 5.º e 6.º da Directiva do IVA] e no artigo 299.º do TCE. Além disso, assinalou também que a determinação da extensão e dos limites do território de um Estado membro deveria ter em conta as regras decorrentes do direito internacional público, em particular as constantes do artigo 2.º da Convenção das Nações Unidas sobre o Direito do Mar, assinada em Montego Bay, a 10 de Dezembro de 1982, aprovada pela Decisão 98/392/CE, do Conselho, de 23 de Março de 1998.

Da conjugação dessas regras, o TJCE entendeu que um Estado membro tem a obrigação de sujeitar ao IVA uma entrega de bens que seja efectuada no seu mar territorial, no leito desse mar ou no seu subsolo.

Ao invés, a parte da operação correspondente à zona económica exclusiva e à plataforma continental, sendo conceitos meramente funcionais e limitados a certas actividades de exploração e aproveitamento, não deveria ser considerada como efectuada no território de um Estado membro. O mesmo sucede, por maioria de razão, em relação à parte da operação realizada no alto mar, a qual, por força do artigo 89.º da mencionada Convenção, se encontra subtraída à soberania dos Estados membros.

Assim, culminando a análise feita no acórdão, o TJCE veio a declarar o seguinte:

> «1) Uma operação que tem por objecto a entrega e a colocação de um cabo de fibra óptica, que liga dois Estados-Membros e que se encontra parcialmente fora do território da Comunidade, deve ser considerada uma entrega de um bem, na acepção do artigo 5.º, n.º 1, da Sexta Directiva [...], quando se verifique que, na sequência de ensaios de funcionamento efectuados pelo fornecedor, o cabo é transferido para o cliente, que poderá dispor dele como proprietário, que o preço do próprio cabo representa uma parte claramente preponderante do custo total da referida operação e que os serviços do fornecedor se limitam à colocação do cabo, sem alterar a sua natureza e sem o adaptar às necessidades específicas do cliente.
>
> 2) O artigo 8.º, n.º 1, alínea a), da Sexta Directiva [...] deve ser interpretado no sentido de que a competência para tributar a entrega e a colocação de um cabo de fibra óptica que liga dois Estados-Membros e que se encontra parcialmente fora do território da Comunidade pertence a cada Estado-Membro proporcionalmente à extensão do cabo situado no seu território, tanto no que respeita ao preço do próprio cabo e do resto do material como no que respeita ao custo dos serviços correspondentes à sua colocação.
>
> 3) O artigo 8.º, n.º 1, alínea a), da Sexta Directiva [...], em conjugação com os artigos 2.º, n.º 1, e 3.º da mesma directiva, deve ser interpretado no sentido de que a operação de entrega e colocação de um cabo de fibra óptica que liga dois Estados-Membros não está sujeita ao imposto sobre o valor acrescentado relativamente à parte dessa operação que se realiza na zona económica exclusiva, na plataforma continental e no alto mar.»

7. TÍTULOS RELATIVOS A OURO PARA INVESTIMENTO

No Decreto-Lei n.º 362/99, de 16 de Setembro, com as alterações promovidas pelo artigo 44.º da Lei n.º 3-B/2000, de 4 de Abril, vem estabelecido o Regime especial do IVA aplicável às operações relativas a ouro para investimento, cuja definição consta do artigo 2.º do Regime.

O Decreto-Lei n.º 362/99 transpôs para o ordenamento interno o artigo 26.º-B da Sexta Directiva, que corresponde aos actuais artigos 344.º a 356.º da Directiva do IVA.

Nos termos do n.º 2 do artigo 3.º do Regime, incluem-se no conceito de transmissão de bens as operações sobre ouro para investimento representado por certificados de ouro, afectado ou não afectado, ou negociado em contas-ouro, incluindo, nomeadamente, os empréstimos e *swaps* de ouro que comportem um direito de propriedade ou de crédito sobre ouro para investimento, bem como as operações sobre ouro para investimento que envolvam contratos de futuro ou contratos *forward* que conduzam à transmissão do direito de propriedade ou de crédito sobre ouro para investimento.

De harmonia com o disposto no n.º 3 do artigo 3.º do Regime, as referidas transmissões de bens consideram-se efectuadas no território nacional quando nele se encontre o ouro para investimento a que as mesmas se reportam.

Quando consideradas efectuadas no território nacional, as transmissões, aquisições intracomunitárias e importações de ouro para investimento, assim como os serviços prestados por intermediários que intervenham em nome e por conta de outrem em operações relativas a ouro para investimento, estão isentas do IVA ao abrigo, respectivamente, dos n.os 1 e 4 do artigo 3.º do Regime.[47]

---

[47] Sobre esta matéria, pode consultar-se também o n.º 7 do capítulo II da Parte III, assim como o ofício-circulado n.º 30 014, de 13 de Janeiro de 2000, da DSIVA, disponível em ‹www.dgci.min-financas.pt›.

B – Transmissões que precedam a importação dos bens

1. LEGISLAÇÃO

1.1. Código do IVA

«Artigo 6.º

[...]

2 – Não obstante o disposto no número anterior, são também tributáveis a transmissão feita pelo importador e as eventuais transmissões subsequentes de bens transportados ou expedidos de um país terceiro, quando as referidas transmissões ocorrerem antes da importação.

[...]»

1.2. Directiva do IVA

«Artigo 32.º

[...]

Todavia, quando o lugar onde se inicia a expedição ou o transporte dos bens se situa num território terceiro ou num país terceiro, considera-se que o lugar da entrega efectuada pelo importador, designado ou reconhecido como devedor do imposto por força do disposto no artigo 201.º, e o lugar de eventuais entregas posteriores se situam no Estado-Membro de importação dos bens.»

1.3. Sexta Directiva

«Artigo 8.º

[...]

2. Em derrogação do disposto na alínea a) do n.º 1, quando o local onde se inicia a expedição ou o transporte dos bens se situar num território terceiro, considera-se que o lugar da entrega efectuada pelo importador, na acepção do n.º 4 do artigo 21.º, bem como o

Capítulo I – Localização das Transmissões de Bens   91

local de eventuais entregas posteriores se situam no Estado-membro de importação dos bens.»

2. ASPECTOS GERAIS

Para além das situações previstas na regra geral atrás enunciada, consideram-se ainda efectuadas no território nacional as transmissões feitas por importadores, e eventuais transmissões subsequentes, de bens expedidos ou transportados a partir de um país ou território terceiro, quando tais transmissões ocorram antes da importação dos mesmos bens no território nacional. Esta regra de localização só é aplicável quando as transmissões são feitas precedendo a importação dos bens, não sendo aplicável nos casos de transmissões que precedam a aquisição intracomunitária dos bens. Neste último caso, as transmissões prévias à aquisição intracomunitária consideram-se efectuadas nos Estados membros em que os bens se encontrem na altura em que as transmissões ocorram.

Cabe salientar que a regra constante do n.º 2 do artigo 6.º do CIVA não é aplicável nos casos em que, ocorrendo uma transmissão antes de se verificar a importação dos bens, essa importação venha a ser feita pelo próprio adquirente e não pelo transmitente. Caso contrário, o adquirente dos bens, uma vez que acaba por assumir também o papel de sujeito passivo pela importação dos bens, ver-se-ia na contingência de suportar duas vezes o imposto.

A aplicação da regra constante do n.º 2 do artigo 6.º do CIVA é também afastada no caso das transmissões de bens previstas no artigo 10.º do RITI.[48]

3. APLICAÇÃO DO ARTIGO 6.º, N.º 2, DO CIVA

**Ofício-circulado n.º 76 599, de 4 de Setembro de 1987, da ex-
-DSCA:**

No ofício-circulado n.º 76 599, de 4 de Setembro de 1987, da ex-Direcção de Serviços de Concepção e Administração (DSCA), de

---

[48] Sobre a regra de localização incluída no artigo 10.º do RITI, veja-se a secção F deste capítulo.

92 A Incidência e os Critérios de Territorialidade do IVA

que seguidamente se transcreve um excerto, vem esclarecido o âmbito de aplicação do n.º 2 do artigo 6.º do CIVA:

«1. Tem sido esta Direcção de Serviços confrontada com pedidos de esclarecimento sobre a interpretação a dar ao disposto no n.º 2 do art.º 6.º do Código do IVA que refere: "são também tributáveis a transmissão feita pelo importador e as eventuais transmissões subsequentes de bens importados ou expedidos do estrangeiro, quando as referidas transmissões tenham lugar antes da importação".

2. Este problema é colocado, normalmente, por organismos estatais e outras pessoas colectivas de direito público não consideradas sujeitos passivos nos termos do n.º 2 do artigo 2.º que, tendo de proceder ao desalfandegamento de mercadorias importadas e suportando imposto no momento da numeração do bilhete de despacho (alínea c) do n.º 1 do artigo 7.º), se vêem posteriormente confrontadas com nova liquidação de imposto, quando o representante em Portugal do fornecedor estrangeiro factura a mesma mercadoria para efeitos de recebimento da importância a transferir para o estrangeiro.

3. Esta última liquidação é normalmente efectuada com base na leitura do artigo 6.º, n.º 2, por se considerar que haverá lugar à sua aplicação.

4. Em nossa opinião, não há efectivamente lugar, nestes casos, à aplicação do referido normativo porque a facturação interna não está na base duma transmissão efectuada por um importador ao destinatário dos bens, na justa medida em que é este que, verdadeiramente, é o importador dos bens, pois como tal se apresenta na Alfândega para proceder ao desembaraço dos bens importados.

[...]»[49]

---

[49] O ofício-circulado prossegue referindo-se à determinação do valor tributável na importação de bens, assim como ao tratamento a dar na eventualidade de haver lugar a uma operação de intermediação por parte do representante do fornecedor estrangeiro. No entanto, dado não estar aí exactamente em causa a interpretação do n.º 2 do artigo 6.º do CIVA, aliado ao facto de nessa parte o ofício-circulado fazer referência a disposições legais que já não estão plenamente em vigor, optou-se por terminar aqui a citação do mesmo.

Capítulo I – Localização das Transmissões de Bens

C – Transmissões a bordo de um meio de transporte com destino a outro Estado membro

1. LEGISLAÇÃO

1.1. Código do IVA

«Artigo 6.º

[...]

3 – As transmissões de bens efectuadas a bordo de um navio, de uma aeronave ou de um comboio, durante um transporte intra-comunitário de passageiros, só são tributáveis se o lugar de partida se situar no território nacional e o lugar de chegada no território de outro Estado membro, tendo em conta as definições constantes do n.º 3 do artigo 1.º.

[...]»

1.2. Directiva do IVA

«Artigo 37.º

1. Caso a entrega de bens seja efectuada a bordo de uma embarcação, de uma aeronave ou de um comboio, durante a parte de um transporte de passageiros efectuada no território da Comunidade, é considerado lugar da entrega o lugar de partida do transporte de passageiros.

[...]»

1.3. Sexta Directiva

«Artigo 8.º

[...]

1. Por "lugar de entrega de um bem" entende-se:
[...]

94 *A Incidência e os Critérios de Territorialidade do IVA*

c) Se a entrega dos bens for efectuada a bordo de um navio, de um avião ou de um comboio, durante a parte de um transporte efectuada no território da Comunidade: o lugar de partida do transporte de passageiros.
[...]»

2. ASPECTOS GERAIS

As transmissões de bens realizadas a bordo de um navio, de uma aeronave ou de um comboio, durante uma prestação de serviços de transporte intracomunitário de passageiros que tenha como lugar de partida o território nacional, consideram-se efectuadas no território nacional ao longo de todo o percurso.

Em contrapartida, tratando-se de um transporte intracomunitário de passageiros que tenha como ponto de partida o território de outro Estado membro da Comunidade, as transmissões de bens realizadas a bordo dos referidos meios de transporte não são consideradas efectuadas em território nacional, ainda que o território português constitua o lugar de chegada do transporte ou um ponto de passagem do mesmo.

O conteúdo do primeiro parágrafo da alínea c) do n.º 1 do artigo 8.º da Sexta Directiva (com a redacção que lhe foi dada pela Directiva 92/111/CEE, do Conselho, de 14 de Dezembro de 1992), correspondente actualmente ao n.º 1 do artigo 37.º da Directiva do IVA, encontra-se transposto no n.º 3 do artigo 6.º do CIVA.

Quanto às definições contidas no segundo parágrafo da alínea c) do n.º 1 do artigo 8.º da Sexta Directiva, correspondente ao actual n.º 2 do artigo 37.º da Directiva do IVA, as mesmas constam, no ordenamento interno, do n.º 3 do artigo 1.º do CIVA. Essas disposições contêm a definição do conceito de "transporte intracomunitário de passageiros", bem como a precisão de elementos desse conceito, concretamente, as definições de "lugar de partida de um transporte", de "lugar de chegada de um transporte" e de "transporte de ida e volta".

3. CONCEITO DE «TRANSPORTE INTRACOMUNITÁRIO DE PASSAGEIROS»

Para efeitos da referida regra de localização das transmissões de bens efectuadas a bordo de um navio, de uma aeronave ou de um

Capítulo I – Localização das Transmissões de Bens   95

comboio, as alíneas a) a d) do n.º 3 do artigo 1.º do CIVA contêm, respectivamente, as definições que seguem.

i) "Transporte intracomunitário de passageiros": o transporte de passageiros cujos lugares de partida e de chegada se situam no território da Comunidade sem escala em país terceiro, bem como a parte de um transporte de passageiros efectuada no território da Comunidade, sem que haja escala em país terceiro entre o lugar de partida e o lugar de chegada;

ii) "Lugar de partida de um transporte": o primeiro lugar previsto para o embarque dos passageiros no território da Comunidade, eventualmente após início ou escala fora da Comunidade;

iii) "Lugar de chegada de um transporte": o último lugar previsto de desembarque no território da Comunidade dos passageiros que tiverem embarcado no território da Comunidade, eventualmente antes de uma escala ou destino fora da Comunidade;

iv) "Transporte de ida e volta": dois transportes distintos, um para o trajecto de ida, outro para o trajecto de volta.

4. CONCEITO DE «ESCALA FORA DA COMUNIDADE»

Acórdão do TJCE de 15 de Setembro de 2005, processo C-58/ /04, caso *Köhler*, Colect. p. I-8219:

Nesta decisão, o TJCE foi chamado a pronunciar-se sobre o conceito de "escala fora da Comunidade", para efeitos das definições constantes da alínea c) do n.º 3 do artigo 8.º da Sexta Directiva (actual n.º 2 do artigo 37.º da Directiva do IVA).

Sob análise esteve a determinação do lugar de tributação das vendas efectuadas numa loja situada a bordo de um navio de cruzeiro. Os cruzeiros em causa tinham como lugar de partida portos alemães e como último lugar de chegada portos alemães ou italianos. Entretanto, durante o percurso do cruzeiro, o navio fazia paragens em alguns portos situados em países terceiros, permitindo aos passageiros sair do navio por um período de tempo. Essas paragens, no entanto, não correspondiam ao final da viagem para nenhum dos passageiros embarcados no início do cruzeiro, nem davam lugar ao embarque de novos passageiros.

Na perspectiva da administração fiscal alemã, dado não haver lugar ao desembarque definitivo de passageiros nem ao embarque de novos passageiros, as paragens efectuadas não deveriam ser qualificadas como "escalas fora da Comunidade". Nessa medida, todo o percurso constituiria uma prestação de serviços de "transporte intracomunitário de passageiros", pelo que todas as transmissões de bens efectuadas a bordo durante o cruzeiro seriam de considerar localizadas no Estado membro de partida do transporte. Não havendo coincidência de pontos de vista entre o proprietário da loja e a administração fiscal alemã, a querela foi submetida a decisão de um tribunal daquele Estado membro, o qual entendeu colocar ao TJCE, a título prejudicial, a seguinte questão: *"As escalas de um navio em portos de países terceiros, durante as quais os passageiros apenas podem desembarcar por curtos períodos de tempo, por exemplo, para realizar visitas, não existindo a possibilidade de iniciar ou de terminar a viagem, constituem 'escala[s] fora da Comunidade' na acepção do artigo 8.º, n.º 1, alínea c), du [Sexta Directiva]?"*

A dúvida suscitada perante o TJCE consistia, portanto, em determinar se, pese embora as paragens efectuadas em países terceiros, a referida regra de localização das transmissões de bens realizadas a bordo é aplicável às vendas feitas ao longo de toda uma viagem ou se, pelo contrário, tais paragens implicavam a tributação apenas das vendas efectuadas durante os percursos entre dois portos situados em Estados membros da Comunidade Europeia. Nesse contexto, o tribunal alemão pretendia, essencialmente, indagar se o sentido da expressão *"escala exterior à Comunidade"*, constante do primeiro travessão do segundo parágrafo da norma em causa, se reportaria apenas a situações em que ocorresse o embarque de novos passageiros, que assim iniciariam aí a sua viagem, ou o desembarque definitivo de outros passageiros, que, por sua vez, a terminariam nesse local.

O TJCE salientou que a regra contida na alínea c) do n.º 1 do artigo 8.º da Sexta Directiva visa impedir que nas vendas efectuadas durante um transporte intracomunitário de passageiros houvesse necessidade de aplicar sucessivamente os regimes fiscais dos Estados membros que esse transporte atravessasse, evitando também conflitos de competência entre eles. A regra constante daquela disposição é aplicável também, como nela se refere, à *"parte de um transporte de passageiros efectuado dentro da Comunidade"*, ou seja, à parte do transporte efectuada sem escala num país terceiro. Desse modo, a referida norma, ao excluir a existência de uma parte de um transporte

Capítulo I – Localização das Transmissões de Bens   97

intracomunitário de passageiros na hipótese de ter lugar uma escala fora da CE, visa também evitar riscos de conflitos de competências fiscais com países terceiros. Esses conflitos poderiam surgir no caso de vendas a bordo durante uma interrupção do percurso intracomunitário por uma escala fora do território da CE.

Em face destas considerações, o Tribunal retirou a ilação de que qualquer venda feita a bordo durante uma escala fora da CE se deve considerar fora do âmbito da Sexta Directiva.

Assim, em resposta à questão prejudicial que lhe vinha colocada, o TJCE afirmou que *"[a]s paragens efectuadas por um navio nos portos de países terceiros durante as quais os passageiros podem desembarcar do navio, ainda que por um curto período, constituem «escala[s] fora da Comunidade», na acepção do artigo 8.º, n.º 1, alínea c) da Sexta Directiva [...]"*.

D – Fornecimentos de gás natural e de electricidade

1. LEGISLAÇÃO

1.1. Código do IVA

«Artigo 6.º

[...]

22 – Não obstante o disposto nos n.ᵒˢ 1 e 2, as transmissões de gás, através do sistema de distribuição de gás natural, e de electricidade são tributáveis:

a) Quando o adquirente seja um sujeito passivo revendedor de gás ou de electricidade cuja sede, estabelecimento estável ao qual são fornecidos os bens ou domicílio se situe em território nacional;

b) Quando o adquirente seja um sujeito passivo dos referidos na alínea a) do n.º 1 do artigo 2.º, que não seja um sujeito passivo revendedor de gás ou de electricidade, que disponha de sede, estabelecimento estável ao qual são fornecidos os

98 *A Incidência e os Critérios de Territorialidade do IVA*

bens ou domicílio em território nacional, e que não os destine a utilização e consumo próprios;

c) Quando a utilização e consumo efectivos desses bens, por parte do adquirente, ocorram no território nacional e este não seja um sujeito passivo revendedor de gás ou de electricidade com sede, estabelecimento estável ao qual são fornecidos os bens ou domicílio fora do território nacional.

23 – Não obstante o disposto nos n.ºs 1 e 2, as transmissões de gás, através do sistema de distribuição de gás natural, e de electricidade não são tributáveis:

a) Quando o adquirente seja um sujeito passivo revendedor de gás ou de electricidade cuja sede, estabelecimento estável ao qual são fornecidos os bens ou domicílio se situe fora do território nacional;

b) Quando a utilização e consumo efectivos desses bens, por parte do adquirente, ocorram fora do território nacional e este não seja um sujeito passivo revendedor de gás ou de electricidade com sede, estabelecimento estável ao qual são fornecidos os bens ou domicílio no território nacional.»

1.2. Directiva do IVA

«ARTIGO 38.º

1. No caso do fornecimento de gás, através da rede de distribuição de gás natural, ou de electricidade a um sujeito passivo revendedor, considera-se que o lugar da entrega é o lugar onde esse sujeito passivo revendedor tem a sede da sua actividade económica ou dispõe de um estabelecimento estável ao qual são fornecidos os bens, ou, na falta de sede ou de estabelecimento estável, o lugar onde tem domicílio ou residência habitual.

2. Para efeitos do n.º 1, entende-se por «sujeito passivo revendedor» o sujeito passivo cuja actividade principal em matéria de compra de gás ou electricidade é a revenda desses produtos e cujo consumo próprio dos referidos produtos é insignificante.

Capítulo I – Localização das Transmissões de Bens   99

Artigo 39.º

No caso do fornecimento de gás, através da rede de distribuição de gás natural, ou de electricidade não abrangidos pelo artigo 38.º, considera-se que o lugar da entrega é o lugar onde o adquirente utiliza e consome efectivamente os bens.

Quando a totalidade ou parte do gás e da electricidade não seja efectivamente consumida pelo adquirente, considera-se que esses bens não consumidos foram utilizados e consumidos no lugar onde o adquirente tem a sede da sua actividade económica ou dispõe de um estabelecimento estável ao qual foram fornecidos os bens. Na falta de sede ou de estabelecimento estável, considera-se que o adquirente utilizou e consumiu os bens no lugar onde tem domicílio ou residência habitual.»

1.3. Sexta Directiva

«Artigo 8.º

[...]

1. Por "lugar de entrega de um bem" entende-se:

[...]

d) Se o fornecimento de gás, através do sistema de distribuição de gás natural, ou de electricidade for feito a um sujeito passivo revendedor, o lugar onde esse sujeito passivo revendedor tem a sede da sua actividade económica ou um estabelecimento estável ao qual são fornecidos os bens, ou, na falta de sede ou de estabelecimento estável, o lugar do seu domicílio permanente ou da sua residência habitual.

e) Se o fornecimento de gás, através do sistema de distribuição de gás natural, ou de electricidade não estiver abrangido pela alínea d), o lugar onde o destinatário utiliza e consome efectivamente os bens.

Caso todos ou parte dos bens não sejam efectivamente consumidos pelo adquirente, considera-se que este utilizou e consumiu efectivamente esses bens não consumidos no lugar em que tem a sede da sua actividade económica ou um estabelecimento estável ao qual são fornecidos os bens. Na falta de sede ou de estabelecimento

100 A Incidência e os Critérios de Territorialidade do IVA

estável, considera-se que o adquirente utilizou e consumiu efectivamente os bens no lugar do seu domicílio permanente ou da sua residência habitual.

Para efeitos da presente disposição, por sujeito passivo revendedor entende-se um sujeito passivo cuja actividade principal em matéria de compra de gás e electricidade é a revenda destes produtos, e cujo consumo próprio dos mesmos é negligenciável».

2. ASPECTOS GERAIS

Em face do disposto no n.º 2 do artigo 3.º do CIVA, os fornecimentos de gás e de electricidade são considerados bens corpóreos. Assim, para efeitos deste imposto, tais fornecimentos constituem operações qualificadas como transmissões de bens, e não como prestações de serviços.

As regras de localização dos fornecimentos de gás, através do sistema de distribuição de gás natural, assim como dos fornecimentos de electricidade, constituem uma das excepções à regra geral de localização das transmissões de bens. Para determinar o lugar em que se consideram efectuados esses fornecimentos não é relevante, portanto, o local de partida da expedição ou transporte do gás ou da electricidade.

O aditamento dos n.ᵒˢ 22 e 23 ao artigo 6.º, promovido pela Lei n.º 55-B/2004, de 30 de Dezembro (Lei do Orçamento de Estado para 2005), visou transpor as regras de localização aplicáveis aos fornecimentos de gás, através do sistema de distribuição de gás natural, e de electricidade, previstas no primeiro parágrafo da alínea d) e na alínea e) do n.º 1 do artigo 8.º da Sexta Directiva, aditadas pela Directiva 2003/92/CE, do Conselho, de 7 de Outubro de 2003. No plano comunitário, estas regras constam, actualmente, dos artigos 38.º e 39.º da Directiva do IVA.

Uma vez que a regra geral de localização das transmissões de bens, prevista no n.º 1 do artigo 6.º do CIVA, define como local de realização das operações o lugar do início da expedição ou transporte para o adquirente ou, não havendo expedição ou transporte, o lugar da colocação dos bens à disposição do adquirente, mostrou-se necessário estabelecer uma derrogação a essa regra. A necessidade de tal derrogação advém das características especiais do circuito de distribuição daqueles bens à escala mundial, o qual não permite identificar o lugar em que ocorre o início da expedição ou transporte com destino ao adquirente. Idêntica derrogação se mostrou também necessária para o caso das transmissões realizadas antes da importação dos bens, a que se refere o n.º 2 do mesmo artigo 6.º do CIVA.

Nessa conformidade, do n.º 22 do artigo 6.º constam as situações em que os fornecimentos em causa se consideram efectuados no território nacional, regulando-se, por seu turno, no n.º 23 do mesmo artigo, as situações em que esses fornecimentos não se consideram realizados em território nacional. Assim, no caso de uma transacção feita a um adquirente que destina os bens a consumo próprio, o elemento de conexão relevante é o lugar em que ocorrer esse consumo. Por sua vez, no caso de uma transacção intermédia, em que o adquirente, mesmo não exercendo a actividade de sujeito passivo revendedor desses produtos, não proceda ao consumo efectivo dos mesmos e os destine a serem revendidos, o elemento de conexão relevante é o lugar em que esse adquirente se encontra estabelecido.

No cômputo geral, da conjugação do previsto nos n.ᵒˢ 22 e 23 do artigo 6.º do CIVA, decorrem as seguintes regras de localização aplicáveis aos fornecimentos de gás e de electricidade abrangidos por aquelas disposições:

i) No caso de fornecimentos efectuados a sujeitos passivos revendedores ou a outras entidades que não destinem os bens a consumo próprio no quadro da respectiva actividade económica, tais fornecimentos são considerados efectuados em território nacional quando o adquirente disponha de sede, estabelecimento estável ao qual os bens tenham sido fornecidos ou domicílio no território nacional, não sendo, em contrapartida, tributáveis quando o adquirente não se encontre nas mencionadas circunstâncias;

ii) No caso de fornecimentos efectuados a entidades que, não sendo revendedoras, destinem os bens a consumo próprio no quadro da sua actividade económica, ou a particulares, tais fornecimentos são considerados efectuados em território nacional quando nele se verifique o consumo efectivo dos bens pelo adquirente, não sendo, em contrapartida, nele considerados efectuados quando o consumo efectivo pelo adquirente ocorrer fora do território nacional.

3. CONCEITO DE «SUJEITO PASSIVO REVENDEDOR DE GÁS OU DE ELECTRICIDADE»

Nos termos da alínea i) do n.º 2 do artigo 1.º do CIVA, entende-se por "sujeito passivo revendedor de gás ou de electricidade" a pessoa singular ou colectiva cuja actividade consista na aquisição de gás, através do sistema de distribuição de gás natural, ou de electricidade para revenda, e cujo eventual consumo próprio desses bens não seja significativo.

4. APLICAÇÃO DAS REGRAS RELATIVAS AOS FORNECIMENTOS DE GÁS NATURAL E DE ELECTRICIDADE

Ofício-circulado n.º 30 081, de 26 de Julho de 2005, da DSIVA:

Este ofício-circulado veio dar conta do aditamento dos n.ºs 22 e 23 ao artigo 6.º do CIVA, através da Lei n.º 55-B/2004, de 30 de Dezembro (Lei do Orçamento do Estado para 2005). Respiga-se, seguidamente, um excerto desse ofício-circulado, no qual vêm explicitadas as regras que actualmente regulam a matéria:

«1.4. Nas alterações efectuadas distinguem-se três tipos de situações que ocorrem nos fornecimentos de gás, através do sistema de distribuição de gás natural, e de electricidade:
   – fornecimentos a "sujeitos passivos revendedores" são tributados no Estado membro em que o adquirente tem a sede ou estabelecimento estável ao qual são fornecidos os bens – art.º 6.º – n.º 22 – a) e n.º 23 – a);
   – fornecimentos a sujeitos passivos que não sejam revendedores e que não os destinem a utilização/consumo próprio – são tributados no Estado membro em que o adquirente tem a sede ou estabelecimento estável ao qual são fornecidos os bens – art.º 6.º – n.º 22 – b) e n.º 23 – b);
   – fornecimentos a consumidores finais (sujeitos passivos e particulares) são tributados no lugar onde ocorre o consumo (que coincide com o local onde se situa o contador) – art.º 6.º– n.º 22 – c) e n.º 23 – b).

Capítulo I – Localização das Transmissões de Bens   103

1.5. Assim, deve considerar-se o seguinte:

– Os sujeitos passivos, revendedores ou não, que efectuam aquisições de gás, através do sistema de distribuição de gás natural, ou de electricidade, nas condições referidas na alínea h) do n.º 1 do artigo 2.º, do CIVA, (cujos transmitentes não disponham no território nacional de sede, estabelecimento estável a partir do qual a transmissão seja efectuada, ou domicílio) devem proceder à liquidação do imposto devido. O imposto liquidado nestas circunstâncias pode ser objecto de dedução, nos termos dos artigos 19.º a 23.º do Código do IVA, sendo os respectivos valores relevados no quadro 06 da declaração periódica, nos campos 1 a 4 (base tributável e imposto a favor do Estado) e 21 ou 24 (IVA dedutível), se for caso disso;

– Os sujeitos passivos, revendedores ou não, que efectuam transmissões de gás, através do sistema de distribuição de gás natural, ou de electricidade, a sujeitos passivos revendedores, a sujeitos passivos não revendedores e a não sujeitos passivos, nas condições previstas no n.º 23 do artigo 6.º do CIVA (operações não localizadas no território nacional), não devem proceder à liquidação de IVA. Na factura ou documento equivalente deverá ser mencionado o motivo justificativo da não aplicação do imposto. Neste caso, apenas será preenchido o campo 8 do quadro 06 da declaração periódica, por se tratar de operações que, embora não localizadas no território nacional, conferem direito a dedução (art.º 20.º, n.º 1 – b)).»

E – Transmissões de bens instalados ou montados noutro Estado membro

1. LEGISLAÇÃO

1.1. Regime do IVA nas Transacções Intracomunitárias

«Artigo 9.º

1 – O disposto no n.º 1 do artigo 6.º do Código do IVA não tem aplicação relativamente às transmissões de bens expedidos ou transportados pelo sujeito passivo ou por sua conta para fora do território nacional, quando os bens sejam instalados ou montados no território de outro Estado membro.

2 – São, no entanto, tributáveis as transmissões de bens expedidos ou transportados a partir de outro Estado membro, quando os bens sejam instalados ou montados em território nacional, pelo fornecedor, sujeito passivo nesse outro Estado membro, ou por sua conta.»

1.2. Directiva do IVA

«Artigo 36.º

Caso os bens expedidos ou transportados pelo fornecedor, pelo adquirente ou por terceiros devam ser instalados ou montados, com ou sem ensaio de funcionamento, pelo fornecedor ou por sua conta, considera-se lugar da entrega o lugar onde se efectua a instalação ou a montagem.

Quando os bens sejam instalados ou montados num Estado- -Membro diferente do fornecedor, o Estado-Membro em cujo território é efectuada a instalação ou a montagem adopta as medidas necessárias para evitar a dupla tributação nesse Estado-Membro.»

1.3. Sexta Directiva

«Artigo 8.º

[...]

1. Por «lugar de entrega de um bem» entende-se:

a) [...] Quando o bem deva ser instalado ou montado, com ou sem ensaio de funcionamento, pelo fornecedor ou por conta deste, por lugar da entrega entende-se o lugar onde se efectua a instalação ou a montagem. Se o bem for instalado ou montado num Estado-membro que não seja o do fornecedor, o Estado membro em cujo território é efectuada a instalação ou a montagem adoptará as medidas necessárias para evitar a dupla tributação neste Estado;
[...]».

2. ASPECTOS GERAIS

Estando em causa operações intracomunitárias em que os bens transaccionados são, por parte do fornecedor ou de um terceiro por sua conta, objecto de instalação ou montagem no Estado membro de destino, a regra geral de localização das transmissões de bens, constante do n.º 1 do artigo 6.º do CIVA, sofre derrogação no sentido da sua restrição ou do seu alargamento, consoante a instalação ou montagem se dê no território de outro Estado membro ou no território nacional, respectivamente.

Assim, não se consideram efectuadas no território nacional as transmissões de bens em que estes sejam expedidos ou transportados, pelo fornecedor ou por sua conta, para fora do território nacional, quando os bens sejam instalados ou montados no território de outro Estado membro (artigo 9.º, n.º 1, do RITI). Nestas condições, a transferência dos bens, por parte do fornecedor, para outro Estado membro, com vista às necessidades da sua empresa, também não é sujeita a imposto, por tal transferência se encontrar expressamente excluída do conceito de transmissão de bens [artigo 7.º, n.º 2, alínea a), do RITI].

Em contrapartida, consideram-se efectuadas no território nacional as transmissões em que os bens, sendo expedidos ou transportados

106 *A Incidência e os Critérios de Territorialidade do IVA*

a partir de outro Estado membro, venham a ser instalados ou montados no território nacional pelo fornecedor ou por sua conta (artigo 9.º, n.º 2, do RITI). Tratando-se, nas circunstâncias referidas, de uma transmissão de bens efectuada no território nacional, o adquirente efectuará uma aquisição interna e não uma aquisição intracomunitária de bens. No que concerne ao fornecedor dos bens, este, embora proceda à afectação de bens no território nacional para as necessidades da sua empresa, não efectua aqui operação assimilada a aquisição intracomunitária de bens, por força do disposto no n.º 3 do artigo 4.º, em conjugação com a alínea a) do n.º 2 do artigo 7.º, ambos do RITI.

3. FORNECIMENTO E INSTALAÇÃO DE UM CABO SUBMARINO (REMISSÃO)

A este respeito, veja-se o acórdão do TJCE de 29 de Março de 2007, relativo ao processo C-111/05 (caso *NN*, Colect. p. I-?), sumariado, *supra*, no n.º 6 da secção A deste capítulo I da Parte II.

F – Transmissões intracomunitária de bens com destino a não sujeitos passivos ou a sujeitos passivos isentos

1. LEGISLAÇÃO

1.1. Regime do IVA nas Transacções Intracomunitárias

«Artigo 10.º

1 – O disposto nos n.ºs 1 e 2 do artigo 6.º do Código do IVA não tem aplicação relativamente à transmissão de bens expedidos ou transportados pelo sujeito passivo ou por sua conta, a partir do território nacional, com destino a um adquirente estabelecido ou domiciliado noutro Estado membro, quando se verifiquem, simultaneamente, as seguintes condições:

a) O adquirente não se encontre abrangido por um regime de tributação das aquisições intracomunitárias no Estado membro

Capítulo I – Localização das Transmissões de Bens 107

de chegada da expedição ou transporte dos bens, ou seja um particular;

b) Os bens não sejam meios de transporte novos, bens a instalar ou montar nos termos do n.º 1 do artigo 9.º nem bens sujeitos a impostos especiais de consumo;

c) O valor global, líquido do imposto sobre o valor acrescentado, das transmissões de bens efectuadas no ano civil anterior ou no ano civil em curso, tenha excedido o montante a partir do qual são sujeitas a tributação no Estado membro de destino.

2 – Não obstante o disposto nas alíneas b) e c) do número anterior, não são igualmente tributáveis as transmissões de bens sujeitos a impostos especiais de consumo, expedidos ou transportados pelo sujeito passivo ou por sua conta, a partir do território nacional, com destino a um particular domiciliado noutro Estado membro.

3 – Os sujeitos passivos referidos no n.º 1 cujas transmissões de bens não tenham excedido o montante aí mencionado podem optar pela sujeição a tributação no Estado membro de destino, devendo permanecer no regime por que optaram durante um período de dois anos.

4 – Se os bens a que se referem as transmissões previstas nos números anteriores forem expedidos ou transportados a partir de um país terceiro e importados pelo sujeito passivo nos termos do artigo 5.º do Código do IVA, considera-se que foram expedidos ou transportados a partir do território nacional.

Artigo 11.º

1 – São tributáveis as transmissões de bens expedidos ou transportados pelo fornecedor, sujeito passivo noutro Estado membro, ou por sua conta, a partir desse Estado membro, quando o lugar de chegada dos bens com destino ao adquirente se situe no território nacional e desde que se verifiquem, simultaneamente, as seguintes condições:

a) O adquirente seja um sujeito passivo que se encontre abrangido pelo disposto no n.º 1 do artigo 5.º ou um particular;

b) Os bens não sejam meios de transporte novos, bens a instalar ou montar nos termos do n.º 2 do artigo 9.º nem bens sujeitos a impostos especiais de consumo;

108 A Incidência e os Critérios de Territorialidade do IVA

c) O valor global, líquido do imposto sobre o valor acrescentado, das transmissões de bens efectuadas por cada fornecedor, no ano civil anterior ou no ano civil em curso, exceda o montante de € 35 000.

2 – Não obstante o disposto no número anterior, são ainda tributáveis:

a) As transmissões de bens sujeitos a impostos especiais de consumo, expedidos ou transportados pelo fornecedor ou por sua conta a partir de outro Estado membro, quando o lugar de chegada dos bens com destino ao adquirente se situe no território nacional e este seja um particular;

b) As transmissões de bens cujo valor global não tenha excedido o limite de € 35 000, quando os sujeitos passivos tenham optado, nesse outro Estado membro, por um regime de tributação idêntico ao previsto no n.º 3 do artigo 10.º.

3 – Se os bens a que se referem as transmissões previstas nos números anteriores forem expedidos ou transportados a partir de um país terceiro, considera-se que foram expedidos ou transportados a partir do Estado membro em que o fornecedor procedeu à respectiva importação.

4 – Para efeitos do disposto na alínea c) do n.º 1, o valor global das transmissões é determinado com exclusão do valor das transmissões de meios de transporte novos e de bens sujeitos a impostos especiais de consumo.»

1.2. Directiva do IVA

«ARTIGO 33.º

1. Em derrogação do disposto no artigo 32.º, considera-se que o lugar de entrega de bens expedidos ou transportados pelo fornecedor ou por sua conta, a partir de um Estado-Membro que não seja o de chegada da expedição ou do transporte, é o lugar onde se encontram os bens no momento da chegada da expedição ou do transporte com destino ao adquirente, desde que estejam reunidas as seguintes condições:

a) A entrega de bens é efectuada para um sujeito passivo ou para uma pessoa colectiva que não seja sujeito passivo cujas aquisições intracomunitárias de bens não estão sujeitas ao IVA por força do disposto no n.º 1 do artigo 3.º, ou para qualquer outra pessoa que não seja sujeito passivo;

b) Os bens entregues não são meios de transporte novos nem bens entregues após montagem ou instalação, com ou sem ensaio de funcionamento, pelo fornecedor ou por sua conta.

2. Quando os bens entregues são expedidos ou transportados a partir de um território terceiro ou de um país terceiro e importados pelo fornecedor para um Estado-Membro que não seja o de chegada da expedição ou do transporte com destino ao adquirente, são considerados como expedidos ou transportados a partir do Estado-Membro de importação.

Artigo 34.º

1. O disposto no artigo 33.º não é aplicável às entregas de bens expedidos ou transportados com destino a um mesmo Estado-Membro de chegada da expedição ou do transporte, quando estiverem reunidas as seguintes condições:

a) Os bens entregues não são produtos sujeitos a impostos especiais de consumo;

b) O montante global, líquido de IVA, das entregas efectuadas no Estado-Membro, nas condições previstas no artigo 33.º, não excede o valor de EUR 100 000 ou o seu contravalor em moeda nacional, durante o mesmo ano civil;

c) O montante global, líquido de IVA, das entregas efectuadas no Estado-Membro, nas condições previstas no artigo 33.º, de bens que não sejam produtos sujeitos a impostos especiais de consumo, não excedeu o valor de EUR 100 000 ou o seu contravalor em moeda nacional, durante o ano civil anterior.

2. O Estado-Membro em cujo território se encontrem os bens no momento da chegada da expedição ou do transporte com destino ao adquirente pode limitar o limiar referido no n.º 1 a EUR 35 000 ou ao seu contravalor em moeda nacional, se recear que o limiar de EUR 100 000 dê origem a graves distorções de concorrência.

Os Estados-Membros que façam uso da faculdade prevista no primeiro parágrafo devem tomar as medidas necessárias para informar

110 *A Incidência e os Critérios de Territorialidade do IVA*

desse facto as autoridades públicas competentes do Estado-Membro a partir do qual os bens são expedidos ou transportados.

3. A Comissão deve apresentar ao Conselho, no mais curto prazo, um relatório sobre o funcionamento do limiar especial de EUR 35 000 referido no n.º 2, acompanhado, se for o caso, das propostas adequadas.

4. O Estado-Membro em cujo território se encontrem os bens no momento em que se inicia a expedição ou o transporte concede aos sujeitos passivos que efectuem entregas de bens susceptíveis de beneficiar do n.º 1 o direito de optarem por que o lugar dessas entregas seja determinado em conformidade com o artigo 33.º.

Os Estados-Membros em causa determinam as regras de exercício da opção referida no primeiro parágrafo, que, em qualquer caso, abrange um período de dois anos civis.

ARTIGO 35.º

O disposto nos artigos 33.º e 34.º não é aplicável às entregas de bens em segunda mão, de objectos de arte e de colecção ou de antiguidades, tal como definidos nos pontos 1) a 4) do n.º 1 do artigo 311.º, nem às entregas de meios de transporte em segunda mão, tal como definidos no n.º 3 do artigo 327.º, sujeitas ao IVA em conformidade com os regimes especiais aplicáveis nesses domínios.»

1.3. Sexta Directiva

«ARTIGO 28.º-B

[...]

B. Lugar das entregas de bens

1. Em derrogação do n.º 1, alínea a), e do n.º 2 do artigo 8.º considera-se que o lugar de entrega de bens expedidos ou transportados pelo fornecedor ou por conta deste, a partir de um Estado-membro que não seja o de chegada da expedição ou do transporte se situa no lugar onde se encontram os bens no momento da chegada de expedição ou do transporte destinado ao adquirente, desde que se encontrem reunidas as seguintes condições:

> – a entrega dos bens seja feita para um sujeito passivo ou para uma pessoa colectiva não sujeito passivo que beneficiem da

Capítulo I – Localização das Transmissões de Bens 111

derrogação prevista no n.º 1, alínea a), segundo parágrafo, do artigo 28.º-A ou para qualquer outra pessoa que não seja sujeito passivo,
– os bens não sejam meios de transporte novos nem bens entregues após montagem ou instalação, com ou sem ensaio de funcionamento, pelo fornecedor ou por conta deste.

Sempre que os bens entregues nestas condições sejam expedidos ou transportados a partir de um território terceiro e importados pelo fornecedor para um Estado-membro que não seja o de chegada da expedição ou do transporte destinado ao adquirente, serão considerados como expedidos ou transportados a partir do Estado-membro de importação.

2. No entanto, caso os bens entregues não sejam produtos sujeitos a impostos especiais sobre o consumo, o disposto no n.º 1 não se aplica às entregas de bens expedidos ou transportados com destino a um mesmo Estado-membro de chegada da expedição ou do transporte:

– efectuadas dentro dos limites e até um montante global, líquido do imposto sobre o valor acrescentado, que não exceda, durante o mesmo ano civil, o contravalor em moeda nacional de 100 000 ecus, e
– desde que o montante global, líquido do imposto sobre o valor acrescentado, das entregas de bens que não sejam produtos sujeitos a impostos especiais de consumo, efectuadas nas condições previstas no n.º 1, durante o ano civil anterior não tenha excedido o contravalor em moeda nacional de 100 000 ecus.

O Estado-membro em cujo território se encontrem os bens no momento da chegada da expedição ou do transporte destinado ao adquirente pode limitar os limiares acima referidos ao contravalor em moeda nacional de 35 000 ecus, se recear que o limiar de 100 000 ecus acima referido conduz a sérias distorções das condições de concorrência. Os Estados-membros que fizerem uso desta faculdade tomarão as medidas necessárias para informar as autoridades públicas competentes do Estado-membro a partir do qual os bens são expedidos ou transportados.

A Comissão apresentará ao Conselho, até 31 de Dezembro de 1994, um relatório sobre o funcionamento dos limiares especiais de 35 000 ecus mencionados no parágrafo anterior. A Comissão pode informar

112   *A Incidência e os Critérios de Territorialidade do IVA*

o Conselho, no referido relatório, de que a supressão dos limiares especiais não conduzirá a sérias distorções de concorrência. As disposições do parágrafo anterior continuam em vigor enquanto o Conselho não tiver deliberado, por unanimidade, sob proposta da Comissão.

3. O Estado-membro em cujo território se encontrem os bens no momento da partida da expedição ou do transporte concederá aos sujeitos passivos que efectuem entregas de bens susceptíveis de beneficiar do disposto no n.º 2 o direito de optarem pela determinação do lugar dessas entregas de acordo com o n.º 1.

Os Estados-membros em questão determinarão as modalidades do exercício dessa opção que, em qualquer caso, abrangerá um período de dois anos civis.»

2. ASPECTOS GERAIS

As disposições dos artigos 10.º e 11.º do RITI estabelecem uma derrogação à regra geral de localização das transmissões de bens, quando estejam em causa as denominadas "vendas à distância" que tenham um carácter intracomunitário.[50] Aquelas disposições da legislação interna têm por base actual os artigos 33.º a 35.º da Directiva do IVA, que correspondem à anterior parte B do artigo 28.º-B da Sexta Directiva.

Nas transacções intracomunitárias ocorridas entre sujeitos passivos abrangidos por um regime de tributação do IVA em diferentes Estados membros, a liquidação e pagamento do imposto têm lugar no Estado membro de destino. Essa liquidação e pagamento incumbem ao próprio adquirente dos bens, na qualidade de sujeito passivo que efectuou a aquisição intracomunitária de bens no Estado membro de destino destes. Tal não se passa, porém, no caso das transmissões intracomunitárias destinadas a não sujeitos passivos ou a sujeitos passivos isentos, que não estejam abrangidos por um regime de tributação das aquisições intracomunitárias de bens que efectuem.

---

[50] A expressão "vendas à distância" não tem uma efectiva correspondência no texto legal, já que, como facilmente se reconhece, se trata de uma expressão elíptica em relação ao universo de realidades abarcadas pelos artigos 10.º e 11.º do RITI. É certo, porém, que as mais vulgares manifestações dessas realidades são as chamadas "vendas à distância", isto é, vendas por correspondência, por catálogo, por sistemas de telecompras, de comércio electrónico *off-line*, etc..

Capítulo I – Localização das Transmissões de Bens 113

Com efeito, nas transmissões intracomunitárias efectuadas para os destinatários acabados de referir, a tributação, por via de regra, ocorre no país de origem, ou seja, no Estado membro a partir do qual a transmissão tem lugar, sendo aplicável o imposto vigente nesse Estado membro. Nessas operações, portanto, vigora o princípio de tributação na origem, salvo nos casos expressamente previstos nos artigos 10.º e 11.º do RITI, em que a natureza dos bens, o volume de vendas obtido pelo respectivo fornecedor ou a expressa opção deste justificam que se proceda à tributação no país de destino dos bens, obrigando-se o transmitente a efectuar a liquidação e o pagamento do IVA em vigor no Estado membro de chegada da expedição ou transporte dos bens.

As circunstâncias que determinam a tributação no país de destino das vendas intracomunitárias de bens feitas a não sujeitos passivos ou a sujeitos passivos isentos, não abrangidos por um regime de tributação das aquisições intracomunitárias de bens, são seguidamente explanadas com mais pormenor.

2.1. «Vendas à distância» a partir do território nacional

Nos n.ᵒˢ 1 e 2 do artigo 10.º do RITI estabelece-se uma derrogação ao disposto nos n.ᵒˢ 1 e 2 do artigo 6.º do CIVA, ou seja, à regra geral de localização das transmissões de bens e à regra de localização das transmissões que precedam a importação dos bens.

Em face dessa derrogação, a circunstância de os bens se encontrarem no território nacional no momento em que se inicia a expedição ou transporte para o adquirente, ou de virem a estar no território nacional na sequência da sua importação, não determina que se esteja perante uma transmissão de bens efectuada em território nacional.

Nos termos dos n.º 1 e 2 do artigo 10.º do RITI, não obstante os bens se encontrarem no território nacional no momento em que se dá a respectiva transmissão ou serem objecto de transmissão precedendo a sua importação, tais transmissões não se consideram efectuadas no território nacional quando se verifiquem simultaneamente as seguintes condições:

i) Os bens sejam expedidos ou transportados pelo fornecedor, ou por sua conta, com destino a um adquirente estabelecido ou domiciliado noutro Estado membro;

114 *A Incidência e os Critérios de Territorialidade do IVA*

ii) O adquirente não se encontre abrangido por um regime de tributação das aquisições intracomunitárias no Estado membro de chegada da expedição ou transporte dos bens, designadamente por ser um particular;

iii) Os bens não sejam meios de transporte novos nos termos da alínea b) do n.º 1 e do n.º 2 do artigo 6.º do RITI, bens a instalar ou montar nas condições previstas no n.º 1 do artigo 9.º do RITI, nem bens sujeitos a impostos especiais de consumo tal como se encontram definidos na alínea a) do n.º 1 do artigo 6.º do RITI, salvo, neste último caso, se o adquirente for um particular; e

iv) O valor global (líquido de IVA) das transmissões de bens efectuadas no ano civil anterior, ou no ano civil em curso, tenha excedido o montante a partir do qual são sujeitas a imposto no Estado membro de destino, excepto se se tratar de bens sujeitos a impostos especiais de consumo adquiridos por particulares em que a não sujeição no território nacional se verifica independentemente dos referidos montantes.

Ainda que as transmissões de bens anteriormente mencionadas não tenham excedido o montante a partir do qual são sujeitas a imposto no Estado membro de destino, poderá o sujeito passivo transmitente dos bens, desde que verificados os restantes condicionalismos, optar pela sujeição a imposto nesse Estado membro, devendo, nesse caso, permanecer no regime por que optou durante um período mínimo de dois anos. A possibilidade de opção pela tributação no Estados membros de destino, independentemente de o fornecedor ter ultrapassado o limiar de sujeição definido nesses países, vem estabelecida no n.º 3 do artigo 10.º do RITI.

Para efeitos da aplicação do regime previsto no artigo 10.º do RITI, nos casos em que os bens transmitidos sejam expedidos ou transportados a partir de um país terceiro, sendo importador o transmitente dos bens, considera-se que os mesmos foram expedidos ou transportados a partir do território nacional, conforme determina o n.º 4 do mesmo artigo.

Capítulo I – Localização das Transmissões de Bens   115

2.2. «Vendas à distância» a partir de outro Estado membro

Em contrapartida, nos termos do n.º 1 e da alínea a) do n.º 2 do artigo 11.º do RITI, o conceito de transmissão de bens efectuada em território nacional alarga-se aos casos em que os bens sejam expedidos ou transportados a partir de outro Estado membro, por parte do fornecedor ou por sua conta, e se mostrem verificadas as seguintes condições:

i) O lugar de chegada dos bens, com destino ao adquirente, se situe em Portugal;

ii) O adquirente não se encontre abrangido em Portugal por um regime de tributação das aquisições intracomunitárias de bens, nomeadamente por se tratar de um particular;

iii) Os bens não sejam meios de transporte novos nos termos da alínea b) do n.º 1 e do n.º 2 do artigo 6.º, bens a instalar ou a montar nas condições previstas no n.º 2 do artigo 9.º, nem bens sujeitos a impostos especiais de consumo tal como se encontram definidos na alínea a) do n.º 1 do artigo 6.º, todos do RITI, salvo, neste último caso, se o adquirente for um particular; e

iv) O valor global (líquido de IVA) das transmissões de bens com destino ao território nacional, efectuadas por cada fornecedor, exceda, no ano civil anterior ou no ano civil em curso, o montante de 35 000 euros[51], excepto se se tratar de bens sujeitos a impostos especiais de consumo adquiridos por particulares, em que a sujeição a imposto no território nacional se verifica independentemente daquele montante.

Ainda que as transmissões de bens efectuadas nas condições acima referidas não tenham excedido o montante aí indicado, poderá o fornecedor optar pela respectiva sujeição a imposto no território nacional, devendo, nesse caso, permanecer no regime por que optou durante um período mínimo de dois anos, conforme se estabelece na alínea b) do n.º 2 do artigo 11.º do RITI.

---

[51] Para a determinação deste valor não será de levar em conta o valor das transmissões de meios de transporte novos e de bens sujeitos a impostos especiais de consumo (artigo 11.º, n.º 4, do RITI).

Nos termos do n.º 3 do artigo 11.º do RITI, para efeitos da aplicação do regime previsto nesse artigo, se os bens transmitidos tiverem sido expedidos ou transportados a partir de um país terceiro, considera-se que os mesmos foram expedidos ou transportados a partir do Estado membro em que o fornecedor procedeu à respectiva importação.

Sendo as transmissões de bens previstas no artigo 11.º do RITI efectuadas por um sujeito passivo não residente, sem estabelecimento estável em Portugal, encontram-se definidas no artigo 24.º do RITI as regras relativas à nomeação e à actuação do representante fiscal. Tratando-se o transmitente de um sujeito passivo com sede, estabelecimento estável ou domicílio noutro Estado membro, a nomeação de representação fiscal é facultativa, conforme se prevê no n.º 1 do referido artigo 24.º. Nos termos do n.º 2 do mesmo artigo, essa nomeação é obrigatória no caso de o transmitente se tratar de um sujeito passivo não residente, sem estabelecimento estável em Portugal, quando também não disponha de sede, estabelecimento estável ou domicílio noutro Estado membro da Comunidade Europeia.

3. TRANSACÇÕES INTRACOMUNITÁRIAS DE BENS SUJEITOS A IEC[52]

Da conjugação das disposições do RITI relacionadas com transacções intracomunitárias de bens sujeitos a IEC, nomeadamente, a alínea c) do artigo 1.º, a alínea b) do n.º 1 do artigo 5.º e os artigos 10.º e 11.º do RITI, decorre a sistemática tributação dessas transacções no Estado membro de destino, independentemente da natureza do adquirente e do montante da transacção. As disposições ao abrigo das quais essa tributação opera dependem, no entanto, da natureza do adquirente dos bens.

Assim, no caso de bens sujeitos a IEC que sejam objecto de uma transmissão a partir de outro Estado membro com destino ao território nacional, poder-se-á estar perante as seguintes situações:

i) Sendo o adquirente dos bens um sujeito passivo que pratique operações que conferem direito à dedução total ou parcial do IVA, à transmissão de bens isenta noutro Estado membro

---

[52] O conceito de "bens sujeitos a impostos especiais de consumo", para efeitos do RITI, consta da alínea a) do n.º 1 do seu artigo 6.º.

Capítulo I – Localização das Transmissões de Bens 117

corresponde uma aquisição intracomunitária de bens no território nacional, nos termos da alínea a) do artigo 1.º do RITI, cabendo ao adquirente a liquidação do correspondente IVA;

ii) Sendo o adquirente dos bens um sujeito passivo que pratica exclusivamente operações que não conferem o direito à dedução ou qualquer pessoa colectiva não considerada sujeito passivo por quaisquer outras operações, incluindo uma pessoa colectiva pública a actuar ao abrigo dos seus poderes de autoridade, à transmissão isenta noutro Estado membro corresponde uma aquisição intracomunitária de bens no território nacional, em aplicação da alínea c) do artigo 1.º e da alínea b) do n.º 1 do artigo 5.º do RITI, cabendo ao adquirente a liquidação do correspondente imposto;

iii) Sendo o adquirente dos bens um particular, a aplicação do disposto no artigo 11.º do RITI leva a que a transmissão de bens, independentemente do respectivo montante, se considere efectuada no território nacional, e não no território do Estado a partir do qual os bens foram expedidos ou transportados pelo fornecedor ou por conta deste, cabendo ao fornecedor proceder à liquidação do correspondente IVA. Esta regra, portanto, só não é aplicável quando seja o próprio adquirente particular que proceda à expedição ou transporte dos bens.

Em relação às situações inversas, isto é, em relação aos bens sujeitos a IEC que sejam expedidos ou transportados a partir do território nacional com destino a outro Estado membro, tais operações não são tributadas em território nacional, seja por aplicação da norma de não sujeição constante do artigo 10.º do RITI, no caso de vendas feitas a particulares nos termos aí previstos, seja por aplicação das isenções previstas nas alíneas a) e d) do artigo 14.º do RITI. Desse modo, apenas a vendas efectuadas a particulares, quando sejam estes a expedir ou transportar os bens com destino a outro Estado membro, é que são objecto de tributação.

4. EXCLUSÃO DA APLICAÇÃO DAS REGRAS DAS «VENDAS À DISTÂNCIA»

Regime Especial de Tributação dos Bens em Segunda Mão, Objectos de Arte, de Colecção e Antiguidades:

Nos termos do n.º 3 do artigo 14.º do Regime Especial de Tributação dos Bens em Segunda Mão, Objectos de Arte, de Colecção e Antiguidades, aprovado pelo Decreto-Lei n.º 199/96, de 18 de Outubro, o disposto no artigo 10.º do RITI não se aplica às transmissões de bens em segunda mão, objectos de arte, de colecção ou antiguidades que se encontrem abrangidas por aquele regime especial de tributação.[53]

5. LIMIARES DE TRIBUTAÇÃO DAS «VENDAS À DISTÂNCIA»

Para efeitos da alínea c) do n.º 1 do artigo 10.º do RITI, indicam-se seguidamente os limiares em vigor nos vários Estados membros, limiares esses a partir dos quais as "vendas à distância" se consideram efectuadas nos Estados membros de destino:[54]

   i) Alemanha – 100 000 €;
   ii) Áustria – 100 000 €;
   iii) Bélgica – 35 000 €;
   iv) Bulgária – 70 000 BGN (35 791 €);
   v) Chipre – 35 000 €;
   vi) Dinamarca – 280 000 DKK (37 551 €);
   vii) Eslováquia – 1 500 000 SKK (44 642 €);
   viii) Eslovénia – 35 000 €;
   ix) Espanha – 35 000 €;
   x) Estónia – 550 000 EEK (35 151 €);
   xi) Finlândia – 35 000 €;
   xii) França – 100 000 €;
   xiii) Grécia – 35 000 €;
   xiv) Hungria – 8 800 000 HUF (34 671 €);

---

[53] Sobre o regime especial pode consultar-se o ofício-circulado n.º 98 567, de 24 de Outubro de 1996, da DSIVA, disponível em ‹www.dgci.min-financas.pt›.

[54] Informação recolhida a 30 de Abril de 2008, na página da rede global com a seguinte extensão: ‹http://ec.europa.eu/taxation_customs/resources/documents/taxation/vat/traders/vat_community/vat_in_EC_annexI.pdf›.

Capítulo I – Localização das Transmissões de Bens 119

xv) Irlanda – 35 000 €;
xvi) Itália – 27 889 €;
xvii) Letónia – 24 000 LVL (34 433 €);
xviii) Lituânia – 125 000 LTL (36 203 €);
xix) Luxemburgo – 100 000 €;
xx) Malta – 35 000 €;
xxi) Países Baixos – 100 000 €;
xxii) Polónia – 160 000 PLN (44 426 €);
xxiii) Roménia – 118 000 RON (32 702 €);
xxiv) Reino Unido – 70 000 GBP (95 264 €);
xxv) República Checa – 1 000 000 CZK (37 622 €);
xxvi) Suécia – 320 000 SEK (33 869 €).

6. EFEITOS DA TRANSPOSIÇÃO DOS LIMIARES DAS «VENDAS À DISTÂNCIA»

1) Regulamento (CE) n.º 1777/2005, do Conselho, de 17 de Outubro de 2005:

O artigo 22.º do Regulamento (CE) n.º 1777/2005 prevê o seguinte:

«Quando, no decorrer de um ano civil, for excedido o limiar aplicado por um Estado-Membro nos termos do n.º 2 da parte B do artigo 28.ºB da Directiva 77/388/CEE, a parte B do artigo 28.ºB da mesma directiva não altera o lugar das entregas de bens que não sejam produtos sujeitos a impostos especiais de consumo efectuadas no decurso do mesmo ano civil antes de ter sido excedido o limiar aplicado pelo Estado-Membro para o ano civil em curso, desde que o fornecedor:

a) Não tenha feito uso do direito de opção previsto no n.º 3 da parte B do artigo 28.ºB da directiva referida; e
b) Não tenha excedido o limiar no decurso do ano civil anterior.

Em contrapartida, a parte B do artigo 28.ºB da Directiva 77/388//CEE altera o lugar das seguintes entregas efectuadas no Estado--Membro de chegada da expedição ou do transporte:

a) A entrega que, no ano civil em curso, tenha ultrapassado o limiar aplicado pelo Estado-Membro no decurso desse mesmo ano civil;

b) Todas as entregas posteriormente efectuadas nesse Estado-Membro no decurso do mesmo ano civil;

c) As entregas efectuadas nesse Estado-Membro no decurso do ano civil seguinte àquele em que ocorreu a situação a que se refere a alínea a).»

2) Alteração do artigo 26.º, n.º 2, do RITI pelo Decreto-Lei n.º 393/2007, de 31 de Dezembro:

Como se viu, o artigo 22.º do Regulamento (CE) n.º 1777/2005 veio definir critérios interpretativos para a determinação do momento a partir do qual é devido IVA no Estado membro de chegada dos bens, no caso de "vendas à distância" que ultrapassem o limiar de tributação fixado pelo Estado membro de destino. De harmonia com a alínea a) do segundo parágrafo dessa disposição, o lugar de tributação das "vendas à distância" efectuadas no Estado membro da chegada da expedição ou transporte dos bens, a partir do momento em que ocorre uma transmissão de bens que ultrapasse o limiar de tributação fixado pelo Estado membro de destino, passa de imediato a ser o Estado membro de destino dos bens.

Em face disso, mostrou-se necessário um ajustamento na redacção do n.º 2 do artigo 26.º do RITI, o que foi assegurado através do Decreto-Lei n.º 393/2007, de 31 de Dezembro.

O n.º 2 do artigo 26.º do RITI estabelece a obrigação de registo em IVA para os sujeitos passivos que ultrapassem o limiar de 35 000 euros, a partir do qual são tributadas em território nacional as "vendas à distância" cuja expedição ou transporte dos bens se inicie em outros Estados membros. A entrega da respectiva declaração de início de actividade pode ocorrer até ao fim do mês seguinte àquele em for excedido o mencionado limiar.

No entanto, na sua redacção anterior, a parte final do n.º 2 do artigo 26.º do RITI previa que a declaração de início de actividade apenas produzisse efeitos a partir da data da sua apresentação, do que decorria só ser devido imposto pelas "vendas à distância" efectuadas em território nacional após a data da apresentação dessa declaração, desde que ocorrida dentro do prazo legal para o efeito.

Assim, uma vez que esta parte do n.º 2 do artigo 26.º do RITI estava em desconformidade com o preceituado no artigo 22.º do Regulamento (CE) n.º 1777/2005, mostrou-se necessário proceder à correspondente alteração.

CAPÍTULO II

LOCALIZAÇÃO DAS PRESTAÇÕES DE SERVIÇOS

A – Regra geral

1. LEGISLAÇÃO

1.1. Código do IVA

«ARTIGO 6.º

[...]
4 – São tributáveis as prestações de serviços quando efectuadas por um prestador que tenha no território nacional a sede da sua actividade ou um estabelecimento estável a partir do qual os serviços sejam prestados ou, na sua falta, o seu domicílio.
[...]»

1.2. Directiva do IVA

«ARTIGO 43.º

O lugar da prestação de serviços é o lugar onde o prestador tem a sede da sua actividade económica ou dispõe de um estabelecimento estável a partir do qual é efectuada a prestação de serviços ou, na falta de sede ou de estabelecimento estável, o lugar onde tem domicílio ou residência habitual.»

1.3. Sexta Directiva

«Artigo 9.º

[...]

1. Por «lugar da prestação de serviços» entende-se o lugar onde o prestador dos mesmos tenha a sede da sua actividade económica ou um estabelecimento estável a partir do qual os serviços são prestados ou, na falta de sede ou de estabelecimento estável, o lugar do seu domicílio ou da sua residência habitual.

[...]»

2. ASPECTOS GERAIS

A regra geral de localização das prestações de serviços consta do n.º 4 do artigo 6.º do CIVA, a qual tinha por base o n.º 1 do artigo 9.º da Sexta Directiva, actualmente o artigo 43.º da Directiva do IVA.

Esta regra determina que as prestações de serviços se considerem efectuadas no território nacional quando o prestador dos serviços nele disponha da sede da actividade ou de um estabelecimento estável a partir do qual os serviços sejam prestados, ou, na falta de qualquer deles, do respectivo domicílio.

A regra geral, no entanto, acaba por ver a sua aplicabilidade bastante restringida, dado o elevado número de excepções que vêm definidas nos n.ºˢ 5 a 21 do artigo 6.º do CIVA. No plano comunitário, as excepções à regra geral, que correspondiam às previstas nos n.ºˢ 2 a 4 do artigo 9.º e nas partes C a F do artigo 28.º-B da Sexta Directiva, encontram-se agora nos artigos 44.º a 59.º da Directiva do IVA.

Só na falta de regra específica que determine se uma dada prestação de serviços se considera ou não efectuada no território nacional é que a regra do lugar onde se encontra sediado, estabelecido ou domiciliado o prestador dos serviços opera. Nesse caso, tendo o prestador dos serviços a respectiva sede ou um estabelecimento estável a partir do qual os serviços são prestados, ou na falta destes o seu domicílio, no território nacional, as prestações de serviços são nele consideradas efectuadas. Se o prestador dos serviços não dispuser de sede, estabelecimento estável a partir do qual os serviços tenham

Capítulo II – Localização das Prestações de Serviços   123

sido prestados ou domicílio no território nacional, as prestações de serviços que caiam no âmbito da regra geral não são consideradas efectuadas no território nacional.

Conforme o entendimento definido pelo TJCE em várias decisões, a regra geral de localização das prestações de serviços não tem qualquer proeminência sobre as excepções a essa regra, pelo que estas últimas não têm de ser necessariamente objecto de uma interpretação estrita.[55]

3. CONCEITO DE «PRESTAÇÃO DE SERVIÇOS»

3.1. Conceito genérico

Nos termos do n.º 1 do artigo 4.º do CIVA, são consideradas prestações de serviços as operações efectuadas a título oneroso que não constituam transmissões, aquisições intracomunitárias ou importações de bens.

Em várias decisões, o TJCE tem precisado que a noção de prestação de serviços a título oneroso, na acepção do sistema comum do IVA, pressupõe um nexo directo entre o serviço prestado e o contravalor recebido.

Aquele conceito genérico exige, assim, que os montantes pagos constituam uma contrapartida efectiva de um serviço individualizável, fornecido no âmbito de uma relação jurídica em que sejam trocadas prestações recíprocas.[56]

---

[55] A este propósito, veja-se o n.º 3 do capítulo II da Parte I.

[56] Sobre o conceito de prestação de serviços para efeitos do IVA versam, entre outros, os seguintes acórdãos do TJCE: de 1 de Abril de 1982 (processo 89/81, caso *Hong Kong Trade*, Réc. p. 1277); de 8 de Março de 1988 (processo 102/86, caso *Apple and Pear*, Colect. p. 1443); de 3 de Março de 1994 (processo C-16/93, caso *Tolsma*, Colect. p. I-743); de 14 de Julho de 1998 (processo C-172/96, caso *Bank of Chicago*, Colect. p. I-4387); de 21 de Março de 2002 (processo C-174/00, caso *Kennemer Golf*, Colect. p. I-3293); de 14 de Julho de 2005 (processo C-435/03, caso *British American Tobacco International e o.*, Colect. p. I-7077); de 23 de Março de 2006 (processo C-210/04, caso *FCE Bank*, Colect. p. I-2803); e de 18 de Julho de 2007 (processo C-277/05, caso *Société Thermale d'Eugénie-les-Bains*, Colect. p. I-?).

124 A Incidência e os Critérios de Territorialidade do IVA

3.2. Operações equiparadas a prestação de serviços

Nos termos do n.º 2 do artigo 4.º do CIVA, são também consideradas prestações de serviços:

i) A utilização de bens da empresa para uso próprio do seu titular, do seu pessoal ou, em geral, para fins alheios à mesma, assim como em sectores de actividade isentos, quando, relativamente a esses bens ou aos elementos que os constituem, tenha havido dedução total ou parcial do imposto, excepto nas situações que sejam abrangidas pelo ajustamento anual das deduções previsto no n.º 1 do artigo 26.º do CIVA;[57]

ii) As prestações de serviços a título gratuito efectuadas pela própria empresa com vista às necessidades particulares do seu titular, do pessoal ou, em geral, a fins alheios à mesma;[58]

iii) A entrega de bens móveis produzidos ou montados sob encomenda, com materiais que o dono da obra tenha fornecido para o efeito, quer o empreiteiro tenha fornecido, ou não, uma parte dos produtos utilizados. No entanto, a DGCI pode excluir do conceito de prestação de serviços as operações em que o fornecimento de materiais pelo dono da obra seja considerado insignificante.

Por seu turno, o n.º 3 do artigo 4.º do CIVA considera equiparadas a prestações de serviços a cedência temporária ou definitiva de um praticante desportivo, acordada entre os clubes com o consentimento do praticante, durante a vigência do contrato com o clube de origem, e as indemnizações de promoção e valorização devidas após a cessação do contrato, previstas actualmente no n.º 2 do artigo 18.º do Regime Jurídico do Contrato de Trabalho do Praticante Desportivo e

---

[57] Sobre esta matéria versam, entre outros, os seguintes acórdãos do TJCE: de 27 de Junho de 1989 (processo 50/88, caso *Kuehne*, Colect. p. 1925); de 8 de Maio de 2003 (processo C-269/00, caso *W. Seeling*, Colect. p. I-4101); de 16 de Outubro de 1997 (processo C-258/95, caso *Fillibeck Söhne*, Colect. p. I-5577); de 20 de Janeiro de 2005 (processo C-412/03, caso *Hotel Scandic*, Colect. p. I-743); e de 14 de Julho de 2005 (processo C-434/03, caso *P. Charles e Charles-Tijmens*, Colect. p. I-7037).

[58] Idem.

Capítulo II – Localização das Prestações de Serviços 125

do Contrato de Formação Desportiva, aprovado pela Lei n.º 28/98, de 26 de Junho.[59]

No que concerne a prestações de serviços efectuadas por intervenção de um mandatário agindo em nome próprio, estabelece o n.º 4 do artigo 4.º do CIVA que este será, sucessivamente, adquirente e prestador do serviço.

3.3. Operações excluídas do conceito de prestação de serviços

O n.º 5 do artigo 4.º do CIVA, em relação às cessões definitivas de um estabelecimento comercial, ou da parte ou da totalidade de um património susceptível de constituir uma actividade independente, estipula que a não sujeição a IVA prevista nos n.ºs 4 e 5 do artigo 3.º do Código é aplicável, em idênticas condições, às prestações de serviços. A exclusão do âmbito de incidência exige, assim, que se tratem de cessões definitivas, não sendo a norma aplicável à locação ou cessão de exploração de estabelecimento comercial.

4. OPERAÇÕES CONSTITUÍDAS POR UM CONJUNTO DE ELEMENTOS OU DE ACTOS (REMISSÃO)

Sobre este assunto, veja-se, *supra*, o n.º 4 da secção A do capítulo I desta Parte II.

5. CONCEITO DE «SEDE DA ACTIVIDADE ECONÓMICA»

No acórdão de 28 de Junho de 2007, referente ao processo C-73/06 (caso *Planzer Luxembourg*, Colect. p. I-?, n.ºs 58 a 63), o TJCE pronunciou-se sobre o conceito de "sede da actividade económica", a que alude o n.º 1 do artigo 1.º da Directiva 86/560/CEE, do Conselho, de 17 de Novembro de 1986 ("Décima Terceira Directiva"), que versa sobre o reembolso do IVA a empresas não estabelecidas na Comunidade. A propósito do conceito, o acórdão

---

[59] Anteriormente, tratava-se do n.º 2 do artigo 22.º do regime jurídico aprovado pelo Decreto-Lei n.º 305/95, de 18 de Novembro.

menciona que aquele normativo *"deve ser interpretado no sentido de que a sede da actividade económica de uma sociedade é o local onde são tomadas as decisões essenciais de direcção geral desta sociedade e onde são exercidas as funções da sua administração central"*. Além disso, esse local, para além de corresponder normalmente à sede estatutária, conta-se como sendo aquele onde ocorrem as reuniões da direcção da sociedade e em que é decidida a política geral da mesma. Por vezes, coexistem nesse local outros elementos susceptíveis de assumir relevância, nomeadamente, o domicílio dos principais elementos da direcção, a realização das assembleias-gerais da sociedade e a guarda dos documentos administrativos ou contabilísticos.[60]

6. CONCEITO DE «ESTABELECIMENTO ESTÁVEL A PARTIR DO QUAL OS SERVIÇOS SÃO PRESTADOS»

O CIVA, à semelhança da Sexta Directiva e da Directiva do IVA, não contém uma definição de "estabelecimento estável" para efeitos deste imposto.

No sentido de obter um critério de aplicação uniforme em toda a Comunidade, o TJCE vem entendendo como necessária a construção de um conceito de estabelecimento estável que leve exclusivamente em consideração os princípios e os objectivos inerentes ao sistema comum do IVA. Desse modo, o TJCE tem propositadamente evitado dar abertura aos Estados membros para que recorram a um critério meramente remissivo para as respectivas regras internas, para as convenções internacionais celebradas por cada um deles no domínio dos impostos sobre o rendimento ou, mesmo, para o previsto no modelo de convenção fiscal em matéria de rendimento e de património promovido pela OCDE. A inaplicabilidade em IVA do conceito constante desta convenção foi, inclusivamente, afirmada de forma expressa no recente acórdão do TJCE de 23 de Março de 2006, proferido no processo C-210/04 (caso *FCE Bank*, Colect. p. I-2803).

A propósito da ausência na Sexta Directiva de uma definição de estabelecimento estável, na exposição de motivos que acompanhou

---

[60] Uma sinopse deste acórdão pode ser vista *infra* no n.º 3.3. do capítulo III da Parte IV.

Capítulo II – Localização das Prestações de Serviços   127

a sua proposta de alteração dos critérios relativos ao lugar de tributação das prestações de serviços[61], apresentada em 2003, a Comissão Europeia afirmou o seguinte:

«Foi alegado que a noção de 'estabelecimento estável' suscitava alguns problemas, devendo ser clarificada legislativamente. Esta questão foi objecto de várias decisões do Tribunal em que este concluiu, fundamentalmente, que um estabelecimento deveria apresentar um grau suficiente de permanência e uma estrutura adequada em termos de recursos humanos e técnicos, de forma a permitir a prestação dos serviços em causa de uma forma autónoma. A Comissão considera que o *status quo* é aceitável, tendo recebido diversas observações no mesmo sentido no âmbito da consulta pública realizada.

Foi igualmente sugerido que, quando um sujeito passivo presta um serviço e dispõe de mais do que um estabelecimento (por exemplo, um estabelecimento permanente num Estado--Membro e um estabelecimento estável noutro Estado-Membro), existe alguma ambiguidade quanto ao estabelecimento que verdadeiramente efectuou ou beneficiou da prestação do serviço e que seria conveniente definir critérios de base.

A Comissão considera que a questão de saber qual o estabelecimento que efectua a prestação do serviço é, em última análise, uma questão de facto e que qualquer fixação de critérios para essa determinação não representaria necessariamente uma simplificação. Também quanto a este aspecto, as respostas à consulta realizada reflectem, em grande medida, este ponto de vista.»

Para efeitos do IVA, o conteúdo do conceito de estabelecimento estável e a relevância do mesmo vêm sendo recortados pelo TJCE tomando em consideração a sua capacidade organizacional e económica para, com algum grau de autonomia, serem realizadas a partir dele transmissões de bens ou prestações de serviços com carácter de permanência. De facto, desde o acórdão de 4 de Julho de 1985,

---

[61] Cf. documento COM (2003) 822 final, 2003/0329 (CNS), de 23 de Dezembro de 2003, p. 9. A proposta da Comissão, bem como as posteriores propostas de compromisso nela baseadas, vieram a desembocar na Directiva 2008/8/CE, do Conselho, de 12 de Fevereiro de 2008, a que é dedicada a Parte V da presente obra.

proferido no processo 168/84 (caso *Berkholz*, ECR 1984, p. 2251), o Tribunal tem referido, em traços gerais, que se deve considerar que uma entidade dispõe de um estabelecimento estável num Estado membro quando nele disponha de uma instalação que reúna, com carácter de permanência, os meios humanos e técnicos necessários à realização de operações tributáveis.[62] Em suma, para que se esteja perante um estabelecimento estável para efeitos do IVA, o critério que tem sido reiteradamente apontado consiste, assim, na simultânea conjugação de um elemento de ordem estática, que se consubstancia em dispor, com carácter de permanência, de uma estrutura minimamente consistente e dotada de meios humanos e técnicos, e de um elemento de carácter dinâmico, que consiste na prossecução de uma actividade económica por via da realização, de forma autónoma, ou seja, através daquela estrutura, de operações qualificáveis como transmissões de bens ou como prestações de serviços.[63]

Um outro aspecto ligado a este, que é frequentemente focado na jurisprudência comunitária sobre a matéria, prende-se com o critério a adoptar perante um potencial conflito de competência entre a sede e um estabelecimento estável para a tributação de uma dada operação. Este aspecto assume significativa importância, em ordem a determinar em que condições se deve considerar que o lugar a partir do qual é efectuada a prestação de serviços é o Estado membro onde se encontra a sede do sujeito passivo ou o Estado membro onde se situa o estabelecimento estável. Nessa matéria, o TJCE tem-se inclinado para a prevalência do critério da sede, enquanto *"ponto de conexão prio-*

---

[62] Esta acepção tem sido reproduzida, e por vezes desenvolvida, noutras decisões posteriores do TJCE – *cf.* acórdãos de 2 de Maio de 1996 (processo C-231/94, caso *Faaborg-Gelting*, Colect. p. I-2395); de 20 de Fevereiro de 1997 (processo C-290/95, caso *DFDS*, Colect. p. I-1005); de 17 de Julho de 1997 (processo C-190/95, caso *ARO Lease*, Colect. p. I-4383); e de 7 de Maio de 1998 (processo C-390/96, caso *Lease Plan*, Colect. p. I-2553).

[63] O advogado-geral Poiares Maduro, no n.º 41 das suas conclusões referentes ao caso *RAL CI e o.*, fala na adopção de um "teste de condições mínimas" para caracterizar um determinado conjunto de circunstâncias como constitutivo de um estabelecimento estável, na acepção do n.º 1 do artigo 9.º da Sexta Directiva. Na sua óptica, a adopção desse "teste de condições mínimas" teria lugar em virtude de a jurisprudência do TJCE apenas exigir a existência de uma "dimensão mínima" do estabelecimento, e de que este disponha, "nem mais nem menos", do que os recursos necessários para a realização de operações de forma permanente.

ritário", referindo, a esse propósito, que a "*tomada em consideração de outro estabelecimento a partir do qual é feita a prestação de serviços só tem interesse no caso de a ligação à sede não levar a uma solução racional do ponto de vista fiscal ou criar um conflito com outro Estado-Membro*".[64] Ainda assim, o indicado estatuto do estabelecimento estável – como apontou o advogado-geral La Pergola no n.º 32 das suas conclusões no citado processo C-260/95 (caso *DFDS*), apresentadas a 16 de Janeiro de 1997 – não significa "*ignorar o critério normativo segundo o qual o lugar da tributação deve tendencialmente coincidir com aquele em que a prestação é fornecida ao consumidor: é esse o critério fundamental. O sistema do IVA deve ser aplicado com a maior adequação possível à realidade económica.*" E mais adiante, no n.º 34 das conclusões, o mesmo advogado-geral refere que o estabelecimento estável "*é subsidiário em relação à sede apenas no sentido de que se aplica em alternativa. Trata-se, todavia, de um critério também principal. O legislador considerou--o relevante para efeitos de tributação de maneira equivalente ao critério da sede.*"

Complementarmente, na 62.ª reunião do Comité Consultivo do IVA, realizada a 14 de Novembro de 2000, as delegações de todos os Estados membros concordaram que, havendo lugar à aplicação do n.º 1 do artigo 9.º da Sexta Directiva, o estabelecimento estável do sujeito passivo que realizou os serviços só deve ser tido em conta quando seja notório que os mesmos foram efectivamente realizados a partir dele. Caso contrário, deve considerar-se como lugar da tributação aquele onde o sujeito passivo dispuser da sede da sua actividade. A questão de saber se, e em que medida, o estabelecimento estável tomou parte na prestação de serviços, bem como se essa intervenção foi suficientemente relevante para considerar o estabelecimento estável como o lugar de realização da mesma, deve ser objecto de uma apreciação caso a caso. No sentido de simplificar os procedimentos de controlo, os Estados membros poderão definir a presunção de que um sujeito passivo não residente realiza a prestação de serviços a partir do estabelecimento estável, quando esse sujeito passivo disponha de um estabelecimento estável nesse Estado membro e tenha efectuado uma prestação de serviços a um seu cliente nele

---

[64] Cf., por exemplo, o acima citado acórdão de 17 de Julho de 1997, relativo ao caso *ARO Lease*, n.º 15.

130 *A Incidência e os Critérios de Territorialidade do IVA*

residente, desde que tal presunção possa ser ilidida e não ponha em causa o princípio definido no n.º 1 do artigo 9.º da Sexta Directiva.

De seguida, apresenta-se uma súmula de cada uma das decisões do TJCE que versaram sobre estas matérias.

1) Acórdão do TJCE de 4 de Julho de 1985, processo 168/ /84, caso *Berkholz*, ECR p. 2251:

Neste acórdão esteve em causa, no essencial, a regra de localização de serviços prestados através de máquinas de jogos, *juke- -boxes* e equipamentos similares, instalados a bordo de dois *ferry- -boats* para entretenimento dos passageiros. As máquinas eram propriedade e objecto de exploração por uma empresa sediada na Alemanha. As embarcações em que as máquinas eram exploradas dedicavam-se a efectuar a travessia entre um porto alemão e um porto dinamarquês, passando por águas territoriais dos dois países e, na parte intermédia do seu percurso, por alto-mar, fora dessas águas territoriais. Periodicamente, a empresa titular das máquinas enviava a bordo empregados, no sentido de procederem a operações de manutenção ou reparação das máquinas e à recolha das respectivas receitas, não dispondo, no entanto, de qualquer pessoal a exercer a sua actividade a bordo com carácter de permanência. Em média, 10% das receitas geradas pelas máquinas eram obtidas quando navio se encontrava atracado no porto alemão, 25% quando cruzava as águas territoriais alemãs e a restante parte no porto dinamarquês, nas águas territoriais desse país ou em alto-mar.

Na perspectiva da administração fiscal alemã, a totalidade das receitas deveria ser objecto de tributação na Alemanha, por aí se encontrar sediada a empresa que explorava as máquinas. Além disso, entendia a administração fiscal daquele país que se estava perante operações que não podiam beneficiar da isenção prevista no n.º 8 do artigo 15.º da Sexta Directiva [actual alínea *d*) do artigo 148.º da Directiva do IVA] por não se tratarem de prestações de serviços para as necessidades directas das embarcações em causa.

Por seu turno, a empresa que explorava as máquinas entendia que dispunha de um estabelecimento estável situado em cada *ferry- -boat*, através do qual os serviços eram prestados, pelo que apenas 10% das receitas ou, no máximo, 35% das receitas poderia ser considerado obtido na Alemanha, sem prejuízo da aplicação a essas receitas da isenção prevista no n.º 8 do artigo 15.º da Sexta Directiva.

Capítulo II – Localização das Prestações de Serviços 131

Em face disso, o tribunal alemão de reenvio suscitou ao TJCE que se pronunciasse, em primeiro lugar, sobre quais os critérios relevantes para apurar se se está perante um estabelecimento estável na acepção do n.º 1 do artigo 9.º da Sexta Directiva (actual artigo 43.º da Directiva do IVA) e se a instalação de máquinas de jogos, *juke-boxes* e equipamentos similares a bordo de uma embarcação poderia inserir-se nesse conceito. Em segundo lugar, o tribunal alemão questionou o TJCE sobre se a isenção prevista no n.º 8 do artigo 15.º da Sexta Directiva se aplicaria exclusivamente aos serviços necessariamente conexos com as próprias embarcações aí enumeradas ou se poderia estender-se a outros serviços prestados a bordo das mesmas, ainda que se tratassem de serviços que normalmente são também prestados em terra firme, como sucede com a exploração de máquinas de jogos.

Uma vez que estavam em causa serviços prestados a bordo de uma embarcação, o TJCE considerou adequado fazer referência, antes do mais, ao âmbito de aplicação territorial da Sexta Directiva. Na óptica do Tribunal, o artigo 3.º da Sexta Directiva (actuais artigos 5.º a 8.º da Directiva do IVA), em conjugação com o então artigo 227.º do Tratado (actual artigo 299.º do TCE), não se opõe a que um Estado membro possa sujeitar a IVA serviços ocorridos fora do seu território, efectuados a bordo de navios relativamente aos quais o Estado membro em questão exerça a sua jurisdição. Além disso, acrescentou o Tribunal, de modo nenhum a Sexta Directiva obrigaria a que um Estado membro deixasse de tributar serviços prestados em alto-mar ou, de um modo geral, prestados a bordo de uma embarcação sob a sua jurisdição, independentemente de esses serviços serem considerados efectuados a partir da sede ou a partir de um estabelecimento estável do sujeito passivo.

Posto isso, o Tribunal referiu, no contexto do n.º 1 do artigo 9.º da Sexta Directiva, que a sede da actividade de um sujeito passivo se constitui como a referência primordial, sendo que a tomada em consideração de uma outra instalação do sujeito passivo deve ocorrer apenas quando o critério da sede não levar a um resultado racional ou criar um conflito de tributação com outro Estado membro.

Segundo se salienta no acórdão, a consideração de uma outra instalação do sujeito passivo, que não a sede, para efeitos de aplicação da regra geral de localização das prestações de serviços, exige que essa instalação tenha pelo menos uma dimensão mínima e, ao mesmo tempo, que os meios humanos e técnicos necessários à realização dos serviços estejam nela presentes com carácter de permanência.

Partindo do critério enunciado, o TJCE considerou que a instalação de máquinas de jogos a bordo de uma embarcação, que apenas estão submetidas a tarefas de manutenção realizadas de uma forma intermitente, não pode ser considerada um estabelecimento para efeitos do n.º 1 do artigo 9.º da Sexta Directiva, tanto mais que a tributação com base no lugar em que o proprietário das máquinas dispunha da respectiva sede se afigurava uma solução apropriada.

Em face disso, o TJCE respondeu acerca da primeira questão prejudicial que lhe vinha colocada que o n.º 1 do artigo 9.º da Sexta Directiva deveria ser interpretado no sentido de que a instalação de máquinas de jogos e de máquinas afins, com vista à sua exploração comercial a bordo de um navio que realiza percursos em alto-mar, fora do território nacional de um Estado membro, só pode ser entendida como um "estabelecimento estável" para efeitos daquela disposição na condição de se encontrarem reunidos, com carácter de permanência, os meios humanos e técnicos necessários à realização dos referidos serviços, e não se mostre apropriado considerá-los prestados a partir do lugar onde a actividade do sujeito passivo se encontrar sediada.[65]

Quanto à segunda questão prejudicial que lhe vinha colocada, em que o TJCE era chamado a pronunciar-se sobre se a exploração das máquinas poderia constituir uma operação isenta ao abrigo do n.º 8 do artigo 15.º da Sexta Directiva, o mesmo entendeu que as prestações de serviços abrangidas por essa disposição são as directamente relacionadas com as próprias embarcações ou com a respectiva carga, não podendo ser abrangida pela isenção a exploração a bordo de máquinas de jogos cujo objectivo é o entretenimento dos passageiros.

---

[65] Mais recentemente, no seu acórdão de 12 de Maio de 2005, proferido no processo C-452/03 (caso *RAL CI e o.*, Colect. p. I-3947), em que esteve sob apreciação um pedido de decisão a título prejudicial apresentado por um tribunal do Reino Unido, em matéria do IVA incidente sobre prestações de serviços de disponibilização ao público de máquinas de jogos no território fiscal daquele Estado membro, por parte de uma sociedade com sede na ilha de Guernesey, o TJCE considerou que a regra de localização aplicável não é a regra geral de localização das prestações de serviços, mas a relativa às prestações de serviços recreativos e similares, ou seja, o lugar onde tem lugar a utilização das máquinas de jogos. Sobre este acórdão, veja-se *infra* o n.º 3 da secção D deste capítulo II.

Capítulo II – Localização das Prestações de Serviços

2) Acórdão do TJCE de 2 de Maio de 1996, processo C-231/ /94, caso *Faaborg-Gelting*, Colect. p. I-2395:

No acórdão em referência estiveram sobre apreciação os serviços de refeições prestados a bordo de um *ferry-boat* que efectuava carreiras regulares entre um porto da Alemanha e um porto da Dinamarca. A entidade que explorava a travessia e que fornecia as refeições a bordo dispunha de sede na Dinamarca. No entanto, na perspectiva da administração fiscal alemã, os serviços de restauração deveriam ser qualificados como transmissões de bens, susceptíveis de tributação, nos termos do artigo 8.º da Sexta Directiva, no lugar em que as refeições fossem colocadas à disposição dos clientes. Por seu turno, o sujeito passivo considerava estarem em causa operações qualificadas como prestações de serviços cuja tributação, nos termos do n.º 1 do artigo 9.º da Sexta Directiva, deveria ocorrer no lugar em que a empresa dispunha da respectiva sede.

Chamado, em primeiro lugar, a pronunciar-se sobre se os serviços de restauração deveriam ser qualificados, para efeitos do IVA, como transmissões de bens ou como prestações de serviços, o TJCE assinalou que o conceito de "restauração" se reconduz a uma prestação de serviços, já que a ele se encontra associada, não apenas o fornecimento de bens alimentares e de bebidas propriamente ditos, mas a disponibilização de um conjunto de condições e de infra-estruturas que envolvem necessariamente o fornecimento das refeições, como sejam, por exemplo, um espaço próprio dotado do mobiliário e dos vários utensílios necessários ao atendimento, ao aconselhamento e ao consumo dos bens nesse local. No sentido de proceder à distinção entre as operações qualificadas como prestação de serviços e as que devem ser consideradas transmissões de bens, nomeadamente no caso de comida "pronta a levar", o TJCE salientou ainda, no mesmo acórdão, que esta última categoria se caracteriza pela circunstância de não ser acompanhada dos serviços destinados a facilitar o consumo no local do fornecimento, de um modo adequado.

Seguidamente, mostrando-se necessário o TJCE pronunciar-se sobre a regra de localização aplicável às prestações de serviços de restauração efectuadas a bordo de um *ferry-boat*, aquele referiu novamente, no n.º 16 deste acórdão, que *"o lugar em que o prestador de serviços estabeleceu a sede da sua actividade económica constitui o nexo de ligação prioritário no sentido de que a tomada em consideração de outro estabelecimento a partir do qual a prestação de*

134 *A Incidência e os Critérios de Territorialidade do IVA*

serviços seja efectuada só interessa no caso de a ligação à sede não conduzir a uma solução racional do ponto de vista fiscal ou de criar um conflito com outro Estado-Membro".

Por outro lado, o Tribunal reafirmou, no n.º 17 do acórdão, que *"a ligação entre uma prestação de serviços e um estabelecimento que não a sede só é de tomar em consideração se esse estabelecimento tiver um mínimo de consistência, pela reunião permanente de meios humanos e técnicos necessários à prestação de determinados serviços".*

Assim, dado que o local de prestação dos serviços de restauração não parecia reunir os referidos requisitos, a decisão propendeu no sentido de que deveria ser considerado como lugar de tributação, para efeitos do n.º 1 do artigo 9.º da Sexta Directiva, o lugar da sede da actividade económica do sujeito passivo, tanto mais, afirmou o Tribunal, *"quando, como no presente caso, a sede permanente do operador do navio fornece um ponto de ligação eficaz para efeitos de tributação".*

3) Acórdão do TJCE de 20 de Fevereiro de 1997, processo C-260/95, caso *DFDS*, Colect. p. I-1005:

Neste acórdão o TJCE voltou a pronunciar-se sobre o conceito de estabelecimento estável para efeitos do IVA, embora não directamente reportado à aplicação do disposto no n.º 1 do artigo 9.º da Sexta Directiva (actual artigo 43.º da Directiva do IVA), mas ao n.º 2 do seu artigo 26.º (vertido no segundo parágrafo do artigo 307.º da Directiva do IVA). Este normativo define que as prestações de serviços realizadas pelas agências de viagens, que sejam abrangidas pelo regime especial das agências de viagens, são tributadas no Estado membro em que estas detiverem a sede da sua actividade económica ou um estabelecimento estável a partir do qual as operações são efectuadas. No entanto, como frisou o Tribunal no n.º 17 do acórdão, a disposição em causa utiliza os mesmos conceitos de sede da actividade económica e de estabelecimento estável constantes do n.º 1 do artigo 9.º da Sexta Directiva, no intuito de designar os dois principais pontos de conexão possíveis para a localização das prestações de serviços, pelo que deve entender-se que o normativo sob apreciação no processo procede a uma remissão para esses conceitos.

Capítulo II – Localização das Prestações de Serviços 135

No cerne do processo estava a questão de saber se uma agência de viagens organizadora de circuitos turísticos (a *"DFDS"*), com sede num dado Estado membro (Dinamarca), que, por via de um contrato de agência com uma sua filial (a *"DFDS LTD"*), operava através de uma sociedade com sede noutro Estado membro (Reino Unido), poderia ser considerada com detentora de um estabelecimento estável neste segundo Estado membro, de modo a que fossem nele tributadas os serviços por si prestados aos viajantes. A *DFDS* era prestadora desses serviços em nome próprio, já que a *DFDS LTD* não actuava em nome próprio, mas em nome da primeira. Com efeito, de harmonia com contrato celebrado entre as duas partes, a filial inglesa actuava como representante comercial da sociedade dinamarquesa, fazendo reservas de transporte e de alojamento aos viajantes e emitindo a correspondente documentação em nome e por conta desta última. A título de contraprestação, a filial inglesa auferia uma percentagem do valor das reservas efectuadas.

Após ter reproduzido a jurisprudência anterior no sentido de que o artigo 9.º da Sexta Directiva visa repartir racionalmente e de modo uniforme o lugar de tributação das prestações de serviços, pretendendo evitar conflitos entre as legislações dos Estados membros, e de que, quando está em causa a aplicação regra geral de localização dos serviços, o ponto de conexão prioritário é o lugar da sede da actividade do prestador e não o de um seu estabelecimento estável, o TJCE considerou que no caso em apreço a aplicação do critério da sede apresentaria desvantagens.

Na óptica do Tribunal, reflectida no n.º 22 do acórdão, considerar as prestações de serviços em referência como efectuadas no Estado membro da sede da DFDS, isto é, na Dinamarca, *"não conduziria a uma solução racional do ponto de vista fiscal, na medida em que ignoraria o lugar efectivo de comercialização dos circuitos que, qualquer que seja o destino do viajante, as autoridades nacionais têm boas razões para tomar em consideração como ponto de conexão mais útil"*. Para ilustrar este ponto de vista, o acórdão salienta no parágrafo seguinte que a tomada em consideração da realidade económica constitui um critério fundamental para a aplicação do sistema comum do IVA, sendo que a alternativa "estabelecimento estável a partir do qual os serviços são prestados" assegura que seja tomada em conta a possível diversificação da actividade de uma agência de viagens por diferentes Estados membros. Nesse contexto, *"[a] aplicação sistemática da solução da sede da actividade económica poderia, de resto, conduzir a distorções de concorrência, na medida em que poderia encorajar as empresas que exercem actividades num outro Estado-Membro que tivesse feito uso da possibilidade de manter a isenção do IVA para as prestações em discussão".*

Uma vez decidido que o critério do estabelecimento estável a partir do qual os serviços eram prestados se mostrava um critério adequado para definir a localização das prestações de serviços sob análise, o TJCE viu-se na necessidade de se pronunciar sobre se poderia considerar-se que a *DFDS* dispunha de um estabelecimento estável no Reino Unido e se, para tanto, as instalações da *DFDS LTD* poderiam ser consideradas como um estabelecimento estável daquela. Para esse efeito, importaria começar por determinar, segundo se afirma nos n.ᵒˢ 25 e 26 do acórdão, se a *DFDS LTD* – que se encontrava a actuar no Reino Unido por conta da agência de viagens – gozaria de um estatuto de independência em relação a esta última, não sendo relevante para esse efeito a simples circunstância de a *DFDS LTD* deter personalidade jurídica própria e distinta da *DFDS*, bem como o facto de as instalações utilizadas no Reino Unido pertencerem à primeira e não à segunda.

Na perspectiva do TJCE, à questão da personalidade jurídica distinta sobrepunham-se, no caso em apreço, as circunstâncias de a *DFDS* deter a totalidade do capital social da sua filial e de as obrigações impostas a esta pela sociedade-mãe levarem a que a filial actuasse meramente como uma sua auxiliar. Por outro lado, o número de empregados de que dispunha a *DFDS LTD* e as condições materiais em que esta actuava perante os viajantes permitiam considerar que as respectivas instalações assumiam as características de um estabelecimento estável para efeitos do IVA.

Assim, como decorrência da acepção de que o critério da independência entre as duas entidades, a que se referia o n.º 1 do artigo 4.º da Sexta Directiva (actual n.º 1 do artigo 9.º da Directiva do IVA), não se encontrava satisfeito, dado que a filial actuava como uma *"simples auxiliar"* da "sociedade-mãe", e de que a filial inglesa dispunha, com carácter de permanência, de pessoal e de condições materiais para a prestação de serviços aos viajantes, o TJCE considerou as instalações desta última como um estabelecimento estável da sociedade dinamarquesa, não sendo relevante, nomeadamente, que as instalações onde a filial exercia a actividade pertencessem a esta e não à "sociedade-mãe".

Nestes termos, na parte decisória do acórdão, concluiu-se que *"[o] artigo 26.º, n.º 2, da Sexta Directiva [...] deve ser interpretado no sentido de que, quando um organizador de circuitos turísticos com sede num Estado-Membro fornece a viajantes prestações de serviços por intermédio de uma sociedade que opera na qualidade de agente noutro Estado-Membro, estas prestações são tributáveis em imposto sobre o valor acrescentado neste último Estado, quando esta sociedade, que actua como simples auxiliar do organizador, dispõe de meios humanos e técnicos que caracterizam um estabelecimento estável".* [66]

4) Acórdão do TJCE de 17 de Julho de 1997, processo C--190/95, caso *ARO Lease*, Colect. p. I-4383:

Neste processo discutiu-se, para efeitos do disposto no n.º 1 do artigo 9.º da Sexta Directiva (artigo 43.º da Directiva do IVA), se uma sociedade locadora de veículos automóveis, a *ARO Lease*, com sede nos Países Baixos, dispunha de um estabelecimento estável na Bélgica a partir do qual realizava operações de locação financeira.

---

[66] Esta decisão deixa no ar sérias dúvidas sobre se, através dela, o TJCE pretendeu negar totalmente a detenção de personalidade tributária autónoma, no domínio do IVA, a uma entidade provida de personalidade jurídica própria, como era o caso da filial inglesa. Em princípio, dir-se-ia que não, já que, para além das relações estabelecidas com os viajantes, realizadas em nome e por conta de outrem – às quais tinha de aplicar as correspondentes regras do IVA em vigor no Reino Unido em nome da "sociedade-mãe" –, a filial inglesa actuava, ainda, como prestadora de serviços à "sociedade-mãe", devendo, quanto a estes serviços, aplicar o respectivo IVA em seu próprio nome, como sujeito passivo distinto e autónomo em relação à sociedade dinamarquesa. Além disso, tem de se admitir como provável que a filial inglesa, com vista à obtenção de meios materiais e técnicos para a realização das tarefas que lhe cabiam, adquirisse bens e serviços a terceiros, efectuando essas despesas, naturalmente, em seu nome próprio. Por outro lado, a decisão deixaria no ar ainda maior perplexidade se, por exemplo, se pensasse numa relação idêntica entre uma "sociedade-mãe" e uma filial, em que ambas as pessoas colectivas se encontrassem sediadas ou estabelecidas no território de um mesmo país. Nesse caso, poderia ficar a ideia de que, não se verificando o requisito da independência nos termos definidos pelo TJCE, concluir-se-ia, à primeira vista, que ambas se constituiriam obrigatoriamente como um "sujeito passivo único". Sucede que tal seria no mínimo peculiar, porquanto essa acepção como "sujeito passivo único" não passa de uma mera opção deixada ao critério da legislação interna dos Estados membros pelo segundo parágrafo do n.º 4 do artigo 4.º da Sexta Directiva (actual artigo 11.º da Directiva do IVA).

Em relação a todos os contratos realizados, a referida entidade procedia à liquidação e pagamento do IVA nos Países Baixos. No entanto, uma parte desses contratos era realizada com clientes belgas, incidindo sobre veículos matriculados e utilizados na Bélgica. Neste caso, os clientes da Bélgica entravam em contacto com agentes independentes estabelecidos nesse país, os quais auferiam uma comissão pelos contratos celebrados, mas não intervinham na celebração dos mesmos. Após cada cliente manifestar a sua intenção de obter em locação um dado veículo e, eventualmente, em o comprar mais tarde, a *ARO Lease* adquiria o veículo a uma empresa concessionária de automóveis estabelecida na Bélgica e dava-o em locação ao cliente. No final dos contratos, quando não eram objecto de venda imediata, os veículos ficavam temporariamente depositados nas instalações de uma empresa belga, uma vez que a *ARO Lease* não dispunha na Bélgica de instalações para o armazenamento de veículos, assim como não dispunha de qualquer escritório próprio.

Entendendo que a *ARO Lease* dispunha de um estabelecimento estável na Bélgica, a administração fiscal desse país, relativamente aos contratos acima descritos, considerava que o correspondente IVA deveria ser objecto de liquidação e pagamento na Bélgica. Não se opondo a esse ponto de vista, a *ARO Lease* pretendia que, em contrapartida, a administração fiscal neerlandesa deixasse de considerar devido nos Países Baixos o IVA relativo a esses contratos, mas esta última não entendia assim.

Suscitada contenciosamente a resolução do diferendo, o TJCE foi chamado a pronunciar-se a título prejudicial sobre se, nas circunstâncias descritas, poderia considerar-se que a *ARO Lease* efectuava as prestações de serviços a partir de um estabelecimento estável situado na Bélgica.

Baseando-se em jurisprudência anterior, o Tribunal voltou a evidenciar, nos n.ºs 15 e 16 deste acórdão, para efeitos de aplicação da regra geral de localização das prestações de serviços, que o lugar em que o sujeito passivo dispõe da sede da sua actividade económica avulta como um ponto de conexão prioritário e que a conexão de uma prestação de serviços com um outro estabelecimento diferente da sede só é viável se o mesmo apresentar um grau suficiente de permanência e uma estrutura apta, do ponto de vista do equipamento humano e técnico, a tornar possíveis, de modo autónomo, as prestações de serviços em causa.

Capítulo II – Localização das Prestações de Serviços   139

De seguida, após ter evidenciado que as operações de locação financeira de veículos consistem, principalmente, na negociação, preparação, assinatura e gestão dos contratos e na colocação à disposição dos clientes dos veículos objecto dos mesmos, o Tribunal afirmou que a falta de pessoal próprio e de uma estrutura que apresente um grau suficiente de permanência, através da qual sejam tomadas decisões administrativas e de gestão, não permitiria considerar que uma sociedade locadora de veículos como a *ARO Lease* dispunha de estabelecimento estável na Bélgica.

Adicionalmente, o TJCE entendeu dever esclarecer que o seu ponto de vista não era infirmado pela circunstância de os veículos serem adquiridos, matriculados e materialmente postos à disposição dos clientes na Bélgica. Do mesmo modo, o facto de a sociedade em questão operar nesse país por via de intermediários independentes, os quais punham os potenciais interessados em contacto com a *ARO Lease*, não permitia considerar que esta dispunha na Bélgica de recursos humanos permanentes. Por outro lado, contrariando a perspectiva desenvolvida no processo pela Comissão Europeia e pela Dinamarca, o acórdão salientou que a decisão tomada não deixava de ter em conta a realidade económica, atendendo a que a aplicação à locação de meios de transporte da regra prevista no n.º 1 do artigo 9.º da Sexta Directiva, e não da regra constante da alínea c) do n.º 2 do mesmo artigo, tivera na sua génese a preocupação de estabelecer um critério seguro, simples e praticável para as operações em causa.

Em face da análise levada a cabo, o TJCE declarou o seguinte:

> «O artigo 9.º, n.º 1, da Sexta Directiva [...] deve ser interpretado no sentido de que uma sociedade de leasing, estabelecida num Estado-Membro, não efectua as suas prestações de serviços a partir de um estabelecimento estável situado noutro Estado--Membro quando, neste último Estado-Membro, dê em locação a clientes nele estabelecidos veículos particulares ao abrigo de contratos de leasing, os seus clientes tenham contactado com ela através de intermediários independentes estabelecidos no mesmo Estado, os próprios clientes tenham procurado os veículos que lhes interessavam em concessionários estabelecidos nesse Estado, a sociedade tenha adquirido os veículos nesse Estado, onde estão matriculados, e os tenha locado aos clientes através de contratos de leasing elaborados e assinados na sua sede, os clientes suportem as despesas de manutenção e paguem nesse Estado o imposto

140 A Incidência e os Critérios de Territorialidade do IVA

de circulação, mas ela não tenha aí escritórios nem instalações para armazenagem de veículos.»

5) Acórdão do TJCE de 7 de Maio de 1998, processo C-390/ /96, caso *Lease Plan*, Colect. p. I-2553:

Para além de aspectos relacionados com o reembolso do IVA ao abrigo da Directiva 79/1072/CEE, do Conselho, de 6 de Dezembro de 1979 ("Oitava Directiva"), neste processo esteve também sob apreciação o conceito de estabelecimento estável para efeitos do n.º 1 do artigo 9.º da Sexta Directiva.[67]

Particularmente em causa estava o enquadramento da *Lease Plan* – uma sociedade com sede no Luxemburgo, que se dedicava à locação financeira de veículos automóveis – face ao IVA belga, atendendo a que alguns dos seus clientes, embora numa percentagem pequena do total de clientes, eram pessoas residentes na Bélgica. Nesses casos, contrariamente ao que sucedia quando os clientes eram residentes no Luxemburgo, os veículos objecto de locação eram adquiridos pela *Lease Plan* na Bélgica e aí entregues aos respectivos locatários, ficando estes incumbidos de suportar as despesas relacionadas com a manutenção, reparação, seguro e tributação dos mesmos.

Tendo a *Lease Plan*, ao abrigo da Oitava Directiva, solicitado à administração fiscal belga o reembolso do IVA relativo à aquisição dos veículos na Bélgica, assim como do imposto que suportara em reparações de veículos dados em locação a certos clientes luxemburgueses, o pedido veio a ser indeferido, uma vez que a administração fiscal belga considerava que a referida sociedade era também um sujeito passivo do IVA na Bélgica, que dispunha de estabelecimento estável nesse país.

Submetido o litígio a decisão jurisdicional, o TJCE foi chamado a pronunciar-se, a título prejudicial, sobre se a *Lease Plan* disporia de um estabelecimento estável na Bélgica, para efeitos do n.º 1 do artigo 9.º da Sexta Directiva, e, em caso afirmativo, se a locação de veículos a clientes residentes nesse Estado membro poderia ser enten-

---

[67] Sobre a questão colocada no processo relativa ao reembolso ao abrigo da Oitava Directiva, veja-se a sinopse desse trecho do acórdão no n.º 3.7. do capítulo III da Parte IV, *infra*.

Capítulo II – Localização das Prestações de Serviços 141

dida como prestações de serviços efectuadas a partir desse estabelecimento estável.

Na apreciação feita, o TJCE, considerando que a *Lease Plan* não dispunha na Bélgica de pessoal próprio nem de uma estrutura que apresentasse um grau suficiente de permanência, acabou por reproduzir a análise feita no seu acórdão referente ao caso *ARO Lease*.[68]

Assim, também neste acórdão, no período final do seu n.º 24, o TJCE salientou que a tributação de uma prestação de serviços abrangida pelo n.º 1 do artigo 9.º da Sexta Directiva num outro estabelecimento diferente da sede só pode ter lugar *"se o referido estabelecimento apresentar um grau suficiente de permanência e uma estrutura apta, do ponto de vista do equipamento humano e técnico, a tornar possíveis, de um modo autónomo, as prestações de serviços consideradas".* E mais adiante reafirmou, no n.º 26 do acórdão, que, *"quando uma sociedade de leasing não disponha num Estado-Membro de pessoal próprio nem de uma estrutura que apresente um grau suficiente de permanência, no quadro da qual possam ser elaborados contratos ou tomadas decisões administrativas de gestão, estrutura essa que seja, portanto, apta a tornar possíveis, de modo autónomo, as prestações de serviços em questão, não se pode considerar que ela tem um estabelecimento estável nesse Estado".* Finalmente, no n.º 28 do aresto, o Tribunal voltou a frisar que *"a colocação de veículos à disposição material dos clientes no quadro de contratos de leasing não pode, tal como não pode o lugar de utilização dos mesmos veículos, ser considerada um critério seguro, simples e praticável, correspondendo ao espírito da Sexta Directiva, para justificar a existência de um estabelecimento estável".*

Nestes termos, o Tribunal declarou que *"[o] conceito de 'estabelecimento estável', constante do artigo 9.º, n.º 1, da Sexta Directiva [...] deve ser interpretado no sentido de que uma empresa estabelecida num Estado-Membro, que dá em locação ou em leasing determinado número de veículos a clientes estabelecidos noutro Estado-Membro, não dispõe, pelo simples facto da locação em causa, de um estabelecimento estável no outro Estado-Membro".*[69]

---

[68] Cf. acórdão de 17 de Julho de 1997 (processo C-190/95, caso *ARO Lease*, Colect. p. I-4383), sumariado *supra*, nesta secção A do capítulo II da Parte II.

[69] Neste acórdão, para além da matéria relacionada com as regras de localização das prestações de serviços, o Tribunal decidiu também o seguinte: *"O artigo 59.º do Tratado CE é contrário a uma legislação nacional que concede aos sujeitos passivos não esta-*

7. RELAÇÃO ENTRE A SEDE E AS SUCURSAIS DE UMA MESMA PESSOA JURÍDICA

No seio da mesma pessoa colectiva, o tratamento dos seus estabelecimentos situados em países diferentes como sujeitos passivos distintos, em particular as relações entre a respectiva sede ou estabelecimento principal e as suas sucursais ou estabelecimentos estáveis, bem como destes últimos entre si, nunca foi objecto de opinião consensual, por parte dos Estados membros e da Comissão Europeia.

Sobre esta matéria, a própria posição da Comissão Europeia sofreu algumas alterações ao longo do tempo, tendo esta instituição comunitária, na exposição de motivos que acompanhou a acima mencionada proposta de alteração do critérios relativos ao lugar de tributação das prestações de serviços, expendido o seguinte ponto de vista: [70]

«A Comissão considera que as prestações de serviços efectuadas entre diferentes sucursais de uma sociedade ou entre uma sucursal e a sede (ou seja, entre diferentes estabelecimentos) são, geralmente, excluídas do âmbito de aplicação do IVA, desde que as sucursais em causa façam parte da mesma entidade jurídica. É esse o caso quando os estabelecimentos em causa se situam no mesmo Estado-membro ou em mais de um país. A Comissão tem consciência de que este ponto de vista não é partilhado por todos os Estados-Membros. Esta situação provoca incertezas e, eventualmente, uma aplicação inadequada do IVA aos prestadores de serviços isentos (por exemplo, os serviços financeiros).

Esta questão foi suscitada diversas vezes pelas pessoas que participaram na consulta pública. Muitos desses participantes observaram que este aspecto colocava problemas no que respeita ao tratamento das operações transfronteiriças. A incerteza quanto ao tratamento das prestações de serviços prestados dentro de

---

belecidos num Estado-Membro, que solicitem, em conformidade com a Oitava Directiva [...], o reembolso do imposto sobre o valor acrescentado, juros unicamente a contar da interpelação desse Estado-Membro e a uma taxa inferior à que se aplica aos juros recebidos de pleno direito pelos sujeitos passivos estabelecidos no território deste Estado no termo do prazo legal de reembolso."

[70] Cf. documento COM (2003) 822 final, 2003/0329 (CNS), de 23 de Dezembro de 2003, p. 10.

Capítulo II – Localização das Prestações de Serviços 143

uma mesma sociedade seria clarificada pela inclusão de uma disposição específica que confirmasse a interpretação segundo a qual estes serviços não constituem prestações de serviços para efeitos do IVA.

A Comissão tem igualmente consciência de que nos sectores onde são aplicáveis isenções existe o risco de determinados prestadores de serviços procurarem obter ou prestar serviços nos Estados-Membros que aplicam taxas de tributação reduzidas ou em países terceiros. Com efeito, os serviços que não podem beneficiar de qualquer dedução (nomeadamente os que são utilizados para efectuar uma prestação isenta) são adquiridos no Estado-Membro que aplica a taxa mais reduzida ou num país terceiro, antes de serem transferidos para as sucursais estabelecidas noutros Estados-Membros que praticam taxas mais elevadas. O problema só se coloca quando a sucursal está situada noutro país, na medida em que nesse caso existe uma "fronteira fiscal". A Comissão continuará a acompanhar atentamente esta situação e, se for caso disso, abordará esta questão quando apresentar as propostas relativas aos diferentes sectores isentos.»

Mais recentemente, através do acórdão de 23 de Março de 2006, proferido no processo C-210/04 (caso *FCE Bank*, Colect. p. I-?), alguns aspectos da mencionada problemática foram abordados pelo TJCE, nos termos que seguidamente se descrevem.

7.1. Repartição de custos comuns

Acórdão do TJCE de 23 de Março de 2006, processo C-210/ /04, caso *FCE Bank*, Colect. p. I-2803:[71]

Sob análise neste acórdão, proferido na sequência de uma decisão de reenvio tomada por um tribunal italiano, estiveram as consequências no domínio do IVA dos débitos de custos entre a sede do *FCE Bank*, localizada no Reino Unido da Grã Bretanha e Irlanda do Norte, e um seu estabelecimento estável situado em Itália.

---

[71] Para mais pormenores, veja-se a minha anotação a este acórdão, *in* "Ciência e Técnica Fiscal", n.º 417, Jan.-Jun. 2006, DGCI/CEF, pp. 403 a 458, da qual são aqui integrados alguns excertos.

144 *A Incidência e os Critérios de Territorialidade do IVA*

Em resultado de determinadas imputações de custos relacionados com serviços de consultoria, administração, informática, de formação de pessoal e de tratamento de dados, ocorridas durante os anos de 1996 a 1999, por parte da sede do *FCE Bank* à sucursal que constituiu em Itália (a seguir identificada por *"FCE IT"*), esta última procedeu à "autoliquidação" do correspondente IVA. Algum tempo depois, porém, o *FCE IT*, considerando que havia procedido indevidamente à tributação dessas situações, por se tratarem de imputações no âmbito da mesma entidade jurídica, veio solicitar a restituição do imposto à administração fiscal italiana.

Uma vez que o pedido foi objecto de indeferimento tácito, o *FCE IT* recorreu contenciosamente desse indeferimento, tendo sido dado provimento ao recurso. Inconformada com este resultado, a administração fiscal italiana veio a interpor um pedido de anulação da decisão, com o fundamento de que, nos termos da lei interna e do disposto no n.º 1 do artigo 2.º da Sexta Directiva [actuais alíneas a) e c) do n.º 1 do artigo 9.º da Directiva do IVA], se verificaria uma autónoma sujeição a imposto do estabelecimento estável, e que os montantes a este debitados tinham como contrapartida uma trans-ferência interna de fundos. Por sua vez, na contestação apresentada, o *FCE IT* alegou, em suma, a existência de um "princípio de unici-dade" que implicaria que um estabelecimento estável não fosse con-siderado um sujeito passivo autónomo em relação à respectiva sede, e que os débitos efectuados por esta não constituiriam prestações de serviços a título oneroso, já que consistiam em simples imputações de custos que não tinham subjacente uma efectiva contrapartida.

Na decisão que tomou o TJCE optou por seguir, de um modo geral, o sentido que vinha proposto nas conclusões do advogado--geral, tendo definido que, da interpretação do n.º 1 do artigo 2.º e do n.º 1 do artigo 9.º da Sexta Directiva, resulta que um estabelecimento estável, não sendo uma entidade jurídica distinta da sociedade em que se integra, não deve ser considerado um sujeito passivo autónomo.

Saliente-se, porém, que o Tribunal entendeu dever começar por reduzir, no n.º 22 do texto do acórdão, o âmbito do seu pronuncia-mento, por considerar, em face do caso concreto em litígio, que só se mostrava necessário analisar os aspectos ligados às relações esta-belecidas entre a sede e a sucursal de uma mesma entidade jurídica quando ambas se situem em Estados membros da CE.

O TJCE deixou, assim, deliberada e expressamente, de fora da solução encontrada os casos em que a sede da entidade – ou even-

Capítulo II – Localização das Prestações de Serviços 145

tualmente um seu estabelecimento secundário que proceda às imputações de custos – não se localize no território da Comunidade. Deste modo, as considerações tecidas e a fundamentação apresentada ao longo do texto decisório, bem como a resposta dada ao Tribunal italiano, circunscrevem-se às situações inteiramente ocorridas no interior da CE. De notar, nesta matéria, que o advogado-geral no processo, nas respectivas conclusões, embora tenha chegado à solução que o Tribunal veio, a final, a adoptar, não circunscrevera o âmbito da sua opinião aos casos em que sede e sucursal se encontrassem localizadas no interior do espaço comunitário. A circunstância de ter excluído do objecto do acórdão as restantes situações, bem como de não ter seguido a amplitude das conclusões do advogado-geral, fazem crer que o Tribunal admita, nos outros casos, que as relações estabelecidas entre a sede e a sucursal de uma mesma pessoa colectiva possam vir a assumir relevância no domínio do IVA.

Uma vez feita aquela demarcação do âmbito do seu pronunciamento, no sentido de dar resposta à primeira questão prejudicial, o TJCE, nos n.ºs 33 a 38 do texto do acórdão, debruçou-se sobre o requisito da "independência", a que se reporta o n.º 1 e o n.º 4 do artigo 4.º da Sexta Directiva (actuais primeiro parágrafo do n.º 1 do artigo 9.º e artigo 10.º da Directiva do IVA). Nesse domínio, considerou que lhe caberia analisar se o *FCE IT*, na qualidade de estabelecimento estável em Itália do *FCE Bank*, prosseguiria, face a este, uma actividade económica independente. Todavia, contrariamente à abordagem feita quando está em causa a qualificação de uma dada realidade como um estabelecimento estável para efeitos do IVA e à possível prevalência deste em relação à sede, o Tribunal não atendeu aos critérios económicos normalmente invocados, concretamente a detenção com carácter de permanência de meios humanos e técnicos e a realização através deles de operações tributáveis. Embora se antevisse o recurso a critérios económicos para aferir da independência dos estabelecimentos estáveis face à sede, o texto decisório, na realidade, ateve-se em exclusivo na apreciação de critérios puramente jurídicos. Com efeito, no que respeita à aferição da actuação de *"modo independente"*, a decisão limitou-se a invocar a não detenção pela sucursal de personalidade jurídica própria e a partir daí a frisar as inerências óbvias no domínio das relações jurídicas e da unicidade do capital social e da assumpção do risco do negócio. Por seu turno, segundo o Tribunal, tal acepção não é posta em causa pelo n.º 1 do artigo 9.º da Sexta Directiva, já que o papel atribuído nessa disposição aos estabelecimentos estáveis se circunscreve às relações ocorridas entre estes e terceiros, não se aplicando "*a transacções entre uma sociedade residente num Estado-Membro e uma das suas sucursais estabelecidas noutro Estado-Membro*".

Por se encontrar também expressamente inserido na primeira questão prejudicial formulada pelo Tribunal italiano, o TJCE entendeu dever elucidar, no n.º 39 do aresto, que as regras relativas à imputação de custos entre sedes e sucursais localizadas em países diferentes, previstas no modelo de convenção da OCDE em matéria de dupla tributação, não são relevantes para efeitos do IVA, por respeitarem à fiscalidade directa. Por seu turno, no n.º 40, também no domínio da repartição de custos, frisou que a existência de um "acordo" nesse sentido "*trata-se também de um elemento que carece de pertinência no presente processo, uma vez que esse acordo não foi negociado entre partes independentes*".

Tendo concluído que a sucursal italiana do *FCE Bank* não era independente da própria sociedade, e que, portanto, não era susceptível de ser considerada um sujeito passivo em relação aos débitos de custos que lhe eram efectuados, o TJCE não considerou necessário responder às segunda e terceira questões prejudiciais que vinham colocadas. De notar, como afirmação adicional relativa à perspectiva do Tribunal sobre a relevância para efeitos do IVA das relações mantidas entre uma sede e uma sucursal situadas em dois Estados membros da CE, que vem referido no n.º 51 do texto do acórdão, para ilustrar a desnecessidade de abordar a terceira questão prejudicial, que as mesmas "*devem ser consideradas um único e mesmo sujeito passivo na acepção do artigo 4.º, n.º 1, da Sexta Directiva [e que] o FCE IT é apenas um elemento do FCE BANK*".

Assim, em resposta ao tribunal italiano, o TJCE declarou o seguinte: "*Os artigos 2.º, n.º 1, e 9.º, n.º 1, da Sexta Directiva [...] devem ser interpretados no sentido de que um estabelecimento estável, que não é uma entidade jurídica distinta da sociedade em que se integra, situado noutro Estado membro e ao qual a sociedade fornece prestações de serviços, não deve ser considerado sujeito passivo em razão dos custos que lhe são imputados pelas referidas prestações.*"

Capítulo II – Localização das Prestações de Serviços 147

7.2. Débito de prestações de serviços entre sedes e sucursais

Informação n.º 40, de 11 de Março de 2004, do Gabinete do SDG, com despacho de 13 de Maio de 2004, do DG:

Na informação em referência, uma empresa com sede na Alemanha e estabelecimento estável em Portugal pretendia que esse estabelecimento estável, que prestava serviços a clientes portugueses, em lugar de emitir as facturas dirigidas a estes, facturasse a própria sede da empresa. Seguidamente, de harmonia com o preconizado pela empresa, seria a partir da sede na Alemanha que ocorreria a facturação aos clientes portugueses dos mencionados serviços. Essa prática era justificada pela empresa com base em razões de ordem comercial e para que os custos incorridos pela sucursal não fossem debitados por esta aos clientes nacionais, com a alegação de que contratos haviam sido celebrados directamente entre os clientes e a sede na Alemanha. Os serviços prestados pelo estabelecimento estável em causa consistiam na manutenção e reparação de equipamentos electrónicos vendidos através da sede a clientes estabelecidos em Portugal.

Contrariamente ao preconizado pela empresa, que pretendia aplicar um critério de localização das operações baseado no lugar da sede do prestador dos serviços, a decisão em referência, após elucidar que as prestações de serviços de manutenção e reparação de equipamentos electrónicos se reconduziam à categoria de trabalhos e peritagens relativos a bens móveis corpóreos, considerados efectuados em território nacional por força do disposto na alínea c) do n.º 6 do artigo 6.º do CIVA, concluiu o seguinte:

«[S]erá através dos meios organizacionais do projectado estabelecimento estável em Portugal que os serviços de manutenção e reparação se efectuarão. Será este, portanto, o sujeito passivo que realizará materialmente as referidas prestações de serviços, competindo-lhe a liquidação e a entrega nos cofres do Estado do IVA correspondente ao valor das contraprestações pagas pelos clientes. Ao estabelecimento estável caberá também o cumprimento, em matéria de IVA, das demais obrigações decorrentes da tributação, nomeadamente a obrigação de emissão das correspondentes facturas nos termos e na forma legais. No quadro da solução preconizada para a questão sob análise, as eventuais relações entre o estabelecimento estável em Portugal

148   *A Incidência e os Critérios de Territorialidade do IVA*

e a sede na Alemanha, no que concerne especificamente às prestações de serviços em apreço, devem ser consideradas como um mero encontro de contas não tributado, não podendo, portanto, tais relações, ser objecto de emissão de facturas ou documentos equivalentes entre o estabelecimento estável e a sede».

7.3. Consequências do acórdão relativo ao caso *FCE Bank*[72]

A interpretação feita pelo TJCE no seu acórdão de 23 de Março de 2006, relativo ao processo C-210/04 (caso *FCE Bank*, Colect. p. I-2803), de modo algum põe em causa a transposição para a legislação interna do disposto no direito comunitário, nomeadamente, nos actuais alínea a) do n.º 1 do artigo 2.º, n.º 1 do artigo 9.º e artigo 43.º da Directiva do IVA, correspondentes aos n.º 1 do artigo 2.º, n.ᵒˢ 1 e 2 do artigo 4.º e no n.º 1 do artigo 9.º da Sexta Directiva. Segundo se crê, os conteúdos dessas disposições estão adequadamente reflectidos, respectivamente, na alínea a) do n.º 1 do artigo 1.º, no primeiro parágrafo da alínea a) do n.º 1 do artigo 2.º e no n.º 4 do artigo 6.º do CIVA.

Assim, na sequência da referida decisão do TJCE, o que está apenas em causa é a interpretação que vinha sendo dada pela administração fiscal portuguesa ao conteúdo daqueles preceitos, no que concerne à tributação como prestações de serviços dos débitos efectuados entre a sede e o estabelecimento estável de uma mesma entidade, quando ambos estejam situados em Estados membros da Comunidade Europeia.

Pelo menos até uma tomada de posição em contrário por parte do TJCE, que para já não se prefigura, a perspectiva que vem sendo adoptada pela administração fiscal portuguesa apenas poderá ser mantida quanto às relações ocorridas entre a sede e a sucursal de uma mesma entidade se uma destas unidades se localizar fora do território fiscal da Comunidade. Conforme se salientou antes, o TJCE afastou expressamente da sua tomada de posição os casos em que a sede de uma dada entidade jurídica se localize fora do espaço fiscal comunitário, deixando vislumbrar que, nessas circunstâncias, seria admissível a chegada a uma solução diferente da encontrada para o caso

---

[72] Cf. a minha anotação a este acórdão acima referida.

Capítulo II – Localização das Prestações de Serviços   149

de sede e estabelecimento estável se situarem no interior do espaço comunitário. Adicionalmente, embora essa referência não tenha sido feita de modo expresso no acórdão, o mesmo parece suceder em situação contrária, isto é, quando uma dada entidade jurídica disponha de um estabelecimento estável fora da Comunidade que facture à sede determinados serviços ou custos. Para além de não se encontrar abrangido pelo âmbito do acórdão, este diferente enquadramento quando a sede ou o estabelecimento estável não se localize na CE parece decorrer, inclusivamente, do próprio teor da fundamentação nele adoptada pelo TJCE, porquanto este baseou a sua acepção no argumento de que as duas unidades económicas se constituíam como um "sujeito passivo único". Ora, esta visão das coisas não é transponível para as situações em que a sede ou a sucursal se não encontrem numa jurisdição submetida ao sistema do IVA em vigor na CE, decorrente da Sexta Directiva.

Além disso, a decisão também não põe em causa, como é óbvio, a subsunção no âmbito de incidência do IVA de operações relativas a bens corpóreos ocorridas entre a sede e a sucursal de uma mesma entidade, ou entre estas últimas, situadas em dois Estados membros diferentes, que se consubstanciem em operações de transferência intra-comunitária de bens, previstas na alínea a) do n.º 1 do artigo 4.º e no n.º 2 do artigo 7.º do RITI.

Todavia, no que concerne aos débitos ocorridos entre a sede e uma sucursal de uma mesma sociedade comercial, quando localizadas em Estados membros diferentes, cumpre à administração fiscal portuguesa adequar os seus entendimentos e as suas práticas à interpretação decorrente do acórdão do TJCE.[73]

No sentido de retirar também consequências quanto a outros aspectos decorrentes da decisão do TJCE, entende-se que esta implica, desde logo, um maior cuidado e rigor por parte da administração fiscal, quer na determinação dos pressupostos de facto das situações a enquadrar, quer na terminologia utilizada para descrever essas situa-

---

[73] Como se sabe, a interpretação que o TJCE faz de uma norma de direito comunitário, no exercício de uma competência que lhe é dada pelo artigo 234.º do TCE (anterior artigo 177.º), esclarece e especifica, quando haja necessidade disso, o significado e o alcance dessa norma, tal como deve ou deveria ter sido entendida e aplicada desde o momento da sua entrada em vigor (*cf.*, entre vários, o acórdão do TJCE de 2 de Fevereiro de 1988, proferido no processo 309/85, caso *B. Barra*, Colect. p. 355, n.º 11).

ções e para fundamentar os correspondentes actos, sejam eles os próprios actos tributários, sejam os actos meramente opinativos. Tal permitirá, desde logo, afastar quaisquer dúvidas sobre qual o elo jurídico que une as unidades económicas cujas relações se pretendem subsumir nas regras do IVA, isto é, se se tratam de duas pessoas colectivas distintas, ainda que eventualmente ligadas por uma relação de domínio, como sucede nos casos de uma "sociedade-mãe" e uma filial ou sociedade afiliada, situação em que não é posto em causa que se tratem de dois sujeitos passivos distintos para efeitos do IVA, com as consequências gerais daí advenientes. Ou, ao invés, se se tratam de dois centros de exploração da actividade da mesma pessoa colectiva, nomeadamente a sede ou estabelecimento principal e a respectiva sucursal, estabelecimento secundário ou estabelecimento estável, situação em que, encontrando-se ambas no interior do território fiscal da Comunidade, as mesmas não deverão, por força do acórdão do TJCE, ser consideradas sujeitos passivos distintos no domínio do IVA.

Em segundo lugar, há também que retirar consequências no que concerne à relevância para efeitos do IVA de uma prática muitas vezes seguida no interior de uma mesma entidade jurídica que disponha de estabelecimentos em vários Estados membros, a qual consiste na realização de operações tributáveis directamente aos clientes através dos recursos de um deles, procedendo este, no entanto, não à facturação directa desses serviços aos clientes, mas facturando outro dos estabelecimentos dessa mesma entidade jurídica, normalmente a respectiva sede, a qual, por sua vez, é que procede à efectiva facturação dos serviços aos clientes.

Tal procedimento é muita vezes justificado pelas empresas com base em razões de carácter comercial, administrativo ou organizacional, invocando, nomeadamente, as regras em matéria de preços de transferência, vigentes para efeitos dos impostos sobre o rendimento, ou que os contratos de prestação de serviços foram celebrados entre a sede da empresa e os clientes, e não entre o estabelecimento estável que efectivamente prestou o serviço e esses clientes. Por via de regra, a administração fiscal portuguesa, no quadro da concepção que vinha perfilhando de que se tratariam de sujeitos passivos distintos, admitia, de um modo geral, o referido procedimento.

No entanto, tendo em conta a jurisprudência agora emanada do TJCE, afigura-se – independentemente dos débitos ou imputações

Capítulo II – Localização das Prestações de Serviços   151

que a sociedade entenda realizar entre esses estabelecimentos – que tais prestações de serviços deverão passar, em todos os casos, a ser facturadas directamente ao cliente pelo estabelecimento cujos recursos humanos e técnicos foram, total ou essencialmente, utilizados na realização dos serviços, devendo ser este a aplicar na respectiva factura destinada ao cliente as correspondentes regras do IVA, nomeadamente as que decorram das regras de localização das prestações de serviços que se mostrem aplicáveis.

Por outro lado, os montantes imputados entre estabelecimentos de uma mesma entidade jurídica também não devem assumir qualquer relevância para efeitos do cálculo do *pro rata* a que eventualmente a unidade económica que procede ao débito esteja submetida para a determinação da medida do respectivo direito à dedução. Com efeito, qualquer que fosse o regime de dedução do IVA a que as despesas tivessem estado submetidas quando foram realizadas pela entidade que posteriormente procedeu ao seu débito, este débito não se configura como "prestações de serviços que dão lugar à dedução", não devendo, pois, constar do numerador nem do denominador da fracção para efeitos do mencionado cálculo.

Também como corolário da irrelevância para efeitos do IVA dos débitos em causa, sem prejuízo da emissão dos documentos com fins contabilísticos a que deva haver lugar, destinada a documentar as imputações de custos ocorridas entre a sede e as sucursais de uma mesma entidade, considera-se que tais documentos não devem consistir na emissão de facturas ou documentos equivalentes a que se referem a alínea b) do n.º 1 do artigo 29.º e o artigo 36.º do CIVA, dado que tal emissão se reporta a operações susceptíveis de serem qualificadas como transmissões de bens ou prestações de serviços para efeitos do IVA.

152   *A Incidência e os Critérios de Territorialidade do IVA*

8. ALGUMAS PRESTAÇÕES DE SERVIÇOS ENQUADRÁVEIS NA REGRA GERAL

8.1. Organização de cerimónias fúnebres

Regulamento (CE) n.º 1777/2005, do Conselho, de 17 de Outubro de 2005:

De acordo com o artigo 4.º do Regulamento (CE) n.º 1777/ /2005, nos casos em que constituam um serviço único, os serviços prestados no âmbito da organização de uma cerimónia fúnebre são abrangidos pelo n.º 1 do artigo 9.º da Sexta Directiva (artigo 43.º da Directiva do IVA).

Note-se, porém, que no caso português há que tomar em consideração que opera também a isenção prevista no n.º 26) do artigo 9.º do CIVA, sobre o âmbito da qual se pronunciou a administração tributária através do ofício-circulado n.º 30 023, de 16 de Junho de 2000, da DSIVA.

8.2. Arbitragem de conflitos

Acórdão do TJCE de 16 de Setembro de 1997, processo C- -145/96, caso *Hoffmann*, Colect. p. I-4857:

Neste seu aresto o TJCE foi chamado a pronunciar-se sobre qual das regras de localização das prestações de serviços, então constantes do artigo 9.º da Sexta Directiva, seria aplicável às prestações de serviços de arbitragem de conflitos. Em causa estavam serviços de arbitragem efectuados por *B. Hoffmann*, residente na Alemanha, tendo como destinatária a Câmara de Comércio Internacional, com sede em França. Esta organização exerce funções de tribunal arbitral internacional destinado a dirimir litígios entre empresas, proferindo decisões arbitrais ou promovendo a conciliação entre as partes no âmbito de um acordo amigável.

Na óptica da administração fiscal alemã, as prestações de serviços de arbitragem realizadas por *B. Hoffmann* deveriam ser objecto de tributação nesse país, por força da regra geral de localização, correspondente ao n.º 1 do artigo 9.º da Sexta Directiva (actual artigo 43.º

Capítulo II – Localização das Prestações de Serviços 153

da Directiva do IVA). *B. Hoffmann*, por sua vez, entendia que as prestações de serviços por si realizadas seriam objecto de tributação em França, por aplicação da regra de localização contida no terceiro travessão da alínea e) do n.º 2 do mesmo artigo 9.º [actual alínea c) do n.º 1 do artigo 56.º da Directiva do IVA].

Suscitada judicialmente a decisão do litígio, o tribunal alemão entendeu colocar ao TJCE, a título prejudicial, a seguinte questão: *"O [...] artigo 9.º, n.º 2, alínea e), da Sexta Directiva CEE (terceiro travessão: 'prestações de serviços de consultores, engenheiros, gabinetes de estudo, advogados, peritos contabilistas e demais prestações similares e, bem assim, o tratamento de dados e o fornecimento de informações') deve ser interpretado no sentido de que também abrange as prestações de serviços de um árbitro num tribunal arbitral?"*

Sobre esta questão, o TJCE frisou, nos n.ºs 15 a 18 do acórdão, que a alusão a certas profissões, feita no terceiro travessão da alínea e) do n.º 2 do artigo 9.º da Sexta Directiva, não visava as próprias profissões em si, mas as prestações de serviços que são habitualmente realizadas, a título principal, no quadro dessas profissões, estribando-se para tanto no decidido no seu acórdão de 6 de Março de 1997.[74] Muito embora as prestações de serviços de arbitragem, como aquelas a que respeitava o processo principal, sejam frequentemente asseguradas por advogados, o conceito comunitário de "advogado", tendo em conta o leque de prestações ligadas a essa profissão, não abrange as prestações de serviços de um árbitro. Os serviços prestados pelos advogados têm por objecto, principal e habitualmente, a representação e a defesa dos interesses de uma pessoa, enquanto os serviços prestados de arbitragem têm por objecto, principal e habitualmente, a solução de um diferendo entre duas ou várias pessoas, ainda que o seja *ex aequo et bono*. Por sua vez, também em relação a outras profissões enumeradas naquele terceiro travessão, nenhuma delas tem por objecto, principal e habitualmente, a resolução de diferendos entre duas ou mais partes.

Em segundo lugar, nos n.ºs 19 a 25 do acórdão, o TJCE debruçou-se sobre a possibilidade de as prestações de serviços de arbitragem serem abrangidas pelo conceito de "demais prestações similares",

---

[74] Proferido no processo C-167/95, caso *Linthorst, Pouwels en Scheren*, Colect. p. I-1195, n.ºs 18, 22 e 25. Um resumo deste acórdão pode ser visto, *infra*, no n.º 8.5. da presente secção.

154 *A Incidência e os Critérios de Territorialidade do IVA*

também integrante do terceiro travessão da alínea e) do n.º 2 do artigo 9.º da Sexta Directiva. Desde logo, porém, recordando ainda o teor dos n.os 19 a 22 do seu acórdão de 6 de Março de 1997, o Tribunal afirmou que a expressão "demais prestações similares" não se refere a qualquer eventual elemento comum às actividades heterogéneas mencionadas naquele terceiro travessão. O que tal expressão invoca são as prestações de serviços similares a cada uma das que vêm mencionadas nessa disposição, considerada separadamente. Nesta óptica, uma dada actividade pode ser considerada similar a uma outra expressamente indicada no terceiro travessão, desde que ambas correspondam à mesma finalidade. Sucede que nenhuma das profissões referenciadas no terceiro travessão da alínea e) do n.º 2 do artigo 9.º da Sexta Directiva, no entender do TJCE, tem uma finalidade correspondente à actividade de prestação de serviços de arbitragem. Para ilustrar este ponto de vista, o acórdão aponta, por um lado, que *"enquanto a procura de um compromisso por um advogado que participa numa negociação se baseia habitualmente em elementos de oportunidade e em ponderações de interesses, a solução de um diferendo por um árbitro baseia-se em considerações de justiça ou de equidade"*. Por outro lado, também qualquer das outras profissões elencadas naquele terceiro travessão não prossegue essa mesma finalidade.

Em face destas considerações, o TJCE decidiu dar a seguinte resposta ao tribunal de reenvio: *"O artigo 9.º, n.º 2, alínea e), terceiro travessão da Sexta Directiva [...] deve ser interpretado no sentido de que não abrange as prestações de um membro dum tribunal arbitral."*

8.3. Recolha, triagem, transporte e eliminação de resíduos

Acórdão do TJCE de 25 de Janeiro de 2001, processo C-429/ /97, Comissão/França, Colect. p. I-637:[75]

Na sequência do indeferimento, por parte da administração fiscal francesa, de um pedido de reembolso ao abrigo da Oitava Directiva, que lhe fora apresentado por uma empresa alemã, o assunto chegou

---

[75] Também sobre este aresto, na parte atinente à Oitava Directiva, veja-se o n.º 3.8. do capítulo III da Parte IV, *infra*.

Capítulo II – Localização das Prestações de Serviços 155

ao conhecimento da Comissão Europeia, a qual entendeu dever interpor contra a França uma acção por incumprimento de Estado.

Especialmente em causa estava a circunstância de a administração fiscal recusar o reembolso do IVA suportado em França a empresas encarregadas da recolha, triagem, transporte e eliminação de resíduos, estabelecidas noutros Estados membros. Essas empresas haviam subcontratado, junto de empresas francesas, a realização de algumas das tarefas de que estavam incumbidas, em particular a eliminação de alguns desses materiais, tendo suportado o correspondente IVA francês.

Na óptica da administração fiscal francesa, as prestações de serviços realizadas pelas empresas estabelecidas noutros Estados membros consistiam em operações consideradas realizadas em território francês, pelo que a Oitava Directiva não seria o meio adequado para solicitarem a restituição do IVA suportado em França. Uma vez que estariam a efectuar operações tributadas em França, em aplicação do disposto no quarto travessão da alínea c) do n.º 2 do artigo 9.º da Sexta Directiva [actual alínea c) do artigo 52.º da Directiva do IVA], no entendimento da administração fiscal francesa, a recuperação do imposto suportado a montante pelas empresas de outros Estados membros deveria ocorrer através do mecanismo do direito à dedução, a exercer nas declarações periódicas do IVA a apresentar em França.

Na perspectiva da Comissão Europeia, estava-se perante contratos que integravam diferentes tipos de prestações de serviços, a que deveria, no seu todo, ser aplicada a regra geral de localização contida no n.º 1 do artigo 9.º da Sexta Directiva (actual artigo 43.º da Directiva do IVA), uma vez que só esta permitiria garantir a tributação homogénea da totalidade da prestação de serviços.

O TJCE entendeu que estava em causa, no seu conjunto, uma prestação de serviços complexa, cuja submissão à regra do n.º 1 ou à regra da alínea c) do n.º 2 do artigo 9.º da Sexta Directiva deveria permitir assegurar uma tributação racional e homogénea. Nesses termos, para efeitos de aplicação do quarto travessão da alínea c) do n.º 2, seria necessário verificar se esta regra abrangeria especificamente os serviços em causa no processo, o que implicaria, em primeiro lugar, ter em conta todos os elementos que caracterizavam essa prestação.

Segundo decorria do processo, algumas empresas de outros Estados membros haviam celebrado contratos com autarquias locais de França e com outros organismos públicos e privados daquele país, ficando obrigadas a recolher, a proceder à triagem, a transportar e a eliminar os resíduos e lixos domésticos. Para o efeito, as empresas ficavam contratualmente obrigadas a conceber um plano de colecta, a seleccionar os pontos de recolha, a organizar o transporte dos resíduos, a armazená-los, a organizar as operações de triagem, a escolher os modos de eliminação, a destruir uma parte e a aproveitar alguns desses resíduos, assim como, eventualmente, a recorrer a outras entidades especializadas na eliminação de certos tipos de lixos. Além disso, salientou o Tribunal, a generalidade das operações tinha lugar nos Estados membros de estabelecimento das empresas prestadoras dos serviços, onde as mesmas dispunham e organizavam os meios adequados e onde aplicavam o respectivo *know how*, de modo a assegurar o cumprimento das suas obrigações contratuais.

Em face do carácter complexo da prestações de serviços em apreço, o TJCE entendeu que a aplicação do critério constante do quarto travessão da alínea c) do n.º 2 do artigo 9.º da Sexta Directiva, ligado ao lugar de execução material dos mesmos, geraria incertezas quanto ao IVA que deveria ser objecto de liquidação, nas situações em que estejam envolvidos Estados membros diferentes daquele em que prestador dos serviços se encontra estabelecido. O referido critério poderia, portanto, originar conflitos de competência entre Estados membros, contrariando os objectivos prosseguidos pelo artigo 9.º da Sexta Directiva.

Assim, independentemente da questão de saber se a eliminação de resíduos, em si mesma, constitui ou não um trabalho relativo a bens móveis corpóreos, considerou o Tribunal, no n.º 49 do acórdão, que *"[e]m contrapartida, a regra geral constante do artigo 9.º, n.º 1, da Sexta Directiva utiliza um critério seguro, simples e praticável de conexão para este tipo de prestação, que é o critério do lugar onde o prestador estabeleceu a sede da sua actividade económica ou um estabelecimento estável a partir do qual se efectua a prestação dos serviços. Tendo presentes os elementos referidos nos n.ºs 43 a 45 do presente acórdão, esta disposição permite assegurar uma tributação racional e homogénea da prestação complexa tomada no seu conjunto e evitar conflitos de competência entre Estados-Membros."*

Adicionalmente, quanto ao argumento de que esta solução poderia, por vezes, conduzir a uma não tributação destas prestações de serviços, quando o respectivo prestador estivesse estabelecido fora do espaço comunitário, o TJCE considerou-o irrelevante, acrescentando, no n.º 52 do texto decisório, que *"a hipótese formulada*

Capítulo II – Localização das Prestações de Serviços 157

[...] refere-se a uma eventualidade que decorre dos próprios limites do âmbito geográfico de aplicação do regime comunitário em matéria de IVA e não pode, por essa razão, afectar a interpretação do artigo 9.º da Sexta Directiva".

8.4. Restauração hoteleira

Acórdão do TJCE de 2 de Maio de 1996, processo C-231/94, caso *Faaborg-Gelting*, Colect. p. I-2395:[76]

Este acórdão já foi acima abordado a propósito do conceito de estabelecimento estável e da prevalência do critério da sede sobre o do estabelecimento estável.

Neste contexto, interessa apenas aqui salientar que na parte decisória do acórdão o Tribunal definiu o seguinte: *"As operações de restauração devem ser consideradas como prestações de serviços, na acepção do artigo 6.º, n.º 1, da Sexta Directiva [...] os quais se entende serem prestados no lugar onde o prestador tenha a sede da sua actividade económica, nos termos do disposto no artigo 9.º, n.º 1, da mesma directiva."*

8.5. Veterinários

1) Acórdão do TJCE de 6 de Março de 1997, processo C-167//95, caso *Linthorst, Pouwels en Scheren*, Colect. p. I-1195:

No processo em referência foi submetida ao TJCE a questão de saber qual a regra de localização aplicável às prestações de serviços veterinárias, nomeadamente se as mesmas estariam abrangidas pelos terceiro ou quarto travessão da alínea c) ou pelo terceiro travessão da alínea e), ambas do n.º 2 do artigo 9.º da Sexta Directiva. Em causa estava a situação face ao IVA de uma sociedade de veterinários estabelecida nos Países Baixos, que no quadro da sua actividade

---

[76] Sobre este acórdão, com mais detalhe, veja-se o n.º 6 da secção A deste capítulo II, *supra*.

realizava também esses serviços na Bélgica a criadores de gado estabelecidos nesse país.

O TJCE decidiu no sentido de que as prestações de serviços, principal e habitualmente, efectuadas por veterinários são abrangidas pela regra geral de localização prevista no n.º 1 do artigo 9.º da Sexta Directiva (artigo 43.º da Directiva do IVA).

Para tanto, afastou a hipótese de os serviços em apreço se incluírem nos conceitos de "peritagens relativas a bens móveis corpóreos" ou de "trabalhos relativos a bens móveis corpóreos", a que se reportam actualmente a alínea c) do artigo 52.º da Directiva do IVA, caso em que seriam objecto de tributação no lugar da respectiva execução material. Por outro lado, o Tribunal não aderiu também à hipótese de os serviços em causa se poderem considerar inseridos no conjunto de profissões previstas no terceiro travessão da alínea e) do n.º 2 do artigo 9.º da Sexta Directiva [actual alínea c) do n.º 1 do artigo 56.º da Directiva do IVA], que se refere, entre outros, a "consultores, engenheiros, gabinetes de estudo [...] e demais prestações similares".

Relativamente à possível acepção dos serviços prestados por veterinários como peritagens sobre bens móveis corpóreos, o TJCE afirmou, nos n.ºs 13 e 14 do acórdão, que *"[o] conceito de 'peritagem', na sua acepção na linguagem corrente, corresponde [...] ao exame do estado físico ou ao estudo da autenticidade de um bem, com vista a proceder a uma estimativa do seu valor ou a uma avaliação dos trabalhos a efectuar ou da extensão de um dano sofrido. [...] Em contrapartida, a função principal de um veterinário consiste numa apreciação científica relativa à saúde dos animais, numa acção de prevenção médica, num diagnóstico e na prestação de cuidados terapêuticos aos animais doentes."*

Quanto à possível acepção dos serviços prestados por veterinários como trabalhos sobre bens móveis corpóreos, o Tribunal, n.ºs 17 e 18 do texto decisório, afirmou que esta expressão *"evoca no seu sentido comum uma intervenção meramente física sobre bens móveis corpóreos, de natureza em princípio não científica nem intelectual. [...] Embora a prestação de tais cuidados implique necessariamente uma intervenção física sobre o animal, isto não pode todavia ser suficiente para que sejam qualificados de 'trabalhos'. Além disso, [...] uma interpretação tão extensiva do conceito de 'trabalhos' conduziria a tornar supérflua a alínea c), terceiro travessão, do número considerado, na medida em que a peritagem estaria abrangida em tal conceito."*

Em relação à eventual inserção das prestações de serviços veterinárias no quadro das actividades profissionais a que alude o terceiro travessão da alínea e) do n.º 2 do artigo 9.º da Sexta Directiva, o TJCE analisou a questão nos n.ᵒˢ 19 a 23 do acórdão. Neste domínio, começou por salientar que o elemento comum às actividades heterogéneas indicadas naquela disposição é o facto de todas se inserirem no âmbito das profissões liberais.[77] Todavia, se a intenção legislativa fosse a inclusão naquela regra de todas as profissões liberais, tê-lo-ia definido em termos gerais, o que não sucedeu. Por outro lado, "*se o legislador tivesse pretendido incluir nesta disposição a profissão de médico em geral, enquanto actividade tipicamente exercida de forma independente, tê-la-ia mencionado na enumeração, uma vez que [...] a Sexta Directiva menciona especificamente, noutras disposições, as prestações dos médicos veterinários, como é o caso, nomeadamente, da isenção transitória prevista nos termos do artigo 28.º, n.º 3, alínea b), em conjugação com o Anexo F da Sexta Directiva.*[78]

Além disso, o Tribunal acrescentou que, apesar das funções de veterinário por vezes comportarem aspectos subsumíveis nas acepções de "consulta" ou de "estudos", tal não basta para que as actividades principais e habituais relacionadas com a profissão de veterinário sejam incluídas nos conceitos de consultores ou de gabinetes de estudo, nem que sejam consideradas similares àquelas.

Assim, na parte do dispositivo do acórdão, o TJCE afirmou o seguinte:

«O artigo 9.º da Sexta Directiva [...] deve ser interpretado no sentido de que se considera que o lugar da prestação de serviços principal e habitualmente efectuados por veterinários se situa no lugar onde o prestador tem a sede da sua actividade económica ou um estabelecimento estável a partir do qual a

---

[77] No seu acórdão de 11 de Outubro de 2001, proferido no processo C-267/99 (caso *Adam*, Colect. p. I-7467), o TJCE pronunciou-se sobre o conceito de "profissão liberal", para efeitos do sistema comum do IVA. Referência a este acórdão pode ser vista, *infra*, no n.º 6.2. da secção E deste capítulo.

[78] Recorde-se que no caso português a isenção dos serviços prestados no âmbito da profissão de médico-veterinário esteve prevista na alínea c) do n.º 1 do artigo 9.º do CIVA, entretanto revogada pelo n.º 3 do artigo 27.º da Lei n.º 30-C/92, de 28 de Dezembro (Orçamento do Estado para 1993), não podendo ser retomada.

160 *A Incidência e os Critérios de Territorialidade do IVA*

prestação de serviços é efectuada ou, na falta de tal sede ou de tal estabelecimento estável, no lugar do seu domicílio ou da sua residência habitual.»

2) Ofício-circulado n.º 28 174, de 22 de Novembro de 1993, da ex-DSCA:

Em face da jurisprudência comunitária decorrente do acórdão de 6 de Março de 1997 (processo C-167/95, caso *Linthorst, Pouwels en Scheren*, Colect. p. I-1195), deve considerar-se tacitamente revogada a doutrina da administração fiscal portuguesa, veiculada pelo ofício--circulado n.º 28174, de 22 de Novembro de 1993, da ex-Direcção de Serviços de Concepção e Administração (DSCA), no sentido de não considerar englobados na regra geral, mas, sim, na regra relativa a trabalhos e peritagens sobre bens móveis corpóreos, os serviços prestados por veterinários no âmbito da actividade que lhes é típica.

B – Serviços relacionados com bens imóveis

1. LEGISLAÇÃO

1.1. Código do IVA

«ARTIGO 6.º

[...]

5 – O disposto no número anterior não tem aplicação relativamente às seguintes operações:

a) Prestações de serviços relacionadas com um imóvel sito fora do território nacional, incluindo as que tenham por objecto preparar ou coordenar a execução de trabalhos imobiliários e as prestações de peritos e agentes imobiliários que actuem em nome próprio e por conta de outrem;

[...]

Capítulo II – Localização das Prestações de Serviços

6 – São, no entanto, tributáveis, onde quer que se situe a sede, o estabelecimento estável ou o domicílio do prestador:

a) As prestações de serviços relacionadas com um imóvel sito no território nacional, incluindo as prestações que tenham por objecto preparar ou coordenar a execução de trabalhos imobiliários e as prestações de peritos e agentes imobiliários que actuem em nome próprio e por conta de outrem; [...]»

1.2. Directiva do IVA

«ARTIGO 45.º

O lugar das prestações de serviços relacionadas com um bem imóvel, incluindo as prestações de agentes imobiliários e de peritos, e, bem assim, as prestações tendentes a preparar ou coordenar a execução de trabalhos em imóveis, como, por exemplo, as prestações de serviços de arquitectos e de gabinetes técnicos de fiscalização, é o lugar onde o bem está situado.»

1.3. Sexta Directiva

«ARTIGO 9.º

[...]
2. Todavia:

a) Por lugar das prestações de serviços conexas com um bem imóvel, incluindo as prestações de agentes imobiliários e de peritos, e, bem assim, as prestações tendentes a preparar ou coordenar a execução de trabalhos em imóveis, tais como, por exemplo, as prestações de serviços de arquitectos e de gabinetes técnicos de fiscalização, entende-se o lugar da situação do bem; [...]»

2. ASPECTOS GERAIS

A regra geral de localização das prestações de serviços é afastada no caso de serviços relacionados com bens imóveis. O critério relativo à localização das prestações de serviços relacionadas com bens imóveis resulta da conjugação do disposto na alínea a) do n.º 5 com a alínea a) do n.º 6 do artigo 6.º do CIVA. Estas disposições transpõem para o ordenamento interno o definido na alínea a) do n.º 2 do artigo 9.º da Sexta Directiva, a que corresponde actualmente o artigo 45.º da Directiva do IVA.

As prestações de serviços relacionadas com um bem imóvel localizam-se no lugar onde se situa imóvel. As mencionadas disposições do artigo 6.º do CIVA incluem expressamente no âmbito da regra as prestações de serviços que tenham por objecto preparar ou coordenar a execução de trabalhos imobiliários e as prestações de peritos e agentes imobiliários que actuem em nome próprio e por conta de outrem.[79]

Na determinação da sujeição ou não a imposto destas prestações de serviços é irrelevante o lugar onde o prestador se encontra sediado, estabelecido ou domiciliado. O que é determinante é a localização do imóvel com o qual as prestações de serviços estão relacionadas.

Assim, consideram-se efectuadas no território nacional as prestações de serviços relacionadas com um imóvel nele situado, ainda que o prestador nele não disponha da respectiva sede, estabelecimento estável ou domicílio.

Em contrapartida, não são consideradas nele efectuadas as prestações de serviços relacionadas com um imóvel sito fora do território nacional, ainda que o prestador aqui disponha da sede, de estabelecimento estável ou de domicílio.

---

[79] A propósito das prestações de serviços de agentes imobiliários que actuem em nome e por conta de outrem, veja-se, *infra*, o n.º 2.1. da secção M deste capítulo II.

3. CONCEITO DE «BEM IMÓVEL»

Acórdão do TJCE de 3 de Março de 2005, processo C-428/ /02, caso *Fonden Marselisborg*, Colect. p. I-?:

Nesta decisão, versando no essencial sobre a isenção do IVA na locação de áreas portuárias para o estacionamento e a recolha de embarcações, o TJCE viu-se na necessidade de abordar o conceito de "imóvel", o que fez nos n.ºs 32 a 35 do texto decisório.

No caso de lugares em terra, o Tribunal considerou que o solo utilizado para a recolha das embarcações é um bem imóvel. No caso de lugares na água, o Tribunal assinalou que o facto de um terreno estar total ou parcialmente submerso não se opõe à sua qualificação como bem imóvel. Por se tratar de uma superfície coberta de água, delimitada de forma permanente e sem poder ser deslocada, um lugar ou um posto de amarração numa doca obedece à definição de bem imóvel, na acepção da alínea b) da parte B) do artigo 13.º da Sexta Directiva [artigo 135.º, n.º 1, alínea l), e n.º 2, da Directiva do IVA].[80]

4. ARQUITECTOS E GABINETES TÉCNICOS DE FISCALIZAÇÃO

Embora o artigo 6.º do CIVA, na alínea a) do seu n.º 5 e na alínea a) do seu n.º 6, o não indiquem de forma expressa, incluem- -se nas regras de localização relativas às prestações de serviços rela- cionadas com bens imóveis as efectuadas por arquitectos e gabinetes técnicos de fiscalização de obras, como se encontra actualmente definido no artigo 45.º da Directiva do IVA e, antes desta, na parte final da alínea a) do n.º 2 do artigo 9.º da Sexta Directiva.

---

[80] O ofício-circulado n.º 30 021, de 16 de Junho de 2000, da DSIVA, citado no n.º 5 da presente secção, não pende no sentido da aplicação da isenção prevista no n.º 30 do artigo 9.º do CIVA.

164 *A Incidência e os Critérios de Territorialidade do IVA*

5. LOCAÇÃO DE POSTOS DE AMARRAÇÃO EM DOCAS PORTUÁRIAS[81]

Ofício-circulado n.º 30 021, de 16 de Junho de 2000, da DSIVA:

Acerca das prestações de serviços de locação de postos de amarração em docas portuárias, o ofício-circulado em referência esclarece, a dado passo, o seguinte:

«4. Consistindo o locado em postos de amarração para embarcações marítimas, situados em território nacional, considera-se a operação de locação:

4.1 Localizada no território nacional, ainda que, quer o locador quer o locatário, sejam pessoas cuja sede, estabelecimento estável ou o domicílio se situe fora do mesmo, atento o nexo de conexão real constante na alínea a) do n.º 6 do artigo 6.º do CIVA;

4.2 Sujeita a tributação e excluída do âmbito da isenção do n.º 30 do artigo 9.º do CIVA, em conformidade com o que prescreve a alínea b) do preceito, na medida em que as embarcações são consideradas um tipo de veículos;

4.3. Abrangida pela isenção a que se refere a alínea j) do n.º 1 do artigo 14.º do CIVA (isenção que confere direito à dedução), quando o fim locatício se consubstancia na amarração de embarcações referidas nas alíneas d) e e) daquele artigo e desde que o locador possua a prova a que alude o n.º 8 do artigo 28.º do Código.»

6. LICENÇAS DE PESCA

1) Acórdão do TJCE de 7 de Setembro de 2006, processo C-166/05, caso *H. Rudi*, Colect. p. I-7749:

Neste acórdão esteve em causa um pedido de decisão prejudicial apresentado por um tribunal austríaco, relativamente à regra de loca-

---

[81] Sobre este assunto veja-se também a referência ao acórdão de 3 de Março de 2005 (processo C-428/02, caso *Fonden Marselisborg*, Colect. p. I-?), feita no n.º 3 desta secção B, *supra*.

lização aplicável às concessões de autorização para o exercício da pesca.

Sob apreciação encontrava-se o lugar de tributação de prestações de serviços que consistiam na concessão, por parte de um sujeito passivo, com sede na Alemanha e não dispondo de estabelecimento estável na Áustria, de um lote de licenças de pesca num rio austríaco denominado *"Gmundner Traun"*. Essas prestações de serviços tinham como destinatárias entidades residentes em vários países, nomeadamente na Bélgica, Dinamarca, Itália e Países Baixos. O direito havia sido previamente adquirido pela sociedade alemã, tendo suportado o correspondente IVA austríaco, pretendendo seguidamente obter o reembolso junto da administração fiscal desse país.

Na óptica da administração fiscal austríaca, as operações de concessão realizadas pela empresa alemã consistiam em prestações de serviços relacionadas com um bem imóvel, pelo que, encontrando--se este situado na Áustria, aplicar-se-lhes-ia o IVA em vigor nesse país. Por sua vez, a empresa alemã entendia que não praticara quaisquer operações consideradas efectuadas na Áustria, uma vez que a concessão de licenças de pesca fluvial não poderia ser tida como uma prestação de serviços relacionada com um bem imóvel.

Analisando a questão, o TJCE considerou necessário definir se a cessão dos direitos em causa se constituía como uma prestação de serviços para efeitos do IVA e se os sectores do rio sobre os quais incidiam as licenças poderiam ser qualificados como bens imóveis.

Quanto ao primeiro aspecto, dado que nada apontava para que a Áustria tivesse feito uso da possibilidade conferida pelo n.º 3 do artigo 5.º da Sexta Directiva (artigo 15.º, n.º 2, da Directiva do IVA), o TJCE pressupôs, no n.º 19 do acórdão, estar-se perante uma operação qualificada como prestação de serviços, nos termos do n.º 1 do artigo 6.º da Sexta Directiva (artigos 24.º, n.º 1, e 25.º da Directiva do IVA).[82]

---

[82] O n.º 3 do artigo 5.º da Sexta Directiva estabelecia o seguinte: "Os Estados membros podem considerar bens corpóreos: a) Determinados direitos sobre bens imóveis; b) Os direitos reais que conferem ao respectivo titular um poder de utilização sobre bens imóveis; c) As participações e acções cuja pose confira, de direito ou de facto, a propriedade ou o gozo de um bem imóvel ou de uma fracção de um bem imóvel." Por seu turno, n.º 1 do artigo 6.º da Sexta Directiva definia o seguinte: "Por 'prestação de serviços' entende-se qualquer prestação que não constitua uma entrega de bens na acepção do artigo 5.º. Essa prestação pode, designadamente, consistir: – na cessão de um bem incorpóreo representado

Relativamente ao segundo aspecto, no n.º 20 do texto decisório o Tribunal começou por recordar o decidido no seu acórdão de 3 de Março de 2005[83], em que incluiu no conceito de "bem imóvel" um terreno ou porção delimitada da superfície terrestre, mesmo que eventualmente submersos. Seguidamente, referiu que os direitos objecto de cessão permitiam exercer a pesca em sectores determinados do curso do rio, não dizendo respeito à água que corre e se renova constantemente, mas a uma zona geográfica específica em que tais direitos podem ser exercidos. Estando os direitos em causa ligados a uma superfície coberta de água delimitada de forma permanente, o TJCE concluiu, no n.º 22 do acórdão, que *"os sectores do rio sobre os quais incidem as referidas licenças de pesca devem ser considerados bens imóveis na acepção do artigo 9.º, n.º 2, alínea a), da Sexta Directiva"* (actual artigo 45.º da Directiva do IVA).

Todavia, para que tal regra de localização se mostre aplicável, o Tribunal salientou que não basta existir um vínculo entre a prestação de serviços em causa e o bem imóvel. É preciso verificar também se a relação estabelecida entre essa prestação e o imóvel é uma relação suficientemente directa. Nessa conformidade, segundo enunciou no n.º 23 do texto decisório, não pode ser subsumida naquela regra de localização toda e qualquer prestação de serviços que apresente uma conexão, mesmo que muito ténue, com um bem imóvel, em virtude de um grande número de serviços estar ligado, de uma ou de outra forma, a um bem imóvel.

No caso em apreço, na perspectiva do Tribunal, enunciada nos n.ºs 25 e 26 do acórdão, existe uma relação suficientemente directa entre a cedência dos direitos de pesca e os sectores do curso de água a que estes respeitam, pelo que a prestação de serviços em causa deve ser considerada em conexão com um bem imóvel, para efeitos da regra de localização prevista na alínea a) do n.º 2 do artigo 9.º da Sexta Directiva. Para fundamentar essa sua acepção, o TJCE evidenciou que os direitos de pesca só podem ser exercidos em conexão com o

---

ou não por um título; – na obrigação de não fazer ou de tolerar um acto ou uma situação; – na execução de um serviço prestado em consequência de acto da Administração Pública ou em seu nome ou por força da lei."

[83] Proferido no processo C-428/02, caso *Fonden Marselisborg*, Colect. p. I-?, n.º 34, objecto de recensão, *supra*, no n.º 3 desta parte B.

Capítulo II – Localização das Prestações de Serviços 167

rio, o qual se constitui, assim, como um elemento central e indispensável da prestação de serviços, além de corresponder ao local em que tais serviços se efectivam.

Deste modo, em resposta à questão prejudicial suscitada pelo tribunal austríaco, o TJCE declarou o seguinte: *"A cedência de um direito de pesca através da cessão a título oneroso de licenças de pesca constitui uma prestação de serviços conexa com um bem imóvel na acepção do artigo 9.º, n.º 2, alínea a), da Sexta Directiva [...]."*

2) Acórdão do TJCE de 6 de Dezembro de 2007, processo C--451/06, caso *Walderdoff*, Colect. p. I-?:

Neste aresto não esteve propriamente em apreciação a questão de saber qual o lugar em que se consideraria efectuada uma prestação de serviços de cessão de direitos de pesca lacustre ou fluvial, mas, sim, a de saber se uma tal cessão poderia representar uma locação de bens imóveis susceptível de ser abrangida pela isenção prevista na alínea b) da parte B) do artigo 13.º da Sexta Directiva, que corresponde à actual alínea l) do n.º 1 do artigo 135.º da Directiva do IVA. No entanto, não deixa de se fazer aqui referência a tal decisão, uma vez que a mesma comporta elementos complementares sobre o tratamento em sede do IVA das licenças de pesca, cujo regra de localização aplicável foi objecto do acórdão de 7 de Setembro de 2006, alusivo ao processo C-166/05 (caso *H. Rudi*, Colect. p. I-7749), acima mencionado.

Na decisão aqui em referência estava em causa uma consulta, a título prejudicial, formulada por um tribunal austríaco, a respeito da concessão, pelo prazo de dez anos, do direito de pesca num couto de pesca no rio *Zwettl*, com uma extensão de cerca de dez quilómetros, assim como do direito de pesca em duas lagoas que comunicam com o referido rio. As cessões em causa foram concretizadas através da celebração de um contrato designado de "locação" entre *G. Walderdorff* e uma associação de pesca desportiva de *Zwettl*.

Dado que *G. Walderdoff* não aplicou o IVA nas referidas operações de cessão, por entender que as mesmas consistem em operações de locação de bens imóveis abrangidas pela isenção, a administração fiscal austríaca procedeu à liquidação oficiosa do imposto. Na óptica da administração fiscal, o direito de pesca constitui, para o seu titular, um direito independente do terreno, que não pode ser equi-

168   *A Incidência e os Critérios de Territorialidade do IVA*

parado ao uso do solo, pelo que deve ser objecto de tributação em IVA à taxa normal.

Para decidir da contenda, o tribunal austríaco decidiu colocar ao TJCE a questão de saber se *"[o] artigo 13.º, B, alínea b), da Sexta Directiva [...] deve ser interpretado no sentido de que a concessão de uma autorização para o exercício da pesca a título oneroso, sob a forma de um contrato de locação celebrado por um período de 10 anos [...] pelo proprietário do bem imóvel no qual se situam as águas relativamente às quais a autorização foi concedida, [...] pelo titular do direito de pesca em águas do domínio público constitui uma «locação de bens imóveis»?"*

Analisado o assunto, o TJCE considerou que a isenção prevista na alínea b) da parte B) do artigo 13.º da Sexta Directiva não poderia ser aplicável. Para alicerçar a sua opinião, o TJCE afirmou não haver sequer necessidade de aprofundar se o contrato de concessão de direito de pesca que estava em causa teria ou não por objecto um bem imóvel. Com efeito, ainda que tendo por objecto um bem imóvel, um dos elementos típicos do conceito comunitário de "locação de bens imóveis", para efeitos do IVA, não se verificava, uma vez que o contrato celebrado entre *G. Walderdorff* e a associação de pesca desportiva não conferia a essa associação o direito de ocupar o bem imóvel e de excluir qualquer outra pessoa do benefício desse direito.

7. COLOCAÇÃO DE TELHAS, PAPEL ESTAMPADO E SOALHO

Na 60.ª reunião do Comité Consultivo do IVA, que teve lugar a 20 e 21 de Março de 2000, todas as delegações dos Estados membros consideraram, embora sem recurso ao mesmo fundamento jurídico, que os trabalhos de colocação de telhas, de papel estampado e de soalho (*"parquet"*) devem ser objecto de tributação no país em que se situar o imóvel objecto desses trabalhos.

No entanto, enquanto uma boa parte dos Estados membros qualifica essas operações como prestações de serviços, como sucede no caso português, outros Estados membros utilizam a possibilidade dada no n.º 5 do artigo 5.º da Sexta Directiva (actual n.º 3 do artigo 14.º da Directiva do IVA), qualificando essas operações como transmissões de bens.

Assim, no primeiro caso, a regra de localização aplicável é a prevista na alínea a) do n.º 2 do artigo 9.º da Sexta Directiva (actual artigo 45.º da Directiva do IVA), correspondendo, no caso da legislação portuguesa, à alínea a) do n.º 5 e à alínea a) do n.º 6 do artigo 6.º do CIVA.

Quanto aos Estados membros que consideram as referidas operações como transmissões de bens, alguns deles afirmaram tratar-se de uma transmissão de bens com instalação ou montagem, susceptível de enquadramento na regra de localização prevista no segundo período da alínea a) do n.º 1 do artigo 8.º da Sexta Directiva (actual primeiro parágrafo do artigo 36.º da Directiva do IVA), ao passo que outros entenderam tratar-se de uma transmissão de bens que tem lugar no momento da conclusão dos trabalhos, passível de enquadramento na regra contida na alínea b) do n.º 1 do mesmo artigo 8.º (actual artigo 31.º da Directiva do IVA).

8. INTERMEDIAÇÕES EM NOME E POR CONTA DE OUTREM (REMISSÃO)

Sobre a localização das prestações de serviços de intermediários que intervenham em nome e por conta de outrem em operações relacionadas com bens imóveis, veja-se o n.º 2.1. da secção M deste capítulo II da Parte II, *infra*.

C – Trabalhos e peritagens sobre bens móveis corpóreos

1. LEGISLAÇÃO

1.1. Código do IVA

«Artigo 6.º

[...]

5 – O disposto no número anterior não tem aplicação relativamente às seguintes operações:

[...]

170 A Incidência e os Critérios de Territorialidade do IVA

c) Trabalhos efectuados sobre bens móveis corpóreos e as peritagens a eles referentes, quando executados total ou essencialmente fora do território nacional;

[...]

6 – São, no entanto, tributáveis, onde quer que se situe a sede,
o estabelecimento estável ou o domicílio do prestador:

[...]

c) Trabalhos efectuados sobre bens móveis corpóreos e as peritagens a eles referentes, quando executados total ou essencialmente no território nacional;

[...]

19 – Não obstante o disposto na alínea c) do n.º 5 deste artigo,
os trabalhos efectuados sobre bens móveis corpóreos e as peritagens
a eles referentes, executados total ou essencialmente fora do território
nacional, serão tributados quando o adquirente dos serviços seja um
sujeito passivo do imposto, dos referidos nas alíneas a) e d) do
n.º 1 do artigo 2.º, registado em imposto sobre o valor acrescentado
e que tenha utilizado o respectivo número de identificação para efectuar
a aquisição, desde que os bens sejam expedidos ou transportados
para fora do Estado membro da execução material dos serviços.

20 – Não obstante o disposto na alínea c) do n.º 6 deste artigo,
os trabalhos efectuados sobre bens móveis corpóreos e as peritagens
a eles referentes, executados total ou essencialmente no território
nacional, não serão tributados quando o adquirente seja um sujeito
passivo registado, para efeitos do imposto sobre o valor acrescentado,
noutro Estado membro e que tenha utilizado o respectivo número de
identificação fiscal para efectuar a aquisição, desde que os bens sejam
expedidos para fora do território nacional.

21 – Para efeitos do disposto no número anterior, considera-se
que os bens não são expedidos ou transportados para fora do território
nacional quando as prestações de serviços sejam efectuadas sobre
meios de transporte com registo, licença ou matrícula no território
nacional.

[...]»

Capítulo II – Localização das Prestações de Serviços   171

1.2. Directiva do IVA

«ARTIGO 52.º

O lugar das prestações de serviços adiante enumeradas é o lugar onde a prestação é materialmente executada:
[...]
c) Peritagens ou trabalhos relativos a bens móveis corpóreos.

[...]

ARTIGO 55.º

Em derrogação do disposto na alínea c) do artigo 52.º, considera--se que o lugar das prestações de serviços que tenham por objecto peritagens ou trabalhos relativos a bens móveis corpóreos, efectuadas a destinatários registados para efeitos do IVA num Estado-Membro que não seja aquele em cujo território tais prestações são materialmente executadas, se situa no território do Estado-Membro que atribuiu ao destinatário o número de identificação IVA ao abrigo do qual lhe foi prestado o serviço.

A derrogação prevista no primeiro parágrafo só é aplicável quando os bens forem objecto de expedição ou de transporte para fora do Estado-Membro onde a prestação foi materialmente executada.»

1.3. Sexta Directiva

«ARTIGO 9.º

[...]
2. Todavia:
[...]
c) Por lugar das prestações de serviços que tenham como objecto:
[...]
– peritagens relativas a bens móveis corpóreos;
– trabalhos relativos a bens móveis corpóreos,
entende-se o lugar onde as referidas prestações de serviços são materialmente executadas;
[...]

Artigo 28.º-B

[...]

F. Lugar das prestações de serviços em caso de peritagens ou de trabalhos relativos a bens móveis corpóreos

Em derrogação do n.º 2, alínea c), do artigo 9.º, o lugar das prestações de serviços que tenham por objecto peritagens ou trabalhos relativos a bens móveis corpóreos, cujos destinatários estejam identificados para efeitos de imposto sobre o valor acrescentado num Estado-membro que não o da execução material dessas prestações, considera-se situado no território do Estado-membro que atribuiu ao destinatário dessa prestação o número de identificação para efeitos de imposto sobre o valor acrescentado ao abrigo do qual lhe foi prestado o serviço.

Esta derrogação não é aplicável quando os bens não sejam objecto de uma expedição ou de um transporte fora do Estado-membro da execução material dos serviços.»

2. ASPECTOS GERAIS

A regra de localização genérica das prestações de serviços que consistam em trabalhos ou em peritagens sobre bens móveis corpóreos decorre da conjugação da alínea c) do n.º 5 com a alínea c) do n.º 6 do artigo 6.º CIVA. Estas disposições têm por base a actual alínea c) do artigo 52.º da Directiva do IVA e, anteriormente, os terceiros e quarto travessões da alínea c) do n.º 2 do artigo 9.º da Sexta Directiva. De acordo com essa regra, tais prestações de serviços apenas são consideradas efectuadas em território nacional se nele ocorrer a respectiva execução material.

Quando estejam em causa trabalhos e peritagens de "carácter intracomunitário" sobre bens móveis corpóreos, as respectivas regras constam dos n.ºs 19 a 20 do CIVA, tendo por base o disposto, actualmente, no artigo 53.º da Directiva do IVA e, antes desta, na parte F do artigo 28.º-B da Sexta Directiva. Nos casos em os bens sejam expedidos para outro Estado membro com vista à realização dos trabalhos ou peritagens e, após a realização dos mesmos, regressem a Portugal, a tributação também tem lugar no território nacional, desde que o adquirente dos serviços seja um sujeito passivo registado para efeitos de IVA em Portugal, abrangido pelas alíneas a) e d) do n.º 1

Capítulo II – Localização das Prestações de Serviços 173

do artigo 2.º do CIVA.[84] Ao invés, quando os bens sejam objecto de trabalhos ou peritagens no território nacional e, após a realização destes, forem novamente expedidos para o Estado membro de proveniência, a respectiva tributação não ocorrerá no território nacional, se o adquirente for um sujeito passivo registado nesse Estado membro, que tenha utilizado o número de identificação fiscal. Assinale-se que, por força do n.º 21 do mesmo artigo 6.º do CIVA, se considera que os bens não são expedidos ou transportados para fora do território nacional quando as prestações de serviços em causa sejam relativas a meios de transporte com registo, licença ou matrícula no território nacional.

Assim, independentemente do lugar onde o prestador disponha da sede da sua actividade, de estabelecimento estável ou de domicílio, nas prestações de serviços que consistam na execução de trabalhos sobre bens móveis corpóreos ou em peritagens a eles referentes, os critérios de conexão relevantes são os seguintes: o lugar da execução material dos referidos trabalhos ou peritagens; ou, no caso de prestador e adquirente dos serviços se tratarem de sujeitos passivos do IVA em Estados membros distintos, aquele em que o adquirente se encontrar registado para efeitos deste imposto, na condição de que os bens, após os trabalhos ou peritagens, sejam reenviados para outro Estado membro.

Nessa conformidade, consideram-se sujeitos a imposto no território nacional os trabalhos e as peritagens sobre bens móveis corpóreos quando se verificar uma das seguintes condições:

i) Se tais trabalhos ou peritagens forem materialmente executados, total ou essencialmente, noutro Estado membro da Comunidade Europeia, quando o adquirente dos serviços seja um sujeito passivo registado para efeitos do IVA em território nacional e desde que os bens sejam expedidos ou transportados para fora do Estado membro da execução material dos serviços [artigo 6.º, n.º 5, alínea c), do CIVA, conjugado com o n.º 19 do mesmo artigo];

---

[84] Saliente-se que, para que esta regra de localização opere, não basta que o destinatário se trate de um sujeito passivo na acepção da alínea a) do n.º 1 do artigo 2.º do CIVA. A disposição não abrange os sujeitos passivos que pratiquem exclusivamente operações isentas sem direito à dedução, assim como não abrange as pessoas colectivas públicas a actuarem no âmbito dos seus poderes de autoridade, excepto, num caso e noutro, quando estiverem abrangidos por um regime de tributação das aquisições intracomunitárias de bens.

ii) Se tais trabalhos ou peritagens forem materialmente executados, total ou essencialmente, no território nacional, quando o adquirente dos serviços não seja um sujeito passivo do IVA noutro Estado membro, ou, sendo-o, não tenha indicado o respectivo número de identificação fiscal, ou os bens não sejam expedidos para fora do território nacional (artigo 6.º, n.º 6, alínea c), do CIVA, conjugado com o n.º 20 do mesmo artigo).

Nos restantes casos, ainda que os trabalhos ou as peritagens sejam materialmente executados, total ou essencialmente, no território nacional, ou ainda que o prestador dos serviços nele disponha de sede, estabelecimento estável ou domicílio, as prestações de serviços em causa não são de considerar, para efeitos da sua sujeição a IVA, como efectuadas no território nacional.

Nas situações previstas no n.º 19 do artigo 6.º do CIVA, em que o prestador dos serviços não dispõe de sede, estabelecimento estável ou domicílio no território nacional, compete ao adquirente – por ser considerado nessas operações um sujeito passivo do imposto por força da alínea e) do n.º 1 do artigo 2.º – proceder à liquidação do IVA correspondente ao valor dos serviços em causa, sem prejuízo do direito à dedução desse imposto nos termos da alínea c) do n.º 1 do artigo 19.º do CIVA, se verificados os demais condicionalismos para o exercício do direito à dedução.

Note-se que não se consideram prestações de serviços, mas transmissões de bens, as operações que consistam na entrega de bens móveis produzidos ou montados sob encomenda, quando a totalidade dos materiais seja fornecida por quem produziu ou montou esses bens, assim como nos casos em que a DGCI considere que o fornecimento de materiais pelo dono da obra é insignificante, conforme resulta da alínea e) do n.º 3 do artigo 3.º e do n.º 6 do artigo 4.º do CIVA.

Capítulo II – Localização das Prestações de Serviços

3. CONCEITO DE «TRABALHOS E PERITAGENS RELATIVOS A BENS MÓVEIS CORPÓREOS»

Acórdão do TJCE de 6 de Março de 1997, processo C-167/ /95, caso _Linthorst, Pouwels en Scheren_, Colect. p. I-1195:[85]

Neste acórdão, o TJCE decidiu que as prestações de serviços, principal e habitualmente, efectuadas por veterinários são abrangidas pela regra geral de localização prevista no n.º 1 do artigo 9.º da Sexta Directiva.

No sentido de afastar a aplicação das regras previstas nos terceiro e quarto travessões da alínea c) do n.º 2 do artigo 9.º, o Tribunal viu-se na necessidade de se debruçar sobre o âmbito das expressões "peritagens relativas a bens móveis corpóreos" e "trabalhos relativos a bens móveis corpóreos", constantes daquelas disposições.

Assim, no n.º 13 do acórdão, vem definido que "_[o] conceito de 'peritagem', na sua acepção na linguagem corrente, corresponde [...] ao exame do estado físico ou ao estudo de da autenticidade de um bem, com vista a proceder a uma estimativa do seu valor ou a uma avaliação dos trabalhos a efectuar ou da extensão de um dano sofrido_".

Por sua vez, quanto ao conceito de "trabalhos relativos a bens móveis corpóreos", vem assinalado no n.º 16 do acórdão que esta expressão "_evoca no seu sentido comum uma intervenção meramente física sobre bens móveis corpóreos, de natureza em princípio não científica nem intelectual_".

---

[85] O teor deste acórdão encontra-se descrito mais pormenorizadamente _supra_, no n.º 8.5. da secção A deste capítulo.

4. SERVIÇOS INCLUÍDOS NO CONCEITO

4.1. Montagem de máquinas

Regulamento (CE) n.º 1777/2005, do Conselho, de 17 de Outubro de 2005:

Nos termos do n.º 2 do artigo 3.º do Regulamento (CE) n.º 1777/ /2005, quando o sujeito passivo se limitar a proceder à montagem das diferentes partes de uma máquina que lhe foram fornecidas na totalidade pelo cliente, essa operação é uma prestação de serviços na acepção do n.º 1 do artigo 6.º da Sexta Directiva.

Em matéria de localização dessas operações, estabelece o artigo 5.º do Regulamento (CE) n.º 1777/2005 que, com excepção dos casos em que os bens montados sejam integrados num bem imóvel, o lugar da referida prestação dos serviços é determinado nos termos da alínea c) do n.º 2 do artigo 9.º ou da parte F do artigo 28.º-B da Sexta Directiva [artigo 52.º, alínea c), e artigo 55.º da Directiva do IVA].

4.2. Subcontratação de trabalhos sobre bens móveis corpóreos

Para efeitos das regras de localização contidas no quarto travessão da alínea c) do n.º 2 do artigo 9.º e da parte F do artigo 28.º-B da Sexta Directiva, na 54.ª reunião do Comité Consultivo do IVA, realizada de 16 a 18 de Fevereiro de 1998, todas as delegações presentes concordaram que a subcontratação, total ou parcial, de trabalhos sobre bens móveis corpóreos não alterava a natureza dos serviços em causa.

Assim, ainda que numa empreitada sobre bens móveis o empreiteiro não realize qualquer tarefa material sobre os bens, cabendo essa tarefa a um ou a vários subempreiteiros, à facturação efectuada pelo empreiteiro ao dono da obra deverão ser aplicadas as regras de localização relativas às operações que consistam em trabalhos efectuados sobre bens móveis corpóreos.

Além disso, quando a subcontratação dos trabalhos tenha sido apenas parcial e não se verifiquem as condições previstas na parte F do artigo 28.º-B da Sexta Directiva, a maioria das delegações considerou que, para efeitos do quarto parágrafo da alínea c) do n.º 2 do artigo 9.º da Sexta Directiva, à facturação do empreiteiro ao dono da

Capítulo II – Localização das Prestações de Serviços   177

obra, pelo valor total dos serviços, deve ser aplicado o critério de conexão que corresponda à parte dos trabalhos que foram materialmente assegurados pelo próprio empreiteiro.

5. SERVIÇOS EXCLUÍDOS DO CONCEITO

5.1. Recolha, triagem, transporte e eliminação de resíduos

Acórdão do TJCE de 25 de Janeiro de 2001, processo C-429/ /97, Comissão/França, Colect. p. I-637:[86]

Nesta acção por incumprimento de Estado, proposta pela Comissão Europeia contra a República Francesa, o TJCE considerou que as prestações de serviços de recolha, triagem, transporte e eliminação de resíduos, decorrentes de contratos celebrados entre empresas estabelecidas noutros Estados membros e algumas autarquias locais outros organismos públicos e privados franceses, deveriam considerar-se abrangidas pela regra geral de localização constante do n.º 1 do artigo 9.º da Sexta Directiva. O Tribunal afastou, assim, expressamente, o ponto de vista defendido pela administração fiscal francesa de que se estaria perante prestações de serviços abrangidas pelo quarto travessão da alínea c) do n.º 2 do artigo 9.º, ligado ao lugar de execução material dos mesmos, dado que a aplicação desse critério de localização geraria incertezas quanto ao IVA que deveria ser objecto de liquidação, nas situações em que estejam envolvidos Estados membros diferentes daquele em que prestador dos serviços se encontra estabelecido. O referido critério poderia, assim, originar conflitos de competência entre Estados membros, contrariando os objectivos prosseguidos pelo artigo 9.º da Sexta Directiva, independentemente da questão de saber, como frisou o Tribunal, se a eliminação de resíduos vista isoladamente constituiria ou não um trabalho relativo a bens móveis corpóreos.

---

[86] O teor desta decisão encontra-se mais detalhadamente descrito *supra*, no n.º 8.3. da secção A deste capítulo II.

178 _A Incidência e os Critérios de Territorialidade do IVA_

5.2. Cultura de ostras em viveiro

Informação n.º 2099, de 4 de Dezembro de 1997, da DSIVA, com despacho de 6 de Janeiro de 1998, do SDG:

De harmonia com a decisão em referência, a prestação de serviços de cultura de ostras em viveiro não constitui uma excepção à regra geral de localização das prestações de serviços, _"atendendo a que o conceito de 'trabalho sobre um bem móvel corpóreo' tem subjacente uma intervenção meramente física sobre esse bem, de natureza em princípio não científica nem intelectual, conforme já foi entendido em Acórdão do Tribunal, de 6 de Março de 1997, que se debruçou sobre a interpretação de enquadramento de serviços prestados por veterinários no art. 9.º da Sexta Directiva 77/388/CEE do Conselho"._

6. APLICAÇÃO DAS REGRAS RELATIVAS A TRABALHOS SOBRE BENS MÓVEIS CORPÓREOS

1) Informação n.º 1201, de 8 de Março de 2005, da DSIVA, com despacho de 16 de Março de 2005, do DG:[87]

Os serviços sobre bens móveis corpóreos efectuados em território nacional, por parte de uma empresa portuguesa a um adquirente registado, para efeitos do IVA, noutro Estado membro da Comunidade, só não serão tributados se os bens forem expedidos para fora do território português. Assim, os trabalhos efectuados sobre bens móveis corpóreos que não sejam expedidos para fora de Portugal, ainda que facturados a um sujeito passivo não residente em Portugal, não podem ser abrangidos pelo disposto no n.º 20 do artigo 6.º do CIVA, sendo tributados em Portugal, de acordo com a alínea c) do n.º 6 do mesmo artigo.

---

[87] Pode consultar-se a partir da página da rede global com o endereço ‹http://www.dgci.min-financas.pt›, na secção que respeita às informações vinculativas e às fichas doutrinais sobre o IVA.

Capítulo II – Localização das Prestações de Serviços 179

2) Informação n.º 1562, de 9 de Junho de 2004, da DSIVA, com despacho de 10 de Junho de 2004, do DG:[88]

As prestações de serviços que consistam na entrega de bens móveis produzidos ou montados sob encomenda, executadas em território nacional, são tributadas nos termos da alínea c) do n.º 6 do artigo 6.º do CIVA, independentemente de os bens serem posteriormente expedidos para outro Estado membro. Com efeito, dado que os intervenientes na operação (prestador e adquirente) são sujeitos passivos registados em território nacional, não há lugar à aplicação do disposto no n.º 20 do artigo 6.º do CIVA.

D – Prestações de serviços de carácter cultural, artístico, científico, desportivo, recreativo, docente e similares

1. LEGISLAÇÃO

1.1. Código do IVA

«ARTIGO 6.º

[...]
5 – O disposto no número anterior não tem aplicação relativamente às seguintes operações:
[...]
d) Prestações de serviços [...] de carácter artístico, científico, desportivo, recreativo, de ensino e similares, compreendendo as dos organizadores destas actividades e as prestações de serviços que lhes sejam acessórias que não tenham lugar no território nacional.
6 – São, no entanto, tributáveis, onde quer que se situe a sede, o estabelecimento estável ou o domicílio do prestador:
[...]

---

[88] Idem.

d) As prestações de serviços [...] de carácter artístico, científico, desportivo, recreativo, de ensino e similares, compreendendo as dos organizadores destas actividades, e as prestações de serviços que lhes sejam acessórias que tenham lugar no território nacional.
[...]»

1.2. Directiva do IVA

«ARTIGO 52.º

O lugar das prestações de serviços adiante enumeradas é o lugar onde a prestação é materialmente executada:

a) Actividades culturais, artísticas, desportivas, científicas, docentes, recreativas ou similares, incluindo as dos seus organizadores, bem como, eventualmente, prestações de serviços acessórias das referidas actividades;
[...]»

1.3. Sexta Directiva

«ARTIGO 9.º

[...]
2. Todavia:
[...]
c) Por lugar das prestações de serviços que tenham como objecto:
– actividades culturais, artísticas, desportivas, científicas, docentes, recreativas ou similares, incluindo as dos organizadores das mesmas, bem como eventualmente, prestações de serviços acessórias das referidas actividades;
– entende-se o lugar onde as referidas prestações de serviços são materialmente executadas;
[...]»

2. ASPECTOS GERAIS

São consideradas efectuadas no lugar onde forem materialmente executadas as prestações de serviços de carácter artístico, científico, desportivo, recreativo, de ensino e similares, compreendendo as dos organizadores dessas actividades e as prestações de serviços acessórias das mesmas. Esta derrogação à regra geral de localização das prestações de serviços resulta da conjugação da alínea d) do n.º 5 com a alínea d) do n.º 6, ambos do artigo 6.º do CIVA.

Assim, de acordo com a alínea d) do n.º 6 do artigo 6.º do CIVA, independentemente do país onde se situar a sede, estabelecimento ou domicílio do prestador, localizam-se em Portugal os serviços prestados no seu território, se nele forem materialmente executados.

Por seu turno, nos termos da alínea d) do n.º 5 do artigo 6.º do CIVA, ainda que o prestador dos referidos serviços disponha de sede, estabelecimento estável ou domicílio no território nacional, os mesmos não se consideram nele efectuados se a respectiva execução material tiver lugar fora do território nacional.

Quer a legislação interna, quer as disposições comunitárias, incluem nas mesmas regras de localização as actividades "similares" das actividades artísticas, científicas, desportivas, recreativas ou de ensino nelas enumeradas. Conforme já referiu o TJCE, a propósito das disposições comunitárias em apreço, o conceito de "actividades similares" é um conceito de direito comunitário, que deve ser interpretado uniformemente, a fim de evitar situações de dupla tributação ou de não tributação.[89]

3. EXPLORAÇÃO DE MÁQUINAS DE JOGOS

1) Acórdão do TJCE de 12 de Maio de 2005, processo C-452/03, caso *RAL CI e o.*, Colect. 2005, p. I-3947:

Neste processo esteve sob apreciação um pedido de decisão a título prejudicial apresentado por um tribunal do Reino Unido, em

---

[89] Cf., por exemplo, o acórdão de 17 de Novembro de 1993 (processo C-68/92, Comissão/França, Colect. p. I-5881, n.º 14), a que se alude no n.º 5 da secção E deste capítulo; e o acórdão de 9 de Março de 2006 (processo C-114/05, caso *Gillan Beach*, Colect. p. I-2427, n.º 20), a que se faz referência no n.º 4 desta secção.

matéria do IVA incidente sobre prestações de serviços de disponibilização ao público de máquinas de jogos no território fiscal daquele Estado membro, por parte de uma sociedade com sede na ilha de Guernsey.

Na descrição da matéria de facto relevante, o tribunal de reenvio afirmava que, até Outubro de 2000, a sociedade *RAL* exercera a título principal, em instalações próprias ou arrendadas para o efeito, situadas no território fiscal do Reino Unido, uma actividade de exploração de máquinas e de outros equipamentos de jogos com prémios monetários, definida como de "*Amusement with Prizes*" ("diversão com prémios"). Por essa altura, na sequência de "*um esquema, montado pelos consultores fiscais do grupo RAL, destinado a evitar o pagamento de IVA sobre os serviços relativos a máquinas de jogos prestados pela RAL no Reino Unido*", foi decidida a criação de uma empresa com sede na ilha de Guernsey – a *RAL (CI)* – passando esta a explorar a actividade a partir daí. Em face disso, a *RAL (CI)* entendia não ter de proceder à liquidação do IVA sobre aqueles serviços e poder solicitar o reembolso do imposto suportado nas respectivas aquisições, ao abrigo da Directiva 86/560/CEE, do Conselho, de 17 de Novembro de 1986 ("Décima Terceira Directiva"), relativa ao reembolso do imposto a entidades não estabelecidas no território da Comunidade Europeia.

No quadro das relações estabelecidas no seio do mesmo grupo económico, a *RAL (CI)* obteve da *RAL* o direito de fornecer, instalar, operar e fazer a manutenção das máquinas de jogos, bem como de máquinas para trocar moedas, obrigando-se a *RAL* a fornecer a electricidade, a permitir o direito de acesso, por parte do público, às instalações onde se encontram as máquinas, assegurando também as condições de limpeza, ventilação e aquecimento dessas instalações. Quanto às máquinas de jogos e às de troca de moedas, estas eram propriedade da *RAL MACHINES*, a qual as dava em aluguer à *RAL (CI)*, ficando a primeira obrigada igualmente à manutenção das mesmas, não abrangendo o contrato os equipamentos de bilhar e de bingo, os quais eram dados em locação pela *RAL MACHINES* à *RAL*, cabendo a respectiva exploração a esta última.

Dado que a *RAL (CI)* não dispunha de quaisquer recursos humanos no território fiscal do Reino Unido, o pessoal afecto às instalações era-lhe cedido pela *RAL SERVICES*, a qual realizava também cedências de pessoal à *RAL*. A recolha semanal dos receptáculos com dinheiro e dos valores em cheque respeitantes à utilização pelo público das

Capítulo II – Localização das Prestações de Serviços 183

máquinas exploradas pela *RAL (CI)* era efectuada, por conta desta, por uma terceira entidade contratada para o efeito (a *Securicor Cash Services Ltd*).

Nos meses de Janeiro, Abril e Julho de 2001, a *RAL (CI)* apresentara três pedidos de reembolso do IVA ao abrigo da Décima Terceira Directiva, com o fundamento de que prestava serviços localizados fora do Reino Unido e que teria direito ao reembolso do IVA suportado nas aquisições que efectuara. No entanto, a administração fiscal do Reino Unido indeferira os pedidos, considerando que a *RAL (CI)* se encontrava sujeita a tributação naquele Estado membro, devendo aí registar-se para esse efeito e liquidar o IVA correspondente ao valor dos serviços prestados.

Suscitada jurisdicionalmente a resolução do litígio, em primeira instância o tribunal respectivo havia considerado, em suma, que a *RAL (CI)* dispunha de estabelecimento estável no Reino Unido e que, portanto, deveria aplicar o IVA nos serviços que prestava, tendo igualmente direito à dedução do IVA suportado a montante e não ao reembolso previsto na Décima Terceira Directiva. Essa mesma instância judicial havia decidido ainda que, sendo certo que os contratos celebrados entre a *RAL (CI)* e as restantes empresas do grupo *RAL* visaram o não pagamento do IVA, não deixavam de estar em causa *"transacções genuínas com consequências jurídicas"*, dado que *"não existe o princípio do abuso do direito no direito inglês"* e que, no plano comunitário, tal princípio não pode ser aplicado no presente caso por a administração fiscal do Reino Unido não ter demonstrado *"em que circunstâncias concretas se deve considerar que o objectivo das regras comunitárias não é prosseguido"*.

Nas alegações de recurso, a *RAL*, a *RAL (CI)*, a *RAL MACHINES* e a *RAL SERVICES* defenderam que a *RAL (CI)* não dispunha de qualquer estabelecimento estável no Reino Unido, e que o facto de o local da prestação de serviços se situar fora do território fiscal da Comunidade Europeia, embora o consumo se situasse nesse território, não conduzia a um resultado irracional. Alegaram, ainda, que não poderia ser invocado o princípio do abuso do direito, porque tal princípio não existe no direito inglês nem decorria da Sexta Directiva.

A administração fiscal do Reino Unido alegou, por sua vez, que os serviços em causa eram prestados através de estabelecimento estável situado naquele país e que, em alternativa, se deveria considerar que os serviços eram prestados pela *RAL HOLDING*, nomeadamente por existir no direito comunitário um princípio de abuso do direito aplicável ao caso, em virtude de se estar perante um esquema destinado a implementar a evasão fiscal.

Apesar de serem várias as questões colocadas pelo tribunal de reenvio, em primeiro lugar vinha suscitada uma tomada de posição do TJCE sobre o conceito de "estabelecimento estável" para efeitos do IVA. Seguidamente, perante uma eventual decisão no sentido da não verificação dos pressupostos para que se considere que a *RAL (CI)* dispunha de estabelecimento estável no território fiscal do Reino Unido, caberia, num segundo momento, apreciar da possibilidade, face ao direito comunitário, de uma desconsideração no domínio tributário da totalidade ou de alguns dos negócios jurídicos celebrados entre as partes envolvidas, permitindo assim obter uma tributação do negócio considerado "normal", uma vez que o tribunal do Reino Unido dera como provado que tais contratos foram realizados exclusivamente com o fito de elidir a aplicação do imposto.

Os aspectos suscitados relativamente ao conceito de "estabelecimento estável" – a que correspondiam as duas primeiras questões prejudiciais submetidas ao TJCE – partiam, porém, do pressuposto de que a situação a enquadrar se resumiria a um juízo sobre a detenção pela *RAL (CI)* de uma organização no Reino Unido susceptível de ser aí considerada estabelecimento estável a partir do qual os serviços eram prestados. Em caso afirmativo, tal faria funcionar a regra geral de localização das prestações de serviços constante do n.º 1 do artigo 9.º da Sexta Directiva no sentido da não tributação no Reino Unido das operações em causa. No entanto, a análise dessa vertente do problema implicava, necessariamente, a apreciação pelo TJCE de uma questão prévia, embora a mesma não viesse suscitada pelo tribunal de reenvio. Essa questão prévia consistia em apurar da qualificação das operações prosseguidas pela *RAL (CI)* no âmbito da actividade em que se inseriam, em ordem a poder subsumi-las numa das regras de localização das prestações de serviços elencadas no artigo 9.º da Sexta Directiva.[90]

Recordando competir-lhe fornecer aos tribunais nacionais todos os elementos susceptíveis de assumir relevância para a decisão a

---

[90] A questão prévia foi suscitada nas observações apresentadas no processo pelo Estado português, que se pronunciou no sentido da aplicação do disposto na alínea c) do n.º 2 do artigo 9.º da Sexta Directiva. No mesmo sentido pendeu o advogado-geral Poiares Maduro, nas suas conclusões apresentadas a 27 de Janeiro de 2005.

Capítulo II – Localização das Prestações de Serviços 185

tomar por estes, ainda que não os tenham mencionado nas questões prejudiciais formuladas[91], o TJCE considerou dever começar por se pronunciar sobre qual a regra de localização aplicável ao caso em apreço – se a regra geral do n.º 1 do artigo 9.º da Sexta Directiva, se a regra específica contida na alínea c) do n.º 2 desse artigo.

Assim, relativamente ao problema de saber se os serviços proporcionados pela *RAL (CI)* constituíam actividades recreativas ou similares, o TJCE salientou, no n.º 31 do texto decisório, que o objectivo principal prosseguido pela actividade em causa consistia na recreação dos utilizadores das máquinas de jogo a dinheiro, e não na atribuição de um ganho financeiro aos mesmos. Para fundamentar essa sua acepção, o TJCE invocou o no n.º 29 das conclusões do advogado-geral, em que se afirmava que a incerteza quanto ao ganho financeiro era precisamente um elemento essencial do divertimento procurado pelos utilizadores das máquinas de jogo.

Seguidamente, o TJCE rebateu as posições de outros intervenientes no processo, considerando, contrariamente ao defendido pela *RAL (CI)* e pelo Reino Unido, que a aplicação do primeiro travessão da alínea c) do n.º 2 do artigo 9.º da Sexta Directiva não está dependente da existência de uma actividade de carácter artístico disponibilizada pelo prestador dos serviços. Por outro lado, o TJCE contrariou também a perspectiva veiculada no processo pela Comissão Europeia, ao pronunciar-se no sentido de que a regra constante da mencionada disposição da Sexta Directiva não pode ser afastada pelo facto de os destinatários dos serviços em causa se tratarem de consumidores finais.[92] Neste domínio, o TJCE salientou que a aplicação ao caso

---

[91] Para tanto, o TJCE invocou o decidido nos seguintes arestos: acórdão de 12 de Dezembro de 1990 (processo C-241/89, caso *SARPP*, Colect. p. I-4695, n.º 8); acórdão de 2 de Fevereiro de 1994 (processo C-315/92, caso *Clinique*, Colect. p. I-317, n.º 7); acórdão de 4 de Março de 1999 (processo C-87/97, caso *Gorgonzola*, Colect. p. I-1301, n.º 16); e acórdão de 7 de Setembro de 2004 (processo C-456/02, caso *Trojani*, Colect. p. I-7573, n.º 38).

[92] Ao que parece, a Comissão Europeia pretendia estribar o seu ponto de vista no n.º 29 do acórdão de 26 de Setembro de 1996 (processo C-327/94, caso *Dudda*, Colect. p. I-4595), em que o TJCE afirmara que o n.º 2 do artigo 9.º da Sexta Directiva pretende, no seu conjunto, estabelecer um regime especial para as prestações de serviços realizadas entre sujeitos passivos e cujo custo esteja incluído no preço dos bens. No entanto, como evidenciou o advogado-geral Poiares Maduro, no n.º 33 das suas conclusões relativas e este caso *RAL (CI)*, tal afirmação do TJCE tem de ser entendida à luz dos factos concretos relativos ao caso *Dudda*, em que se tratava de uma situação envolvendo sujeitos passivos

186 *A Incidência e os Critérios de Territorialidade do IVA*

concreto de uma regra de localização ligada ao lugar da execução material dos serviços não levanta qualquer tipo de dificuldade prática, permitindo não só identificar facilmente o lugar da tributação, como conduzindo a uma solução racional, pelo facto de tal permitir que essa tributação se situe no Estado membro em que os destinatários dos serviços se encontram estabelecidos.

Em face destas considerações, o Tribunal entendeu que a resposta a dar ao tribunal de reenvio deveria ser do seguinte teor: *"A prestação de serviços que consiste em permitir ao público utilizar, contra remuneração, máquinas de jogo a dinheiro instaladas em salas de jogos estabelecidas no território de um Estado-Membro deve ser considerada uma das actividades recreativas ou similares na acepção do artigo 9.º, n.º 2, alínea c), primeiro travessão, da Sexta Directiva [...], de modo que o lugar dessa prestação de serviços é o local em que ela é materialmente executada."*

2) Ofício-circulado n.º 92 221, de 11 de Setembro de 1997, da DSIVA:

O ofício-circulado indicado versa sobre a incidência do IVA na exploração de máquinas de jogos, embora respeite ao enquadramento da exploração de máquinas de jogos pelo proprietário das máquinas num espaço cedido para o efeito num estabelecimento comercial, e não exactamente às regras de localização aplicáveis.

4. FEIRAS E EXPOSIÇÕES

Acórdão do TJCE de 9 de Março de 2006, processo C-114/ /05, caso *Gillan Beach*, Colect. p. I-2427:

Neste aresto o TJCE decidiu que se engloba no âmbito do primeiro travessão da alínea c) do n.º 2 do artigo 9.º da Sexta Directiva

---

do IVA, *"mas nem uma interpretação literal nem uma interpretação teleológica da Sexta Directiva permitem chegar à conclusão de que o artigo 9.º, n.º 2, alínea c), não é aplicável à prestação de serviços relativos a actividades recreativas entre um sujeito passivo e um consumidor final".*

a prestação de serviços global realizada às empresas expositoras por um organizador de uma feira ou de um salão de exposições.

Em causa estava a organização em Nice (França) de dois salões náuticos por parte da sociedade *Gillan Beach*, com sede no Reino Unido, no âmbito dos quais esta prestou às empresas expositoras um conjunto de serviços, compreendendo, nomeadamente, a preparação e a colocação à disposição de *stands* e de meios de comunicação, serviços de recepcionistas, assim como a locação e vigilância de postos de atracação das embarcações em exposição. Tendo a *Gillan Beach* solicitado à administração fiscal francesa, com base na Oitava Directiva, o reembolso do IVA contido em determinadas aquisições de bens e serviços realizadas no âmbito da organização dos salões náuticos, o pedido foi indeferido. Na óptica da administração fiscal francesa, a organização de feiras e de salões ocorridos em França constituía uma prestação de serviços sujeita ao IVA francês, nos termos do primeiro travessão da alínea c) do n.º 2 do artigo 9.º da Sexta Directiva, em virtude de ser nesse país que a mesma era materialmente executada.

Tendo o litígio sido objecto de apreciação pelos tribunais franceses, o TJCE acabou por ser chamado a pronunciar-se, a título prejudicial, sobre se *"uma prestação global fornecida pelo organizador às empresas expositoras numa feira ou num salão é susceptível de ser enquadrada no artigo 9.º, n.º 2, alínea c), primeiro travessão, da Sexta Directiva [...], no artigo 9.º, n.º 2, alínea a), desta directiva ou em qualquer outra categoria de prestações de serviços mencionada nesse artigo 9.º, n.º 2"*.

Citando jurisprudência anterior, o Tribunal começou por recordar o objectivo das normas constantes do artigo 9.º da Sexta Directiva e a relação entre os seus n.ºs 1 e 2, tendo em conta o que consta do sétimo considerando daquele acto comunitário. Em particular, que o n.º 2 do referido artigo 9.º pretende, no seu conjunto, estabelecer um regime especial para as prestações de serviços efectuadas entre sujeitos passivos e cujo custo esteja incluído no preço dos bens. Nesse contexto, especificamente a propósito do primeiro travessão da alínea c) daquele n.º 2, o acórdão evidencia, no seu n.º 18, que *"[o] legislador comunitário considerou, com efeito, que, na medida em que o prestador fornece os seus serviços no Estado em que tais prestações são materialmente executadas e que o organizador da manifestação cobra, nesse mesmo Estado, o IVA pago pelo consumidor final, o IVA que tem por matéria colectável o conjunto das prestações cujo custo*

188 *A Incidência e os Critérios de Territorialidade do IVA*

entra no preço da prestação global paga por esse consumidor deve ser pago a esse Estado e não àquele em que o prestador estabeleceu a sede da sua actividade económica".

Por seu turno, quanto aos critérios que permitem considerar que um determinado serviço se integra no primeiro travessão da alínea c) do n.º 2 do artigo 9.º da Sexta Directiva, o TJCE voltou a assinalar que não é exigido um particular nível artístico, desportivo, recreativo, etc., já que a disposição em causa, não só abrange as prestações que têm por objecto específico essas mesmas actividades, mas também as que têm por objecto actividades que lhes são similares. Ora, uma vez que o disposto no artigo 9.º da Sexta Directiva representa uma regra de conflitos que pretende definir o lugar de realização das prestações de serviços e delimitar as competências dos Estados membros para a sua tributação, o Tribunal evidenciou – à semelhança do que já fizera, por exemplo, no seu acórdão de 17 de Novembro de 1993, proferido no processo C-68/92 (Comissão/França, Colect. p. I-5881, n.º 14) – que o conceito de "actividades similares" constitui um conceito autónomo de direito comunitário, que deve ser interpretado uniformemente, a fim de evitar situações de dupla tributação ou de não tributação.

Assim, tendo em conta o objectivo e o contexto da norma, *"uma actividade deve ser considerada similar quando possui características comuns às outras categorias de actividades enumeradas nessa disposição e que justificam, à luz desse objectivo, que essas actividades sejam abrangidas por essa disposição"*. Desenvolvendo este ponto de vista, o TJCE aditou que as várias categorias de actividades mencionadas no primeiro travessão da alínea c) do n.º 2 do artigo 9.º da Sexta Directiva apresentam como característica comum o compreenderem várias prestações de serviços de carácter complexo e o facto de essas prestações de serviços terem, normalmente, uma pluralidade de destinatários, ou seja, um conjunto diversificado de pessoas que participa, a vários títulos, em actividades culturais, artísticas, desportivas, científicas, docentes ou recreativas. Além disso, essas várias categorias de prestações de serviços têm também como característica comum a particularidade de serem geralmente prestadas no âmbito de manifestações pontuais e de o lugar onde essas prestações complexas são materialmente executadas ser, em princípio, fácil de identificar, visto que essas manifestações se realizam num local bem definido.

Uma vez que um salão ou uma feira de exposições, independentemente do tema que lhe subjaz, tem uma pluralidade de destinatários

Capítulo II – Localização das Prestações de Serviços   189

e visa prestar, num local único e de um modo circunstancial, uma panóplia de serviços, nomeadamente a divulgação de informações e a promoção de bens ou de eventos junto dos visitantes, a realização desse salão ou feira deve considerar-se incluída no conceito de "actividades similares" visado pelo primeiro travessão da alínea c) do n.º 2 do artigo 9.º da Sexta Directiva, tanto mais que esta disposição também se reporta às actividades dos respectivos organizadores e às equiparadas a estas.

Nestes termos, no trecho decisório do acórdão, o TJCE declarou que *"[o] artigo 9.º, n.º 2, alínea c), primeiro travessão, da Sexta Directiva [...] deve ser interpretado no sentido de que a prestação global fornecida por um organizador às empresas expositoras numa feira ou num salão se enquadra na categoria de prestações de serviços visada por esta disposição".*

5. SERVIÇOS PRESTADOS POR INTÉRPRETES

1) Informação n.º 11, de 23 de Fevereiro de 2000, do Gabinete do SDG, com despacho de 9 de Março de 2000, do DG:

Segundo a decisão em referência, as prestações de serviços de interpretação oral em conferências e outros eventos não estão englobadas na disposição contida no artigo 6.º do Regulamento (CE) n.º 1777/2005.[93] Tais prestações de serviços são, de harmonia com a informação em referência, abrangidas pelas regras de localização previstas na alínea d) do n.º 5 e da alínea d) do n.º 6 do artigo 6.º do CIVA.

2) 61.ª Reunião do Comité do IVA, realizada a 27 de Junho de 2000:

Na 61.ª reunião do Comité Consultivo do IVA, que teve lugar a 27 de Junho de 2000, uma boa parte das delegações apoiou a posição defendida pela Comissão Europeia, no sentido de que a regra de localização dos serviços prestados por intérpretes seria a estabelecida na alínea e) do n.º 2 do artigo 9.º da Sexta Directiva. Esta tomada de

---

[93] V., *infra*, o n.º 7.2. da secção E deste capítulo II.

190   *A Incidência e os Critérios de Territorialidade do IVA*

posição no seio do Comité do IVA foi despoletada por uma consulta feita por Portugal, na qual se emitia a opinião de que as prestações de serviços de intérpretes seriam cobertas pela alínea c) do n.º 2 do artigo 9.º da Sexta Directiva. A perspectiva portuguesa foi também defendida pelo Reino Unido e, com algumas ressalvas, pelos Países Baixos.

6. OPERAÇÕES ACESSÓRIAS DE MANIFESTAÇÕES ARTÍSTICAS OU RECREATIVAS

Acórdão do TJCE de 26 de Setembro de 1996, processo C--327/94, caso *Dudda*, Colect. 1996, p. I-4595:

Este aresto versou sobre a regra de localização aplicável a prestações de serviços ligadas à sonorização de manifestações artísticas ou recreativas, que tinham como destinatárias as entidades organizadoras dessas manifestações. No âmbito da sua empresa, um sujeito passivo do IVA com sede na Alemanha efectuava prestações de serviços de carácter técnico, no domínio da acústica, para a sonorização de concertos realizados noutros países. Nesse âmbito, o sujeito passivo começava por determinar os aparelhos de som necessários e a forma adequada para a sua utilização, de modo a garantir uma sonorização de qualidade e a obtenção de determinados efeitos especiais. Seguidamente, o sujeito passivo punha à disposição dos organizadores dos concertos o equipamento necessário, bem como o pessoal apto para a montagem, afinação e comando desse equipamento.

Na óptica da administração fiscal alemã, a tais prestações de serviços deveria ser aplicada a regra geral de localização prevista no n.º 1 do artigo 9.º da Sexta Directiva, ao passo que o sujeito passivo opinava no sentido da aplicação da regra de localização contida no primeiro travessão da alínea c) do n.º 2 daquele artigo.

Baseando-se no sétimo considerando da Sexta Directiva, o TJCE entendeu que não existe qualquer proeminência do n.º 1 sobre o disposto no n.º 2 do artigo 9.º da Sexta Directiva, e que este último visa, *grosso modo*, estabelecer um regime especial para as prestações de serviços que sejam efectuadas entre sujeitos passivos e cujo custo se integra no preço dos bens. Nessa lógica se insere a regra prevista no primeiro travessão da alínea c) do n.º 2 do artigo 9.º, sobre o qual, no n.º 24 da decisão, o Tribunal considerou que "*na medida em que o prestador fornece os seus serviços no Estado membro em que tais prestações são materialmente executadas e que o organizador da manifestação cobra nesse mesmo Estado o IVA que incide sobre o consumidor final, o IVA que tem por matéria colectável todas estas prestações cujo custo entra no preço da prestação global paga pelo consumidor final deve ser pago a esse Estado e não àquele em que o prestador estabeleceu a sede da sua actividade económica".*

Relativamente aos critérios que permitem inserir uma dada prestação de serviços no âmbito do primeiro travessão da alínea c) do n.º 2 do artigo 9.º, o TJCE entendeu que não seria exigível qualquer nível artístico especial e que, não apenas as actividades artísticas ou recreativas se incluíam no seu âmbito, como também as prestações de serviços que tenham por objecto actividades que lhes são similares. Reconhecendo que a actividade sob análise no processo não se constituía como uma actividade artística ou recreativa, o Tribunal debruçou-se sobre a possibilidade de estar em causa uma prestação de serviços acessória, na acepção do primeiro travessão da disposição em referência. Para tanto, o acórdão definiu nos seus n.ºs 27 e 28 que *"devem ser consideradas prestações de serviços acessórias de uma actividade nomeadamente artística ou recreativa todas as prestações que, sem constituir em si mesmas uma tal actividade, constituem condição necessária à realização dessa mesma actividade. [...]Trata-se, portanto, de prestações que são acessórias da actividade principal vista de um modo objectivo, independentemente da pessoa que as efectua."*

Como decorrência, o TJCE concluiu que a actividade em causa no processo se deveria entender como englobada no conceito de "prestações de serviços acessórias das referidas actividades", a que se faz menção na disposição sob análise, uma vez que, muito embora não seja prosseguida pelo próprio artista e não assumindo por si própria qualquer conotação artística ou recreativa, se revela, no entanto, como uma condição necessária à realização dos próprios eventos artísticos ou recreativos.

Por sua vez, pronunciando-se sobre a questão prejudicial que lhe vinha colocada, o Tribunal começou por afirmar que não lhe caberia a si apurar, mas ao órgão jurisdicional de "reenvio", se a produção de determinados efeitos ópticos se configuraria como uma prestação de carácter recreativo, por si própria, ou também como uma actividade acessória dessas prestação. No entanto, salientou que, em qualquer caso, a resposta dada à primeira questão em nada era afectada pela circunstância de o sujeito passivo encarregado da sono-

192 *A Incidência e os Critérios de Territorialidade do IVA*

rização dos eventos realizar, por vezes, essas prestações de serviços em simultâneo e em colaboração com outros empresários responsáveis pelos efeitos visuais dos eventos.

Em face disso, as respostas dadas ao tribunal alemão foram do seguinte teor:

«1) O artigo 9.º, n.º 2, alínea c), primeiro travessão, da Sexta Directiva [...] deve ser interpretado no sentido de que se inclui na previsão dessa disposição a actividade de um empresário que efectua a sonorização de manifestações artísticas ou recreativas harmonizando a escolha e a utilização dos aparelhos empregues em função das condições acústicas existentes e dos efeitos sonoros que se procura obter e que fornece os aparelhos e os operadores indispensáveis, desde que a prestação desse empresário constitua condição necessária à realização da prestação artística ou recreativa principal.

2) O facto de o empresário ser, além disso, encarregado de sincronizar os efeitos sonoros que deve criar com determinados efeitos ópticos produzidos por outros empresários não é susceptível de afectar a resposta dada à primeira questão.»

E – Alguns serviços prestados a sujeitos passivos ou a pessoas residentes fora da Comunidade

1. LEGISLAÇÃO

1.1. Código do IVA

«Artigo 6.º

[...]

8 – São ainda tributáveis as prestações de serviços adiante enumeradas, cujo prestador não tenha no território nacional sede, estabelecimento estável ou domicílio a partir do qual o serviço seja prestado, desde que o adquirente seja um sujeito passivo do imposto, dos

Capítulo II – Localização das Prestações de Serviços 193

referidos na alínea a) do n.º 1 do artigo 2.º, cuja sede, estabelecimento estável ou domicílio se situe no território nacional:

a) A cessão ou concessão de direitos de autor, de brevets, licenças, marcas de fabrico e de comércio e outros direitos análogos;

b) Serviços de publicidade;

c) Serviços de consultores, engenheiros, advogados, economistas e contabilistas e gabinetes de estudo em todos os domínios, compreendendo os de organização, investigação e desenvolvimento;

d) Tratamento de dados e fornecimento de informações;

e) Operações bancárias, financeiras e de seguro ou resseguro, com excepção da locação de cofres-fortes;

f) Colocação de pessoal à disposição;

g) Serviços de intermediários que intervenham em nome e por conta de outrem no fornecimento das prestações de serviços designadas na presente lista;

h) Obrigação de não exercer, mesmo a título parcial, uma actividade profissional ou um direito mencionado na presente lista;

i) A locação de bens móveis corpóreos, com excepção dos meios de transporte;

j) Os serviços de telecomunicações;[94]

l) As prestações de serviços referidas no n.º 3 do artigo 4º;

m) Serviços de radiodifusão e televisão;[95]

n) Serviços prestados por via electrónica, nomeadamente os descritos no anexo D ao presente Código;[96]

o) A cessão ou concessão do acesso a sistemas de distribuição de gás natural ou de electricidade, a prestação de serviços de transporte ou envio através dos mesmos e as prestações de serviços directamente conexas.

---

[94] Para além das regras decorrentes dos n.ᵒˢ 8 e 9 do artigo 6.º do CIVA, a estas prestações de serviços é também aplicável a regra de localização prevista na alínea b) do n.º 10 desse artigo, pelo que são objecto de tratamento autónomo na secção F deste capítulo, *infra*.

[95] Idem.

[96] Idem.

194 *A Incidência e os Critérios de Territorialidade do IVA*

9 – As prestações de serviços referidas no número anterior não são tributáveis, ainda que o prestador tenha no território nacional a sua sede, estabelecimento estável ou domicílio, nos seguintes casos:

a) Quando o adquirente for pessoa estabelecida ou domiciliada num Estado membro da Comunidade Europeia e provar que, nesse país, tem a qualidade de sujeito passivo;
b) Quando o adquirente for pessoa estabelecida ou domiciliada em país não pertencente à Comunidade Europeia.
[...]»

1.2. Directiva do IVA

«ARTIGO 56.º

1. O lugar das prestações de serviços adiante enumeradas, efectuadas a destinatários estabelecidos fora da Comunidade ou a sujeitos passivos estabelecidos na Comunidade, mas fora do país do prestador, é o lugar onde o destinatário tem a sede da sua actividade económica ou dispõe de um estabelecimento estável para o qual foi prestado o serviço ou, na falta de sede ou de estabelecimento estável, o lugar onde tem domicílio ou residência habitual:

a) Cessões e concessões de direitos de autor, de patentes, de licenças, de marcas industriais e comerciais e de outros direitos similares;
b) Prestações de serviços de publicidade;
c) Prestações de serviços de consultores, engenheiros, gabinetes de estudo, advogados, peritos contabilistas e outras prestações similares e, bem assim, tratamento de dados e fornecimento de informações;
d) Obrigações de não exercer, total ou parcialmente, uma actividade profissional ou um dos direitos referidos no presente número;
e) Operações bancárias, financeiras e de seguros, incluindo as de resseguro, com excepção do aluguer de cofres-fortes;
f) Colocação de pessoal à disposição;
g) Locação de bens móveis corpóreos, com excepção de todos os meios de transporte;

Capítulo II – Localização das Prestações de Serviços 195

h) Acesso aos sistemas de distribuição de gás natural e de electricidade, bem como prestações de serviços de transporte ou transmissão através desses sistemas, e prestação de outros serviços directamente relacionados;
[...]
l) Prestações de serviços efectuadas por intermediários agindo em nome e por conta de outrem, quando estes intervenham nas prestações de serviços referidas no presente número.
[...]

ARTIGO 58.º

A fim de evitar casos de dupla tributação, de não tributação ou de distorções de concorrência, os Estados-Membros podem, no que diz respeito às prestações de serviços referidas no n.º 1 do artigo 56.º, e também no que diz respeito à locação de meios de transporte, considerar:

a) O lugar da prestação desses serviços ou de alguns desses serviços situado no seu território como se estivesse situado fora da Comunidade, quando a utilização ou a exploração efectivas se realizem fora da Comunidade;

b) O lugar da prestação desses serviços ou de alguns desses serviços situado fora da Comunidade como se estivesse situado no seu território, quando a utilização ou a exploração efectivas se realizem no seu território.
[...]»

1.3. Sexta Directiva

«ARTIGO 9.º

[...]
2. Todavia:
[...]
e) Por lugar das prestações de serviços a seguir referidas, efectuadas a destinatários estabelecidos fora da Comunidade ou a sujeitos passivos estabelecidos na Comunidade, mas fora do país do prestador, entende-se o lugar onde o destinatário tenha

a sede da sua actividade económica ou um estabelecimento estável para o qual o serviço tenha sido prestado ou, na falta de sede ou de estabelecimento estável, o lugar do seu domicílio ou da sua residência habitual:

– cessões e concessões de direitos de autor, de patentes, de licenças, de marcas industriais e comerciais e de outros direitos similares;
– prestações de serviços de publicidade;
– prestações de serviços de consultores, engenheiros, gabinetes de estudo, advogados, peritos contabilistas e demais prestações similares e, bem assim, o tratamento de dados e o fornecimento de informações;
– obrigações de não exercer, total ou parcialmente, uma actividade profissional ou um dos direitos referidos na presente alínea e);
– operações bancárias, financeiras e de seguros, incluindo as de resseguro, com excepção do aluguer de cofres-fortes;
– colocação de pessoal à disposição;
– prestações de serviços efectuadas por intermediários que actuam em nome e por conta de outrem, quando intervenham nas prestações de serviços referidas na presente alínea e).
– a locação de bens móveis corpóreos, com excepção de todos os meios de transporte;
– a concessão de acesso aos sistemas de distribuição de gás natural e de electricidade, bem como a prestação de serviços de transporte ou transmissão através dos mesmos, e a prestação de outros serviços directamente relacionados.
[...]

3. A fim de evitar casos de dupla tributação, de não tributação ou de distorções de concorrência, os Estados-Membros podem considerar, no que diz respeito às prestações de serviços referidas na alínea e) do n.º 2, com excepção dos serviços referidos no último travessão quando prestados a não sujeitos passivos [...]:

a) O lugar das prestações de serviços, que, nos termos do presente artigo, se situa no território do país, como se estivesse situado fora da Comunidade, sempre que a utilização e a exploração efectivas se realizem fora da Comunidade;
b) O lugar das prestações de serviços que, nos termos do presente artigo, se situa fora da Comunidade, como se estivesse situado

Capítulo II – Localização das Prestações de Serviços 197

no território do país, sempre que a utilização e a exploração efectivas se realizem no território do país.
[...]»

2. ASPECTOS GERAIS

Os serviços enumerados no n.º 8 do artigo 6.º do CIVA consideram-se efectuados no território nacional quando o adquirente dos mesmos se trate de um sujeito passivo que nele disponha de sede, estabelecimento estável ou domicílio.

Inversamente, nos termos do n.º 9 do artigo 6.º do CIVA, mesmo que o prestador dos serviços se encontre estabelecido em Portugal, tais serviços não se consideram efectuados no território nacional quando o adquirente seja um sujeito passivo do imposto sobre o valor acrescentado noutro Estado membro da Comunidade [alínea a)], ou quando o adquirente seja qualquer pessoa estabelecida ou domiciliada fora da Comunidade [alínea b)].

Para que o disposto nos n.ºs 8 e 9 do artigo 6.º do CIVA opere, é necessário que o prestador dos serviços e o adquirente dos mesmos se encontrem estabelecidos em espaços fiscais distintos, seja no interior da Comunidade, seja fora dela. Caso contrário, opera a regra geral de localização dos serviços prevista no n.º 4 do artigo 6.º do CIVA.

Para efeitos das regras de localização constantes dos n.ºs 8 e 9 do artigo 6.º do CIVA, a expressão "sujeito passivo" é utilizada no seu sentido próprio, abrangendo todas as pessoas singulares ou colectivas referidas na alínea a) do n.º 1 do artigo 2.º do CIVA, ainda que, no exercício da sua actividade, pratiquem exclusivamente operações isentas do IVA.

No segundo parágrafo da alínea a) do n.º 1 do artigo 2.º do CIVA determina-se que as pessoas singulares ou colectivas abrangidas pelo primeiro parágrafo dessa alínea sejam também sujeitos passivos do imposto pela aquisição de qualquer dos serviços indicados no n.º 8 do artigo 6.º, nas condições previstas no respectivo proémio.

Seguidamente, faz-se alusão mais detalhada aos procedimentos a adoptar pelos sujeitos passivos que prossigam as actividades ou que sejam destinatários das operações enumeradas nos n.ºs 8 e 9 do artigo 6.º do CIVA, bem como ao âmbito de aplicação de cada uma das suas alíneas.

198   *A Incidência e os Critérios de Territorialidade do IVA*

No entanto, cabe salientar que, no caso de serviços de telecomunicações, de radiodifusão ou televisão e de serviços prestados por via electrónica, às regras de localização previstas nos n.ᵒˢ 8 e 9 do artigo 6.º do CIVA acresce ainda a consignada na alínea b) do n.º 10 do mesmo artigo, pelo que essa matéria é tratada autonomamente *infra*, na secção F deste capítulo.

3. NATUREZA DO DESTINATÁRIO DOS SERVIÇOS

3.1. Comprovação da qualidade de sujeito passivo

Informação n.º 2546, de 11 de Dezembro de 1991, da ex-DSCA, com despacho de 7 de Maio de 1992, do SDG:

Acerca da comprovação da qualidade de sujeito passivo noutro Estado membro, por parte do destinatário dos serviços, para efeitos de aplicação da alínea a) do n.º 9 do artigo 6.º do CIVA, no despacho em referência afirma-se o seguinte:

«Não podemos exigir à letra da lei mais do que ela contém. O Código do IVA diz que o prestador tem de provar que o adquirente é sujeito passivo registado num Estado membro da CEE, sem especificar qual o documento exigido: por isso, são admitidos os meios gerais de prova. A diferente redacção da alínea a) do n.º 7 [actual n.º 9] do art. 6.º do Código e do Decreto-Lei n.º 408/87 comprova isso mesmo. Assim, poderá ser meio de prova também, por exemplo, a posse de indicação por escrito feita pelo cliente do seu número de sujeito passivo. Deverá, pois, considerar-se alterada a doutrina administrativa sobre este assunto.»

3.2. Entidades excluídas do conceito de sujeito passivo

No n.º 2 do artigo 13.º da Directiva do IVA – e, antes da adopção desta, no quarto parágrafo do n.º 5 do artigo 4.º da Sexta Directiva – estabelece-se a possibilidade de os Estados membros considerarem como efectuadas no âmbito dos poderes públicos certas actividades

Capítulo II – Localização das Prestações de Serviços   199

susceptíveis de beneficiar das isenções nela previstas, quando sejam prosseguidas por organismos de direito público. Assim, nos termos desta disposição, os Estados membros podem considerar como não sujeitas a IVA certas entidades públicas que, de acordo com as regras gerais, se encontrariam sujeitas a IVA embora dele isentas.

Na 61.ª reunião do Comité Consultivo do IVA, realizada a 27 de Junho de 2000, foi analisado em que medida é que o exercício da referida opção poderia influenciar a aplicação das regras de localização das prestações de serviços, em particular da regra contida na alínea e) do n.º 2 do artigo 9.º da Sexta Directiva, correspondente ao actual artigo 56.º da Directiva do IVA.

Sobre esta matéria, todas as delegações dos Estados membros concordaram que, por exemplo, no caso de um serviço de investigação prestado a um hospital público, cuja actividade se encontre isenta do IVA nos termos gerais, a respectiva tributação ocorre no Estado membro em que o hospital estiver estabelecido. No entanto, se o hospital não estiver abrangido pelo âmbito de incidência do imposto, em virtude de Estado membro em que este se encontre estabelecido ter utilizado a prerrogativa que lhe era dada pelo quarto parágrafo do n.º 5 do artigo 4.º da Sexta Directiva, então a regra de localização aplicável é o n.º 1 do seu artigo 9.º, pelo que o referido serviço deve ser tributado no Estado membro em que o prestador se encontre estabelecido.

A este respeito, deve acrescentar-se que o Estado português não adoptou na respectiva legislação interna a possibilidade que vinha conferida no quarto parágrafo do n.º 5 do artigo 4.º da Sexta Directiva. Assim, de acordo com a mencionada orientação do Comité do IVA, caso o hospital adquirente do serviço de investigação se encontrasse estabelecido em Portugal, seria aplicável a regra de localização prevista no n.º 8 do artigo 6.º do CIVA, aparentemente a sua alínea c).[97]

---

[97] Ainda assim, não pode perder-se de vista que a alínea d) do n.º 5 e a alínea d) do n.º 6 do artigo 6.º do CIVA, à semelhança do primeiro travessão da alínea c) do n.º 2 do artigo 9.º da Sexta Directiva [actual alínea a) do artigo 52.º da Directiva do IVA], se referem expressamente às prestações de serviços de carácter científico, determinando a respectiva localização no lugar da execução material. Em face disso, parece poder admitir-se, à partida, que certas actividades ligadas à investigação científica se insiram no âmbito desta regra, e não da contida no n.º 8 do artigo 6.º do CIVA. Por outro lado, com algum paralelismo, deve atentar-se na análise feita pelo TJCE no acórdão de 6 de Março de 1997 (processo C-167/95, caso Linthorst, Powels e Scheren, Colect. p. I-1195), a que se alude no n.º 8.5. da secção A deste capítulo II.

200 *A Incidência e os Critérios de Territorialidade do IVA*

4. CESSÃO DE DIREITOS DE AUTOR, *BREVETS*, LICENÇAS, MARCAS DE FABRICO E DE COMÉRCIO E OUTROS DIREITOS ANÁLOGOS

4.1. Propriedade intelectual

4.1.1. Código do Direito de Autor e dos Direitos Conexos[98]

O Código do Direito de Autor e dos Direitos Conexos (CDADC) visa a protecção legal do direito de autor consagrado no n.º 2 do artigo 42.º da CRP, tendo como objecto a obra criativa na sua forma ideal. Nos termos do n.º 1 do artigo 1.º do CDADC, é objecto de protecção o direito dos autores das obras que se consubstanciem em criações intelectuais no domínio literário, científico e artístico, por qualquer modo exteriorizadas. Conforme se enumera no n.º 1 do artigo 2.º do CDADC, as criações intelectuais do domínio literário, científico e artístico, quaisquer que sejam o género, a forma de expressão, o mérito, o modo de comunicação e o objectivo, compreendem nomeadamente:

«*a*) Livros, folhetos, revistas, jornais e outros escritos;
b) Conferências, lições, alocuções e sermões;
c) Obras dramáticas e dramático-musicais e a sua encenação;
d) Obras coreográficas e pantomimas, cuja expressão se fixa por escrito ou por qualquer outra forma;
e) Composições musicais, com ou sem palavras;
f) Obras cinematográficas, televisivas, fonográficas, videográficas e radiofónicas;
g) Obras de desenho, tapeçaria, pintura, escultura, cerâmica, azulejo, gravura, litografia e arquitectura;
h) Obras fotográficas ou produzidas por quaisquer processos análogos aos da fotografia;
i) Obras de artes aplicadas, desenhos ou modelos industriais e obras de design que constituam criação artística, independentemente da protecção relativa à propriedade industrial;

---

[98] Aprovado pelo Decreto-Lei n.º 63/85, de 14 de Março, e alterado por vários diplomas posteriores. A actual versão do CDADC foi republicada no anexo I à Lei n.º 16//2008, de 1 de Abril.

Capítulo II – Localização das Prestações de Serviços 201

j) Ilustrações e cartas geográficas;
l) Projectos, esboços e obras plásticas respeitantes à arquitectura, ao urbanismo, à geografia ou às outras ciências;
m) Lemas ou divisas, ainda que de carácter publicitário, se se revestirem de originalidade;
n) Paródias e outras composições literárias ou musicais, ainda que inspiradas num tema ou motivo de outra obra.»

Nos termos do n.º 1 do artigo 3.º do CDADC, são equiparados a originais:

«*a*) As traduções, arranjos, instrumentações, dramatizações, cinematizações e outras transformações de qualquer obra, ainda que esta não seja objecto de protecção;
b) Os sumários e as compilações de obras protegidas ou não, tais como selectas, enciclopédias e antologias que, pela escolha ou disposição das matérias, constituam criações intelectuais;
c) As compilações sistemáticas ou anotadas de textos de convenções, de leis, de regulamentos e de relatórios ou de decisões administrativas, judiciais ou de quaisquer órgãos ou autoridades do Estado ou da Administração.»

O CDADC estabelece também a protecção, nos termos dos seus artigos 176.º e seguintes, a título de direitos conexos com o direito de autor, das prestações dos artistas intérpretes ou executantes, dos produtores de fonogramas e videogramas e dos organismos de radiodifusão.

Conforme decorre do n.º 1 do artigo 9.º e do artigo 11.º do CDADC, o direito de autor, salvo disposição expressa em contrário, pertence ao criador intelectual da obra, o qual, para além dos direitos de natureza pessoal, denominados direitos morais, dispõe dos direitos de carácter patrimonial. No caso de obra em colaboração, prevê o n.º 1 do artigo 17.º do CDADC que o direito de autor, na sua unidade, pertence a todos os que nela tiverem colaborado como autores, aplicando-se as regras da compropriedade.

No exercício dos direitos de carácter patrimonial, aponta o n.º 2 do artigo 9.º do CDADC, o autor tem o direito exclusivo de dispor da sua obra e de fruí-la e utilizá-la, bem como de autorizar a sua fruição ou utilização por terceiro, total ou parcialmente. Nessa matéria,

202   *A Incidência e os Critérios de Territorialidade do IVA*

o artigo 67.º do CDAC acrescenta que uma das facetas do direito do autor é o direito do autor explorar economicamente a obra, no qual, do ponto de vista económico, reside o objecto fundamental da protecção legal.

No que toca à disponibilidade desses poderes patrimoniais, o artigo 40.º do CDADC estabelece que o titular originário do direito de autor, bem como os seus sucessores ou transmissários, podem autorizar a utilização da obra por terceiro, ou transmitir ou onerar, no todo ou em parte, o conteúdo patrimonial do direito de autor sobre essa obra.

Conforme decorre do n.º 1 do artigo 10.º do CDADC, o direito de autor sobre a obra, enquanto coisa incorpórea, é independente do direito de propriedade sobre as coisas materiais que sirvam de suporte à sua fixação ou comunicação. Daí que a transmissão de exemplares de um livro ou de um disco, assim como a venda de um quadro ou de uma peça de escultura ou de estatuária, não representem, por si só, a transmissão, oneração ou a cedência de utilização de qualquer dos direitos de carácter patrimonial contidos no direito de autor.

Para efeitos do IVA, há que assinalar que a transmissão do direito de propriedade sobre o suporte físico em que a obra de arte assenta, se materializa ou se comunica, isto é, a simples transmissão do *corpus mechanicum* (v.g. livro, quadro, estátua, escultura, etc.), representa uma operação qualificada como transmissão de bens nos termos do n.º 1 do artigo 3.º do CIVA, por estar em causa a transferência onerosa do direito de propriedade sobre um bem corpóreo.

Por seu turno, tratando-se da exploração dos direitos de âmbito patrimonial sobre a obra intelectual, através da oneração ou transmissão do direito de autor, ou da autorização para a sua utilização, está-se perante operações qualificadas como prestações de serviços nos termos do n.º 1 do artigo 4.º do CIVA, por estarem em causa operações de carácter económico relativas a bens incorpóreos.

Em qualquer dos casos, quando constituam transmissões de bens ou prestações de serviços efectuadas no território nacional, a título oneroso, por sujeitos passivos a actuar nessa qualidade, tais operações encontram-se contempladas no âmbito de incidência do IVA, por força do disposto na alínea a) do n.º 1 do artigo 1.º do Código.

Em matéria de localização ou não no território nacional das prestações de serviços relativas à cessão do direito de autor, nomeadamente decorrentes da transmissão, oneração ou cedência de utilização desse direito, regem as disposições contidas na alínea a) do

Capítulo II – Localização das Prestações de Serviços 203

n.º 8 e no n.º 9 do artigo 6.º do CIVA, nos termos que acima se apontaram.[99] Quando em face das regras de localização das prestações de serviços as operações relacionadas com a cessão do direito de autor se considerem efectuadas no território nacional, cumprirá, seguidamente, apurar se as mesmas são susceptíveis de beneficiar da isenção prevista no n.º 16) do artigo 9.º do CIVA.[100]

Estando em causa a venda de objectos de arte, nomeadamente de quadros ou esculturas, que não implica por si só a cessão de qualquer faceta dos direitos patrimoniais dos respectivos autores, tais operações são qualificadas como transmissões de bens para efeitos do IVA, estando subordinadas às regras localização das transmissões de bens, que vêm apontadas no capítulo I desta Parte II. A este propósito cabe salientar que a respectiva tributação em IVA é feita nos termos do "Regime Especial de Tributação dos Bens em Segunda Mão, Objectos de Arte, de Colecção e Antiguidades", aprovado pelo Decreto-Lei n.º 199/96, de 18 de Outubro. Por seu turno, no caso de transmissões no território nacional de exemplares de obras literárias, científicas, técnicas ou artísticas, editadas sob forma bibliográfica pelos autores, quando essas transmissões sejam efectuadas pelos próprios autores, herdeiros, legatários ou terceiros, as mesmas podem beneficiar da isenção prevista no n.º 17) do artigo 9.º do CIVA, excepto se o autor for uma pessoa colectiva.

4.1.2. *Direitos de autor sobre programas informáticos*

A Directiva 91/250/CEE, do Conselho, de 14 de Maio de 1991[101], prevê a protecção jurídica dos programas de computador, mediante

---

[99] Cf. n.º 2 desta secção E, *supra*.

[100] Nos termos do n.º 16) do artigo 9.º do CIVA, estão isentas do imposto *"[a] transmissão do direito de autor e a autorização para a utilização da obra intelectual definidas no Código de Direito de Autor, quando efectuadas pelos próprios autores, herdeiros ou legatários"*. Saliente-se que esta disposição não faz referência expressa à oneração do direito de autor (v.g. constituição de usufruto), uma vez que tal não vinha previsto no anterior Código do Direito de Autor, aprovado pelo Decreto-Lei n.º 46 980, de 27 de Abril de 1966. Pensa-se, no entanto, que tal oneração não deixa de estar abrangida pela isenção, desde que se verifiquem as demais condições estabelecidas no n.º 16) do artigo 9.º do CIVA.

[101] Com as alterações decorrentes da Directiva 93/98/CEE, do Conselho, de 29 de Outubro de 1993.

204 *A Incidência e os Critérios de Territorialidade do IVA*

a concessão de direitos de autor sobre esses programas, incluindo o material de concepção.

A Directiva 91/250/CEE foi transposta para o ordenamento interno através do Decreto-Lei n.º 252/94, de 20 de Outubro. Nos termos dos n.ºˢ 2 e 3 do artigo 1.º do Decreto-Lei n.º 252/94, aos programas de computador que tiverem carácter criativo é atribuída protecção análoga à conferida às obras literárias, englobando o material de concepção preliminar dos programas de computador.[102]

4.1.3. Direitos de transmissão televisiva

Regulamento (CE) n.º 1777/2005, do Conselho, de 17 de Outubro de 2005:

De harmonia com o artigo 7.º do Regulamento (CE) n.º 1777/ /2005, a cessão de direitos de transmissão televisiva de jogos de futebol por organismos estabelecidos num país terceiro a sujeitos passivos estabelecidos na Comunidade é abrangida pelo primeiro travessão da alínea e) do n.º 2 do artigo 9.º da Sexta Directiva [artigo 56.º, n.º 1, alínea a), da Directiva do IVA].

4.2. Propriedade industrial

4.2.1. *Código da Propriedade Industrial*[103]

Nos termos do artigo 2.º do Código da Propriedade Industrial (CPI), cabem no âmbito da propriedade industrial o comércio e a indústria propriamente ditos, incluindo as indústrias das pescas, agrícolas, florestais, pecuárias e extractivas, bem como todos os produtos naturais ou fabricados e os serviços.

---

[102] Para desenvolvimento da matéria extra-fiscal, consulte-se José Alberto Vieira, *A Protecção dos Programas de Computador no Ordenamento Jurídico Português*, Lex, Lisboa, 2005.

[103] Aprovado pelo Decreto-Lei n.º 36/2003, de 5 de Março, e alterado pelo Decreto--Lei n.º 318/2007, de 26 de Setembro, pelo Decreto-Lei n.º 360/2007, de 26 de Setembro, e pela Lei n.º 16/2008, de 1 de Abril, tendo sido republicado no anexo II a este último diploma.

Em conformidade com o n.º 1 do artigo 31.º do CPI, os direitos emergentes de patentes, de modelos de utilidade, de registos de topografias de produtos semicondutores, de desenhos ou modelos e de marcas podem ser transmitidos, a título gratuito ou oneroso. Esses direitos, nos termos do n.º 1 do artigo 32.º do CPI, podem também ser objecto de licença de exploração, total ou parcial, a título gratuito ou oneroso, em certa zona ou em todo o território nacional, por todo o tempo da sua duração ou por prazo inferior.

Além disso, de harmonia com o disposto no n.º 3 do artigo 31.º do CPI, o nome e a insígnia de um estabelecimento comercial ou industrial podem também ser objecto de transmissão a título oneroso ou gratuito. No entanto, essa transmissão só opera na sequência da transmissão do próprio estabelecimento ou da parte dele a que o nome e a insígnia estão ligados.

As cessões de direitos previstos no CPI são qualificadas como prestações de serviços para efeitos do IVA, as quais, se efectuadas no território nacional, a título oneroso, por um sujeito passivo agindo como tal, ficam submetidas a tributação por força do disposto na alínea a) do n.º 1 do artigo 1.º e do artigo 4.º do CIVA.

Em matéria de localização ou não no território nacional das prestações de serviços relativas à cessão de direitos de propriedade industrial, nomeadamente decorrentes da respectiva transmissão ou licença de exploração, regem as disposições contidas na alínea a) do n.º 8 e no n.º 9 do artigo 6.º do CIVA, nos termos que acima se apontaram.[104]

4.2.2. *Patentes*

Informação n.º 1541, de 5 de Maio de 2000, da DSIVA, com despacho da mesma data, da Directora de Serviços:

As operações relativas à transmissão ou à cedência de autorização para a utilização de patentes são abrangidas pela alínea a) do n.º 8 do artigo 6.º do CIVA, que não beneficiam da isenção de imposto prevista no n.º 16) do artigo 9.º do Código, dado não serem abrangidas pelo conceito de direitos de autor.

---

[104] Cf. n.º 2 desta secção E, *supra*.

4.2.3. Cedência de marcas de fabrico

Informação n.º 1249, de 21 de Março de 2005, com despacho de 14 de Abril de 2005, do DG:[105]

«Regra geral, as prestações de serviços são tributadas no país onde o prestador tem a sede ou um estabelecimento estável a partir do qual os serviços sejam prestados ou, na sua falta, o seu domicílio.

Esta regra comporta diversas excepções, como é o caso da prevista na alínea c) do n.º 8 do art. 6.º do CIVA, que refere serem tributáveis em território nacional "A cessão ou concessão de direitos de autor, de brevets, licenças, marcas de fabrico e de comércio e outros direitos análogos", ainda que o prestador não tenha no território nacional sede, estabelecimento estável ou domicílio a partir do qual o serviço seja prestado, desde que o adquirente seja um sujeito passivo de IVA, dos referidos na alínea a) do n.º 1 do art. 2.º, cuja sede, estabelecimento estável ou domicílio se situe em território nacional.

Por este facto, são tributáveis em Portugal as prestações de serviços que consistam na cedência de marca de fabrico efectuada por uma empresa inglesa a uma empresa portuguesa.

Face ao estipulado na alínea a) do n.º 1 do artigo 2.º do CIVA, a empresa adquirente assume a qualidade de sujeito passivo, sendo, consequentemente, da sua responsabilidade a liquidação e entrega do imposto devido pela aquisição dos referidos serviços. Isto significa que, nestes casos, o adquirente dos serviços será o devedor do imposto, ainda que efectue as referidas aquisições com carácter de habitualidade.

O imposto pago poderá ser deduzido nos termos da alínea c) do n.º 1 do art. 19.º, observadas que sejam as restantes regras do art. 19.º e seguintes do CIVA.»

---

[105] Pode consultar-se a partir da página da rede global com o endereço ‹http://www.dgci.min-financas.pt›, na secção que respeita às informações vinculativas e às fichas doutrinais sobre o IVA.

5. SERVIÇOS DE PUBLICIDADE

1) Acórdão do TJCE de 17 de Novembro de 1993, processo C-68/92, Comissão/França, Colect. p. I-5881:

Este aresto respeitou a uma acção por incumprimento de Estado interposta pela Comissão Europeia contra a França, dada a definição de "prestações de serviços de publicidade" que aquele Estado membro adoptara, para efeitos de aplicação da regra de localização prevista na alínea e) do n.º 2 do artigo 9.º da Sexta Directiva.

A definição em causa constava de instruções administrativas divulgadas pela administração fiscal daquele país, a que se alude no n.º 7 do acórdão e cujo teor se encontra expresso com mais detalhe no primeiro parágrafo do n.º 6 das conclusões do advogado-geral Gulmann, apresentadas a 13 de Julho de 1993.[106] Segundo se transcreve nessas conclusões, a interpretação adoptada pela administração fiscal francesa excluía do conceito de serviços de publicidade, para efeitos da referida disposição, as seguintes operações: *"a) [A] facturação por uma empresa de publicidade das despesas que resultam como contrapartida da venda consentida de bens móveis corpóreos ao seu cliente... a título exemplificativo, a facturação por uma empresa de publicidade ao seu cliente de bens adquiridos para serem distribuídos gratuitamente em ocasiões de jogos, lotarias, presentes, concursos... ou instalados nos locais de venda para exposição de produtos; b) [A]s prestações susceptíveis de ser realizadas por uma empresa de publicidade quando esta intervém em manifestações diversas como [...] sessões recreativas, cocktails, etc.; c) [O] fabrico propriamente dito de suportes publicitários (operação de impressão de documentos publicitários por um impressor, confecção de um painel publicitário)".*

Na óptica da Comissão Europeia, as operações acabadas de descrever incluem-se no conceito de prestação de serviços de publicidade, pelo que deveriam ser também submetidas à regra de localização consignada na alínea e) do n.º 2 do artigo 9.º da Sexta Directiva e, portanto, objecto de tributação no país da sede ou do estabelecimento estável do destinatário dos serviços. Por seu turno, a França invocava

---

[106] Essas conclusões do advogado-geral respeitam, conjuntamente, ao processo aqui descrito e aos processos C-69/92 e C-73/92, a seguir referenciados.

208 *A Incidência e os Critérios de Territorialidade do IVA*

que as operações de promoção, incluindo as entregas de bens móveis corpóreos, são diferentes das prestações de serviços de publicidade em sentido estrito, mesmo que ambas coexistam no âmbito de uma mesma campanha publicitária, uma vez que o regime do IVA aplicável a cada tipo de operação tributável deveria ter em conta a natureza desta, e não o objectivo prosseguido pelo respectivo destinatário.

O TJCE começou por frisar que a definição de prestação de serviços de publicidade, ao inserir-se numa norma da Sexta Directiva que visa delimitar a competência tributária de cada Estado membro, se constitui como um conceito de direito comunitário que deve ser interpretado de forma uniforme.

Estribando-se no sétimo considerando do preâmbulo da Sexta Directiva, o Tribunal, no n.º 15 do acórdão, salientou também que a tributação de certas prestações de serviços no lugar em que o destinatário tem a sede da sua actividade económica *"justifica-se pelo facto de o custo dessas prestações, efectuadas entre sujeitos passivos, estar incluído no preço dos bens. O legislador comunitário considerou portanto que, na medida em que o destinatário vende habitualmente mercadorias ou fornece serviços que são objecto de publicidade no Estado onde tem a sua sede, recebendo o IVA correspondente do consumidor final, como o IVA tem por matéria colectável a prestação de serviços de publicidade deve ele próprio ser pago pelo destinatário a esse Estado."*

Partindo desta justificação como um dos elementos significativos para a interpretação da expressão "prestação de serviços de publicidade" constante da alínea e) do n.º 2 do artigo 9.º da Sexta Directiva, o TJCE afirmou seguidamente *"que o conceito de publicidade comporta necessariamente a difusão de uma mensagem destinada a informar os consumidores da existência e das qualidades de um produto ou de um serviços, com o objectivo de aumentar as vendas"*. Acrescentou, no entanto, que, sendo típico que essa difusão seja feita habitualmente por via de textos, orais ou escritos, ou de imagens, divulgados através da imprensa, da rádio ou da televisão, nada impede que possa haver um recurso, total ou parcial, a outros meios. No caso de utilização exclusiva de outros meios, o Tribunal salientou que é importante tomar sempre em consideração todas as circunstâncias que rodeiam a prestação em causa. O conceito mostra-se preenchido quando os meios utilizados forem proporcionados por uma agência de publicidade, mas não absolutamente exigível que assim o seja, podendo admitir-se, apesar de tal ser pouco provável, que tais meios

Capítulo II – Localização das Prestações de Serviços   209

sejam obtidos através de uma empresa que não se ocupe exclusiva ou principalmente de publicidade.[107]

Neste contexto, vem afirmado no n.º 18 do acórdão, que *"basta que uma acção de promoção, como a venda de mercadorias a preço reduzido, a distribuição aos consumidores de bens móveis corpóreos vendidos ao destinatário por uma agência de publicidade, a prestação de serviços a preços reduzidos ou a título gratuito, a organização de um cocktail ou de um banquete, comporte a transmissão de uma mensagem destinada a informar o público da existência e das qualidades do produto ou serviço que é objecto dessa acção, com o objectivo de aumentar as vendas, para que se possa qualificar como prestação de serviços de publicidade na acepção do artigo 9.º, n.º 2, alínea e), da Sexta Directiva"*. O mesmo sucede, aditou o Tribunal, em relação a *"qualquer operação que esteja indissociavelmente ligada a uma campanha publicitária e que contribua desse modo para a transmissão da mensagem publicitária"*, como sucede no caso de *"suportes utilizados para uma determinada publicidade"*.

Visto isto, na parte do dispositivo do acórdão, o Tribunal concluiu o seguinte:

> «Ao excluir, mediante prática administrativa, do conceito de 'prestação de serviços de publicidade' na acepção do artigo 9.º, n.º 2, alínea e), da [Sexta] Directiva [...] a) a venda por uma empresa de publicidade ao seu cliente de bens móveis corpóreos destinados a ser distribuídos aos consumidores, b) as prestações realizadas por uma empresa de publicidade no âmbito de manifestações diversas como sessões recreativas de cocktails... e c) o fabrico de suportes publicitários, mesmo que todas estas operações comportem a transmissão duma mensagem publicitária ou estejam indissociavelmente ligadas a essa transmissão, a Repú-

---

[107] A afirmação feita neste trecho do acórdão, que consta do seu n.º 17, parece ter como referência a opinião emitida no processo pela Comissão Europeia, mencionada no n.º 11 das conclusões do advogado-geral, de que os serviços de publicidade abrangidos pela norma em questão são todos os que são prestados por agências de publicidade, independentemente da sua natureza. Parece evidente, no entanto, que, ao optar-se por uma formulação que põe a tónica em elementos de índole subjectiva, a prudência tivesse determinado pelo menos que se aditasse a expressão "no âmbito da actividade que lhes é típica".

blica Francesa não cumpriu as obrigações que lhe incumbem por força dessa mesma directiva.»[108]

2) Acórdão do TJCE de 17 de Novembro de 1993, processo C-69/92, Comissão/Luxemburgo, Colect. p. I-5907:

Este acórdão respeitou a uma acção por incumprimento de Estado interposta pela Comissão Europeia contra o Luxemburgo, também em virtude da interpretação feita neste Estado membro sobre o conteúdo da definição de "prestações de serviços de publicidade", para efeitos da regra de localização prevista na alínea e) do n.º 2 do artigo 9.º da Sexta Directiva.

Conforme se indica no n.º 6 do acórdão, a administração fiscal luxemburguesa entendia que o referido conceito não abrangia as seguintes operações: *"a) [A] venda, no âmbito de uma campanha publicitária, de bens móveis corpóreos; o lugar de tributação dessa operação é o prescrito no artigo 8.º da [S]exta [D]irectiva; b) [A]s prestações realizadas no âmbito de 'public relation' em manifestações tais como conferências de imprensa, seminários, cocktails, sessões recreativas, etc.; estas prestações são tributáveis no país em que são materialmente executadas; c) [O] aluguer de locais reservados a publicidade, não constituindo esta operação um serviço de publicidade."*

---

[108] Dado que, para aplicação das regras de localização constantes do artigo 9.º da Sexta Directiva, se tem de estar necessariamente perante operações qualificadas como prestações de serviços, a referência à "venda de bens móveis corpóreos no âmbito de uma campanha publicitária" parece ter de ser entendida com as devidas ressalvas. A acepção defendida no acórdão poderá, assim, reportar-se a situações em que se esteja perante uma operação complexa, composta por vários elementos ou actos, nomeadamente, uma prestação de serviços de publicidade que tenha inerente, a título meramente acessório, a transferência para o cliente do poder de dispor de certos bens corpóreos de forma correspondente ao direito de propriedade. Com efeito, aquilo que parece estar em causa é a realização de um serviço de compra (ou produção) e venda desses bens à empresa que pretende publicitar os seus produtos, inserido no quadro vasto de uma prestação de serviços de publicidade, sendo esses bens, por sua vez, ofertados aos potenciais consumidores pela empresa que visa a comercialização dos seus produtos. Independentemente da opinião que à partida se pudesse ter sobre esta matéria e da solução que viesse a ser encontrada, o que é realmente idiossincrático é que tal problemática não tenha sido devidamente aflorada ou ressalvada, quer no texto do próprio acórdão, quer nas conclusões do advogado-geral, para que ficasse absolutamente claro em que circunstâncias específicas é que o Tribunal se reporta à venda de bens estando a tratar de operações qualificadas como prestações de serviços.

Capítulo II – Localização das Prestações de Serviços 211

Uma vez que o Luxemburgo não apresentara contestação, o TJCE, decidindo à revelia, necessitou apurar, em primeiro lugar, da admissibilidade da causa, nos termos do n.º 2 do Regulamento de Processo do Tribunal de Justiça. Nesta matéria, dado que apenas poderia pronunciar-se sobre argumentos já anteriormente enunciados quando do parecer fundamentado, o TJCE afastou do perímetro da sua decisão a locação de locais reservados a publicidade, referida na alínea c) *supra*.

Feita esta delimitação do âmbito da sua pronúncia, o TJCE desenvolveu seguidamente a mesma análise que foi descrita em relação ao processo C-69/92, respeitante a idêntica acção de incumprimento proposta pela Comissão Europeia contra a França.

Assim, na parte do dispositivo do acórdão, o Tribunal concluiu o seguinte:

> «Ao excluir do conceito de 'prestações de serviços de publicidade' na acepção do artigo 9.º, n.º 2, alínea e), da [Sexta] Directiva [...] a venda de bens móveis corpóreos no âmbito de uma campanha publicitária e as prestações realizadas no âmbito de manifestações diversas de 'relações públicas', como conferências de imprensa, seminários, *cocktails*, sessões recreativas... mesmo que estas operações comportem a transmissão de uma mensagem publicitária ou estejam indissociavelmente ligadas a essa transmissão, o Grão-Ducado do Luxemburgo não cumpriu as obrigações que lhe incumbem por força da referida directiva e do Tratado CEE.»[109]

3) Acórdão do TJCE de 17 de Novembro de 1993, processo C-73/92, Comissão/Espanha, Colect. p. I-5997:

Este aresto respeitou a uma acção por incumprimento de Estado interposta pela Comissão Europeia contra a Espanha, igualmente devido à interpretação feita neste Estado membro sobre o conteúdo a definição de "prestações de serviços de publicidade", para efeitos da regra de localização prevista na alínea e) do n.º 2 do artigo 9.º da Sexta Directiva.

De harmonia com o entendimento da administração fiscal espanhola, reflectido no n.º 6 do acórdão, não eram consideradas como

---

[109] V. nota anterior.

212   *A Incidência e os Critérios de Territorialidade do IVA*

serviços publicitários as "*operações de promoção realizadas mediante a prestação de serviços de hotelaria ou mediante actividades recreativas, tais como o fornecimento de alimentos, de refeições, a organização de espectáculos, jogos, concursos, festas ou outras manifestações similares*", o que era posto em causa pela Comissão Europeia.

Sobre a matéria, o Tribunal reiterou o afirmado nos acórdãos da mesma data, relativos aos processos C-68/92 e C-69/92, que incidiram sobre as acções de incumprimento interpostas pela Comissão Europeia contra a França e o Luxemburgo, respectivamente, de que decorria que a Espanha não poderia excluir as acções de promoção do conceito de prestações de serviços de publicidade.

Além disso, rebatendo o argumento de que o conceito em causa não se encontrava suficientemente definido, o Tribunal aditou que tal alegação não poderia colher, uma vez que as acções de incumprimento têm um carácter objectivo, competindo ao TJCE declarar se o incumprimento se verifica ou não, ainda que o mesmo resulte simplesmente de uma inadequada interpretação das disposições por parte do Estado membro visado.

Em face disso, no trecho dispositivo do acórdão, o Tribunal concluiu que "*[a]o instituir e manter em vigor um regime fiscal em matéria de aplicação do IVA às prestações de serviços de publicidade que exclui deste conceito as acções de promoção, mesmo que estas comportem a transmissão de uma mensagem destinada a informar os consumidores da existência e das qualidades do produto ou serviço que é objecto da mesma, o Reino da Espanha não cumpriu as obrigações que lhe incumbem por força da [Sexta] Directiva [...], designadamente do seu artigo 9.º, n.º 2, alínea e), e do Tratado CEE*".

4) Acórdão do TJCE de 15 de Março de 2001, processo C-108/00, caso *SPI*, Colect. p. I-2361:

Neste acórdão o TJCE entendeu que a produção de filmes publicitários é abrangida pelo conceito de serviços de publicidade constante do segundo travessão da alínea e) do n.º 2 do artigo 9.º da Sexta Directiva, ainda que o adquirente dessa prestação de serviços não seja a própria empresa que pretende anunciar os seus produtos, mas um terceiro, nomeadamente uma agência de publicidade, a qual, por sua vez, factura a produção do filme publicitário à empresa anunciante.

Em causa no processo estava o teor de uma portaria administrativa vigente em França, que determinava que a aplicação da norma da legislação interna francesa correspondente à mencionada disposição da Sexta Directiva dependia de a prestação de serviços de publicidade ser efectuada directamente ao sujeito passivo que pretendia publicitar os seus produtos. Daí decorria, por exemplo, que quando uma empresa cinematográfica produzia um filme publicitário facturando directamente a empresa anunciante poderia ser-lhe aplicável a alínea e) do n.º 2 do artigo 9.º da Sexta Directiva, mas tal não acontecia se a empresa que produzia o filme publicitário, em lugar de facturar directamente o anunciante, facturasse uma agência de publicidade, sendo esta que, posteriormente, debitava o valor da produção do filme ao anunciante.

Submetida a questão, a título prejudicial, ao TJCE, este começou por relembrar o papel das disposições contidas no artigo 9.º da Sexta Directiva, bem como a não existência de qualquer proeminência da regra geral de localização das prestações de serviços, contida no n.º 1 desse artigo, sobre as excepções á regra geral contidas no seu n.º 2. Sendo assim, afirmou o Tribunal, não pode merecer provimento a alegação de que o segundo travessão da alínea e) daquele n.º 2 deve ser objecto de uma interpretação estrita.

Por outro lado, tendo em consideração a finalidade da disposição em causa, tal como essa finalidade sobressai do sétimo considerando do preâmbulo da Sexta Directiva, a aplicação dos critérios de conexão previsto no n.º 2 do seu artigo 9.º deve ter em consideração a própria natureza da prestação de serviços. Além disso, o acórdão frisou também que, pese embora o tenha feito em circunstâncias algo diferentes, o TJCE já afirmara em decisões anteriores que uma operação pode ser qualificada como sendo um serviço de publicidade apesar de o respectivo prestador não se tratar de uma agência de publicidade.

Nestes termos, o Tribunal entendeu que a disposição em causa da Sexta Directiva também se aplica a uma prestação de serviços de publicidade, cujo custo esteja incluído no preço dos bens ou serviços comercializados pela empresa que anuncia os seus produtos, mesmo que tal prestação de serviços não tenha sido originalmente fornecida pelo co-contratante do anunciante, mas, sim, por um prestador que fornece esses serviços ao co-contratante do anunciante.

Na parte decisória do acórdão, o Tribunal concluiu que *"[o] artigo 9.º, n.º 2, alínea e), segundo travessão, da Sexta Directiva [...] deve ser interpretado no sentido de que se aplica não apenas às prestações de serviços de publicidade fornecidas directamente e facturadas pelo prestador de serviços a um anunciante que é sujeito passivo, mas também às prestações fornecidas indirectamente ao anunciante e facturadas a um terceiro, que por seu turno as factura ao anunciante".*

5) Acórdão do TJCE de 5 de Junho de 2003, processo C--438/01, caso *Design Concept/Flanders Expo*, Colect. p. I--5617:

Nesta decisão o TJCE reafirmou o que já havia dito no seu acórdão relativo ao caso *SPI*, acima descrito, sobre a inclusão no âmbito do segundo travessão da alínea e) do n.º 2 do artigo 9.º da Sexta Directiva das prestações de serviços de publicidade realizadas a uma entidade intermediária (*v. g.* uma agência de publicidade) que, por sua vez, as factura ao anunciante. O Tribunal especificou, ainda, que a circunstância de o destinatário final dos serviços ser o Ministério da Economia do Luxemburgo, que não destinava a inclusão dos serviços de publicidade no fornecimento de bens ou em prestações de serviços, não inviabilizava a aplicação daquela regra.

Na génese do processo esteve um litígio entre a sociedade *Flanders Expo*, com sede na Bélgica, e a sociedade *Design Concept*, com sede no Luxemburgo. A *Design Concept* fora incumbida pelo Ministério da Economia luxemburguês de montar os pavilhões daquele país numa exposição a realizar na Bélgica. Para o efeito, a *Design Concept* contratou com a *Flanders Expo* a realização por esta última de diversas prestações de serviços, incluindo a construção de dois pavilhões e a limpeza dos mesmos, bem como a colocação à disposição de pessoal para o transporte do material exposto. A *Flanders Expo* procedera à facturação e repercussão do IVA belga, tendo, no entanto, a *Design Concept* rejeitado pagar-lhe o montante correspondente ao IVA, por entender que estava em causa uma prestação de serviços de publicidade objecto de tributação no país em que o adquirente se encontrava estabelecido, ou seja, no Luxemburgo.

Submetido o diferendo a decisão judicial, as duas primeiras instâncias pronunciaram-se no sentido de que não estavam em causa prestações de serviços de publicidade. Todavia, segundo a qualificação feita pelo tribunal belga de reenvio, os serviços prestados pela *Flanders*

Capítulo II – Localização das Prestações de Serviços 215

Expo à *Design Concept* poderiam ser tidos como relativos a publicidade. Subsistia, ainda assim, a necessidade de apurar se a aplicação do segundo travessão da alínea e) do n.º 2 do artigo 9.º da Sexta Directiva poderia ter lugar, uma vez que o destinatário final dos serviços era o Ministério da Economia luxemburguês que não incorporava o valor dessa prestação de serviços no preço final de quaisquer bens ou serviços por si disponibilizados.

Na sua resposta, à semelhança do que fizera o advogado-geral Jacobs nas respectivas conclusões[110], o TJCE começou por salientar, como aspecto prévio, que a qualificação ou não dos serviços em apreço como prestações de serviços de publicidade não vinha colocada pelo tribunal de reenvio, pelo que o seu pronunciamento partia do pressuposto de que estariam realmente em causa serviços de publicidade, não lhe competindo apreciar da efectividade ou não de tal pressuposto. Neste domínio, o TJCE referiu que, no âmbito da cooperação entre si e os órgãos jurisdicionais dos Estados membros, compete a estes apreciar da necessidade de apresentarem um pedido de decisão a título prejudicial e da pertinência das questões formuladas para o efeito. Ainda assim, o TJCE não deixou de aditar que o conceito de prestação de serviços de publicidade para os fins previstos na alínea e) do n.º 2 do artigo 9.º da Sexta Directiva é um conceito de direito comunitário que deve ser objecto de uma interpretação uniforme, nos termos já por si anteriormente definidos, e que, sendo caso disso, competiria ao tribunal de reenvio verificar a qualificação dos serviços em causa à luz da jurisprudência comunitária.[111]

Feitas estas observações prévias, no n.º 16 do acórdão, atendendo estritamente ao teor da questão prejudicial que lhe vinha colocada, o TJCE recapitulou que lhe competiria pronunciar-se sobre se a mencionada alínea e), por um lado, deve ser interpretada no sentido de que se aplica aos serviços de publicidade prestados e facturados a um terceiro que não a empresa que pretende anunciar os seus produtos e, por outro lado, se essa mesma disposição abrange as situações em

---

[110] Cf. conclusões do advogado-geral, apresentadas a 12 de Dezembro de 2002, n.º 17.

[111] Deixando antever fortes dúvidas sobre a qualificação feita pelo tribunal belga de reenvio. Na mesma linha do TJCE, o advogado-geral, no n.º 17 das suas conclusões, afirmara a dado passo: *"Considero importante não interpretar o conceito de prestação de serviços de publicidade de forma indevidamente lata."*

que a empresa anunciante não produz bens ou serviços cujo preço seja susceptível de integrar o custo dos serviços de publicidade.

Desde logo, quanto à primeira parte da questão, a mesma tinha sido objecto de apreciação no acórdão referente ao caso *SPI*, acima descrito, pelo que nesse domínio o Tribunal se limitou praticamente a reafirmar que o carácter indirecto das prestações não impede a aplicação da alínea e) do n.º 2 do artigo 9.º da Sexta Directiva e que, portanto, esta disposição "*se aplica não apenas às prestações de serviços de publicidade fornecidas directamente e facturadas pelo prestador de serviços a um anunciante que é sujeito passivo, mas também às prestações fornecidas indirectamente ao anunciante e facturadas a um terceiro, que, por seu turno, as factura ao anunciante*".

No que respeita à segunda parte da questão, o TJCE salientou que as regras de determinação do lugar de realização das prestações de serviços devem ser aplicadas operação a operação, considerando que o princípio fundamental inerente ao sistema do IVA reside em este imposto se aplicar em relação a cada transmissão de bens ou prestação de serviços, com dedução do IVA que onera as operações realizadas a montante.

Nessas circunstâncias, não pode haver dúvidas – nem o próprio sétimo considerando do preâmbulo da Sexta Directiva as vem criar – de que a alínea e) em apreço abrange casos em que os serviços aí previstos são prestados a um adquirente que não é o destinatário final dos serviços, mas um destinatário intermédio, não se mostrando necessário ter em consideração as operações que venham a ocorrer posteriormente.

Por conseguinte, a prestação de serviços realizada pelo primeiro prestador nessa cadeia a um destinatário intermédio deve ser analisada separadamente da que envolve esse destinatário intermédio e o destinatário final dos serviços. O eventual enquadramento dessa primeira operação no âmbito do segundo travessão da alínea e) do n.º 2 do artigo 9.º da Sexta Directiva não está, portanto, dependente de o destinatário final das prestações de serviços ser igualmente um sujeito passivo do IVA que repercute o respectivo custo no preço dos bens fornecidos ou dos serviços por si prestados.

Na parte do dispositivo do acórdão, o TJCE declarou que:

> «O artigo 9.º, n.º 2, alínea e), da Sexta Directiva [...] deve ser interpretado no sentido de que se aplica a prestações de serviços de publicidade fornecidas indirectamente ao anunciante

e facturadas a um destinatário intermediário que as factura por sua vez ao anunciante. A circunstância de este último não produzir um bem ou um serviço em cujo preço é susceptível de entrar o custo das prestações não é pertinente para efeitos de determinar o lugar das prestações de serviços fornecidas ao destinatário intermediário.»

6) Acórdão do TJCE de 15 de Março de 2007, processo C-35/ /05, caso *Reemtsma*, Colect. p. I-?:

Embora na génese deste processo tenha estado uma prestação de serviços de publicidade, efectuada por um sujeito passivo sediado em Itália em benefício de um sujeito passivo sediado na Alemanha, as questões suscitadas no mesmo não se prenderam com as regras de localização desses serviços. Em causa no processo estava a possibilidade de obtenção de reembolso ao abrigo da Directiva 79/1072/ /CEE, do Conselho, de 6 de Dezembro de 1979 ("Oitava Directiva"), bem como a definição do devedor do imposto, no caso de IVA indevidamente liquidado em virtude de uma correcta aplicação das regras de localização que abrangem os referidos serviços.[112]

No que respeita especificamente às regras de localização aplicáveis aos serviços de publicidade, o Tribunal limitou-se a salientar, no n.º 19 do acórdão, o seguinte:

> «É pacífico entre as partes no processo principal que as prestações efectuadas em benefício da Reemtsma, que consistiam em serviços de promoção publicitária e de marketing, não estavam sujeitas a IVA [em Itália]. Com efeito, segundo o artigo 9.º, n.º 2, alínea e), da Sexta Directiva, por lugar das prestações de serviços de publicidade, efectuadas a destinatários estabelecidos na Comunidade, mas fora do país do prestador, entende-se o lugar onde o destinatário tenha a sede da sua actividade económica ou um estabelecimento estável para o qual o serviço tenha sido prestado. No processo principal, é na Alemanha que se considera terem sido realizadas as referidas prestações.»

---

[112] Sobre estes aspectos do acórdão, pode ver-se a sinopse, *infra*, no n.º 3.5. do capítulo III da Parte IV.

218   *A Incidência e os Critérios de Territorialidade do IVA*

7) Informação n.º 1806, de 7 de Agosto de 2000, da DSIVA, com despacho da mesma data, do SDG:

Fazendo eco do conceito de prestação de serviços de publicidade estabelecido pelo TJCE, para efeitos do segundo travessão da alínea e) do n.º 2 do artigo 9.º da Sexta Directiva [actual alínea b) do n.º 1 do artigo 56.º da Directiva do IVA], na informação em referência, relativa às normas correspondentes constantes da alínea b) do n.º 8 e do n.º 9 do artigo 6.º do CIVA, vem afirmado o seguinte: *"O conceito de publicidade é, desde logo, um conceito alargado, implicando a difusão de uma mensagem destinada a informar os consumidores acerca da existência de um produto ou de um serviço, a fim de aumentar as vendas, abrangendo as políticas e as actividades de marketing, publicidade, promoção de vendas e campanhas promocionais."*

6. SERVIÇOS DE CONSULTORES, ENGENHEIROS, ADVOGADOS, ECONOMISTAS, CONTABILISTAS E DE GABINETES DE ESTUDO

6.1. Âmbito da categoria

Em várias decisões, o TJCE sublinhou que o terceiro travessão da alínea e) do n.º 2 do artigo 9.º da Sexta Directiva [artigo 56.º, n.º 1, alínea c), da Directiva do IVA] não visa as profissões nelas mencionadas, nomeadamente as de advogado, consultor, contabilista ou engenheiro, mas as prestações normalmente efectuadas por estes profissionais e as que lhes sejam equiparadas. Assim, as profissões indicadas na disposição em causa representam o meio utilizado pelo legislador comunitário para definir as categorias de prestações de serviços abrangidas pela referida norma.[113]

---

[113] Cf. acórdão de 16 de Setembro de 1997 (processo C-145/96, caso *Hoffmann*, Colect. p. I-4857, n.º 15); e acórdão de 27 de Outubro de 2005 (processo C-41/04, caso *Verzekeringen e OV Bank*, Colect. p. I-9433, n.º 37).

Capítulo II – Localização das Prestações de Serviços 219

6.2. Profissões liberais

1) Acórdão do TJCE de 6 de Março de 1997, processo C-167/95, caso *Linthorst, Pouwels en Scheren*, **Colect. p. I-1195:**

No n.º 20 do acórdão em referência, o TJCE afirmou que o elemento comum aos serviços previstos no terceiro travessão da alínea e) do n.º 2 do artigo 9.º da Sexta Directiva é todos eles se enquadrarem nas chamadas "profissões liberais". No entanto, acrescentou que, se o legislador comunitário tivesse pretendido incluir no âmbito dessa disposição todas as actividades profissionais exercidas de forma independente, tê-las-ia definido de uma forma genérica.

2) Acórdão do TJCE de 11 de Outubro de 2001, processo C-267/99, caso *Christiane Adam*, **Colect. p. I-7467:**

No n.º 39 deste acórdão, que versou sobre a interpretação do conceito de "profissões liberais" para efeitos da possibilidade de isenção do IVA prevista na alínea b) do n.º 3 do artigo 28.º da Sexta Directiva e no n.º 2 do seu anexo F, o TJCE definiu-o como respeitando a *"actividades que se revestem, nomeadamente, de um acentuado carácter intelectual, [que] exigem uma qualificação de nível elevado e estão habitualmente sujeitas a uma regulamentação profissional precisa e estrita. [...] [N]o exercício de tal actividade, o elemento pessoal assume especial importância, e tal exercício pressupõe, de qualquer modo, uma grande autonomia na realização de actos profissionais."*[114]

---

[114] Saliente-se, porém, que este aresto não respeitou à interpretação das regras relativas ao lugar de tributação das prestações de serviços. A transcrição aqui feita não perde de vista, no entanto, que no acórdão de 6 de Março de 1997 (processo C-167/95, caso *Linthorst, Pouwels en Scheren*, Colect. p. I-1195, n.º 20), supra mencionado, o TJCE afirmou que o elemento comum aos serviços previstos no terceiro travessão da alínea e) do n.º 2 do artigo 9.º da Sexta Directiva é todos eles se enquadrarem nas chamadas "profissões liberais", sem que abranja todas elas.

6.3. Serviços de jurisconsultos, advogados e solicitadores

Ofício-circulado n.º 96 619, de 20 de Outubro de 1988, da ex--DSCA:

Na sequência da revogação pelo Decreto-Lei n.º 290/88, de 24 de Agosto, da isenção das prestações de serviços realizadas no quadro das profissões de jurisconsulto, advogado e solicitador, inicialmente prevista na alínea a) do n.º 1 do artigo 9.º do CIVA, foi divulgado pela administração tributária o ofício-circulado n.º 96 619, de 20 de Outubro de 1988, da ex-DSCA.

Nesse ofício-circulado faz-se referência, em traços gerais, às obrigações decorrentes da tributação das referidas prestações de serviços, nomeadamente em matéria de liquidação do imposto, de exercício do direito à dedução e dos deveres de facturação e de contabilização, assim como sobre o procedimento a adoptar relativamente aos adiantamentos auferidos e às despesas realizadas por conta dos clientes. Nas mesmas orientações administrativas, faz-se também referência à taxa do IVA a aplicar naquelas prestações de serviços, com particular evidenciação das situações susceptíveis de beneficiar de taxa reduzida, nos termos da verba 2.8 da lista I anexa ao CIVA conjugada com a alínea a) do n.º 1 e com o n.º 3 do artigo 18.º do mesmo Código.

Como aspecto especificamente ligado às regras de localização aplicáveis, vem afirmado no n.º 10 do ofício-circulado que *"[a]s operações de serviços de advogados, jurisconsultos e solicitadores consideram-se abrangidas pelo disposto na alínea c) do n.º 6 do artigo 6.º do CIVA nas condições aí previstas e, consequentemente, pelo disposto no n.º 7 do mesmo artigo 6.º"*, sendo de elucidar aqui que a referência, à data do ofício-circulado, aos n.ºs 6 e 7 do artigo 6.º devem ser entendidas actualmente como feitas para os n.ºs 8 e 9 do artigo 6.º do CIVA.

Capítulo II – Localização das Prestações de Serviços   221

6.4. Programas informáticos

6.4.1. *Qualificação das operações relativas a programas informáticos*

1) Acórdão do TJCE de 27 de Outubro de 2005, processo C-41/04, caso *Verzekeringen e OV Bank*, Colect. 2005, p. I-9433:

Neste processo esteve, em primeiro lugar, em causa a qualificação ou não como uma única operação do fornecimento de *software* informático nos seguintes termos: a empresa fornecedora facturou um preço pela cedência de um *software* normalizado ("*standard*") e, simultaneamente, tendo adaptado esse *software* às necessidades do seu cliente, facturou separadamente essa adaptação. O TJCE considerou poder tratar-se de uma operação única, qualificável como prestação de serviços, na medida em que a adaptação feita tivesse um carácter decisivo, e não um carácter menor ou acessório. Por outro lado, o TJCE entendeu que a referida prestação de serviços seria enquadrável no terceiro travessão da alínea e) do n.º 2 do artigo 9.º da Sexta Directiva, invocando que a adaptação de programas informáticos às necessidades específicas dos clientes são prestações de serviços que se enquadram no âmbito das actividades prosseguidas por engenheiros ou equiparadas às realizadas por engenheiros.

2) Informação n.º 1157, de 17 de Maio de 2000, da DSIVA, com despacho da mesma data, da Directora de Serviços:

Na decisão em referência, afirma-se, a dado passo, que "*a tributação como prestação de serviços dos fornecimentos de programas informáticos de uso específico, especialmente elaborados para a satisfação das necessidades de um utilizador determinado, advém do reconhecimento de que, nesses casos, o que é significativo não é transferência da propriedade de um bem corpóreo produzido em série, mas sim a cedência de um bem incorpóreo, resultado de um trabalho exclusivamente de cariz intelectual, determinando que o suporte físico em que este se sustenta assuma um carácter manifestamente acessório e economicamente irrelevante face ao todo*".

6.4.2. *Direitos de autor sobre programas informáticos (remissão)*

Sobre esta matéria, veja-se o n.º 4.1.2. desta secção E.

6.5. Serviços relativos a pedidos de reembolso do IVA

Regulamento (CE) n.º 1777/2005, do Conselho, de 17 de Outubro de 2005:

Nos termos do artigo 8.º do Regulamento (CE) n.º 1777/2005, as prestações de serviços que consistam em solicitar ou receber reembolsos ao abrigo da Directiva 79/1072/CEE, do Conselho, de 6 de Dezembro de 1979 ("Oitava Directiva") são abrangidas pelo terceiro travessão da alínea e) do n.º 2 do artigo 9.º da Sexta Directiva.

7. TRATAMENTO DE DADOS E FORNECIMENTO DE INFORMAÇÕES

7.1. Conceito de *«know-how»*[115]

1) Acórdão do STA (Pleno) de 10 de Abril de 1991, recurso n.º 10 657, AD n.º 363, p. 401:

O *know-how* consiste na prestação de informações não divulgadas, resultante de uma experiência adquirida e que não pode ser conhecida pelo simples exame do produto ou pelo mero conhecimento de progressos técnicos.

---

[115] Os acórdãos do STA a que se faz menção neste n.º 7.1. não versaram sobre IVA, mas sobre outros tributos do sistema fiscal português. No entanto, as definições deles constantes podem ter algum interesse para a matéria aqui em apreço.

Capítulo II – Localização das Prestações de Serviços   223

2) Acórdão do STA, de 16 de Junho de 1993, recurso n.º 15 940, AD n.º 395, p. 1275:

O *know-how* traduz-se num conjunto de informações técnicas necessárias à produção de um produto ou de um processo derivado da experiência.

3) Acórdão do STA de 8 de Março de 2006, processo n.º 0845/05:[116]

«1. No contrato de *know-how* transfere-se tecnologia, enquanto no contrato de *engineering* aplica-se tecnologia.

2. O contrato de assistência técnica distingue-se do contrato de prestação de serviços técnicos (*engineering*), pois enquanto neste último as partes querem a própria execução de um determinado serviço, no primeiro, as partes querem uma informação tecnológica através de um serviço complementar ou acessório relativamente ao objecto principal do contrato, que é a transmissão de uma informação tecnológica.»

7.2. Serviços de tradução

Regulamento (CE) n.º 1777/2005, do Conselho, de 17 de Outubro de 2005:

Nos termos do artigo 6.º do Regulamento (CE) n.º 1777/2005, os serviços de tradução de textos são abrangidos pela alínea e) do n.º 2 do artigo 9.º da Sexta Directiva. Note-se, porém, que esta disposição não refere a qual dos travessões dessa alínea e) se reporta.

No caso português, tratar-se do primeiro travessão (direitos de autor) ou do terceiro travessão (consultores e afins) não seria indiferente, já que no primeiro caso os serviços de tradução podem estar abrangidos pela isenção respeitante ao direito de autor, prevista no n.º 16) do artigo 9.º do CIVA.

---

[116] Consultado a 29 de Maio de 2008 na página da rede global com a seguinte extensão: ‹http://www.dgsi.pt/jsta.nsf/35fbbbf22e1bb1e680256f8e003ea931/36abf864bc87b70f8025713800397605?OpenDocument›.

224 *A Incidência e os Critérios de Territorialidade do IVA*

7.3. Serviços de interpretação oral (remissão)

Sobre esta matéria, veja-se, *supra*, o n.º 5 da secção D deste capítulo II da Parte II.

7.4. Investigação sobre a existência ou o paradeiro de herdeiros

Na 53.ª reunião do Comité Consultivo do IVA, realizada a 4 e 5 de Novembro de 1997, foi unanimemente entendido que as prestações de serviços de investigação sobre a existência de herdeiros ou sobre o seu paradeiro se englobam na regra de localização prevista no terceiro travessão da alínea e) do n.º 2 do artigo 9.º da Sexta Directiva [actual alínea c) do n.º 1 do artigo 56.º da Directiva do IVA], seja por se tratar de uma prestação de serviços similar às que nele vêm previstas, seja por se tratar de um fornecimento de informações.

8. OPERAÇÕES BANCÁRIAS, FINANCEIRAS E DE SEGUROS

Acórdão do TJCE de 21 de Outubro de 2004, processo C-8//03, caso *BBL*, Colect. p. I-10157:

Neste aresto o TJCE tomou posição sobre a sujeição a IVA das sociedades de investimento de capital variável (SICAV), cuja constituição vem prevista na Directiva 85/611/CEE, do Conselho, de 20 de Dezembro de 1985. Este acto comunitário contém as disposições legislativas, regulamentares e administrativas respeitantes a alguns organismos de investimento colectivo em valores mobiliários (OICVM). As referidas sociedades têm por objecto o investimento colectivo em valores mobiliários, através de capitais recolhidos junto do público.

Nesta decisão o TJCE considerou que as SICAV se assumem como sujeitos passivos do IVA. Tal decorre do facto de as SICAV estarem incumbidas de, mediante remuneração, constituírem e gerirem carteiras de valores mobiliários a partir de capitais entregues pelos subscritores. Na óptica do Tribunal, essa actividade ultrapassa a simples aquisição, detenção e venda de acções, dado ter como fito a obtenção de receitas com carácter de permanência, constituindo, portanto, uma

Capítulo II – Localização das Prestações de Serviços 225

actividade económica na acepção do n.º 2 do artigo 4.º da Sexta Directiva, embora isenta ao abrigo do n.º 5 da alínea d) da parte B) do artigo 13.º da Sexta Directiva.

Da parte da decisão que releva para efeitos de localização das prestações de serviços, constante dos seus n.ᵒˢ 45 a 48, resulta que a qualidade de sujeito passivo do IVA determina que, quando as SICAV adquirem, fora do Estado membro onde estiverem estabelecidas, serviços de consultoria, de fornecimento de informações, de tratamento de dados e serviços de carácter bancário ou financeiro, essas prestações de serviços são localizadas no Estado membro em que as SIVAV dispõem da sede da sua actividade económica, nos termos dos terceiro e quinto parágrafos da alínea e) do n.º 2 do artigo 9.º da Sexta Directiva, ou seja, das actuais alíneas c) e e) do n.º 1 do artigo 56.º da Directiva do IVA.

Além disso, esclareceu o Tribunal que o facto de, no caso concreto em referência, a SICAV não ter apenas adquirido serviços de consultadoria, de tratamento de dados e de fornecimento de informações, mas também serviços de gestão, não era impeditivo da aplicação da referida alínea e), porquanto as actividades de gestão, quando efectuadas no quadro de operações financeiras, são inseríveis no quinto travessão da mesma alínea.

Pelos fundamentos expostos, o TJCE declarou o seguinte:

> «As sociedades de investimento de capital variável (SICAV) cujo objectivo exclusivo consiste no investimento colectivo em valores mobiliários de capitais obtidos junto do público em conformidade com a Directiva 85/611/CEE do Conselho, de 20 de Dezembro de 1985, que coordena as disposições legislativas, regulamentares e administrativas respeitantes a alguns organismos de investimento colectivo em valores mobiliários (OICVM), têm a qualidade de sujeito passivo na acepção do artigo 4.º da Sexta Directiva [...], pelo que o lugar da prestação de serviços prevista no artigo 9.º, n.º 2, alínea e), da mesma directiva, a favor das SICAV estabelecidas noutro Estado-Membro que não o do prestador, é o lugar onde essas SICAV têm a sede das suas actividades económicas.»

9. COLOCAÇÃO DE PESSOAL À DISPOSIÇÃO

9.1. Sujeição a IVA da colocação de pessoal à disposição

Ofício-circulado n.º 30 019, de 4 de Maio de 2000, da DSIVA:

«Com vista à necessária uniformidade de procedimentos comunica-se que por despacho concordante de Sua Ex.ª o Ministro das Finanças (n.º 384/99-XIII, de 13.10.99), foi sancionado o seguinte entendimento:

1. Atendendo à natureza residual e, consequentemente, ampla do conceito de prestação de serviços consignado no n.º 1 do art.º 4.º do Código do IVA, em princípio, as operações de cedência de pessoal qualificam-se como operações sujeitas a tributação.

2. Subsumem-se na norma acima citada todas as situações em que materialmente existe uma colocação de pessoal à disposição, independentemente de tais operações se qualificarem, ou não, em termos jurídicos, como sendo de cedência de pessoal e apesar de os respectivos trabalhadores manterem os seus vínculos laborais originários com as correspondentes entidades patronais.

3. Face à doutrina veiculada pelo ofício-circulado n.º 32 344, de 14.10.86, "o simples débito ao Estado, a um sindicato ou outra entidade pública ou organismo sem finalidade lucrativa, da importância correspondente aos vencimentos de um funcionário por esses organismos requisitado, cujo pagamento fora antes efectuado pela empresa, deve considerar-se um simples reembolso de despesas efectuadas, não existindo a prestação de qualquer serviço nem, por conseguinte, a sujeição a IVA".

4. Esta doutrina administrativa, ou seja, a inexistência de prestação de serviços e, consequentemente, a não sujeição a imposto, é igualmente aplicável em todas as situações em que o montante debitado comprovadamente corresponda ao reembolso exacto de despesas com ordenados ou vencimentos, quotizações para a segurança social e quaisquer outras importâncias obrigatoriamente suportadas pela empresa a que pertence o trabalhador, por força de contrato de trabalho ou previstas na legislação aplicável (v.g. prémios de seguros de vida, complementos de pensões, contribuições para fundos de pensões, etc.).»

Capítulo II – Localização das Prestações de Serviços   227

9.2. Colocação de pessoal à disposição para prospecção de petróleo

Acórdão do TCAS de 3 de Novembro de 2004, processo 00103/ /03:[117]

Nesta decisão do TCAS (1.º Juízo Liquidatário) esteve em causa definir qual a regra de localização das prestações de serviços que deveria ser aplicada num caso de locação de equipamentos e de colocação de pessoal à disposição, efectuadas por um sujeito passivo do IVA em Portugal (identificado por "S., Lda.") a uma sociedade inglesa, sujeito passivo do IVA no Reino Unido. Os equipamentos e o pessoal destinavam-se a ser utilizados em território nacional por parte da empresa inglesa, que se comprometera com uma empresa americana a realizar operações de pesquisa de petróleo no subsolo português.

Na perspectiva da administração fiscal, as prestações de serviços de locação de equipamentos e de cedência de pessoal encontravam-se relacionadas com bens imóveis sitos em território nacional, pelo que deveria operar a norma de localização contida na actual alínea a) do n.º 6 do artigo 6.º do CIVA.[118] Ainda que assim não se entendesse, defendia alternativamente a administração fiscal que estava em causa a locação de equipamentos em território nacional e a cedência de pessoal que nele utilizara tais equipamentos, pelo que deveria sempre considerar-se tais prestações localizadas e submetidas a tributação em Portugal, atendendo ao previsto na alínea c) do actual n.º 6 do artigo 6.º.

Do ponto de vista da sociedade "S., Lda.", as referidas prestações de serviços encontravam-se previstas nas alíneas f) e i) do actual

---

[117] Consultado a 9 de Maio de 2008, na página da rede global com o seguinte endereço ‹http://www.dgsi.pt/jtca.nsf/a10cb5082dc606f9802565f600569da6/ 6677a5d6e3de56d980256f420058eaa0?OpenDocument›.

[118] Os factos a que o acórdão se reporta ocorreram no ano de 1990, pelo que a numeração das disposições do artigo 6.º do CIVA era diferente. Para uma melhor compreensão da recensão aqui feita, optou-se por indicar a actual numeração do artigo. Assim, onde o acórdão refere as alíneas a) e c) do n.º 5, as alíneas f) e i) do n.º 6 e o n.º 7 do artigo 6.º, procedeu-se à actualização dessa numeração, indicando-se, respectivamente, as alíneas a) e c) do n.º 6, as alíneas f) e i) do n.º 8 e a alínea a) do n.º 9 desse artigo.

228　　　*A Incidência e os Critérios de Territorialidade do IVA*

n.º 8 do artigo 6.º, pelo que, em aplicação da actual alínea a) do n.º 9 desse artigo, as mesmas não seriam de considerar localizadas em território nacional.

De harmonia com o decidido pelo TCAS, não há razões para que as prestações de serviços em apreço não possam ser vistas isoladamente, como locação de equipamentos e como colocação de pessoal às disposição, na acepção das alíneas f) e i) do n.º 8 do artigo 6.º, de que decorre a aplicabilidade do disposto na alínea a) do n.º 9 do artigo 6.º do CIVA. Segundo o TCAS, em afirmação constante do parágrafo final do n.º 5.7. do texto decisório, *"existindo norma especial a tutelar determinada situação, será à sua luz que ela será resolvida e não ao abrigo do regime regra"*.

10. LOCAÇÃO DE BENS MÓVEIS CORPÓREOS (COM EXCEPÇÃO DE MEIOS DE TRANSPORTE)

10.1. Equipamentos para prospecção de petróleo

Acórdão do TCAS de 3 de Novembro de 2004, processo 00103/ /03:

Nesta decisão do TCAS (1.º Juízo Liquidatário) esteve em causa definir qual a regra de localização das prestações de serviços que deveria ser aplicada num caso de locação de equipamentos e de colocação de pessoal à disposição, efectuadas por um sujeito passivo do IVA em Portugal a uma sociedade inglesa, sujeito passivo do IVA no Reino Unido. Os equipamentos e o pessoal destinavam-se a ser utilizados na prospecção de petróleo em solo português. O TCAS considerou que que a locação dos equipamentos deveria ser considerada uma prestação de serviços autónoma, abrangida pela alínea a) do n.º 9 do artigo 6.º do CIVA.[119]

---

[119] Uma descrição mais pormenorizada deste acórdão consta do n.º 9.2. *supra.*

Capítulo II – Localização das Prestações de Serviços 229

10.2. Contentores para transporte de mercadorias

Acórdão do TJCE de 6 de Junho de 1990, processo C-17/89, caso *Olivetti*, ECR p. I-2301:

Neste seu acórdão, o TJCE considerou, para efeitos do disposto na alínea a) do n.º 2 do artigo 15.º do Regulamento (CEE) n.º 1224//80, do Conselho, de 28 de Maio de 1980, que os contentores para transporte de mercadorias não se incluíam no conceito de "meios de transporte" a que se referia aquela disposição.

Note-se, no entanto, que o acórdão em referência não se reportou a matéria especificamente ligada ao IVA, mas aos custos de transporte para efeitos de determinação do valor aduaneiro das mercadorias importadas.

11. CEDÊNCIA DE DIREITOS SOBRE ATLETAS DESPORTIVOS

Nos termos do n.º 3 do artigo 4.º do CIVA, são consideradas prestações de serviços a cedência temporária ou definitiva de um praticante desportivo, acordada entre os clubes com o consentimento do desportista, durante a vigência do contrato com o clube de origem e as indemnizações de promoção e valorização devidas após a cessação do contrato, e as indemnizações de promoção e valorização devidas após a cessação do contrato, previstas actualmente no n.º 2 do artigo 18.º do Regime Jurídico do Contrato de Trabalho do Praticante Desportivo e do Contrato de Formação Desportiva, aprovado pela Lei n.º 28/98, de 26 de Junho.[120]

Estas prestações de serviços vêm expressamente enumeradas na alínea l) do n.º 8 do artigo 6.º do CIVA. Embora a norma não tenha uma base comunitária directa, já anteriormente se entendia que tais serviços se enquadravam na alínea e) do n.º 2 do artigo 9.º da Sexta Directiva, correspondente ao actual artigo 56.º da Directiva do IVA.

---

[120] Anteriormente, tratava-se do n.º 2 do artigo 22.º do regime jurídico aprovado pelo Decreto-Lei n.º 305/95, de 18 de Novembro.

12. CEDÊNCIA DE REDES DE DISTRIBUIÇÃO DE GÁS NATURAL OU DE ELECTRICIDADE

Ofício-circulado n.º 30 081, de 26 de Julho de 2005, da DSIVA:

O ofício-circulado em referência deu conta do aditamento de uma alínea o) ao n.º 8 do artigo 6.º do CIVA, decorrente da Lei n.º 55-B/2004, de 30 de Dezembro (Lei do Orçamento de Estado de 2005). Respiga-se, seguidamente, o excerto desse ofício-circulado no qual são explicitadas as regras que actualmente regulam esta matéria:

«Foi aditada uma alínea o) ao n.º 8 do artigo 6.º do CIVA, aplicável aos seguintes serviços:

– serviços que envolvem a cedência do uso ou fruição de redes de distribuição de gás natural ou de electricidade;
– serviços de transporte ou envio de gás ou de electricidade, através da rede de distribuição de gás natural ou de electricidade;
– serviços directamente conexos com os referidos nos pontos anteriores, nomeadamente serviços de leitura, reparação e de conservação de contadores e, de um modo geral, todos os que visam o seu funcionamento.

Tal significa que os referidos serviços são tributados no território nacional, se o adquirente for um sujeito passivo registado em Portugal, sendo de sua inteira responsabilidade a liquidação do respectivo imposto, que pode ser objecto de dedução, nos termos dos art.os 19.º a 23.º do Código do IVA. Os respectivos valores devem ser inscritos no quadro 06 da declaração periódica, nos campos 3 e 4 (base tributável e imposto a favor do Estado) e 24 (IVA dedutível), se for caso disso.

Finalmente, tais serviços não serão tributáveis no território nacional, ainda que o prestador aqui se encontre registado, se o adquirente for:

– pessoa estabelecida ou domiciliada noutro Estado membro da UE e provar que nesse país tem a qualidade de sujeito passivo;
– pessoa estabelecida ou domiciliada em país não pertencente à União Europeia.»

Capítulo II – Localização das Prestações de Serviços 231

13. OBRIGAÇÃO DE NÃO EXERCER UMA ACTIVIDADE PROFISSIONAL OU UM DIREITO

Relativamente ao conceito de "prestação de serviços", para efeitos do IVA, estabelecia o segundo travessão do n.º 1 do artigo 6.º da Sexta Directiva e, na actualidade, a alínea b) do artigo 25.º da Directiva do IVA que esse conceito abrange, designadamente, a constituição da obrigação de não fazer ou de tolerar um acto ou uma situação. Em matéria de localização das operações, tais prestações de serviços vêm previstas na alínea h) do n.º 8 do artigo 6.º do CIVA.

14. INTERMEDIAÇÃO EM NOME E POR CONTA DE OUTREM (REMISSÃO)

Aos serviços prestados por intermediários, actuando em nome e por conta de outrem, que estejam relacionados com prestações de serviços abrangidas pelo n.º 8 do artigo 6.º do CIVA são aplicáveis idênticos critérios de localização, conforme se estabelece na alínea g) desse mesmo n.º 8.

A matéria é focada com mais pormenor, *infra*, no n.º 2 da secção M deste capítulo II da Parte II.

15. TELECOMUNICAÇÕES, RADIODIFUSÃO, TELEVISÃO E SERVIÇOS PRESTADOS POR VIA ELECTRÓNICA (REMISSÃO)

Para além das regras previstas nos n.ºs 8 e 9 do artigo 6.º do CIVA, é-lhes também aplicável a regra de localização prevista na alínea b) do n.º 10 desse artigo, pelo que os serviços de telecomunicações, de radiodifusão e de televisão, assim como os serviços prestados por via electrónica, são objecto de tratamento autónomo na secção F deste capítulo.

232 A Incidência e os Critérios de Territorialidade do IVA

F – Serviços de telecomunicações, radiodifusão, televisão e serviços prestados por via electrónica

1. LEGISLAÇÃO

1.1. Código do IVA

«ARTIGO 6.º

[...]
8 – São ainda tributáveis as prestações de serviços adiante enumeradas, cujo prestador não tenha no território nacional sede, estabelecimento estável ou domicílio a partir do qual o serviço seja prestado, desde que o adquirente seja um sujeito passivo do imposto, dos referidos na alínea a) do n.º 1 do artigo 2.º, cuja sede, estabelecimento estável ou domicílio se situe no território nacional:
[...]
j) Os serviços de telecomunicações;
[...]
m) Serviços de radiodifusão e televisão;
n) Serviços prestados por via electrónica, nomeadamente os descritos no anexo D ao presente Código;
[...]
9 – As prestações de serviços referidas no número anterior não são tributáveis, ainda que o prestador tenha no território nacional a sua sede, estabelecimento estável ou domicílio, nos seguintes casos:
a) Quando o adquirente for pessoa estabelecida ou domiciliada num Estado membro da Comunidade Europeia e provar que, nesse país, tem a qualidade de sujeito passivo;
b) Quando o adquirente for pessoa estabelecida ou domiciliada em país não pertencente à Comunidade Europeia.
10 – São ainda tributáveis as prestações de serviços a seguir enumeradas, quando o prestador não tenha no território da Comunidade sede, estabelecimento estável ou domicílio a partir do qual os serviços sejam prestados:
a) [...]
b) Os serviços de telecomunicações, de radiodifusão e televisão e os serviços referidos na alínea n) do n.º 8 deste artigo

Capítulo II – Localização das Prestações de Serviços 233

quando o adquirente for uma pessoa singular ou colectiva com sede, estabelecimento estável ou domicílio no território nacional, que não seja um sujeito passivo dos referidos na alínea a) do n.º 1 do artigo 2.º.
[...]»

1.2. Directiva do IVA

«ARTIGO 56.º

1. O lugar das prestações de serviços adiante enumeradas, efectuadas a destinatários estabelecidos fora da Comunidade ou a sujeitos passivos estabelecidos na Comunidade, mas fora do país do prestador, é o lugar onde o destinatário tem a sede da sua actividade económica ou dispõe de um estabelecimento estável para o qual foi prestado o serviço ou, na falta de sede ou de estabelecimento estável, o lugar onde tem domicílio ou residência habitual:
[...]
i) Serviços de telecomunicações;
j) Serviços de radiodifusão e televisão;
k) Serviços prestados por via electrónica, nomeadamente os referidos no Anexo II;
[...]
2. O facto de um prestador de serviços e o destinatário comunicarem por correio electrónico não significa por si só que o serviço prestado seja um serviço electrónico na acepção da alínea k) do n.º 1.
[...]

ARTIGO 57.º

1. Quando as prestações de serviços referidas na alínea k) do n.º 1 do artigo 56.º forem efectuadas a pessoas que não sejam sujeitos passivos, estabelecidos ou com domicílio ou residência habitual num Estado-Membro, por um sujeito passivo que tenha a sede da sua actividade económica ou disponha de um estabelecimento estável a partir do qual é efectuada a prestação de serviços fora da Comunidade ou, na falta de sede ou de estabelecimento estável, tenha domicílio ou residência habitual fora da Comunidade, o lugar dessa prestação

234 *A Incidência e os Critérios de Territorialidade do IVA*

é o lugar onde a pessoa que não é sujeito passivo está estabelecida ou tem domicílio ou residência habitual.

[...]

ARTIGO 58.º

A fim de evitar casos de dupla tributação, de não tributação ou de distorções de concorrência, os Estados-Membros podem, no que diz respeito às prestações de serviços referidas no n.º 1 do artigo 56.º, e também no que diz respeito à locação de meios de transporte, considerar:

a) O lugar da prestação desses serviços ou de alguns desses serviços situado no seu território como se estivesse situado fora da Comunidade, quando a utilização ou a exploração efectivas se realizem fora da Comunidade;

b) O lugar da prestação desses serviços ou de alguns desses serviços situado fora da Comunidade como se estivesse situado no seu território, quando a utilização ou a exploração efectivas se realizem no seu território.

Todavia, a presente disposição não é aplicável aos serviços referidos na alínea k) do n.º 1 do artigo 56.º quando esses serviços sejam fornecidos a pessoas que não sejam sujeitos passivos.

ARTIGO 59.º

1. Os Estados-Membros aplicam a alínea b) do artigo 58.º aos serviços de telecomunicações prestados a pessoas que não sejam sujeitos passivos, estabelecidos ou com domicílio ou residência habitual num Estado-Membro, por sujeitos passivos cuja sede de actividade económica ou estabelecimento estável a partir do qual são prestados os serviços se situe fora da Comunidade ou que, na falta de sede ou de estabelecimento estável, tenham domicílio ou residência habitual fora da Comunidade.

2. Até 31 de Dezembro de 2008, os Estados-Membros aplicam o disposto na alínea b) do artigo 58.º aos serviços de radiodifusão e de televisão referidos na alínea j) do n.º 1 do artigo 56.º, prestados a pessoas que não sejam sujeitos passivos, estabelecidos ou com domicílio ou residência habitual num Estado-Membro, por sujeitos passivos cuja sede de actividade económica ou estabelecimento estável

Capítulo II – Localização das Prestações de Serviços 235

a partir do qual são prestados os serviços se situe fora da Comunidade ou que, na falta de sede ou de estabelecimento estável, tenham domicílio ou residência habitual fora da Comunidade.»[121]

1.3. Sexta Directiva

«ARTIGO 9.º

[...]
2. Todavia:
[...]
e) Por lugar das prestações de serviços a seguir referidas, efectuadas a destinatários estabelecidos fora da Comunidade ou a sujeitos passivos estabelecidos na Comunidade, mas fora do país do prestador, entende-se o lugar onde o destinatário tenha a sede da sua actividade económica ou um estabelecimento estável para o qual o serviço tenha sido prestado ou, na falta de sede ou de estabelecimento estável, o lugar do seu domicílio ou da sua residência habitual:
[...]
– por "prestações de serviços de telecomunicações" entende-se as prestações de serviços que possibilitem a transmissão, a emissão ou a recepção de sinais, texto, imagem e som ou de informações de todo o tipo através de fios, da rádio, de meios ópticos ou de outros meios electromagnéticos, incluindo a cessão ou a concessão com elas correlacionadas de direitos de utilização de instalações de transmissão, emissão ou recepção. A prestação de serviços de telecomunicações na acepção da presente disposição inclui a disponibilização do acesso a redes de informação mundiais,
– serviços de radiodifusão e televisão,
– serviços prestados por via electrónica, nomeadamente os descritos no anexo L;
f) Por lugar das prestações de serviços referidas no último travessão da alínea e), caso esses serviços sejam prestados a

---

[121] Esta disposição tem a sua vigência prorrogada até 31 de Dezembro de 2009, por via do n.º 3 do artigo 1.º da Directiva 2008/8/CE, do Conselho, de 12 de Fevereiro de 2008.

236 A Incidência e os Critérios de Territorialidade do IVA

não sujeitos passivos que estejam estabelecidos, tenham o seu domicílio ou a sua residência habitual num Estado-Membro, por um sujeito passivo que tenha a sede da sua actividade económica ou um estabelecimento estável a partir do qual o serviço é prestado fora da Comunidade ou, na falta de sede ou de estabelecimento estável, tenha o seu domicílio ou a sua residência habitual fora da Comunidade, entende-se o lugar onde o não sujeito passivo esteja estabelecido, tenha o seu domicílio ou a sua residência habitual.

3. A fim de evitar casos de dupla tributação, de não tributação ou de distorções de concorrência, os Estados-Membros podem considerar, no que diz respeito às prestações de serviços referidas na alínea e) do n.º 2, com excepção dos serviços referidos no último travessão quando prestados a não sujeitos passivos [...]:

[...]

b) O lugar das prestações de serviços que, nos termos do presente artigo, se situa fora da Comunidade, como se estivesse situado no território do país, sempre que a utilização e a exploração efectivas se realizem no território do país.

4. Os Estados-Membros devem aplicar a alínea b) do n.º 3 aos serviços de telecomunicações, de radiodifusão e de televisão referidos na alínea e) do n.º 2, caso o serviço seja prestado a não sujeitos passivos que estejam estabelecidos, tenham o seu domicílio ou a sua residência habitual num Estado-Membro, por um sujeito passivo que tenha a sede da sua actividade económica ou um estabelecimento estável a partir do qual o serviço é prestado fora da Comunidade ou, na falta de sede ou de estabelecimento estável, tenha o seu domicílio ou a sua residência habitual fora da Comunidade.»

2. ASPECTOS GERAIS

Para além da aplicação das regras resultantes da conjugação dos n.os 8 e 9 do artigo 6.º do CIVA, determina a alínea b) do seu n.º 10 que se considerem efectuadas no território nacional as prestações de serviços de telecomunicações, de radiodifusão e de televisão que tenham como destinatários particulares nele residentes, quando o prestador dos serviços se encontrar estabelecido fora da Comunidade. As mesmas regras de localização são aplicáveis às prestações de serviços efectuadas por via electrónica.

As actuais regras de localização aplicáveis aos serviços de telecomunicações resultaram das alterações à legislação do IVA que constaram do Decreto-Lei n.º 204/97, de 9 de Agosto. Estas regras só vieram a estar consagradas na Sexta Directiva após as alterações decorrentes da Directiva 1999/59/CE, do Conselho, de 17 de Junho de 1999. No entanto, por via de pedidos de derrogação ao abrigo do então artigo 27.º da Sexta Directiva, apresentados por todos os Estados membros, foi possível pô-las em vigor antes da aprovação daquele acto comunitário.

Quanto às actuais regras relativas aos serviços de radiodifusão e televisão, assim como as relativas aos serviços prestados por via electrónica, as mesmas decorreram inicialmente da Directiva 2002/38/CE, do Conselho, de 7 de Maio de 2002. O grande desenvolvimento do comércio electrónico registado na última década gerou a necessidade de criação de regras específicas, em matéria de IVA, destinadas a garantir a tributação na CE dos serviços prestados por via electrónica a consumidores nela residentes e, em contrapartida, a não tributação dos prestados a residentes fora da CE. [122]

As regras constantes dessa Directiva operaram inicialmente até 30 de Junho de 2006, tendo, entretanto, sido prorrogada a sua vigência pela Directiva 2006/58/CE, do Conselho, de 27 de Junho de 2006, pela Directiva 2006/138/CE, do Conselho, de 19 de Novembro de 2006, e até 31 de Dezembro de 2009 pelo artigo 1.º da Directiva 2008/8/CE, do Conselho, de 12 de Fevereiro de 2008.[123]

Paralelamente, foi também alterado o Regulamento (CEE) n.º 218/92, do Conselho, de 27 Janeiro de 1992[124], pelo Regulamento (CE) n.º 792/2002, do Conselho, de 7 de Maio de 2002, introduzindo

---

[122] Trata-se do chamado "comercio electrónico *on-line*", em que a prestação de serviços é realizada exclusivamente através de meios electrónicos. Nos casos em que o recurso à *internet* funciona apenas como um meio para proceder à encomenda de bens ou de serviços ("comércio electrónico *off-line*"), continuam a operar as regras de localização aplicáveis às transmissões de bens e às prestações de serviços realizadas pelas formas tradicionais.

[123] Conforme se prevê no artigo 2.º da Directiva 2008/8/CE, do Conselho, de 12 de Fevereiro de 2008, as mesmas regras ficaram consagradas entre 1 de Janeiro de 2010 e 31 de Dezembro de 2014.

[124] Entretanto revogado e substituído pelo Regulamento (CE) n.º 1798/2003, do Conselho, de 7 de Outubro de 2003.

medidas destinadas à troca de informação e à repartição de receitas entre os Estados membros, relativamente aos serviços em causa.

O conteúdo da Directiva 2002/38/CE foi transposto para o ordenamento interno pelo Decreto-Lei n.º 130/2003, de 28 de Junho[125], estando em vigor desde 1 de Julho de 2003. O diploma determinou o aditamento de uma alínea n) ao n.º 8 e a alteração da alínea b) do n.º 10, ambos do artigo 6.º do CIVA, com vista a adaptar as regras de localização desses serviços ao objectivo de proceder à respectiva tributação no local de consumo.

A transposição da referida directiva, na parte relativa aos serviços prestados por via electrónica, implicou ainda a alteração do n.º 7 do artigo 18.º do CIVA, no sentido de garantir a aplicação a todos esses serviços da taxa normal do imposto. Implicou também o aditamento de um Anexo D ao mesmo Código, com uma lista exemplificativa dos serviços prestados por via electrónica, bem como a criação, com carácter optativo, de um regime simplificado de cumprimento das obrigações em sede de IVA, destinado às entidades sediadas em países terceiros, sem estabelecimento estável na Comunidade, que prestem serviços por via electrónica a particulares nela residentes.[126]

3. SERVIÇOS DE TELECOMUNICAÇÕES

3.1. Conceito de «serviços de telecomunicações»

Para efeitos de aplicação das regras de localização previstas nos n.os 8 e 9 e na alínea b) do n.º 10 do artigo 6.º do CIVA, a alínea h) do n.º 2 do seu artigo 1.º contém a seguinte definição de "serviços de telecomunicações", baseada na definição integrante do décimo travessão da alínea e) do n.º 2 do artigo 9.º da Sexta Directiva, a qual consta actualmente do n.º 2 do artigo 24.º da Directiva do IVA. Assim, consideram-se "serviços de telecomunicações":

«[O]s que possibilitem a transmissão, a emissão ou a recepção de sinais, texto, imagem e som ou de informações de todo

---

[125] Com Declaração de Rectificação n.º 10-B/2003, *in* D.R. nº 175, I Série – A, de 31 de Julho de 2003.
[126] Este regime encontra-se reproduzido no n.º 6.3. da presente secção.

Capítulo II – Localização das Prestações de Serviços

o tipo através de fios, da rádio, de meios ópticos ou de outros meios electromagnéticos, incluindo a cessão ou a concessão com elas correlacionadas de direitos de utilização de instalações de transmissão, emissão ou recepção e a disponibilização do acesso a redes de informação mundiais.»

3.2. Aplicação das regras relativas aos serviços de telecomunicações

Ofício-circulado n.º 92 219, de 11 de Setembro de 1997, da DSIVA:

Na sequência das alterações ao CIVA e demais legislação complementar promovidas pelo Decreto-Lei n.º 204/97, de 9 de Agosto, no n.º 2.2.2. do ofício-circulado n.º 92 219, de 11 de Setembro de 1997, da DSIVA, esclarece-se o seguinte relativamente às regras de localização aplicáveis às prestações de serviços de telecomunicações:

«Quando o prestador e o adquirente dos serviços se encontrem sediados, estabelecidos ou domiciliados no território nacional, a operação é sujeita a IVA (art.º 6.º, n.º 4, do Código), competindo ao prestador dos serviços a liquidação do correspondente imposto.

Quando o prestador dos serviços se encontrar sediado ou estabelecido no território nacional e o adquirente dos serviços for pessoa estabelecida ou domiciliada noutro Estado membro da Comunidade Europeia, não tendo, nesse país, a qualidade de sujeito passivo de imposto sobre o valor acrescentado, a operação é sujeita a IVA (art.º 6.º, n.º 4, do Código), competindo ao prestador de serviços proceder à liquidação do correspondente imposto.

Quando o prestador dos serviços se encontrar sediado ou estabelecido no território nacional e o adquirente dos serviços for pessoa estabelecida ou domiciliada em país não pertencente à Comunidade Europeia ou, encontrando-se estabelecida ou domiciliada noutro Estado membro da Comunidade Europeia, provar que se trata de um sujeito passivo do imposto nesse outro Estado membro, a operação não é sujeita a IVA em território nacional (art.º 6.º, n.º 9, do Código).

240 *A Incidência e os Critérios de Territorialidade do IVA*

Quando o prestador dos serviços se encontrar sediado ou estabelecido em qualquer país, que não Portugal, e o adquirente dos serviços for um sujeito passivo do imposto que disponha de sede, estabelecimento estável ou domicílio no território nacional, a operação é sujeita a IVA (art.º 6.º, n.º 8, al. j) do Código), competindo ao adquirente dos serviços, por força do disposto na parte final da alínea a) do n.º 1 do artigo 2.º do CIVA, proceder à liquidação do correspondente imposto.

Quando o prestador dos serviços se encontrar sediado ou estabelecido fora da Comunidade Europeia e o adquirente dos serviços for uma pessoa singular ou colectiva com sede, estabelecimento estável ou domicílio no território nacional, que aqui não seja um sujeito passivo do imposto, a operação é sujeita a IVA (art.º 6.º, n.º 10, al. b), do Código), competindo ao prestador dos serviços proceder à liquidação do imposto e ao cumprimento das obrigações acessórias decorrentes da tributação, incluindo a do registo, através de um representante fiscal residente no território nacional, nos termos do artigo 29.º do CIVA.»[127]

4. CONCEITO DE «SERVIÇOS DE RADIODIFUSÃO»

A Lei n.º 4/2001, de 23 de Fevereiro (Lei da Rádio), no seu artigo 1.º, refere que o diploma tem por objecto regular o acesso à actividade de radiodifusão sonora.[128]

Nos termos da alínea a) do n.º 1 do artigo 2.º da Lei n.º 4/2002, o conceito de "radiodifusão" é definido como *"a transmissão unilateral de comunicações sonoras, por meio de ondas radioeléctricas ou de qualquer outra forma apropriada, destinada à percepção pelo público em geral"*.

Excluem-se do conceito, nos termos das alíneas a) e b) do n.º 2 do artigo 2.º, a transmissão pontual de comunicações sonoras através de dispositivos técnicos instalados nas imediações dos locais de ocorrência de eventos a que respeitem e tendo por alvo o público aí concentrado, desde que não envolvam a utilização do radioeléctrico, assim como as transmissões através da *internet*.

---

[127] Actual artigo 30.º do CIVA.

[128] A Lei n.º 4/2001 foi alterada pela Lei n.º 33/2003, de 22 de Agosto, e pela Lei n.º 7/2006, de 3 de Março.

5. CONCEITO DE «SERVIÇOS DE TELEVISÃO»

A Lei n.º 27/2007, de 30 de Julho (Lei da Televisão), no seu artigo 1.º, refere ter por objecto regular o acesso à actividade de televisão e o seu exercício, além de transpor parcialmente para a ordem jurídica interna a Directiva 89/552/CEE, do Conselho, de 3 de Outubro de 1989, na redacção que lhe foi dada pela Directiva 97/36/CE, do Parlamento e do Conselho, de 30 de Junho de 1997.

De harmonia com a definição constante da alínea j) do n.º 1 do artigo 2.º da Lei n.º 27/2007, por "televisão" entende-se *"a transmissão, codificada ou não, de imagens não permanentes, com ou sem som, através de uma rede de comunicações electrónicas, destinada à recepção em simultâneo pelo público em geral"*.

Excluem-se do conceito, nos termos do n.º 2 do artigo 2.º, os serviços de comunicações destinados a serem recebidos apenas mediante solicitação individual; a mera retransmissão de emissões alheias; e a transmissão pontual de eventos, através de dispositivos técnicos instalados nas imediações dos respectivos locais de ocorrência e tendo por alvo o público aí concentrado.

6. SERVIÇOS PRESTADOS POR VIA ELECTRÓNICA

6.1. Lista exemplificativa

«ANEXO D[129]

Lista exemplificativa dos serviços prestados por via electrónica, a que se refere a alínea n) do n.º 8 do artigo 6.º

1 – Fornecimento de sítios informáticos, domiciliação de páginas *web*, manutenção à distância de programas e equipamentos.

2 – Fornecimento de programas e respectiva actualização.

---

[129] Anexo D ao CIVA, aditado pelo artigo 3.º do Decreto-Lei n.º 130/2003, de 28 de Junho. Corresponde à lista constante do anexo L da Sexta Directiva, aditado pela Directiva 2002/38/CE, do Conselho, de 7 de Maio de 2002, e ao actual anexo II da Directiva do IVA.

242   *A Incidência e os Critérios de Territorialidade do IVA*

3 – Fornecimento de imagens, textos e informações e disponibilização de bases de dados.

4 – Fornecimento de música, filmes e jogos, incluindo jogos de azar e a dinheiro, e de emissões ou manifestações políticas, culturais, artísticas, desportivas, científicas ou de lazer.

5 – Prestação de serviços de ensino à distância.

Quando um prestador de serviços e o seu cliente comunicam por correio electrónico, esse facto não significa só por si que o serviço prestado é um serviço electrónico na acepção da alínea n) do n.º 8 do artigo 6.º do Código.»

6.2. Desenvolvimento do conceito

6.2.1. *Inclusões no conceito*

Regulamento (CE) n.º 1777/2005, do Conselho, de 17 de Outubro de 2005:

Nos termos do artigo 11.º do Regulamento (CE) n.º 1777/2005, os serviços prestados por via electrónica referidos no artigo 9.º, n.º 2, alínea e), décimo segundo travessão, e no anexo L da Sexta Directiva compreendem os serviços que são prestados através da *internet* ou de uma rede electrónica e cuja natureza torna a sua prestação essencialmente automatizada, requerendo uma intervenção humana mínima, e que não são exequíveis na ausência de tecnologias da informação. Em especial, são abrangidos pelo n.º 1 os serviços adiante enumerados, quando sejam prestados através da *internet* ou de uma rede electrónica:

    i) Fornecimento de produtos digitalizados em geral, nomeadamente os programas informáticos e respectivas alterações e actualizações;

    ii) Serviços de criação ou de apoio à presença de empresas ou de particulares numa rede electrónica, tais como um sítio ou uma página *internet*;

    iii) Serviços gerados automaticamente por computador através da *internet* ou de uma rede electrónica, em resposta a dados específicos introduzidos pelo destinatário;

Capítulo II – Localização das Prestações de Serviços 243

iv) Concessão, a título oneroso, do direito de colocar um bem ou um serviço à venda num sítio *internet* que funciona como mercado em linha, em que os compradores potenciais fazem as suas ofertas através de um processo automatizado e em que as partes são prevenidas da realização de uma venda através de um correio electrónico gerado automaticamente por computador;

v) Pacotes de fornecimento de serviços internet (ISP) em que a componente telecomunicações constitui um elemento auxiliar e secundário (ou seja, pacotes que vão além do mero acesso à *internet* e que compreendem outros elementos, tais como páginas de conteúdo que dão acesso a notícias e a informações meteorológicas ou turísticas; espaços de jogo; alojamento de sítios; acesso a debates em linha, etc.);

vi) Serviços enumerados no anexo I do Regulamento n.º 1777/ /2005 (*v. g.* alojamento de sítios e de páginas *web*; manutenção automatizada de programas em linha e à distância; administração remota de sistemas; acesso ou descarregamento de programas informáticos; conteúdo digitalizado de livros e outras publicações electrónicas; assinatura de jornais e revistas em linha; notícias, informações de trânsito e boletins meteorológicos em linha; oferta de espaços publicitários, nomeadamente de faixas publicitárias em páginas/ /sítios *web*; utilização de motores de busca e de directórios da *internet*; acesso ou descarregamento de música para computadores e telemóveis, de filmes e de jogos; ensino automatizado à distância e exercícios preenchidos em linha pelos alunos, corrigidos e classificados automaticamente sem qualquer intervenção humana).

6.2.2. *Exclusões do conceito*

Regulamento (CE) n.º 1777/2005, do Conselho, de 17 de Outubro de 2005:

Nos termos do artigo 12.º do Regulamento (CE) n.º 1777/2005, não são abrangidas pelo décimo segundo travessão da alínea e) do n.º 2 do artigo 9.º da Sexta Directiva, a título exemplificativo, as

244 *A Incidência e os Critérios de Territorialidade do IVA*

transmissões dos bens e as prestações dos serviços que a seguir se indicam:

- *i)* Bens cuja encomenda e respectivo processamento sejam efectuados por via electrónica;
- *ii)* CD-ROM, disquetes e suportes materiais similares;
- *iii)* Material impresso, tal como livros, boletins, jornais ou revistas;
- *iv)* CD e cassetes áudio;
- *v)* Cassetes vídeo e DVD;
- *vi)* Jogos em CD-ROM;
- *vii)* Serviços de profissionais, tais como juristas ou consultores financeiros, que aconselham os clientes por correio electrónico;
- *viii)* Serviços de ensino, em que o conteúdo do curso é fornecido pelo docente através da *internet* ou de uma rede electrónica (ou seja, por conexão remota);
- *ix)* Serviços de reparação física fora de linha de equipamento informático;
- *x)* Serviços de armazenamento de dados fora de linha;
- *xi)* Serviços de publicidade, nomeadamente em jornais, em cartazes ou na televisão;
- *xii)* Serviços de assistência por telefone;
- *xiii)* Serviços de ensino exclusivamente prestados por correspondência, nomeadamente utilizando os serviços postais;
- *xiv)* Serviços tradicionais de vendas em leilão, assentes na intervenção humana directa, independentemente do modo como são feitas as ofertas de compra;
- *xv)* Serviços telefónicos com uma componente vídeo, também designados serviços de videofonia;
- *xvi)* Acesso à *internet* e à *world wide web*;
- *xvii)* Serviços telefónicos prestados através da *internet*.

Capítulo II – Localização das Prestações de Serviços 245

6.3. Regime especial para sujeitos passivos não estabelecidos na Comunidade[130]

«Artigo 1.º

Os sujeitos passivos do imposto sobre o valor acrescentado não estabelecidos na Comunidade Europeia, que prestem serviços por via electrónica a não sujeitos passivos residentes em qualquer Estado membro, podem optar pelo registo num único Estado membro, para efeitos do cumprimento de todas as obrigações decorrentes da prestação dos referidos serviços, independentemente do lugar da sua tributação.

Artigo 2.º

Para efeitos do presente regime especial, entende-se por:

a) «Sujeitos passivos não estabelecidos» as pessoas singulares ou colectivas que não disponham de sede, estabelecimento estável ou domicílio no território da Comunidade e não devam estar registadas, para efeitos de imposto sobre o valor acrescentado, em qualquer Estado membro pela prática de outras operações tributáveis;

b) «Serviços prestados por via electrónica» os serviços referidos na alínea n) do n.º 8 do artigo 6.º do Código do IVA;

c) «Estado membro de consumo» o Estado membro onde o adquirente, não sujeito passivo, dos serviços previstos na alínea anterior tenha o seu domicílio ou residência habitual.

Artigo 3.º

1 – Os sujeitos passivos não estabelecidos que, nos termos do artigo 1.º, optem por efectuar o registo em território nacional ficam obrigados ao cumprimento de todas as obrigações previstas neste regime.

2 – Para efeitos do disposto no número anterior, a Direcção-Geral dos Impostos atribuirá aos sujeitos passivos não estabelecidos

---

[130] Aprovado pelo artigo 5.º do Decreto-Lei n.º 130/2003, de 28 de Junho, e publicado em anexo ao mesmo diploma.

246   *A Incidência e os Critérios de Territorialidade do IVA*

um número individual de identificação, que lhes será comunicado por via electrónica.

ARTIGO 4.º

1 – Os sujeitos passivos não estabelecidos que efectuem o respectivo registo no território nacional devem proceder ao pagamento do imposto devido por todos os serviços prestados por via electrónica na Comunidade, em simultâneo com a declaração a que se refere a alínea b) do n.º 1 do artigo 5.º, mediante depósito numa conta bancária, denominada em euros, indicada pela Direcção-Geral do Tesouro.

2 – Sempre que a contraprestação pelos serviços prestados não for expressa em euros, deve ser aplicada a taxa de câmbio do último dia do período abrangido pela declaração.

3 – As taxas de câmbio a utilizar serão as taxas de câmbio desse dia publicadas pelo Banco Central Europeu ou, caso não haja publicação nesse dia, do dia de publicação seguinte.

ARTIGO 5.º

1 – Para além da obrigação de pagamento do imposto, os sujeitos passivos não estabelecidos que exerçam a opção prevista no n.º 1 do artigo 3.º, são obrigados a:

a) Declarar, por via electrónica, o início, a alteração e a cessação da sua actividade;

b) Apresentar, por via electrónica, uma declaração de imposto sobre o valor acrescentado, por cada trimestre do ano civil, relativa aos serviços prestados por via electrónica a não sujeitos passivos residentes no território da Comunidade, com indicação do valor dos serviços prestados e o imposto devido em cada Estado membro, as taxas aplicáveis e o montante total do imposto;

c) Conservar registos das operações abrangidas por este regime especial, de forma adequada ao apuramento e fiscalização do imposto.

2 – Para efeitos do disposto na alínea b) do número anterior, as taxas aplicáveis são as que vigorem em cada Estado membro de consumo.

3 – As declarações de início e de cessação de actividade produzem efeitos a partir da data da respectiva transmissão.

Capítulo II – Localização das Prestações de Serviços   247

4 – Na declaração de início de actividade o sujeito passivo não estabelecido deverá indicar, como elementos de identificação, o nome, a firma ou denominação social, o endereço postal, os endereços electrónicos, incluindo os sítios web, e o número de identificação fiscal no respectivo país, se o tiver, e deverá ainda declarar que não se encontra registado para efeitos de imposto sobre o valor acrescentado em qualquer outro Estado membro da Comunidade.

5 – Sempre que se verificar qualquer alteração dos elementos constantes da declaração de início, a mesma deve ser comunicada no prazo de 15 dias.

6 – A cessação de actividade deve ser declarada quando o sujeito passivo deixe de efectuar prestações de serviços por via electrónica sujeitas a imposto no território da Comunidade ou quando pretenda proceder ao respectivo registo, para efeitos de um regime especial equivalente, noutro Estado membro.

7 – A declaração a que se refere a alínea b) do n.º 1 deve ser apresentada até ao dia 20 do mês seguinte ao final de cada trimestre do ano civil a que respeitam as operações.

8 – A obrigação de declaração prevista na alínea b) do n.º 1 subsiste mesmo que não haja, no período correspondente, operações tributáveis em qualquer Estado membro.

9 – Os registos referidos na alínea c) do n.º 1 devem ser disponibilizados electronicamente, a pedido da Direcção-Geral dos Impostos, e ser mantidos durante os 10 anos civis seguintes ao da realização das operações.

Artigo 6.º

1 – Independentemente da declaração de cessação da actividade, a Direcção-Geral dos Impostos considerará excluídos do regime especial e cancelará o respectivo registo aos sujeitos passivos não estabelecidos, quando disponha de elementos que permitam depreender que as respectivas actividades tributáveis cessaram.

2 – A Direcção-Geral dos Impostos procederá ainda à exclusão do regime especial e ao cancelamento do respectivo registo aos sujeitos passivos não estabelecidos que:

a) Tiverem deixado de preencher os requisitos necessários para poder optar pelo regime especial;

b) Não cumprirem, de modo continuado, as regras deste regime especial.

A Incidência e os Critérios de Territorialidade do IVA

ARTIGO 7.º

1 – Os sujeitos passivos não estabelecidos que optem pela aplicação do regime especial estão excluídos do direito à dedução previsto no artigo 19.º do Código do IVA, podendo, contudo, solicitar o reembolso do imposto suportado em território nacional, de acordo com o disposto no artigo 8.º do Decreto-Lei n.º 408/87, de 31 de Dezembro.

2 – Para efeitos da concessão do reembolso previsto no número anterior, não há lugar à aplicação das regras da reciprocidade nem à nomeação do representante fiscal referido no n.º 2 do artigo 8.º do Decreto-Lei n.º 408/87, de 31 de Dezembro.

ARTIGO 8.º

1 – Os sujeitos passivos não estabelecidos que tenham procedido à opção prevista no artigo 1.º estão dispensados do cumprimento das obrigações previstas no Código do IVA.

2 – Não obstante o disposto no número anterior, os sujeitos passivos não estabelecidos que se encontrem abrangidos por um regime especial equivalente noutro Estado membro e prestem serviços por via electrónica a não sujeitos passivos residentes no território nacional devem disponibilizar electronicamente, a pedido da Direcção-Geral dos Impostos, os registos dessas operações.

ARTIGO 9.º

A disciplina do Código do Imposto sobre o Valor Acrescentado será aplicável em tudo o que não se revelar contrário ao disposto no presente regime especial.»

Capítulo II – Localização das Prestações de Serviços 249

G – Locação de meios de transporte

1. LEGISLAÇÃO

1.1. Código do IVA

«Artigo 6.º

[...]
10 – São ainda tributáveis as prestações de serviços a seguir enumeradas, quando o prestador não tenha no território da Comunidade sede, estabelecimento estável ou domicílio a partir do qual os serviços sejam prestados:

a) As locações de meios de transporte cuja utilização e exploração efectivas por sujeitos passivos de entre os referidos na alínea a) do n.º 1 do artigo 2.º ocorram no território nacional; [...]».

1.2. Directiva do IVA

«Artigo 58.º

A fim de evitar casos de dupla tributação, de não tributação ou de distorções de concorrência, os Estados-Membros podem, [...] no que diz respeito à locação de meios de transporte, considerar:

[...]
b) O lugar da prestação desses serviços ou de alguns desses serviços situado fora da Comunidade como se estivesse situado no seu território, quando a utilização ou a exploração efectivas se realizem no seu território.
[...]»

250 *A Incidência e os Critérios de Territorialidade do IVA*

1.3. Sexta Directiva

«Artigo 9.º

[...]

3. A fim de evitar casos de dupla tributação, de não tributação ou de distorções de concorrência, os Estados-Membros podem considerar, [...] também no que respeita à locação de meios de transporte:

[...]

b) O lugar das prestações de serviços que, nos termos do presente artigo, se situa fora da Comunidade, como se estivesse situado no território do país, sempre que a utilização e a exploração efectivas se realizem no território do país.»

2. ASPECTOS GERAIS

A locação de meios de transporte encontra-se expressamente excluída do âmbito da alínea i) do n.º 8 do artigo 6.º do CIVA e, consequentemente, também excluída da aplicação das regras de localização contidas no n.º 9 do mesmo artigo.

Desse modo, a localização das prestações de serviços de locação de meios de transporte é determinada, em princípio, pela regra geral prevista no n.º 4 do artigo 6.º do CIVA, ou seja, em função do local da sede, estabelecimento estável a partir do qual os serviços sejam prestados ou domicílio do prestador dos serviços.

No entanto, para além das situações em que o prestador dos serviços disponha de sede, estabelecimento estável ou domicílio em Portugal, são também localizadas em território nacional, nos termos da alínea a) do n.º 10 do artigo 6.º do CIVA, as locações de meios de transporte cuja utilização ou exploração por um sujeito passivo do IVA ocorram no território nacional, quando o locador seja uma entidade estabelecida fora da Comunidade.

As regras de localização relativas à locação de meios de transporte abrangem os contratos de locação financeira, por serem de considerar como prestações de serviços para efeitos do IVA. Não abrangem, no entanto, a eventual compra e venda dos veículos no final dos contratos, em resultado do exercício da opção de compra por parte dos locatários, por tal ser qualificada como transmissão de bens.

Na versão inicial da Sexta Directiva, a regra relativa ao lugar das prestações de serviços de locações de meios de transporte constava da alínea d) do n.º 2 do seu artigo 9.º, remetendo a tributação para o lugar de utilização do meio de transporte. Todavia, na sequência das alterações promovidas pela Directiva 84/386/CEE, do Conselho, de 31 de Julho de 1984 ("Décima Directiva") passou a ser-lhes aplicável a regra geral contida no n.º 1 do artigo 9.º da Sexta Directiva, bem como, porventura, em certas situações, o disposto no n.º 3 desse artigo. No quarto considerando da Décima Directiva afirmava-se que, por razões de controlo, seria conveniente localizar as operações de locação de meios de transporte no lugar de estabelecimento do prestador. Por definição, os meios de transporte podem facilmente cruzar as fronteiras, pelo que seria muito difícil, ou mesmo impossível, determinar o lugar da sua efectiva utilização. Por esse facto, mostrou-se necessário a adopção de um critério simples e que tornasse praticável a tributação das operações de locação de todos os meios de transporte, estabelecendo uma conexão, não com o lugar da sua utilização, mas com o lugar onde o prestador de serviços se encontra sediado ou estabelecido, em conformidade, aliás, com a regra geral de localização das prestações de serviços.[131]

Por sua vez, o disposto na alínea a) do n.º 10 do artigo 6.º do CIVA tem por base comunitária a faculdade conferida aos Estados membros pela alínea b) do n.º 3 do artigo 9.º da Sexta Directiva, actual alínea b) do artigo 58.º da Directiva do IVA.

3. CONCEITO DE «MEIOS DE TRANSPORTE»

3.1. Vagões, reboques e semi-reboques

Regulamento (CE) n.º 1777/2005, do Conselho, de 17 de Outubro de 2005:

Nos termos do artigo 10.º do Regulamento (CE) n.º 1777/2005, os reboques e semi-reboques, bem como os vagões de caminhos-de--ferro, são considerados meios de transporte.

---

[131] Cf., por exemplo, o acórdão de 15 de Março de 1989 (processo 51/88, caso *Hamann*, Colect. p. 767, n.º 18); e o acórdão de 17 de Julho de 1997 (processo c-190/95, caso *ARO Lease*, Colect. p. I-4383, n.º 14).

252   *A Incidência e os Critérios de Territorialidade do IVA*

3.2. Iates de recreio (remissão)

A propósito da inclusão dos iates de recreio no conceito de meios de transporte, veja-se o acórdão do TJCE de 15 de Março de 1989, relativo ao processo 51/88 (caso *Hamann*, Colect. p. 767), cujo resumo consta do n.º 5 da presente secção.

4. LOCAÇÃO DE VEÍCULOS UTILIZADOS NOUTRO ESTADO MEMBRO

1) Acórdão do TJCE de 17 de Julho de 1997, processo C-190/95, caso *ARO Lease*, Colect. p. I-4383:[132]

O TJCE entendeu, relativamente a uma sociedade locadora de veículos que contratara um conjunto de intermediários para actuar de um modo independente noutro Estado membro, não dotado de poderes para a celebração de contratos em nome e por conta daquela sociedade, que tal não poderia representar um estabelecimento estável nesse Estado membro, atento o facto de a referida sociedade não dispor aí de pessoal próprio nem de uma estrutura que apresentasse um grau suficiente de permanência. Acresce que o lugar da colocação dos veículos à disposição dos clientes ou o da utilização dos mesmos não pode ser considerado um critério seguro, simples e praticável para justificar a existência de um estabelecimento estável. Neste contexto, interessará apenas mencionar algumas considerações tecidas pelo TJCE acerca do regime do IVA relativo à locação de veículos.

Assim, no n.º 11 do acórdão, o TJCE declarou que o *leasing* de veículos constitui uma prestação de serviços para efeitos do IVA.

No n.º 14 do acórdão – à semelhança do que já fizera no acórdão de 15 de Março de 1989, lavrado no processo 51/88 (caso *Hamann*, Colect. p. 767, n.ºˢ 17 e 18) – observou que os meios de transporte podem facilmente passar as fronteiras, sendo quase impraticável determinar o local da sua efectiva utilização, pelo que a legislação comu-

---

[132] Uma descrição mais pormenorizada acerca deste aresto consta do n.º 4 da secção A deste capítulo II, *supra*.

Capítulo II – Localização das Prestações de Serviços   253

nitária estabeleceu, como princípio geral, a tributação da locação de meios de transporte no lugar onde o prestador dos serviços disponha da sede da sua actividade económica.

2) Acórdão do TJCE de 7 de Maio de 1998, processo C-390/ /96, caso *Lease Plan*, Colect. p. I-2553:[133]

Neste acórdão, o TJCE considerou que não se pode considerar que uma sociedade locadora de veículos tem estabelecimento estável num dado Estado membro quando não disponha nele de pessoal próprio e de uma estrutura que apresente um grau suficiente de permanência, no quadro da qual possam ser elaborados contratos ou tomadas decisões administrativas, estrutura essa que seja apta para tornar possíveis, de modo autónomo, as prestações de serviços em questão.

Por outro lado, no n.º 28 do acórdão, o TJCE salientou que o lugar de colocação de veículos à disposição material dos clientes no quadro de contratos de *leasing* não pode, tal como não pode o lugar de utilização dos mesmos veículos, ser considerado um critério de localização seguro, simples e praticável.

3) Acórdão do TJCE de 11 de Setembro de 2003, processo C-155/01, caso *Cookies World*, Colect. p. I-8785:

Neste acórdão, embora a respectiva decisão não tenha dito directamente respeito à interpretação das regras que definem a localização das operações abrangidas pelo IVA, o TJCE fez referência à disposição do artigo 9.º da Sexta Directiva que versava sobre o lugar de tributação da locação financeira de veículos automóveis.

Na base do processo estava uma disposição da legislação interna austríaca, em vigor a partir do início do ano de 1995, que determinava a tributação naquele país, a título de "autoconsumo" na Áustria, de certas operações ocorridas fora desse Estado membro, mas que, se tivessem ocorrido nele, não teriam permitido ao destinatário dessas operações a dedução do IVA suportado, sempre que o sujeito passivo

---

[133] Pode ver-se uma descrição mais completa deste acórdão no n.º 4 da secção A deste capítulo II, *supra*.

estivesse em condições de obter o reembolso do imposto suportado noutro Estado membro ao abrigo da Oitava Directiva. Alicerçada nessa disposição interna, a administração fiscal austríaca aplicou o IVA a uma operação em que uma sociedade com sede na Áustria tomara em locação financeira um veículo automóvel, a fim de o utilizar essencialmente naquele país, sendo locadora do veículo uma empresa estabelecida na Alemanha.

Chamado a pronunciar-se sobre a matéria, a título prejudicial, o Tribunal, no que mais directamente respeita às regras de localização das operações, começou por referir estar-se perante uma prestação de serviços, cujo lugar de conexão fiscal deveria ser determinado com base no artigo 9.º da Sexta Directiva. Nesse contexto, o TJCE aproveitou o ensejo para, mais uma vez, nos n.ᵒˢ 46 e 47 do acórdão, apontar os objectivos de repartição racional e uniforme da competência dos Estados membros para a tributação das prestações de serviços, a qual, no que respeita à locação de todos os tipos de meios de transporte, por razões de simplificação, se situa no Estado membro em que a entidade que dá em locação o meio de transporte dispuser da sede da sua actividade ou de um estabelecimento estável, e não no Estado membro onde o meio de transporte dado em locação é utilizado.

Ademais, o acórdão alude a decisões anteriores em que ficara claro que o conceito de "estabelecimento estável", constante do n.º 1 do artigo 9.º da Sexta Directiva, não leva a que se considere que uma empresa sediada num Estado membro, quando dá em locação veículos automóveis a clientes estabelecidos noutro Estado membro, passa a dispor, por essa simples razão, de um estabelecimento estável nesse segundo Estado membro. Sendo assim, seria forçoso concluir que a prestação de serviços em causa apenas poderia ser tributada na Alemanha, por ser neste Estado membro que a mesma se considerava efectuada, cabendo à entidade locadora do veículo repercutir na empresa locatária o IVA em vigor nesse país.

Posto isto, o TJCE analisou a questão à luz da tributação do "autoconsumo interno", prevista no n.º 7 do artigo 5.º e no n.º 2 do artigo 6.º da Sexta Directiva, assim como das possíveis exclusões do direito à dedução do IVA suportado a montante, a que respeitavam os n.ᵒˢ 6 e 7 do seu artigo 17.º, tendo concluído que também estas disposições não davam azo à tributação na Áustria da locação em causa. Além disso, resultava da conjugação da alínea a) do n.º 3 do artigo 17.º da Sexta Directiva com os artigos 2.º e 5.º da Oitava Directiva que a empresa austríaca tinha direito a obter o reembolso

Capítulo II – Localização das Prestações de Serviços   255

do IVA que lhe fora repercutido na Alemanha, por parte da entidade locadora do veículo.

Em resposta ao tribunal austríaco de reenvio, o TJCE declarou, no trecho decisório do acórdão, que *"[a]s disposições da Sexta Directiva [...] são contrárias a uma disposição de um Estado-Membro que prevê que o pagamento de prestações de serviços efectuadas em outros Estados-Membros a favor de um destinatário do primeiro Estado-Membro está sujeito a imposto sobre o valor acrescentado quando, se os serviços em causa tivessem sido prestados ao mesmo destinatário no interior do país, este não poderia efectuar a dedução do imposto pago a montante"*.

5. LOCAÇÃO DE IATES DE RECREIO

Acórdão do TJCE de 15 de Março de 1989, processo 51/88, caso *Hamann*, Colect. p. 767:

Neste acórdão esteve sob apreciação a questão de saber se a regra de localização respeitante ao aluguer de bens móveis corpóreos, ao excepcionar os meios de transporte, se aplicaria à locação de iates de recreio, ou se essa excepção implicaria que a locação de iates de recreio fosse submetida à regra geral prevista no n.º 1 do artigo 9.º da Sexta Directiva.[134]

Particularmente em causa estava a locação de iates de recreio por um sujeito passivo estabelecido na Alemanha, os quais, no entanto, eram utilizados pelos locatários fora do território alemão, nomeadamente nas águas territoriais de outros Estados membros da CE ou pertencentes a países terceiros.

---

[134] Os factos objecto de litígio haviam ocorrido nos anos de 1980 e 1981, antes, portanto, da adopção da Directiva 84/386/CEE, do Conselho, de 31 de Julho de 1984, que alterou a Sexta Directiva, cujas regras entraram em vigor a partir de 1 de Janeiro de 1985. A regra de localização aplicável à locação de bens móveis corpóreos, com excepção dos meios de transporte, posteriormente prevista na alínea e) do n.º 2 do artigo 9.º da Sexta Directiva, vinha então consignada na alínea d) do n.º 2 do mesmo artigo. No entanto, a decisão tomada pelo TJCE mantém actualidade, porquanto, sendo os iates de recreio de considerar meios de transporte para efeitos daquele artigo, à respectiva locação é aplicável a regra geral de localização constante do seu n.º 1.

Na perspectiva do sujeito passivo, os iates não deveriam ser considerados meios de transporte, uma vez que a sua finalidade era a prática de uma actividade desportiva ou recreativa, e não uma utilização para transporte. Na óptica da administração fiscal alemã, com o apoio da Comissão Europeia, estava-se perante uma operação abrangida pelo n.º 1 do artigo 9.º da Sexta Directiva, uma vez que a expressão "meio de transporte" justifica a acepção lata de que se reporta a qualquer objecto susceptível de ser utilizado como meio de deslocação de um local para outro.

No trecho do acórdão em que se pronunciou sobre a questão, o TJCE começou por salientar que a regra de localização, então em vigor, para a generalidade das locações de bens, com excepção dos meios de transporte, remetia para o lugar de utilização desses mesmos bens. Dada a forma fácil como os meios de transporte podem cruzar as fronteiras, sendo problemático determinar o respectivo lugar de utilização, o legislador preferiu remeter a locação de meios de transporte para a regra geral de localização das prestações de serviços. Assim, afirmou o TJCE no n.º 19 do acórdão que *"tendo em conta quer a razão de ser da exclusão de todos os meios de transporte do regime excepcional previsto no n.º 2, alínea d), do artigo 9.º da [S]exta [D]irectiva, quer a consideração de que as excepções ao regime geral previsto pela [S]exta [D]irectiva devem ser restritivamente interpretadas, os iates à vela de alto mar, ainda que utilizados pelos locatários para a prática do desporto, devem ser considerados como meios de transporte na acepção da citada disposição da [S]exta [D]irectiva"*. Para alicerçar este seu ponto de vista, o TJCE aditou, para efeitos do n.º 2 do artigo 15.º da Sexta Directiva, bem como da Directiva 83/182/CEE, do Conselho, de 28 de Março de 1983, relativa às isenções na importação temporária de certos meios de transporte, que as embarcações de recreio são tidas também como meios de transporte.

Capítulo II – Localização das Prestações de Serviços

H – Prestações de serviços de transporte (excepto transporte intracomunitário de bens)

1. LEGISLAÇÃO

1.1. Código do IVA

«Artigo 6.º

[...]

5 – O disposto no número anterior não tem aplicação relativamente às seguintes operações:

[...]

b) Prestações de serviços de transporte, pela distância percorrida fora do território nacional;

[...]

6 – São, no entanto, tributáveis, onde quer que se situe a sede, o estabelecimento estável ou o domicílio do prestador:

[...]

b) As prestações de serviço de transporte, pela distância percorrida em território nacional;

[...]»

1.2. Directiva do IVA

«Artigo 46.º

O lugar das prestações de serviços de transporte que não seja o transporte intracomunitário de bens é o lugar onde se efectua o transporte em função das distâncias percorridas.»

1.3. Sexta Directiva

«Artigo 9.º

[...]

2. Todavia:

[...]

b) Por lugar das prestações de serviços de transporte entende se o lugar onde se efectua o transporte, tendo em conta as distâncias percorridas;".

[...]»

2. ASPECTOS GERAIS

Da conjugação da alínea b) do n.º 5 com a alínea b) do n.º 6, ambos do artigo 6.º do CIVA, resulta, por via de regra, que as prestações de serviços de transporte, quer se trate de transporte de passageiros, quer de transporte de mercadorias, apenas são consideradas efectuadas no território nacional quanto à distância nele percorrida, não o sendo quanto à distância percorrida fora do território nacional.

As regras anteriormente referidas operam independentemente do lugar onde o prestador dos serviços se encontre sediado, estabelecido ou domiciliado, pelo que em caso algum será aplicável às prestações de serviços em apreço a regra geral constante do n.º 4 do artigo 6.º do CIVA.

No entanto, quer o n.º 4, quer a alínea b) do n.º 5 e a alínea b) do n.º 6, do artigo 6.º do CIVA, não se aplicam às prestações de serviços de transporte intracomunitário de bens, que são objecto de regras próprias, explicitadas mais adiante, na secção J deste capítulo.

Cabe salientar que as prestações de serviços de transporte beneficiam de certas isenções a que se faz alusão mais adiante, nos n.ᵒˢ 2 e 3 do capítulo II da Parte III, pelo que, ainda que consideradas efectuadas em território nacional, algumas dessas prestações de serviços acabam por não ser efectivamente submetidas a tributação em IVA.

Capítulo II – Localização das Prestações de Serviços 259

3. TRANSPORTE NAS ÁGUAS INTERNACIONAIS

1) Acórdão do TJCE de 23 de Janeiro de 1986, processo 283/84, caso *Trans Tirreno Express*, Colect. p. 231:[135]

Em causa estava um transporte marítimo entre duas localidades costeiras italianas, em que parte do percurso ocorria em águas internacionais. O TJCE decidiu que o disposto na alínea b) do n.º 2 do artigo 9.º da Sexta Directiva (actual artigo 46.º da Directiva do IVA) não se opõe a que um Estado membro submeta a tributação uma prestação de serviços de transporte entre dois pontos do seu território, ainda que parte do trajecto se efectue fora desse território, desde que tal não interfira com a competência fiscal de outro Estado membro.

2) Acórdão do TJCE de 13 de Março de 1990, processo C-30/89, Comissão/França, Colect. p. I-691:[136]

Nesta acção por incumprimento de Estado esteve sob apreciação a não tributação pela França dos transportes aéreos e marítimos entre o continente francês e a Córsega, na parte do trajecto situada fora do respectivo território. O TJCE esclareceu que do teor do seu anterior acórdão de 23 de Janeiro de 1986 (caso *Trans Tirreno Express*) não resultava necessariamente que os Estados membros fossem obrigados a tributar a parte dos trajectos situada nas águas internacionais.

3) Acórdão do TJCE de 23 de Maio de 1996, processo C-331/94, Comissão/Grécia, Colect. p. I-2675:

Nesta acção por incumprimento de Estado, a Comissão Europeia acusava a Grécia de desconformidade de algumas das suas disposições internas com a Sexta Directiva, em matéria de transportes. No entanto, após a propositura da acção, a Grécia alterou parte dessas disposições,

---

[135] Cf. sobre este acórdão MARIA TERESA LEMOS, *A tributação dos transportes no âmbito da 6.ª Directiva – IVA (Comentário a dois acórdãos do Tribunal das Comunidades)*, in "Fisco", n.º 32, Junho de 1991, pp. 41 a 44.

[136] Ibidem.

260 *A Incidência e os Critérios de Territorialidade do IVA*

pelo que durante a audiência a Comissão afirmou pretender apenas prosseguir com a acção relativamente à não tributação por aquele Estado membro dos cruzeiros efectuados nas respectivas águas territoriais.

Segundo a Comissão, essa não tributação encontrava-se em violação do disposto na alínea b) do n.º 2 do artigo 9.º da Sexta Directiva (artigo 46.º da Directiva do IVA). Por seu turno, a Grécia, muito embora reconhecendo que as referidas disposições implicariam a tributação em IVA dos trajectos ou parte deles ocorridos nas suas águas territoriais, alegava que os valores sujeitos a imposto e a determinação exacta dos correspondentes montantes seria bastante complexa. Além disso, considerava a Grécia que o regime comunitário do IVA relativo ao transporte de passageiros estava ainda por harmonizar e que, na prática, todos os Estados membros isentavam do imposto o transporte marítimo internacional. Por último, invocava aquele Estado membro que, a haver tributação, a mesma prejudicaria as empresas comunitárias em benefício das empresas estabelecidas em países terceiros.

Analisando a problemática em apreço, o TJCE começou por reafirmar – à semelhança do que dissera no acórdão de 13 de Março de 1990, tirado no processo C-30/89 (Comissão/França, Colect. p. I--691, n.º 16) – que o disposto na alínea b) do n.º 2 do artigo 9.º da Sexta Directiva determina que cada Estado membro sujeite a IVA as prestações de serviços de transporte, quanto aos trajectos ou parte deles que tenham lugar no seu território. Daí decorre, portanto, a obrigação de a Grécia a tributar em IVA os serviços prestados pelos organizadores de cruzeiros na parte do trajecto efectuada nas águas territoriais daquele Estado membro. Tal tributação só não teria de ocorrer se a Grécia estivesse em condições de utilizar a possibilidade de isenção, a título transitório, das prestações de serviços de transporte de passageiros, que vem conferida na alínea b) do n.º 3 do artigo 28.º da Sexta Directiva, o que não sucede.[137]

---

[137] Nos termos do actual artigo 371.º da Directiva do IVA (anterior alínea b) do n.º 3 do artigo 28.º da Sexta Directiva), os Estados membros podem, durante um período transitório – inicialmente fixado em cinco anos, mas que perdura até que o Conselho Europeu proceda à revisão da actual situação – , continuar a isentar as operações que vêm enumeradas na parte B do anexo X da Directiva do IVA, nas condições previstas internamente à data da entrada em vigor desta. Entre essas operações, contam-se as previstas na alínea 10) da parte B do anexo X da Directiva do IVA (anterior n.º 17 do anexo F da Sexta Directiva), em matéria de transporte de passageiros, incluindo o transporte de bens ligado a um transporte de passageiros isento.

Em face da obrigação de tributação decorrente da Sexta Directiva, não assumiam qualquer relevo os argumentos apresentados pela Grécia para o não fazer. Em primeiro lugar, não podiam ser tidas em consideração as invocadas dificuldades de ordem prática, uma vez que estas não bastavam para demonstrar que a Grécia estaria absolutamente impossibilitada de pôr em prática a Sexta Directiva, nos termos já definidos pelo TJCE no seu acórdão de 27 de Outubro de 1992, relativo ao processo C-74/91.[138] Em segundo lugar, também não apresentava validade o argumento de que os montantes de IVA cobrados na sequência da tributação não seriam relevantes, uma vez que tal não a dispensava de ter de aplicar correctamente a Sexta Directiva. Finalmente, em matéria de possíveis distorções de concorrência, quer decorrentes do facto de outros Estados membros poderem dispor transitoriamente de uma isenção, quer da circunstância de os cruzeiros serem também organizados por empresas de países terceiros, o Tribunal entendeu que tal também não podia obstar à aplicação das regras previstas. Por um lado, porque alguns Estados membros estariam em condições de aplicar a isenção transitória prevista na alínea b) do n.º 3 do artigo 28.º da Sexta Directiva, ao passo que a Grécia não o estava. Por outro lado, porque os cruzeiros que partem de países terceiros diferem objectivamente dos que partem de Estados membros da CE, além de que os primeiros, em regra, utilizam com menos frequência águas territoriais do Estado membro de tributação.

Em face dos fundamentos expendidos, o TJCE declarou que "*ao isentar de imposto sobre o valor acrescentado os cruzeiros que utilizam*

---

[138] Comissão/Alemanha, Colect. p. I-5437, n.º 12. Neste excerto do referido acórdão o Tribunal afirmou o seguinte: "*Aliás, se o Tribunal de Justiça admite que por ocasião de uma acção por incumprimento um Estado-membro possa invocar a impossibilidade absoluta de executar correctamente uma decisão comunitária (acórdão de 2 de Fevereiro de 1988, Comissão/Países Baixos, n.º 22, 213/85, Colect., p. 281), os argumentos sustentados em apoio dessa objecção não permitem provar a impossibilidade absoluta de executar correctamente o artigo 26.º da Sexta Directiva. A este respeito, basta notar que, mesmo que as dificuldades técnicas invocadas pela demandada em matéria de repartição entre as partes comunitária e extracomunitária das prestações de transportes aéreos sejam reais, elas não impediram a transposição da disposição em litígio para o direito nacional de vários Estados-membros. O comité consultivo do IVA, cujas propostas de simplificação são invocadas pela República Federal da Alemanha, indicou aliás expressamente que as medidas que preconizava não excluíam que as agências de viagens pudessem praticar a repartição prevista no n.º 3 do artigo 26.º da Sexta Directiva.*"

262 *A Incidência e os Critérios de Territorialidade do IVA*

navios que arvoram pavilhão nacional e que não fazem escala num porto estrangeiro, na parte do trajecto efectuada nas águas territoriais, a República Helénica não cumpriu as obrigações que lhe incumbem por força dos artigos 2.º e 9.º, [n.º 2,] alínea b), da Sexta Directiva [...]".

4. REPARTIÇÃO DO VALOR TRIBUTÁVEL

Acórdão do TJCE de 6 de Novembro de 1997, processo C-116/96, caso *Binder*, Colect. p. I-6103:

Neste acórdão esteve sob apreciação se a regra de localização das prestações de serviços de transporte prevista na alínea b) do n.º 2 do artigo 9.º da Sexta Directiva (artigo 46.º da Directiva do IVA), ao remeter para as distâncias percorridas, exigia que a determinação do respectivo valor tributável tivesse em conta a quilometragem proporcionalmente percorrida em cada um dos países abrangidos pelo trajecto. A questão colocava-se com particular acuidade, porquanto a empresa que se dedicava à organização de viagens internacionais por autocarro oferecia aos clientes um serviço completo de transporte, alojamento, refeições e acompanhamento turístico, cobrando-lhes um montante global único, largamente superior ao preço de mercado do serviço de transporte puro e simples em trajectos semelhantes.[139]

Na perspectiva da administração fiscal alemã, a regra de localização prevista na alínea b) do n.º 2 do artigo 9.º ficaria esvaziada de conteúdo se a repartição territorial da contrapartida auferida não fosse proporcional às distâncias percorridas. A empresa organizadora das viagens e a Comissão Europeia, por seu turno, entendiam que essa divisão da contrapartida poderia ter em conta outros critérios, nomeadamente o tempo de permanência no território de cada um dos países.

Aderindo à perspectiva da administração fiscal alemã, o TJCE decidiu que, nos termos da alínea b) do n.º 2 do artigo 9.º da Sexta Directiva, a contrapartida global de uma prestação de serviços de transporte internacional de passageiros, a preço no sistema "tudo

---

[139] Estas informações constam do n.º 5 das conclusões do advogado-geral, apresentadas a 17 de Julho de 1997.

Capítulo II – Localização das Prestações de Serviços 263

incluído", deve, para efeitos de determinação da parte do transporte ocorrida em cada um dos Estados membros, ser repartida proporcionalmente às distâncias que percorridas. Conforme se salienta no n.º 14 do acórdão, aquela regra de localização dos serviços de transporte visa assegurar que cada Estado membro tribute as prestações de serviços de transporte em relação às partes do trajecto efectuadas no seu território.

Assim, embora não se trate de uma regra de determinação do valor tributável, a mesma tem necessariamente influência na divisão a estabelecer, quando a matéria colectável é determinada de um modo global, entre os Estados membros em que a prestação de serviços teve lugar. Caso contrário privar-se-ia o referido critério de localização do seu verdadeiro alcance, correndo-se o risco de que cada um dos Estados membros envolvidos estabelecesse o seu próprio critério de divisão, ou de que os sujeitos passivos procedessem à repartição que lhes fosse mais favorável em função das diferentes legislações dos Estados membros.

No n.º 17 do texto decisório, o TJCE entendeu ressalvar que o seu âmbito de pronúncia se reportava a uma situação *"em que a determinação da contrapartida global da prestação de transporte não é objecto de qualquer controvérsia e em que o litígio se limita à forma de divisão dessa contrapartida entre os Estados-Membros em que se realizou a prestação"*. Esta ressalva tem a ver com a circunstância de a prestação de serviços sob análise também compreender outras prestações complementares, como alojamento, refeições e acompanhamento turístico, cuja inclusão no valor global da prestação de serviços de transporte não vinha posta em causa.

Nestes termos, pronunciando-se sobre a questão que lhe foi submetida, o TJCE declarou que *"[o] artigo 9.º, n.º 2, alínea b), da Sexta Directiva, [...] deve ser interpretado no sentido de que, no caso de uma prestação de transporte internacional de pessoas a preço 'tudo incluído', a contrapartida global dessa prestação deve, para determinação da parte do transporte tributável em cada um dos Estados-Membros interessados, ser dividida proporcionalmente às distâncias que nos mesmos foram percorridas".*

264 *A Incidência e os Critérios de Territorialidade do IVA*

I – Serviços acessórios do transporte (excepto do transporte intracomunitário de bens)

1. LEGISLAÇÃO

1.1. Código do IVA

«ARTIGO 6.º

[...]
5 – O disposto no número anterior não tem aplicação relativamente às seguintes operações:
[...]
d) Prestações de serviços acessórias do transporte [...] que não tenham lugar no território nacional.

6 – São, no entanto, tributáveis, onde quer que se situe a sede, o estabelecimento estável ou o domicílio do prestador:
[...]
d) As prestações de serviços acessórias do transporte [...] que tenham lugar no território nacional.
[...]»

1.2. Directiva do IVA

«ARTIGO 52.º

O lugar das prestações de serviços adiante enumeradas é o lugar onde a prestação é materialmente executada:
[...]
b) Actividades acessórias dos transportes, tais como carga, descarga, manutenção e actividades similares;
[...]».

1.3. Sexta Directiva

«ARTIGO 9.º

[...]
2. Todavia:

[...]
c) Por lugar das prestações de serviços que tenham como objecto:
[...]
– actividades acessórias dos transportes, tais como carga, descarga, manutenção e actividades similares;
[...]
entende-se o lugar onde as referidas prestações de serviços são materialmente executadas;
[...]».

2. ASPECTOS GERAIS

Da conjugação da alínea d) do n.º 5 com a alínea d) do n.º 6, ambos do artigo 6.º do CIVA, resulta que as prestações de serviços acessórias de um transporte de passageiros ou de mercadorias se consideram efectuadas no território nacional quando nele tenha lugar a execução material dessas prestações acessórias, não sendo consideradas efectuadas em território nacional quando a execução material dessas prestações ocorrer fora do território nacional.

Todavia, as referidas disposições não são aplicáveis às prestações de serviços acessórias de um transporte intracomunitário de bens cujo adquirente dos serviços acessórios seja um sujeito passivo registado para efeitos do IVA, seja em Portugal, seja em outro Estado membro.[140]

3. CONCEITO DE «SERVIÇOS ACESSÓRIOS DE UM TRANSPORTE»

Como se esclarece actualmente na alínea b) do artigo 57.º da Directiva do IVA, e anteriormente no segundo travessão da alínea c)

---

[140] A este propósito, veja-se a secção L deste capítulo, *infra*.

266 *A Incidência e os Critérios de Territorialidade do IVA*

do n.º 2 do artigo 9.º da Sexta Directiva, por serviços acessórios de um transporte entende-se, nomeadamente, o carregamento, o descarregamento, a manutenção da carga e actividades similares.

J – Transporte intracomunitário de bens

1. LEGISLAÇÃO

1.1. Código do IVA

«Artigo 6.º

[...]

7 – Não obstante o disposto nas alíneas b) dos n.ºs 5 e 6, as prestações de serviços de transporte intracomunitário de bens são tributáveis sempre que o lugar de partida se situe em território nacional.

[...]

11 – Não obstante o disposto no n.º 7 deste artigo, as prestações de serviços de transporte intracomunitário de bens são tributáveis quando o adquirente dos serviços seja um sujeito passivo do imposto, dos referidos nas alíneas a) e d) do n.º 1 do artigo 2.º, registado em imposto sobre o valor acrescentado e que tenha utilizado o respectivo número de identificação para efectuar a aquisição.

12 – As prestações de serviços de transporte intracomunitário de bens não são, contudo, tributáveis, ainda que se situe no território nacional o lugar de partida do transporte, quando o adquirente dos serviços seja um sujeito passivo registado, para efeitos de imposto sobre o valor acrescentado, noutro Estado membro e que tenha utilizado o respectivo número de identificação para efectuar a aquisição.

[...]»

Capítulo II – Localização das Prestações de Serviços

1.2. Directiva do IVA

«ARTIGO 47.º

O lugar das prestações de serviços de transporte intracomunitário de bens é o lugar de partida do transporte.

Todavia, quando sejam efectuadas prestações de serviços de transporte intracomunitário de bens a destinatários registados para efeitos do IVA num Estado-Membro que não seja o de partida do transporte, considera-se que o lugar das prestações se situa no território do Estado-Membro que atribuiu ao destinatário o número de identificação IVA ao abrigo do qual lhe foi prestado o serviço.»

1.3. Sexta Directiva

«ARTIGO 28.º-B

[...]
C. Lugar das prestações de serviços de transporte intracomunitário de bens
[...]
2. O lugar das prestações de transporte intracomunitário de bens é o lugar de partida.
3. No entanto, em derrogação do n.º 2, considera-se que o lugar das prestações de transporte intracomunitário de bens efectuadas a destinatários identificados para efeitos de imposto sobre o valor acrescentado num Estado-membro que não seja o do início do transporte se situa no território do Estado-membro que atribuiu ao destinatário o número de identificação para efeitos de imposto sobre o valor acrescentado ao abrigo do qual lhe foi prestado o serviço.
[...]»

2. ASPECTOS GERAIS

Em geral, as prestações de serviços de transporte de passageiros ou de mercadorias têm as respectivas regras definidas na alínea b) do n.º 5 e na alínea b) do n.º 6 do artigo 6.º do CIVA.[141] As referidas

---

[141] A este propósito veja-se a secção H deste capítulo II, *supra*.

268 *A Incidência e os Critérios de Territorialidade do IVA*

regras, porém, não abrangem as prestações de serviços de transporte intracomunitário de bens.

Em relação ao transporte intracomunitário de bens, quando o adquirente dos serviços não seja um sujeito passivo do IVA em qualquer Estado membro da Comunidade, incluindo Portugal, o critério de conexão atende ao lugar de partida do transporte. Nos termos do n.º 7 do artigo 6.º do CIVA, se o lugar de partida se localizar em território nacional, a prestação de serviços de transporte intracomunitário de bens considera-se nele efectuada, não o sendo no caso de o lugar de partida se situar noutro Estado membro.

Nos termos do n.º 11 do artigo 6.º do CIVA, quando o adquirente dos serviços de transporte for um sujeito passivo do IVA no território nacional dos referidos nas alíneas a) e d) do n.º 1 do artigo 2.º do CIVA, a prestação de serviços de transporte intracomunitário de bens considera-se nele efectuada, independentemente do respectivo lugar de partida.

Em contrapartida, atendendo ao disposto no n.º 12 do artigo 6.º do CIVA, quando o adquirente dos serviços de transporte for um sujeito passivo do IVA noutro Estado membro, que tenha indicado o respectivo número de identificação fiscal, qualquer que seja o lugar de partida do transporte intracomunitário, este não se considera efectuado no território nacional.

Cabe salientar, porém, que a qualidade de sujeito passivo, a que se reportam os n.os 11 e 12 do artigo 6.º do CIVA, não abrange todos os sujeitos passivos do IVA, já que não inclui os sujeitos passivos que realizem apenas operações isentas sem direito a dedução, salvo quando estes se encontrem abrangidos por um regime de tributação das aquisições intracomunitárias de bens.

3. CONCEITO DE «TRANSPORTE INTRACOMUNITÁRIO DE BENS»

Conforme estabelece a alínea e) do n.º 2 do artigo 1.º do CIVA, considera-se "transporte intracomunitário de bens" o transporte de bens cujos lugares de partida e de chegada se situem no território de Estados membros diferentes.

As definições de "lugar de partida" e de "lugar de chegada" encontram-se, por sua vez, nas alíneas f) e g) do n.º 2 do artigo 1.º do CIVA, respectivamente.

Por "lugar de partida" entende-se o lugar onde se inicia efectivamente o transporte, não considerando os trajectos efectuados para chegar ao lugar onde se encontram os bens.

Por "lugar de chegada" entende-se o lugar onde termina efectivamente o transporte dos bens.

Estas definições têm por base o artigo 48.º da Directiva do IVA, correspondente ao anterior n.º 1 da parte C do artigo 28.º-B da Sexta Directiva.

4. EQUIPARAÇÃO A TRANSPORTE INTRACOMUNITÁRIO DE BENS

Nos termos do n.º 5 do artigo 1.º do CIVA, é equiparado a um transporte intracomunitário de bens um transporte interno no interior de um Estado membro, quando esse transporte se encontrar directamente relacionado com o transporte intracomunitário dos mesmos bens.

Esta disposição tem por base o actual artigo 49.º da Directiva do IVA, que anteriormente constituía o segundo parágrafo do primeiro travessão do n.º 1 da parte C do artigo 28.º-B da Sexta Directiva.

5. TRANSPORTE INTRACOMUNITÁRIO DE BENS EM ÁGUAS NÃO TERRITORIAIS

Nos termos do artigo 51.º da Directiva do IVA, correspondente anteriormente ao n.º 4 da parte C do artigo 28.º-B da Sexta Directiva, os Estados membros têm a possibilidade de não submeter a imposto a parte de um transporte intracomunitário de bens que corresponda a trajectos efectuados em águas que não façam parte do território da Comunidade.

6. APLICAÇÃO DAS REGRAS RELATIVAS AO TRANSPORTE INTRACOMUNITÁRIO DE BENS

Ofício-circulado n.º 33128, de 2 de Abril de 1993, da ex--DSCA:

No ofício-circulado n.º 33128, de 2 de Abril de 1993, da ex-DSCA, vêm apresentados exemplos práticos de como as regras de localização das prestações de serviços de transporte intracomunitário de bens operam. Transcreve-se aqui um excerto desse ofício-circulado:

«7. Aplicando as regras expostas aos prestadores dos serviços em causa (transportadores, transitários, etc.) estabelecidos no território nacional, temos as seguintes hipóteses:

7.1 Início do transporte no território nacional:

7.1.1 O adquirente dos serviços é um sujeito passivo estabelecido no território nacional e fornece o seu número de identificação fiscal – a operação é tributada no território nacional. No entanto, esta operação está isenta ao abrigo da alínea q) do n.º 1 do art.º 14.º do CIVA.

Esta isenção deverá ser comprovada através de declaração a emitir pelo adquirente dos serviços, nos termos do n.º 8 do art.º 28.º do CIVA.[142]

7.1.2 O adquirente dos serviços é um sujeito passivo estabelecido noutro Estado membro e fornece o seu número de identificação fiscal – a operação não será tributada no território nacional, pois caberá ao adquirente dos serviços a liquidação do respectivo imposto no Estado membro da sua identificação. Neste caso, o prestador dos serviços indicará na factura o motivo não justificativo da não liquidação do IVA, isto é, fará menção ao n.º 12 do art.º 6.º do CIVA.

7.1.3 O adquirente dos serviços não fornece o seu número de identificação fiscal ou porque é um particular ou é um residente num país terceiro – a operação é tributada no território nacional, devendo o prestador liquidar o respectivo imposto [...].

7.2 Início do transporte noutro Estado membro:

---

[142] Actual artigo 29.º do CIVA.

Capítulo II – Localização das Prestações de Serviços 271

7.2.1 O adquirente dos serviços é um sujeito passivo estabelecido no território nacional e fornece ao prestador o seu número de identificação fiscal – a operação é tributada no território nacional, cabendo ao prestador a liquidação do respectivo imposto [...].

7.2.2 O adquirente dos serviços é um sujeito passivo estabelecido noutro Estado membro e fornece ao prestador o seu número de identificação fiscal – a operação não será tributada no território nacional, cabendo ao adquirente dos serviços a obrigatoriedade da liquidação do imposto no Estado membro da sua identificação. Também neste caso, o prestador dos serviços indicará na factura o motivo justificativo da não liquidação do IVA, ou seja, fará referência ao n.º 12 do art.º 6.º do CIVA.

7.2.3 O adquirente dos serviços não fornece o seu número de identificação fiscal ou porque é um particular ou é um residente num país terceiro – a operação será tributada no Estado membro da partida.

Neste caso o prestador dos serviços terá de registar-se ou nomear representante fiscal no Estado membro onde se inicia o transporte para aí proceder à liquidação do respectivo imposto e cumprir com as demais imposições.

8. Se o prestador dos referidos serviços for um sujeito passivo estabelecido noutro Estado membro e o adquirente dos mesmos um sujeito passivo estabelecido no território nacional que fornece o seu número de identificação fiscal, temos:

8.1 O início do transporte verifica-se no território nacional – a operação é tributada no território nacional. No entanto, aproveita-lhe a isenção da alínea q) do n.º 1 do art.º 14.º do CIVA.

8.2 O início do transporte verifica-se noutro Estado membro – a operação é localizada/tributada no território nacional, cabendo ao adquirente dos serviços a obrigatoriedade da liquidação do imposto. Nestes casos, trata-se de uma operação meramente contabilística, visto que, simultaneamente, o adquirente desses serviços tem o direito à dedução (alínea e) do n.º 1 do art.º 19.º do CIVA).

[...]»

272 *A Incidência e os Critérios de Territorialidade do IVA*

L – Serviços acessórios do transporte intracomunitário de bens

1. LEGISLAÇÃO

1.1. Código do IVA

«ARTIGO 6.º

[...]

13 – Não obstante o disposto na alínea d) do n.º 5 deste artigo, as prestações de serviços acessórias de um transporte intracomunitário de bens executadas noutro Estado membro são tributáveis quando o adquirente dos serviços seja um sujeito passivo do imposto, dos referidos nas alíneas a) e d) do n.º 1 do artigo 2.º, registado em imposto sobre o valor acrescentado e que tenha utilizado o respectivo número de identificação para efectuar a aquisição.

14 – As prestações de serviços acessórias de um transporte intra-comunitário de bens não são, contudo, tributáveis, ainda que se situe em território nacional o lugar da sua execução, quando o adquirente destas prestações seja um sujeito passivo registado, para efeitos de imposto sobre o valor acrescentado, noutro Estado membro e que tenha utilizado o respectivo número de identificação para efectuar a aquisição.

[...]»

1.2. Directiva do IVA

«ARTIGO 53.º

Em derrogação do disposto na alínea b) do artigo 52.º, considera--se que o lugar das prestações de serviços que tenham por objecto actividades acessórias dos transportes intracomunitários de bens, efectuadas a destinatários registados para efeitos do IVA num Estado-Membro que não seja aquele em cujo território tais prestações são materialmente executadas, se situa no território do Estado-Membro que atribuiu ao destinatário o número de identificação IVA ao abrigo do qual lhe foi prestado o serviço.»

Capítulo II – Localização das Prestações de Serviços

1.3. Sexta Directiva

«ARTIGO 28.º-B

[...]

D. Lugar das prestações de serviços acessórios a prestações de transporte intracomunitário de bens

Em derrogação do n.º 2, alínea c), do artigo 9.º, considera-se que o lugar das prestações de serviços que tenham por objecto actividades acessórias a transportes intracomunitários de bens, efectuados a destinatários identificados para efeitos de imposto sobre o valor acrescentado num Estado-membro que não seja aquele em cujo território tais prestações são materialmente executadas, se situa no território do Estado-membro que atribuiu ao destinatário o número de identificação para efeitos de imposto sobre o valor acrescentado ao abrigo do qual lhe foi prestado o serviço.

[...]»

2. ASPECTOS GERAIS

No caso de prestações de serviços acessórias de um transporte intracomunitário de bens, as mesmas só seguem o critério do lugar da sua execução material, a que aludem a alínea d) do n.º 5 e a alínea d) do n.º 6 do artigo 6.º do CIVA, quando esses serviços sejam prestados a não sujeitos passivos.

Nos termos do n.º 13 do artigo 6.º do CIVA, independentemente do lugar de execução material dos serviços, se o destinatário dos serviços for um sujeito passivo registado em Portugal, previsto nas alíneas a) e d) do n.º 1 do artigo 2.º do CIVA, as prestações de serviços acessórias de um transporte intracomunitário de bens são consideradas efectuadas em território nacional.

Em contrapartida, nos termos do n.º 14 do artigo 6.º do CIVA, ainda que o lugar de execução material dos serviços se situe em Portugal, se o destinatário dos mesmos for um sujeito passivo registado para efeitos de imposto sobre o valor acrescentado noutro Estado membro, que tenha utilizado o respectivo número de identificação para efectuar a aquisição, as prestações de serviços acessórias de um transporte intracomunitário de bens não são consideradas efectuadas em território nacional.

274 *A Incidência e os Critérios de Territorialidade do IVA*

Cabe salientar que o disposto nos n.ᵒˢ 13 e 14 do artigo 6.º do CIVA não abrange todos os sujeitos passivos do IVA, uma vez que não inclui os sujeitos passivos que realizem apenas operações isentas sem direito a dedução, salvo quando estes se encontrem abrangidos por um regime de tributação das aquisições intracomunitárias de bens.

3. CONCEITO DE «SERVIÇOS ACESSÓRIOS DE UM TRANSPORTE»

Como se indica na alínea b) do artigo 57.º da Directiva do IVA, por serviços acessórios de um transporte entende-se o carregamento, o descarregamento, a manutenção da carga e actividades similares. Anteriormente essa definição integrava o segundo travessão da alínea c) do n.º 2 do artigo 9.º da Sexta Directiva.

M – Intermediários em nome e por conta de outrem

1. LEGISLAÇÃO

1.1. Código do IVA

«Artigo 6.º

[...]

5 – O disposto no número anterior não tem aplicação relativamente às seguintes operações:

a) Prestações de serviços relacionadas com um bem imóvel sito fora do território nacional, incluindo as que tenham por objecto preparar ou coordenar a execução de trabalhos imobiliários e as prestações de peritos e agentes imobiliários que actuem em nome próprio e por conta de outrem;
   [...]

6 – São, no entanto, tributáveis, onde quer que se situe a sede, o estabelecimento estável ou o domicílio do prestador:

Capítulo II – Localização das Prestações de Serviços 275

a) Prestações de serviços relacionadas com um bem imóvel sito no território nacional, incluindo as prestações que tenham por objecto preparar ou coordenar a execução de trabalhos imobiliários e as prestações de peritos e agentes imobiliários que actuem em nome próprio e por conta de outrem;

[...]

8 – São ainda tributáveis as prestações de serviços adiante enumeradas, cujo prestador não tenha no território nacional sede, estabelecimento estável ou domicílio a partir do qual o serviço seja prestado, desde que o adquirente seja um sujeito passivo do imposto, dos referidos na alínea a) do n.º 1 do artigo 2.º, cuja sede, estabelecimento estável ou domicílio se situe no território nacional:

[...]

g) Serviços de intermediários que intervenham em nome e por conta de outrem no fornecimento das prestações de serviços designadas na presente lista;

[...]

9 – As prestações de serviços referidas no número anterior não são tributáveis, ainda que o prestador tenha no território nacional a sua sede, estabelecimento estável ou domicílio, nos seguintes casos:

a) Quando o adquirente for pessoa estabelecida ou domiciliada num Estado membro da Comunidade Europeia e provar que, nesse país, tem a qualidade de sujeito passivo;

b) Quando o adquirente for pessoa estabelecida ou domiciliada em país não pertencente à Comunidade Europeia.

[...]

15 – Não obstante o disposto no n.º 4, a prestação de serviços efectuada por um intermediário que aja, em nome e por conta de outrem, numa prestação de serviço de transporte intracomunitário de bens ou em prestações de serviços acessórias desse transporte é tributável quando se situe em território nacional o lugar de partida do transporte ou o da execução das referidas prestações acessórias, desde que, em qualquer caso, o adquirente da prestação de serviços de intermediação não seja um sujeito passivo registado, para efeitos de imposto sobre o valor acrescentado, noutro Estado membro e que tenha utilizado o respectivo número de identificação para efectuar a aquisição.

16 – A prestação de serviços efectuada por um intermediário que aja, em nome e por conta de outrem, nas operações referidas no número anterior é igualmente tributada, ainda que não se situe em território nacional o lugar de partida do transporte ou se situe em outro Estado membro o lugar de execução das prestações acessórias, quando o adquirente da prestação de serviços de intermediação seja um sujeito passivo do imposto, dos referidos nas alíneas a) e d) do n.º 1 do artigo 2.º, registado em imposto sobre o valor acrescentado e que tenha utilizado o respectivo número de identificação para efectuar a aquisição.

17 – Não obstante o disposto no n.º 4, as prestações de serviços efectuadas por intermediários que intervenham, em nome e por conta de outrem, em qualquer operação que não sejam as referidas nos n.ºˢ 8, 9, 15 e 16 são tributáveis:

a) Quando se localize em território nacional a operação a que se refere a intermediação e o adquirente dos serviços de interme-diação não seja um sujeito passivo registado, para efeitos de imposto sobre o valor acrescentado, noutro Estado membro e que tenha utilizado o respectivo número de identificação para efectuar a aquisição;

b) Quando a operação a que se refere a intermediação se localize noutro Estado membro e o adquirente dos serviços de inter-mediação seja um sujeito passivo dos referidos nas alíneas a) e d) do n.º 1 do artigo 2.º, registado em imposto sobre o valor acrescentado e que tenha utilizado o respectivo número de identificação para efectuar a aquisição.

18 – A prestação de serviços efectuada por um intermediário que aja, em nome e por conta de outrem, nos casos referidos no n.º 15 e na alínea a) do n.º 17, não é tributável quando o adquirente da prestação de serviços de intermediação seja um sujeito passivo registado, para efeitos de imposto sobre o valor acrescentado, em outro Estado membro e que tenha utilizado o respectivo número de identificação para efectuar a aquisição.

[...]»

1.2. Directiva do IVA

«Artigo 44.º

O lugar das prestações de serviços efectuadas por um intermediário, agindo em nome e por conta de outrem, que não sejam as referidas nos artigos 50.º e 54.º e no n.º 1 do artigo 56.º, é o lugar onde se efectua a prestação da operação principal, em conformidade com o disposto na presente directiva.

Todavia, quando o destinatário da prestação de serviços efectuada pelo intermediário esteja registado para efeitos do IVA num Estado-Membro diferente daquele em cujo território é efectuada a operação, considera-se que o lugar da prestação efectuada pelo intermediário se situa no território do Estado-Membro que atribuiu ao destinatário dessa prestação o número de identificação IVA ao abrigo do qual lhe foi prestado o serviço.

Artigo 45.º

O lugar das prestações de serviços relacionadas com um bem imóvel, incluindo as prestações de agentes imobiliários e de peritos, e, bem assim, as prestações tendentes a preparar ou coordenar a execução de trabalhos em imóveis, como, por exemplo, as prestações de serviços de arquitectos e de gabinetes técnicos de fiscalização, é o lugar onde o bem está situado.

[...]

Artigo 50.º

O lugar de uma prestação de serviços efectuada por um intermediário agindo em nome e por conta de outrem, quando este intervenha na prestação de serviços de transporte intracomunitário de bens, é o lugar de partida do transporte.

Todavia, quando o destinatário da prestação de serviços efectuada pelo intermediário esteja registado para efeitos do IVA num Estado-Membro que não seja o de partida do transporte, considera-se que o lugar da prestação do serviço por ele efectuado se situa no território do Estado-Membro que atribuiu ao destinatário o número de identificação IVA ao abrigo do qual lhe foi prestado o serviço.

[...]

Artigo 54.º

O lugar das prestações de serviços efectuadas por intermediários, agindo em nome e por conta de outrem, quando estes intervenham em prestações de serviços cujo objecto seja uma actividade acessória do transporte intracomunitário de bens, é o lugar de execução material da prestação acessória.

Todavia, quando o destinatário da prestação de serviços efectuada pelo intermediário esteja registado para efeitos do IVA num Estado--Membro que não seja aquele em cujo território essa prestação acessória é materialmente executada, considera-se que o lugar da prestação efectuada pelo intermediário se situa no território do Estado-Membro que atribuiu ao destinatário o número de identificação IVA ao abrigo do qual lhe foi prestado o serviço.

[...]

Artigo 56.º

1. O lugar das prestações de serviços adiante enumeradas, efectuadas a destinatários estabelecidos fora da Comunidade ou a sujeitos passivos estabelecidos na Comunidade, mas fora do país do prestador, é o lugar onde o destinatário tem a sede da sua actividade económica ou dispõe de um estabelecimento estável para o qual foi prestado o serviço ou, na falta de sede ou de estabelecimento estável, o lugar onde tem domicílio ou residência habitual:

> [...]
> l) Prestações de serviços efectuadas por intermediários agindo em nome e por conta de outrem, quando estes intervenham nas prestações de serviços referidas no presente número.
> [...]»

1.3. Sexta Directiva

«Artigo 9.º

[...]

2. Todavia:

a) Por lugar das prestações de serviços relacionadas com um bem imóvel, incluindo as prestações de agentes imobiliários

Capítulo II – Localização das Prestações de Serviços 279

e de peritos, e, bem assim, as prestações tendentes a preparar ou coordenar a execução de trabalhos em imóveis, tais como, por exemplo, as prestações de serviços de arquitectos e de gabinetes técnicos de fiscalização, entende-se o lugar da situação do bem;

[...]

e) Por lugar das prestações de serviços a seguir referidas, efectuadas a destinatários estabelecidos fora da Comunidade ou a sujeitos passivos estabelecidos na Comunidade, mas fora do país do prestador, entende-se o lugar onde o destinatário tenha a sede da sua actividade económica ou um estabelecimento estável para o qual o serviço tenha sido prestado ou, na falta de sede ou de estabelecimento estável, o lugar do seu domicílio ou da sua residência habitual:

[...]

– prestações de serviços efectuadas por intermediários que actuam em nome e por conta de outrem, quando intervenham nas prestações de serviços referidas na presente alínea e);

[...]

ARTIGO 28.º-B

[...]

E. Lugar das prestações de serviços efectuadas por intermediários

1. Em derrogação do n.º 1 do artigo 9.º, considera-se que o lugar das prestações de serviços efectuadas por intermediários que ajam em nome e por conta de outrem, sempre que intervenham na prestação de serviços de transporte intracomunitário de bens, é o lugar de partida do transporte.

Todavia, sempre que o destinatário da prestação de serviço efectuada pelo intermediário estiver identificado para efeitos de imposto sobre o valor acrescentado num Estado-membro que não seja o do início do transporte, considera-se que o lugar da prestação do serviço por ele efectuado se situa no território do Estado-membro que atribuiu ao destinatário o número de identificação para efeitos de imposto sobre o valor acrescentado ao abrigo do qual lhe foi prestado o serviço.

2. Em derrogação do n.º 1 do artigo 9.º, o lugar das prestações de serviços efectuadas por intermediários que ajam em nome e por

280 *A Incidência e os Critérios de Territorialidade do IVA*

conta de outrem, sempre que intervenham na prestação de serviços que tenha por objecto actividades acessórias a transportes intracomunitários de bens, é o lugar de execução material da prestação acessória.

Todavia, sempre que o destinatário da prestação de serviços efectuada pelo intermediário esteja identificado para efeitos de imposto sobre o valor acrescentado num Estado-membro que não seja aquele em cujo território é materialmente executada a prestação acessória, considera-se que o lugar da prestação efectuada pelo intermediário se situa no território do Estado-membro que atribuiu ao destinatário dessa prestação o número de identificação para efeitos de imposto sobre o valor acrescentado ao abrigo do qual lhe foi prestado o serviço pelo intermediário.

3. Em derrogação do disposto no n.º 1 do artigo 9.º, o lugar das prestações de serviços efectuadas por intermediários que ajam em nome e por conta de outrem, sempre que intervenham em operações que não sejam as referidas nos n.ºˢ 1 e 2 e no n.º 2, alínea e), do artigo 9.º, é o lugar de execução dessas operações.

Todavia, sempre que o destinatário esteja identificado para efeitos de imposto sobre o valor acrescentado num Estado-membro que não seja aquele em cujo território são efectuadas essas operações considera-se que o lugar da prestação efectuada pelo intermediário se situa no território do Estado-membro que atribuiu ao destinatário dessa prestação o número de identificação para efeitos de imposto sobre o valor acrescentado ao abrigo do qual lhe foi prestado o serviço pelo intermediário.

[...]»

2. ASPECTOS GERAIS

2.1. Intermediação em operações relacionadas com bens imóveis

A alínea a) do n.º 5 e a alínea a) do n.º 6 do artigo 6.º do CIVA, em relação a prestações de serviços de intermediação relacionadas com bens imóveis, faz expressa referência a agentes imobiliários que actuem em nome próprio e por conta de outrem. A redacção daquelas duas alíneas é a que lhes foi dada pelo Decreto-Lei n.º 290/92, de 28 de Dezembro, que visou transpor para o ordenamento interno a Direc-

Capítulo II – Localização das Prestações de Serviços 281

tiva 91/680/CEE, do Conselho, de 16 de Dezembro de 1991, relativa à abolição das fronteiras fiscais no interior da Comunidade a partir de 1 de Janeiro de 1993.

Na redacção vigente até 31 de Dezembro de 1992, a alínea a) do n.º 5 e a alínea a) do n.º 6 do artigo 6.º do CIVA faziam apenas alusão a "agentes imobiliários", sem acrescentar a condição de que estes se encontrassem a actuar em nome próprio. Essa redacção estava, até 31 de Dezembro de 1992, em plena sintonia com o disposto na alínea a) do n.º 2 do artigo 9.º da Sexta Directiva. Note-se que esta disposição da Sexta Directiva não sofreu qualquer alteração de redacção que decorresse da Directiva 91/680/CEE ou de outro acto comunitário anterior ou posterior. Com efeito, nas disposições comunitárias que servem de base à legislação interna, concretamente a anterior alínea a) do n.º 2 do artigo 9.º da Sexta Directiva e o actual artigo 45.º da Directiva do IVA, indica-se que no conceito de "prestações de serviços relacionadas com bens imóveis" se incluem as prestações dos agentes imobiliários, sem distinguir se se trata de uma actuação em nome próprio e por conta de outrem, se em nome e por conta de outrem.

Pelo menos até 31 de Dezembro de 1992, não parecia que houvesse dúvidas sobre a inclusão na regra de localização relativa a bens imóveis dos serviços de intermediação, em nome e por conta de outrem, relacionados com operações imobiliárias. Aliás, na sequência de uma consulta feita na 16.ª reunião do Comité do IVA[143], que teve lugar a 30 de Novembro e 1 de Dezembro de 1983, uma larga maioria de delegações dos Estados membros, assim como a Comissão Europeia, entenderam que seria de aplicar a regra de localização constante da alínea a) do n.º 2 do artigo 9.º da Sexta Directiva a casos de intermediação em nome e por conta de outrem no arrendamento de um imóvel para férias.[144]

---

[143] A consulta, por parte da Dinamarca, e a opinião da Comissão constam do documento XV/163/82 (documento de trabalho n.º 54), de 22 de Julho de 1982, da Comissão Europeia.

[144] Cf. documento XV/40/84 final, s/ data, da Comissão Europeia. Acresce que, se bem se entendem as circunstâncias sobre que o Comité do IVA se pronunciou, a falta de unanimidade apenas respeitou à sub-hipótese de a intermediação ocorrer em nome próprio e por conta de outrem, já que, tratando-se o intermediário de uma agência de viagens, algumas delegações admitiram que, nesse caso, seria de aplicar o regime especial das agências de viagens, então previsto no artigo 26.º da Sexta Directiva.

282   *A Incidência e os Critérios de Territorialidade do IVA*

Muito embora não tenha ocorrido qualquer alteração da redacção da alínea a) do n.º 2 do artigo 9.º da Sexta Directiva, o legislador português considerou que o n.º 3 da parte E do artigo 28.º-B da Sexta Directiva, aditado pela Directiva 91/680/CEE, se passaria a aplicar aos serviços de intermediação em nome e por conta de outrem relativos a bens imóveis. Esse ponto de vista vem, inclusivamente, manifestado na nota justificativa do anteprojecto que veio a dar lugar ao Decreto-Lei n.º 290/92, de 28 de Dezembro, que alterou o CIVA e que aprovou o RITI.[145]

Cabe assinalar, porém, que a legislação comunitária continuou a fazer alusão às prestações de serviços dos agentes imobiliários, sem impor a condição de que estes se encontrassem a actuar em nome próprio.

Na perspectiva do legislador interno, porém, o facto de a alínea a) do n.º 2 do artigo 9.º da Sexta Directiva não se encontrar expressamente excluída do âmbito de aplicação do n.º 3 da parte E do seu artigo 28.º-B significava que os serviços de intermediação relacionados com imóveis, prestados em nome e por conta de outrem, passavam a ser abrangidos por esta segunda regra.

Mas não teria de ser necessariamente assim.

Como mais detalhadamente se explica no n.º 2.4. desta secção, o n.º 3 da parte E do artigo 28.º-B da Sexta Directiva, contrariamente ao que sucede agora, aplicava-se exclusivamente a serviços de intermediação relacionados com operações intracomunitárias, sendo despiciendo, portanto, no contexto da Sexta Directiva, fazer alusão à regra de localização dos bens imóveis, pois estes, por definição, não poderiam ser objecto de transacções intracomunitárias.

Por outro lado, não deixa de ser verdade que o legislador comunitário, ao formular no actual artigo 44.º da Directiva do IVA a regra de localização residual aplicável aos serviços de intermediários, não excluiu expressamente aqueles que sejam abrangidos pelo artigo 45.º da Directiva do IVA, ou seja, não excluiu expressamente do âmbito do artigo 44.º os serviços de intermediação relativos a bens imóveis.

Não deve perder-se de vista, porém, que o actual artigo 44.º da Directiva do IVA tem uma redacção que corresponde sensivelmente

---

[145] Cf. DGCI/SIVA, *Abolição das Fronteiras Fiscais – Alterações ao Código do IVA – Regime do IVA nas Transacções Intracomunitárias – Anteprojecto*, Setembro de 1992 (ed. policop.).

Capítulo II – Localização das Prestações de Serviços 283

ao anterior n.º 3 da parte E do artigo 28.º-B da Sexta Directiva. O alargamento do âmbito de aplicação do actual artigo 44.º da Directiva do IVA, em relação ao anterior n.º 3 da parte E do artigo 28.º-B da Sexta Directiva, resultou, não de uma mudança de redacção, mas de uma diferente integração sistemática do artigo 44.º da Directiva do IVA, deixando de integrar o título que na Sexta Directiva era dedicado a certas operações intracomunitárias.

Atendendo ao exposto, não se afigura que esteja fora de hipótese considerar-se que as prestações de serviços no âmbito das actividades dos mediadores imobiliários e dos angariadores imobiliários realizadas em nome e por conta de outrem, actualmente reguladas pelo Decreto-Lei n.º 211/2004, de 20 de Agosto, devem seguir o critério de localização decorrente da conjugação da alínea a) do n.º 5 com a alínea a) do n.º 6 do artigo 6.º do CIVA, isto é, a respectiva tributação em território nacional quando nele se situarem os imóveis em causa.

2.2. Intermediação em serviços indicados no artigo 6.º, n.º 8, do CIVA

Como se disse atrás, por força do disposto na alínea g) do n.º 8 do artigo 6.º do CIVA, os serviços prestados por intermediários que intervenham em nome e por conta de outrem no fornecimento das prestações de serviços indicadas naquele n.º 8 seguem as mesmas regras de localização dessas prestações de serviços.

A tais serviços de intermediação são, portanto, aplicáveis as regras decorrentes da conjugação do n.º 8 com o n.º 9 do artigo 6.º do CIVA.[146]

2.3. Intermediação no transporte intracomunitário de bens e em serviços acessórios

Quanto aos serviços de intermediação em prestações de serviços de transporte intracomunitário de bens ou em prestações de serviços acessórias desse transporte, realizados em nome e por conta de outrem,

---

[146] A este propósito, veja-se a secção E deste capítulo II, *supra*.

284   *A Incidência e os Critérios de Territorialidade do IVA*

seguem os mesmos critérios de localização aplicáveis às operações com que os serviços de intermediação se relacionam, como decorre do disposto nos n.ᵒˢ 15, 16 e 18 do artigo 6.º do CIVA.[147]

2.4. Intermediação em outras operações

Nos n.ᵒˢ 17 e 18 do artigo 6.º do CIVA estabelece-se o critério de territorialidade aplicável aos serviços de intermediários a actuar em nome e por conta de outrem quando não intervenham em prestações de serviços enumeradas nos n.ᵒˢ 2.1., 2.2. e 2.3. desta secção.[148]

Nos termos da alínea a) do n.º 17 conjugada com o n.º 18 do artigo 6.º do CIVA, consideram-se efectuados no território nacional os serviços de intermediação em nome e por conta de outrem que não se encontrem abrangidos pelos n.ᵒˢ 8, 15 e 16 do mesmo artigo[149], relacionados com operações localizadas no território nacional, salvo se o adquirente dos serviços de intermediação for um sujeito passivo noutro Estado membro. Além disso, nos termos da alínea b) do n.º 17 do artigo 6.º do CIVA, consideram-se efectuados no território nacional os serviços de intermediação prestados em nome e por conta de outrem, não abrangidos pelos n.ᵒˢ 8 15 e 16 daquele artigo 6.º, cujo adquirente seja um sujeito passivo do IVA no território nacional.

Para efeito destas disposições, a referência a sujeito passivo não respeita a sujeitos passivos que realizem apenas operações isentas sem direito a dedução, salvo quando estes se encontrem abrangidos por um regime de tributação das aquisições intracomunitárias de bens.

Assinale-se que, por via das alterações decorrentes do Decreto-Lei n.º 393/2007, de 31 de Dezembro, a redacção do n.º 17 do artigo 6.º foi objecto de um ligeiro ajustamento, no sentido de a adaptar à alteração a que, no plano comunitário, deliberadamente se procedera na Directiva do IVA, afastando-a da solução anteriormente adoptada

---

[147] A este propósito, vejam-se as secções J e L deste capítulo II, *supra*.

[148] Não obstante as dúvidas enunciadas no n.º 2.1., *supra*.

[149] No entanto, pelas razões apontadas *supra*, no n.º 2.1. da presente secção, afigura-se muito duvidoso que os n.ᵒˢ 17 e 18 do artigo 6.º do CIVA devam aplicar-se aos serviços de intermediários que intervenham em nome e por conta de outrem em operações relacionadas com bens imóveis.

Capítulo II – Localização das Prestações de Serviços   285

na Sexta Directiva, tal como era interpretada pela jurisprudência comunitária.

De harmonia com o disposto no n.º 1 do artigo 412.º da Directiva do IVA, os Estados membros tiveram de dar cumprimento ao previsto no seu artigo 44.º a partir de 1 de Janeiro de 2008. Até essa data, era opinião de vários Estados membros, sufragada pelo acórdão do TJCE de 27 de Maio de 2004 (processo C-68/03, caso *D. Lipjes*, Colect. p. I-?), que o n.º 3 da parte E do artigo 28.º-B da Sexta Directiva era apenas de aplicar a serviços de intermediação em nome e por conta de outrem relacionados com operações intracomunitárias reguladas pelo título XVI-A da Sexta Directiva.

Em face desse ponto de vista, tal preceito não tinha um carácter residual face às demais regras de localização dos serviços de intermediação em nome e por conta de outrem, anteriormente constantes do n.º 2 do artigo 9.º da Sexta Directiva.

No entanto, no contexto da reformulação da Sexta Directiva, o legislador comunitário decidiu alargar o âmbito da disposição, agora contida no artigo 44.º da Directiva IVA. Essa regra passou a constituir, fora dos casos previstos nos artigos 50.º, 54.º e 56.º da Directiva[150], uma regra de aplicação residual em matéria de localização dos serviços de intermediação prestados em nome e por conta de outrem. Com esta alteração, deixaram de haver casos em que, residualmente, se aplica a regra geral de localização das prestações de serviços, prevista no n.º 4 do artigo 6.º do CIVA, às prestações de serviços efectuadas por intermediários agindo em nome e por conta de outrem.

Embora se pudesse admitir que a anterior redacção do n.º 17 do artigo 6.º do CIVA conferiria a possibilidade de se passar a dar àquele preceito uma interpretação conforme com o artigo 44.º da Directiva IVA, entendeu-se conveniente introduzir uma alteração na redacção daquele preceito que reflectisse melhor o seu novo âmbito, o que veio a concretizar-se através do Decreto-Lei n.º 393/2007, de 31 de Dezembro.

Um aspecto decorrente do acórdão do TJCE acima indicado que o artigo 44.º da Directiva do IVA não alterou, mas para o qual competiu burilar um pouco melhor a redacção das alíneas a) e b) do n.º 17 do artigo 6.º do CIVA, prendeu-se com a aplicação daquele

---

[150] E também, porventura, fora do caso previsto no artigo 45.º da Directiva do IVA – cf. n.º 2.1. desta secção.

286 *A Incidência e os Critérios de Territorialidade do IVA*

artigo, não só aos serviços de intermediação prestados a sujeitos passivos, mas também aos serviços de intermediação prestados a particulares.

3. APLICAÇÃO DAS REGRAS RELATIVAS À INTERMEDIAÇÃO EM NOME E POR CONTA DE OUTREM

Ofício-circulado n.º 488, de 4 de Janeiro de 1994, da DSIVA:

No ofício-circulado n.º 488, de 4 de Janeiro de 1994, da DSIVA, vêm apresentados exemplos práticos de como as regras de localização das prestações de serviços de intermediação em nome e por conta de outrem operam. Transcreve-se aqui um excerto desse ofício-circulado:

«3.1 Prestador dos serviços (comissionista) é um sujeito passivo estabelecido no território nacional e devidamente registado para efeitos de IVA:

3.1.1 O adquirente dos serviços é um sujeito passivo estabelecido no território nacional, devidamente identificado para efeitos de IVA e fornece o respectivo número de identificação fiscal – a operação (comissão) é tributada no território nacional, nos termos da alínea b) do n.º 17 do art.º 6.º do CIVA, cabendo ao prestador (comissionista) a liquidação do respectivo imposto [...].

No entanto, se a intermediação estiver relacionada com uma transmissão intracomunitária, a operação estará isenta ao abrigo da alínea q) do n.º 1 do art.º 14.º do CIVA. Nesta situação o prestador (comissionista) deverá fazer menção, na factura ou documento equivalente a emitir, àquela isenção.

3.1.2 O adquirente dos serviços de intermediação é um sujeito passivo estabelecido noutro Estado membro que não Portugal e fornece o seu número de identificação fiscal para adquirir esses serviços – a operação não será tributada no território nacional, cabendo ao adquirente dos serviços a liquidação do imposto no Estado membro da sua identificação (reverse-charge).

3.1.3 O adquirente dos serviços de intermediação não fornece o seu número de identificação fiscal ou porque é um particular ou é um residente num país terceiro – a intermediação

Capítulo II – Localização das Prestações de Serviços 287

(comissão) será tributada no Estado membro onde se localizar a operação a que diz respeito a intermediação, isto é, se a operação for localizada/tributada no território nacional, a respectiva intermediação será aqui tributada, cabendo, neste caso, ao prestador dos serviços (comissionista) a liquidação do respectivo imposto [...].

Se, no entanto, a operação a que diz respeito a intermediação for localizada/tributada noutro Estado membro que não Portugal, o prestador dos serviços (comissionista) terá de registar-se ou nomear representante fiscal no Estado membro onde se localizar/ /tributar a operação para aí proceder à liquidação e entrega do respectivo imposto.

3.2 Prestador dos serviços (comissionista) é um sujeito passivo estabelecido noutro Estado membro que não o território nacional e devidamente registado para efeitos do imposto sobre o valor acrescentado:

3.2.1 O adquirente é um sujeito passivo estabelecido no território nacional, devidamente identificado como tal – a operação, por força da alínea b) do n.º 17 do art.º 6.º do CIVA é tributada no território nacional, cabendo ao adquirente dos serviços a respectiva liquidação (reverse charge), sem prejuízo do direito à dedução que lhe assiste por força da alínea c) do n.º 1 do art.º 19.º do CIVA.

No entanto, se a intermediação estiver relacionada com uma transmissão intracomunitária, aproveita-lhe a isenção referida na alínea q) do n.º 1 do art.º 14.º do CIVA.

3.2.2 O adquirente dos serviços não fornece o seu número de identificação fiscal ou porque é um particular ou porque é um residente num país terceiro – a intermediação será tributada no Estado membro onde se localizar a operação a que se refere a intermediação, isto é, se a operação se localizar/tributar no território nacional, o prestador dos serviços (comissionista) terá de registar-se ou nomear representante fiscal no território nacional para proceder à liquidação e entrega do respectivo imposto (v.g. intermediação relacionada com as operações referidas no n.º 6 do art.º 6.º do CIVA).

3.3 O prestador dos serviços (comissionista) está estabelecido num país terceiro:

3.3.1 O adquirente dos serviços é um sujeito passivo estabelecido no território nacional, devidamente identificado para efeitos

288 A Incidência e os Critérios de Territorialidade do IVA

do imposto sobre o valor acrescentado – a operação será localizada e tributada no território nacional, por conjunção da alínea e) do n.º 1 do art.º 2.º do CIVA, com as alíneas a) e b) do n.º 17 do art.º 6.º do mesmo [d]iploma. Nesta situação caberá ao adquirente dos serviços proceder à respectiva liquidação do imposto.

Se, no entanto, a referida intermediação estiver relacionada com a saída dos bens para outros Estados membros (transmissões intracomunitárias), a operação estará isenta ao abrigo da alínea q) do n.º 1 do art.º 14.º do Código do IVA.

3.3.2 O adquirente não fornece o número de identificação fiscal ou porque é um particular ou é um residente num país terceiro – a intermediação será localizada [e] tributada no território nacional se a operação a que se refere a intermediação aqui se localizar.

Neste caso, o prestador dos serviços (comissionista) terá de registar-se ou nomear representante fiscal no território nacional para proceder à liquidação e entrega do imposto (v.g. a intermediação relacionada com as operações referidas no n.º 6 do art.º 6.º do CIVA).

[...]».

4. INTERMEDIAÇÕES POR CONTA DO PRESTADOR OU POR CONTA DO DESTINATÁRIO DA OPERAÇÃO PRINCIPAL

Regulamento (CE) n.º 1777/2005, do Conselho, de 17 de Outubro de 2005:

Nos termos do artigo 9.º do Regulamento (CE) n.º 1777/2005, as prestações de serviços efectuadas por intermediários referidas no sétimo travessão da alínea e) do n.º 2 do artigo 9.º da Sexta Directiva [artigo 56.º, n.º 1, alínea l), da Directiva do IVA] abrangem tanto as prestações de serviços efectuadas por um intermediário em nome e por conta do destinatário do serviço intermediado como as prestações de serviços efectuadas por um intermediário agindo em nome e por conta do prestador do serviço intermediado.

5. INTERMEDIAÇÃO EM OPERAÇÃO INTRACOMUNITÁRIA ENTRE DOIS PARTICULARES

Acórdão do TJCE de 27 de Maio de 2004, processo C-68/03, caso *D. Lipjes*, Colect. p. I-5879:[151]

Neste acórdão, proferido na sequência de uma decisão de reenvio tomada por um tribunal neerlandês, o TJCE foi chamado a pronunciar--se sobre as regras de localização que abrangem as prestações de serviços realizadas por intermediários actuando em nome e por conta de outrem. Em face do teor das questões prejudiciais que lhe vinha colocadas, era solicitado ao TJCE que tomasse posição sobre o seguinte: *i*) Se a regra de localização dos serviços prestados por intermediários agindo em nome e por conta de outrem, constante do primeiro parágrafo do n.º 3 da parte E do artigo 28.º-B da Sexta Directiva, seria também aplicável no caso de os serviços de intermediação serem prestados a particulares; *ii*) No caso de o TJCE considerar aquela regra aplicável, se a remissão nela feita para o lugar de execução da operação principal, à qual a intermediação diz respeito, deveria ser entendida como reportando-se à regra de localização a que essa operação principal se encontraria submetida, nos termos do artigo 8.º da Sexta Directiva.

Na origem da decisão de reenvio estiveram as prestações de serviços de mediação na compra e venda de embarcações de recreio, efectuadas por um sujeito passivo do IVA nos Países Baixos, que interveio em nome e por conta de dois compradores residentes naquele país. Os iates encontravam-se em França quando da realização das referidas operações e os vendedores dos iates, em ambos os casos, eram pessoas residentes nesse Estado membro. As embarcações não eram consideradas "meios de transporte novos" para efeitos do regime transitório de tributação das transacções intracomunitárias e, quer os vendedores, quer os compradores, encontravam-se a agir na qualidade de particulares.

Dado que o intermediário não declarou nem pagou, nos Países Baixos ou em França, o IVA correspondente ao valor das comissões

---

[151] Para mais detalhe, veja-se a minha anotação a este acórdão, in "Ciência e Técnica Fiscal", n.º 415, Jan.-Jun. 2005, DGCI/CEF, pp. 309 e ss., da qual são aqui integrados alguns excertos.

290 A Incidência e os Critérios de Territorialidade do IVA

cobradas aos compradores dos iates, a administração fiscal neerlandesa efectuou uma liquidação adicional ao sujeito passivo, considerando devido nos Países Baixos o IVA respeitante às mencionadas comissões. Interposto pelo sujeito passivo recurso contencioso da liquidação, a decisão tomada em primeira instância considerou, tendo em conta que os bens se encontravam em França no momento da venda, que os serviços de intermediação em causa não foram prestados nos Países Baixos, determinando a anulação da liquidação adicional na parte correspondente. Não se conformando com essa decisão, a administração fiscal neerlandesa recorreu da mesma com o argumento de que o primeiro parágrafo do n.º 3 da parte E do artigo 28.º-B teria o seu alcance limitado aos serviços de intermediação ligados a operações sujeitas a imposto.

Em consonância com a orientação proposta nas conclusões do advogado-geral Colomer, o TJCE começou por salientar, nos n.ºs 16 e 17 do acórdão, dado não haver uma proeminência do n.º 1 do artigo 9.º em relação ao n.º 3 da parte E do artigo 28.º-B da Sexta Directiva, que esta última disposição seria em princípio aquela que se mostrava aplicável, em virtude de estarem em causa intermediações relacionadas com operações intracomunitárias.[152]

No entanto, caberia analisar se essa aplicação poderia ser posta em causa pelo facto de as intermediações estarem relacionadas com operações não sujeitas a IVA.

Assim, no que respeitava à questão de saber se a norma em apreço é susceptível de abranger as intermediações que tenham como destinatários os particulares, o TJCE entendeu que nada na letra da própria norma ou nas disposições do título em que a mesma se insere sugeria uma distinção entre os serviços de intermediação prestados a sujeitos passivos e os prestados a particulares.

No entanto, embora na parte final do n.º 17 do acórdão o TJCE tivesse considerado útil determinar, em face das características dos casos concretos em apreço, se a norma contida no n.º 3 da parte E do artigo 28.º-B seria aplicável apenas quando a operação principal a que a intermediação está ligada se encontrasse abrangida pela inci-

---

[152] A partir da entrada em vigor do artigo 44.º da Directiva do IVA, ocorrida a 1 de Janeiro de 2008, parece resultar claro que o âmbito de aplicação desse artigo 44.º não se limita aos serviços de intermediação relacionados com operações intracomunitárias – cf. n.º 2.4. desta secção.

Capítulo II – Localização das Prestações de Serviços   291

dência do IVA, o Tribunal não chegou a indicar os argumentos que o fizeram pender no sentido de que tal sujeição a IVA da operação principal não seria condição necessária.[153] Note-se que, estando em causa a mediação por conta dos adquirentes dos iates, e não por conta dos respectivos transmitentes, a mera acepção de que a norma sob análise se estende também aos serviços de intermediação prestados a particulares não permitiria, por si só, concluir que tal norma seria igualmente aplicável quando a transmissão de bens ou prestação de serviços principal não se encontrem sujeitas a IVA, em virtude de serem efectuadas por um particular.

Esta matéria foi, todavia, abordada no n.º 37 das conclusões do advogado-geral, o qual afirmou que *"é irrelevante que a operação principal esteja sujeita a tributação ou se trate de uma transmissão entre particulares"*. Na sua óptica, as prestações de serviços de inter-mediação têm uma substância própria e devem ser tributadas indepen-dentemente da actividade que lhes esteja subjacente, só em certos casos se reportando a esta para determinar o lugar da ocorrência do facto tributário. Assim sendo, concluiu o advogado-geral, *"o substan-tivo 'operações' que a disposição utiliza não se refere só às tributadas pelo IVA, mas também a qualquer outra em que um sujeito passivo do imposto intervenha em nome de outra pessoa (...)"*. Tal acepção terá levado o TJCE, por sua vez, a definir no n.º 21 do texto decisório que *"para a determinação do lugar de uma actividade de inter-mediação, é indiferente que a operação esteja sujeita a IVA ou que seja uma operação não tributável"*.

Tendo concluído que os serviços de intermediação controvertidos se encontravam abrangidos pela regra contida no primeiro parágrafo do n.º 3 da parte E do artigo 28.º-B da Sexta Directiva, coube seguida-mente ao TJCE tomar posição sobre o conteúdo da remissão constante daquela norma para o lugar de execução das operações com as quais a intermediação se relaciona. Neste domínio, o tribunal neerlandês havia prefigurado – estando os serviços de intermediação ligados a transmissões de bens – que o critério de conexão estabelecido na

---

[153] Ainda que se possa entender a afirmação feita no terceiro período do n.º 19 do acórdão – de que *"o facto de diversas disposições desse título, à semelhança do artigo 28.º-A, se pronunciarem sobre o carácter tributável de certas prestações não tem influência no alcance do artigo 28.º-B que tem por único objecto a determinação do lugar das próprias prestações"* – como um breve aflorar dessa problemática.

292 *A Incidência e os Critérios de Territorialidade do IVA*

regra em apreço determinasse a remissão para as regras de localização das transmissões de bens, constantes do artigo 8.º da Sexta Directiva. Não veio a ser esta, porém, a decisão do TJCE, também aqui seguindo a orientação formulada pelo advogado-geral Colomer. De harmonia com os n.os 42 a 45 das conclusões deste, a norma em causa reporta--se à intermediação nas aquisições intracomunitárias e nas transmissões referidas nos n.os 1, 3 e 5 do artigo 28.º-A da Sexta Directiva, as quais têm as respectivas regras de localização estabelecidas nas partes A e B do seu artigo 28.º-B. Levando em conta tais disposições, os factos tributários em causa devem considerar-se ocorridos no lugar de chegada da expedição ou transporte dos iates. Embora reconhe-cendo não resultar claro da decisão de reenvio, o advogado-geral admitiu como provável que tal lugar de chegada se tenha situado nos Países Baixos.[154]

Nessa conformidade, o TJCE limitou-se a observar que as regras de localização das aquisições intracomunitárias de bens se regem pelo disposto nas partes A e B do artigo 28.º-B da Sexta Directiva, as quais, na sua acepção, derrogam as regras constantes do seu artigo 8.º. Não terá portanto impressionado o TJCE, como aliás já decorria em parte da sua resposta à primeira questão prejudicial, que as opera-ções com as quais as intermediações se relacionaram não constituíssem aquisições intracomunitárias de bens abrangidas pelo âmbito de inci-dência do IVA, bastando-lhe para o efeito que se tenha verificado a ocorrência de um fluxo de bens entre dois Estados membros que satisfizesse a definição de "aquisição intracomunitária" estabelecida no primeiro parágrafo do n.º 3 do artigo 28.º-A.

Tendo em conta a argumentação desenvolvida, o TJCE entendeu responder do seguinte modo às questões que lhe vinham submetidas:

«1) O artigo 28.º-B, E, n.º 3, da Sexta Directiva [...] não deve ser interpretado no sentido de que apenas se refere aos serviços de intermediação prestados a favor de um sujeito passivo ou de uma pessoa colectiva não sujeito passivo de imposto sobre o valor acrescentado.

2) Quando uma operação de intermediação é abrangida pelo artigo 28.º-B, E, n.º 3, da Sexta Directiva [...], para se determinar o lugar onde foi efectuada a operação na base da

---

[154] V. nota 19 constante do n.º 44 das conclusões do advogado-geral.

Capítulo II – Localização das Prestações de Serviços 293

prestação de serviço de intermediação, há que tomar como referência as disposições do artigo 28.º-B, A e B, da mesma directiva.»

N – SERVIÇOS DE AGÊNCIAS DE VIAGENS

1. LEGISLAÇÃO

1.1. Decreto-Lei n.º 221/85, de 3 de Julho

«ARTIGO 1.º

[...]
2. As operações referidas no número anterior serão consideradas como uma única prestação de serviços, como tal sujeita a imposto sobre o valor acrescentado (IVA), desde que a agência de viagens ou o organizador de circuitos turísticos tenha no território nacional sede ou estabelecimento estável a partir dos quais preste os seus serviços.
[...]»

1.2. Directiva do IVA

«ARTIGO 307.º

As operações efectuadas nas condições previstas no artigo 306.º por uma agência de viagens para a realização de uma viagem são consideradas como uma única prestação de serviços realizada pela agência de viagens ao cliente.

A prestação de serviços única é tributada no Estado-Membro em que a agência de viagens tem a sede da sua actividade económica ou um estabelecimento estável a partir do qual é efectuada a prestação de serviços.»

294   *A Incidência e os Critérios de Territorialidade do IVA*

1.3. Sexta Directiva

«ARTIGO 26.º

[...]

2. As operações efectuadas por uma agência de viagens para a realização de uma viagem são consideradas como uma única prestação de serviços realizada pela agência de viagens ao viajante. Esta prestação de serviços será tributada no Estado-membro em que a agência de viagens tem a sede da sua actividade económica ou um estabelecimento estável a partir do qual é efectuada a prestação de serviços.
[...]»

2. ASPECTOS GERAIS

O Decreto-Lei n.º 221/85, de 3 de Julho (alterado pelo Decreto-Lei n.º 206/96, de 26 de Outubro, e pela Lei n.º 32-B/02, de 30 de Dezembro), estabelece o regime especial de tributação em IVA das agências de viagens e dos organizadores de circuitos turísticos. As regras previstas no Decreto-Lei n.º 221/85 têm por base o disposto no artigo 26.º da Sexta Directiva, que corresponde actualmente aos artigos 306.º a 310.º da Directiva do IVA.

Estão abrangidas pelo regime especial as prestações de serviços realizadas pelas agências de viagens e pelos organizadores de circuitos turísticos, quando actuem em nome próprio perante os clientes e recorram, para a realização dessas operações, a transmissões de bens e prestações de serviços efectuadas por terceiros. Em traços gerais, o regime especial caracteriza-se pelo modo de determinação do valor tributável das referidas operações, que é constituído pela diferença entre a contraprestação obtida do cliente e o custo suportado na aquisição de bens e serviços a terceiros que se destinem a ser prestados directamente ao cliente.

Quando se verifiquem as referidas condições de aplicação do regime especial, as operações realizadas pelas agências de viagens e pelos organizadores de circuitos turísticos em benefício directo do cliente consideram-se como uma única prestação de serviços, nos termos do n.º 2 do artigo 1.º do Decreto-Lei n.º 221/85.

Em matéria de critérios de localização dessa prestação de serviços única, o n.º 2 do artigo 1.º do Decreto-Lei n.º 221/85 estabelece ainda que a mesma se considera efectuada no território nacional quando as agências de viagens e os organizadores de circuitos turísticos nele disponham de sede ou de um estabelecimento estável a partir dos quais os seus serviços sejam prestados.

No acórdão de 12 de Novembro de 1992, referente ao processo C-163/91 (caso *Van Ginkel*, Colect. p. I-5723, n.ᵒˢ 12 a 15), o Tribunal aludiu à justificação para a existência do regime especial do IVA aplicável às agências de viagens e aos organizadores de circuitos turísticos, expressando que a especificidade dos serviços oferecidos pelos referidos operadores se caracteriza pela necessidade de recorrer à aquisição de múltiplas prestações a montante dessas actividades. No exercício dessas actividades, as agências de viagens e os organizadores de circuitos turísticos adquirem inúmeros serviços a outros operadores económicos, entre outros, serviços de transporte e alojamento que são fornecidos às agências de viagens por diversas empresas transportadoras e hoteleiras estabelecidas em vários locais do mundo. Em face disso, se as agências de viagens e os organizadores de circuitos turísticos estivessem obrigados a aplicar o regime geral do IVA, ficariam submetidos em todos os Estados membros às regras gerais de localização das operações e às regras gerais de determinação do valor tributável das operações e de dedução ou reembolso do IVA suportado a montante. Como observou o TJCE nos n.ᵒˢ 14 e 15 do acórdão acima mencionado, caso não houvesse um regime especial de tributação adaptado à natureza específica da actividade das agências de viagens e dos organizadores de circuitos turísticos, tal *"suscitaria, em razão da multiplicidade e da localização das prestações fornecidas, dificuldades práticas para estas empresas, que seriam susceptíveis de entravar o exercício da sua actividade"*.

Esta descrição do contexto e dos objectivos que levaram à adopção do regime especial de tributação das agências de viagens tem sido reproduzida pelo TJCE em inúmeras decisões, nomeadamente, no acórdão de 22 de Outubro de 1998, referente aos processos C-308/96 e C-94/97 (casos *Madgett e Baldwin*, Colect. p. I-6229), e no acórdão de 13 de Outubro de 2005, proferido no processo C-200/04 (caso *IST*, Colect. p. I-10704).

No acórdão de 20 de Fevereiro de 1997, tirado no processo C-260/95 (caso *DFDS*, Colect. p. I-1005), o TJCE considerou que os conceitos de "sede" e de "estabelecimento estável" para efeitos do

296 *A Incidência e os Critérios de Territorialidade do IVA*

Regime Especial correspondem aos utilizados no n.º 1 do artigo 9.º da Sexta Directiva e, actualmente, no artigo 43.º da Directiva do IVA.[155]

Para além da jurisprudência comunitária acima indicada, pronunciaram-se também sobre o regime do IVA aplicável às agências de viagens os seguintes acórdãos: de 27 de Outubro de 1992 (processo C-74/91, Comissão/Alemanha, Colect. p. I-5437); de 19 de Junho de 2003 (processo C-149/01, caso *First Choice Holidays*, Colect. p. I-6289); e de 6 de Outubro de 2005 (processo C-291/03, caso *MyTravel*, Colect. p. I-8477).

---

[155] Uma sinopse deste acórdão consta do n.º 6 da secção A deste capítulo II.

CAPÍTULO III -

LOCALIZAÇÃO DAS AQUISIÇÕES INTRACOMUNITÁRIAS DE BENS

A – Regra geral

1. LEGISLAÇÃO

1.1. Regime do IVA nas Transacções Intracomunitárias

«ARTIGO 8.º

1 – São tributáveis as aquisições intracomunitárias de bens quando o lugar de chegada da expedição ou transporte com destino ao adquirente se situe no território nacional.
[...]»

1.2. Directiva do IVA

«ARTIGO 40.º

Considera-se que o lugar de uma aquisição intracomunitária de bens é o lugar onde se encontram os bens no momento da chegada da expedição ou do transporte com destino ao adquirente.»

1.3. Sexta Directiva

«Artigo 28.º-B
[...]

A. Lugar das aquisições intracomunitárias de bens

1. Considera-se que o lugar de uma aquisição intracomunitária de bens é o local onde se encontram os bens no momento da chegada da expedição ou do transporte destinado ao adquirente.
[...]»

2. ASPECTOS GERAIS

Sem prejuízo dos casos particulares apontados nas secções B e C deste capítulo, as aquisições intracomunitárias de bens, como regra geral, consideram-se efectuadas no território nacional quando o lugar de chegada da expedição ou transporte dos bens, com destino ao adquirente, se situe no território nacional.

De harmonia com a regra geral de localização das aquisições intracomunitárias de bens, para que as mesmas se considerem efectuadas no território nacional é necessário que os bens nele dêem entrada e sejam provenientes de outro Estado membro. Assim, não será bastante para que se verifique uma aquisição intracomunitária de bens no território nacional que, sendo o vendedor um sujeito passivo noutro Estado membro, o adquirente dos bens se trate de um sujeito passivo do IVA em Portugal. Para o efeito, é necessário, também, que haja um efectivo fluxo físico dos bens de um outro Estado membro para o território nacional, sem prejuízo, no entanto, das excepções à regra geral a que se fará referência nas secções seguintes.

Por outro lado, ainda que o vendedor e o adquirente dos bens se tratem de sujeitos passivos do IVA em Estados membros diferentes, também não assume qualquer relevância o lugar em que for celebrado o respectivo contrato de compra e venda. Seja o mesmo celebrado ou não no território nacional, os critérios de localização das aquisições intracomunitárias de bens em nada são alterados.

Capítulo III – Localização das Aquisições Intracomunitárias de Bens

3. AQUISIÇÕES INTRACOMUNITÁRIAS DE BENS SUJEITAS A IVA

3.1. Conceito genérico de «aquisição intracomunitária de bens»

Nos termos do artigo 3.º do RITI, considera-se, em geral, aquisição intracomunitária de bens a obtenção do poder de dispor, por forma correspondente ao exercício do direito de propriedade, de um bem móvel corpóreo cuja expedição ou transporte para território nacional, pelo vendedor, pelo adquirente ou por conta destes, com destino ao adquirente, tenha tido início noutro Estado membro.

3.2. Âmbito de incidência das aquisições intracomunitárias de bens

Nos termos da alínea a) do artigo 1.º do RITI, estão sujeitas a IVA as aquisições intracomunitárias de bens efectuadas no território nacional, a título oneroso, por um sujeito passivo agindo como tal, quando o transmitente dos bens seja um sujeito passivo, agindo como tal, registado para efeitos do IVA noutro Estado membro da Comunidade.

De harmonia com o estabelecido na alínea d) do artigo 1.º do RITI, estão também sujeitas a imposto as operações assimiladas a aquisições intracomunitárias de bens que se encontram enumeradas no n.º 1 do artigo 4.º do RITI.

Nos termos do n.º 1 do artigo 2.º do RITI, consideram-se sujeitos passivos, em relação às aquisições intracomunitárias de bens que efectuem, as pessoas singulares ou colectivas previstas na alínea a) do n.º 1 do artigo 2.º do CIVA, assim como as pessoas colectivas públicas excluídas da incidência pelo n.º 2 do artigo 2.º do Código do IVA ou qualquer outra pessoa colectiva não abrangida pela alínea a) do n.º 1 do artigo 2.º do CIVA.[156]

---

[156] Veja-se, no entanto, as exclusões constantes do artigo 5.º do RITI, a que se faz menção, *infra*, no n.º 3.4..

300 *A Incidência e os Critérios de Territorialidade do IVA*

Para além das operações acima referidas, as alíneas b) e c) do artigo 1.º do RITI estabelecem, respectivamente, a sujeição a IVA das seguintes aquisições intracomunitárias de bens:

i) De meios de transporte novos efectuadas no território nacional, a título oneroso, por um sujeito passivo, ainda que se encontre abrangido pelo disposto no n.º 1 do artigo 5.º do RITI, ou por um particular;[157]

ii) De bens sujeitos a impostos especiais de consumo, exigíveis em conformidade com o disposto no Código dos Impostos Especiais sobre o Consumo, efectuadas no território nacional, a título oneroso, por um sujeito passivo que se encontre abrangido pelo disposto no n.º 1 do artigo 5.º do RITI.[158]

Na alínea d) do n.º 1 do artigo 2.º do CIVA, no sentido de incluir na formulação do âmbito de incidência subjectiva do imposto as assinaladas particularidades decorrentes do RITI, indica-se expressamente que são sujeitos passivos do IVA as pessoas singulares ou colectivas que efectuem operações intracomunitárias nos termos nele previstos.

3.3. Operações assimiladas a aquisições intracomunitárias de bens

Nos termos da alínea d) do artigo 1.º e da alínea a) do n.º 1 do artigo 4.º do RITI, considera-se assimilada a aquisição intracomunitária de bens a afectação por um sujeito passivo às necessidades da sua empresa, no território nacional, de um bem expedido ou transportado,

---

[157] Como se disse, as aquisições intracomunitárias de meios de transporte novos sujeitos a registo, licença ou matrícula são objecto de um critério de localização específico, pelo que as principais regras relacionadas com a sujeição a IVA das aquisições intracomunitárias desses bens são referidas com mais detalhe, *infra*, na secção C deste capítulo.

[158] Para efeitos das regras do RITI, conforme definição constante da alínea a) do n.º 1 do seu artigo 6.º, entende-se por "bens sujeitos a impostos especiais de consumo" o álcool, as bebidas alcoólicas, o tabaco e os produtos petrolíferos ou energéticos, com excepção do gás, fornecido pelo sistema de distribuição de gás natural, e da electricidade. O tratamento em IVA das transacções intracomunitárias de bens sujeitos a IEC é descrito com mais pormenor no n.º 3 da secção F do capítulo I desta Parte II.

Capítulo III – Localização das Aquisições Intracomunitárias de Bens   301

por si ou por sua conta, a partir de outro Estado membro no qual o bem tenha sido produzido, extraído, transformado, adquirido ou importado pelo sujeito passivo, no âmbito da sua actividade.

Além das operações acabadas de referir, considera-se também assimilada a aquisição intracomunitária de bens a aquisição de bens expedidos ou transportados a partir de um país terceiro e importados noutro Estado membro, quando ambas as operações forem efectuadas por uma pessoa colectiva pública não sujeita a IVA ao abrigo do n.º 2 do artigo 2.º do CIVA ou por qualquer outra pessoa colectiva não abrangida pela alínea a) do n.º 1 do artigo 2.º do CIVA.

3.4. Exclusões do regime de sujeição a IVA das aquisições de intracomunitárias de bens

Nos termos da parte final da alínea a) do artigo 1.º do RITI, excluem-se do âmbito de incidência as aquisições intracomunitárias de bens efectuadas no território nacional cuja transmissão ocorra em uma das seguintes circunstâncias:

i) Quando a transmissão seja realizada por um sujeito passivo que no Estado membro de registo esteja abrangido por um regime de isenção de pequenas empresas;

ii) Quando a transmissão seja realizada por um sujeito passivo registado em outro Estado membro, que efectue a instalação ou montagem dos bens no território nacional nos termos do n.º 2 do artigo 9.º do RITI;

iii) Quando a transmissão seja realizada por um sujeito passivo que proceda à expedição ou transporte dos bens a partir de outro Estado membro nas condições previstas nos n.ºˢ 1 e 2 do artigo 11.º do RITI.

Além das aquisições intracomunitárias indicadas, excluem-se da incidência, conforme estabelece o n.º 3 do artigo 4.º do RITI, as afectações de bens assimiladas a aquisições intracomunitárias nos termos da alínea a) do n.º 1 desse artigo 4.º, quando a transferência dos bens para território nacional tiver por objecto a realização de operações mencionadas no n.º 2 do artigo 7.º do RITI.[159]

---

[159] Acerca das operações abrangidas pelo n.º 3 do artigo 7.º do RITI, pode ver-se o n.º 3.3. da secção A do capítulo I da Parte II.

302 *A Incidência e os Critérios de Territorialidade do IVA*

Por sua vez, nos termos do n.º 1 do artigo 5.º do RITI, não estão sujeitas a IVA as aquisições intracomunitárias de bens efectuadas por pessoas colectivas públicas, em aquisições relacionadas com a prática de operações no âmbito dos seus poderes de autoridade, ou por sujeitos passivos que pratiquem exclusivamente operações isentas, quando o valor global dessas aquisições, líquido de IVA, não exceda, no ano civil anterior ou no ano civil em curso, o montante de dez mil euros. A aplicação do disposto no n.º 1 do artigo 5.º do RITI, implica que as operações em causa sejam sujeitas a IVA nos Estados membros de proveniência dos bens, do mesmo modo que o sejam as transmissões internas ocorridas nesses Estados membros.

A exclusão prevista no n.º 1 do artigo 5.º do RITI não é extensível, porém, às aquisições intracomunitárias de bens sujeitos a impostos especiais de consumo ou de meios de transporte novos, independentemente dos respectivos montantes.

Nas situações abrangidas pela exclusão prevista no n.º 1 do artigo 5.º do RITI, os sujeitos passivos adquirentes dos bens podem, ainda assim, optar pela aplicação do regime de tributação das aquisições intracomunitárias de bens, devendo, nesse caso, permanecer no regime de sujeição durante um período mínimo de dois anos. A opção pela tributação das aquisições intracomunitárias de bens implica que a correspondentes transmissões não sejam submetidas a IVA no Estado membro de proveniência.

Por outro lado, nos termos do n.º 4 do artigo 5.º do RITI, não estão sujeitas a IVA as aquisições intracomunitárias de bens relacionadas com certas embarcações ou aeronaves ou efectuadas no âmbito das relações internacionais, cuja transmissão, se efectuada no território nacional, seria isenta de imposto nos termos das alíneas d) a m) e v) do n.º 1 do artigo 14.º do CIVA.[160]

Além das exclusões previstas no RITI, no artigo 14.º do Regime Especial de Tributação dos Bens em Segunda Mão, Objecto de Arte, de Colecção e Antiguidades, aprovado pelo Decreto-Lei n.º 199/96, de 18 de Outubro, estabelece-se que não obstante o disposto nas alíneas a) e d) do artigo 1.º do RITI, não estão sujeitas a IVA as aquisições intracomunitárias de bens em segunda mão, de objectos de arte, de colecção ou de antiguidades, quando o transmitente seja

---

[160] Acerca das operações isentas ao abrigo do artigo 14.º do CIVA, podem ver-se os n.ºs 2 e 3 do capítulo II da Parte III, *infra*.

Capítulo III – Localização das Aquisições Intracomunitárias de Bens   303

um sujeito passivo revendedor desses bens ou um organizador de vendas em leilão que tenha aplicado o regime especial de tributação baseado nos artigos 312.º a 343.º da Directiva do IVA (anterior artigo 26.º-A da Sexta Directiva) em vigor no Estado membro a partir do qual os bens foram expedidos ou transportados.

4. TRANSMISSÕES SUCESSIVAS COM EXPEDIÇÃO OU TRANSPORTE PARA OUTRO ESTADO MEMBRO

Acórdão do TJCE de 6 de Abril de 2006, processo C-245/04, caso *EMAG*, Colect. p. I-3227:[161]

Neste aresto esteve sob análise o caso de um sujeito passivo na Áustria – a *EMAG* – que adquirira mercadorias a uma outra empresa do mesmo país. Esses bens, no entanto, eram propriedade de empresas situadas noutros Estados membros da CE e encontravam-se nesses países. Desse modo, a empresa austríaca vendedora dos bens à *EMAG* adquiria-os aos seus proprietários e solicitava a estes que expedissem os bens directamente para a EMAG, a partir dos respectivos Estados membros.

Em resposta às questões prejudiciais que lhe foram colocadas, o TJCE declarou o seguinte:

«1) Quando duas entregas sucessivas que têm por objecto os mesmos bens, efectuadas a título oneroso entre sujeitos passivos agindo nessa qualidade, dão origem a uma única expedição ou transporte ou a um único transporte intracomunitário desses bens, essa expedição ou esse transporte só podem ser imputados a uma das duas entregas, que será a única isenta por aplicação do artigo 28.º C, A, alínea a), primeiro parágrafo da Sexta Directiva [...].

Esta interpretação é válida seja qual for o sujeito passivo – primeiro vendedor, adquirente intermédio ou segundo adquirente – que detém o poder de dispor dos bens, durante a expedição ou transporte.

---

[161] O teor deste acórdão vem descrito com mais detalhe, *supra*, no n.º 5 da secção A do capítulo I desta Parte II.

304 *A Incidência e os Critérios de Territorialidade do IVA*

2) Só o lugar da entrega que dá lugar à expedição ou ao transporte intracomunitário de bens é determinado em conformidade com o artigo 8.º, n.º 1, alínea a), da Sexta Directiva [...]; considera-se que esse lugar se situa no Estado-Membro de partida dessa expedição ou desse transporte. O lugar da outra entrega é determinado em conformidade com o artigo 8.º, n.º 1, alínea b), da mesma directiva; considera-se que esse lugar se situa quer no Estado-Membro da partida, quer no Estado-Membro da chegada da referida expedição ou do referido transporte, consoante essa entrega seja a primeira ou a segunda das duas entregas sucessivas.»

5. PROCEDIMENTO EM CASO DE LIQUIDAÇÃO INDEVIDA DO IVA

Regulamento (CE) n.º 1777/2005, do Conselho, de 17 de Outubro de 2005:

Nos termos do primeiro parágrafo do artigo 21.º do Regulamento (CE) n.º 1777/2005, quando ocorra uma aquisição intracomunitária de bens sujeita a imposto no Estado membro de chegada da expedição ou transporte, esse Estado membro deve exercer a sua competência para a tributação dessa operação, independentemente do tratamento em IVA que tenha sido dado à mesma no Estado membro de partida dos bens.

Por sua vez, o segundo parágrafo do mesmo artigo refere que um eventual pedido de regularização do IVA, apresentado pelo transmitente dos bens no Estado membro de partida, deverá ser apreciado de harmonia com a legislação interna desse Estado membro.

Capítulo III – Localização das Aquisições Intracomunitárias de Bens 305

B – Cláusula de salvaguarda e «operações triangulares»

1. LEGISLAÇÃO

1.1. Regime do IVA nas Transacções Intracomunitárias

«Artigo 8.º

[...]
2 – Não obstante o disposto no número anterior, são tributáveis as aquisições intracomunitárias de bens cujo lugar de chegada da expedição ou transporte se situe noutro Estado membro, desde que o adquirente seja um sujeito passivo dos referidos no n.º 1 do artigo 2.º, agindo como tal, que tenha utilizado o respectivo número de identificação para efectuar a aquisição e não prove que esta foi sujeita a imposto nesse outro Estado membro.

3 – Para efeitos do disposto no número anterior, considera-se que a aquisição intracomunitária foi sujeita a imposto no Estado membro de chegada da expedição ou transporte dos bens, desde que se verifiquem, simultaneamente, as seguintes condições:

a) O sujeito passivo tenha adquirido os bens para proceder à sua transmissão subsequente nesse Estado membro e inclua essa operação no anexo recapitulativo a que se refere o n.º 1 do artigo 31.º;

b) O adquirente dos bens transmitidos nesse Estado membro seja um sujeito passivo aí registado para efeitos do imposto sobre o valor acrescentado;

c) O adquirente seja expressamente designado, na factura emitida pelo sujeito passivo, como devedor do imposto pela transmissão dos bens efectuada nesse Estado membro.»

1.2. Directiva do IVA

«Artigo 41.º

Sem prejuízo do disposto no artigo 40.º, considera-se que o lugar da aquisição intracomunitária de bens referida no artigo 2.º, n.º 1, alínea b), subalínea i), se situa no território do Estado-Membro que atribuiu o número de identificação IVA ao abrigo do qual o adquirente efectuou essa aquisição, a menos que o adquirente prove que a aquisição foi sujeita ao IVA em conformidade com o artigo 40.º.

Se, nos termos do artigo 40.º, a aquisição tiver sido sujeita ao IVA no Estado-Membro de chegada da expedição ou do transporte dos bens depois de ter sido sujeita a imposto em aplicação do primeiro parágrafo, o valor tributável é reduzido em conformidade, no Estado-Membro que atribuiu o número de identificação IVA ao abrigo do qual o adquirente efectuou essa aquisição.

ARTIGO 42.º

O primeiro parágrafo do artigo 41.º não é aplicável, considerando-se que a aquisição intracomunitária de bens foi sujeita ao IVA em conformidade com o artigo 40.º, se estiverem reunidas as seguintes condições:

a) O adquirente provar ter efectuado essa aquisição com vista a uma entrega posterior, efectuada no território do Estado-Membro determinado em conformidade com o artigo 40.º, relativamente à qual o destinatário foi designado como devedor do imposto, em conformidade com o artigo 197.º;

b) O adquirente ter cumprido as obrigações relativas à entrega do mapa recapitulativo previstas no artigo 265.º.»

1.3. Sexta Directiva

«ARTIGO 28.º-B
[...]

A. Lugar das aquisições intracomunitárias de bens
[...]
2. Sem prejuízo do disposto no n.º 1, considera-se, todavia, que o lugar de uma aquisição intracomunitária de bens referida no n.º 1, alínea a), do artigo 28.º-A, se situa no território do Estado-membro que atribuiu o número de identificação para efeitos do imposto sobre o valor acrescentado sob o qual o adquirente efectuou essa aquisição, na medida em que o adquirente não prove que essa aquisição foi sujeita ao imposto nos termos do n.º 1.

Se, apesar disso, a aquisição tiver sido sujeita a imposto, em aplicação do n.º 1, no Estado-membro de chegada da expedição ou do transporte dos bens depois de ter sido sujeita a imposto em aplicação do parágrafo anterior, o valor tributável será reduzido do montante devido, no Estado-membro que atribuiu o número de identificação para efeitos de imposto sobre o valor acrescentado sob o qual o adquirente efectuou essa aquisição.

Para efeitos da aplicação do primeiro parágrafo, considera-se que a aquisição intracomunitária de bens foi sujeita a imposto, nos termos do n.º 1, se se reunirem as condições seguintes:

– o adquirente prove ter efectuado essa aquisição intracomunitária, com vista a uma posterior entrega, efectuada no território do Estado-membro referido no n.º 1, relativamente à qual o destinatário tenha sido designado como devedor do imposto, nos termos do ponto E, n.º 3, do artigo 28.º-C,

– o adquirente tenha cumprido as obrigações da declaração previstas no n.º 6, último parágrafo da alínea b), do artigo 22.º.

[...]»

2. ASPECTOS GERAIS

Como se viu anteriormente, de harmonia com a regra geral de localização das aquisições intracomunitárias de bens, prevista no n.º 1 do artigo 8.º do RITI, para que uma aquisição intracomunitária de bens seja considerada efectuada no território nacional é necessário que Portugal seja o lugar de chegada da expedição ou transporte dos bens.

No entanto, podem ocorrer situações em que o sujeito passivo adquirente dos bens se encontre registado para efeitos do IVA em território nacional, embora o lugar de chegada da expedição ou transporte dos bens seja o território doutro Estado membro. De harmonia com a regra geral, uma tal aquisição intracomunitária de bens tem necessariamente de ser sujeita a IVA nesse Estado membro. Todavia, na hipótese indicada, como o número de identificação fiscal utilizado pelo adquirente não é atribuído pelo Estado membro de destino, receou-se que o controlo desses fluxos intracomunitários de bens pudesse estar menos assegurado.

308 *A Incidência e os Critérios de Territorialidade do IVA*

Desse modo, a acrescer à regra geral e sem prejuízo desta, o artigo 41.º da Directiva do IVA (anterior artigo 28.º-B, parte A, n.º 2, da Sexta Directiva) estabelece uma cláusula de segurança destinada a assegurar a liquidação do imposto no Estado membro em que o adquirente se encontra registado para efeitos do IVA e que atribuiu o número de identificação fiscal que aquele indicou ao fornecedor dos bens.

Baseado nessa disposição comunitária, o n.º 2 do artigo 8.º do RITI prevê que se considerem também efectuadas no território nacional as aquisições intracomunitárias de bens cujo lugar de chegada da expedição ou transporte se situe noutro Estado membro, desde que o adquirente seja um sujeito passivo registado para efeitos do IVA em Portugal e que tenha utilizado o respectivo número de identificação para efectuar a aquisição.

Todavia, a regra de localização contida no n.º 2 do artigo 8.º do RITI só é aplicável se o sujeito passivo adquirente não estiver em condições de demonstrar que a aquisição intracomunitária de bens efectuada no Estado membro de destino dos mesmos foi sujeita a imposto nesse Estado membro.

A aplicação do disposto nos n.os 2 e 3 do artigo 8.º do RITI tem particular relevância no caso das chamadas "operações triangulares". Tratam-se de situações em que um sujeito passivo do IVA em território nacional adquire bens noutro Estado membro e procede à sua transmissão subsequente para um outro Estado membro, de tal modo que os bens vão directamente do Estado membro de origem para o Estado membro de destino sem passarem pelo território nacional. Em face do disposto no n.º 2 do artigo 8.º do RITI, embora Portugal não seja o Estado membro de destino dos bens, a aquisição intracomunitária de bens efectuada por esse sujeito passivo pode ser, ainda assim, considerada efectuada no território nacional, se esse sujeito passivo, nomeadamente através dos meios previstos no n.º 3 do artigo 8.º do RITI, não estiver em condições de demonstrar que a aquisição intracomunitária foi sujeita a imposto no Estado membro de destino dos bens.

Nos termos do n.º 3 do artigo 8.º do RITI, considera-se provado que a operação foi sujeita a imposto no Estado membro de destino dos bens quando se mostrem verificadas as seguintes condições:

i) O sujeito passivo tenha adquirido os bens para proceder à sua transmissão subsequente no Estado membro de destino;

Capítulo III – Localização das Aquisições Intracomunitárias de Bens 309

ii) Esse sujeito passivo indique a operação no anexo recapitulativo das transacções intracomunitárias;

iii) O adquirente dos bens esteja registado para efeitos do IVA no Estado membro de destino;

iv) Esse adquirente seja expressamente designado, na factura emitida pelo sujeito passivo, como devedor do imposto pela transmissão dos bens efectuada nesse Estado membro.

Quando não se verifiquem as condições probatórias previstas no n.º 3 do artigo 8.º do RITI e o sujeito passivo só puder demonstrar *a posteriori* que a aquisição intracomunitária de bens foi sujeita a imposto no Estado membro de destino dos mesmos, o n.º 3 do artigo 19.º do RITI estabelece que a dedução a favor do sujeito passivo do IVA liquidado em cumprimento do disposto no n.º 2 do artigo 8.º do RITI deve ser feita nos termos do n.º 2 do artigo 78.º do CIVA.

C – Meios de transporte novos

1. LEGISLAÇÃO

1.1. Regime do IVA nas Transacções Intracomunitárias

«ARTIGO 8.º

[...]

4 – São tributáveis as aquisições intracomunitárias de meios de transporte novos sujeitos a registo, licença ou matrícula no território nacional.»

1.2. Directiva do IVA

A Directiva do IVA não indica um critério de conexão específico para as aquisições intracomunitárias de meios de transporte novos sujeitos a registo, licença ou matrícula.

310 A Incidência e os Critérios de Territorialidade do IVA

1.3. Sexta Directiva

A Sexta Directiva não indicava um critério de conexão específico para as aquisições intracomunitárias de meios de transporte novos sujeitos a registo, licença ou matrícula.

2. ASPECTOS GERAIS

Para além da sujeição a IVA, nos termos gerais, das aquisições intracomunitárias de meios de transporte novos efectuadas pelas pessoas singulares ou colectivas abrangidas pela alínea a) do n.º 1 do artigo 2.º do CIVA, que decorre das alíneas a) e b) do artigo 1.º e da alínea b) do n.º 1 do artigo 5.º do RITI, a alínea b) do artigo 1.º do RITI inclui também na incidência do imposto as aquisições intracomunitárias de meios de transporte novos efectuadas por qualquer outra pessoa. Assim, nos termos da alínea a) do n.º 2 do artigo 2.º do RITI, são ainda considerados sujeitos passivos do IVA os particulares que efectuem aquisições intracomunitárias de meios de transportes novos.[162]

De harmonia com o previsto no n.º 4 do artigo 8.º do RITI, as aquisições intracomunitárias de meios de transporte novos consideram-se efectuadas no território nacional quando os meios de transporte se encontrem nele sujeitos a registo, licença ou matrícula.

Trata-se de um critério de conexão com o território nacional que não vinha expressamente contemplado na Sexta Directiva, assim como não consta da actual Directiva do IVA. De harmonia com o disposto nos referidos actos de comunitários, o critério de conexão com o território aplicável às aquisições intracomunitárias de meios de transporte novos é o decorrente da regra geral de localização das aquisições intracomunitárias de bens, ou seja, o anteriormente previsto no n.º 1 da parte A do artigo 28.º-B da Sexta Directiva, correspondente ao actual artigo 40.º da Directiva do IVA.

Todavia, o legislador português, presumivelmente ciente da facilidade com que os meios de transporte se deslocam e cruzam as

---

[162] Sobre a aplicação do IVA às aquisições intracomunitárias de meios de transporte novos, pode ver-se a Circular n.º 54/2005 (Série II), de 27 de Julho, da DGAIEC, disponível em ‹www.dgaiec.min-financas.pt›.

Capítulo III – Localização das Aquisições Intracomunitárias de Bens   311

fronteiras, não tendo de ser necessariamente objecto de expedição ou transporte com destino ao adquirente, entendeu expressar um critério mais funcional, quando se tratem de meios de transporte novos submetidos a registo, licença ou matrícula em território nacional.

Pode suceder, no entanto, que os meios de transporte novos, objecto de uma aquisição intracomunitária de bens, não se encontrem submetidos a registo, licença ou matrícula, caso em que o critério de conexão aplicável é estritamente o correspondente à regra geral de localização das aquisições intracomunitárias de bens, prevista no n.º 1 do artigo 8.º do RITI.

3. CONCEITO DE «MEIOS DE TRANSPORTE NOVOS»

Nos termos da alínea b) do n.º 1 do artigo 6.º do RITI, para efeitos desse diploma, entende-se por "meios de transporte":

i) As embarcações com comprimento superior a 7,5 metros, com excepção das referidas nas alíneas d) e e) do n.º 1 do artigo 14.º do CIVA;

ii) As aeronaves com peso total na descolagem superior a 1550 quilogramas, com excepção das referidas na alínea g) do n.º 1 do artigo 14.º do CIVA;

iii) Os veículos terrestres a motor com cilindrada superior a 48 c.c. ou potência superior a 7,2 KW.

Por sua vez, em face do disposto nas alíneas a) e b) do n.º 2 do artigo 6.º do RITI, *a contrario sensu*, os referidos meios de transporte consideram-se novos quando:

i) A sua transmissão seja feita antes de decorridos 3 ou 6 meses após a data da primeira utilização, consoante se trate, respectivamente, de embarcações e de aeronaves ou de veículos terrestres; ou

ii) Independentemente do período de tempo decorrido desde o início da sua utilização, o meio de transporte não tenha percorrido mais de 6000 quilómetros, navegado mais de 100 horas ou voado mais de 40 horas, consoante se trate, respectivamente, de veículo terrestre, de embarcação ou de aeronave.

Para efeitos do disposto na alínea a) do n.º 2 do artigo 3.º do RITI, estabelece o n.º 3 do mesmo artigo que a data da primeira utilização é a constante do título de registo de propriedade ou documento equivalente, quando se trate de bens sujeitos a registo, licença ou matrícula, ou, na sua falta, a da factura ou documento equivalente emitidos quando da aquisição pelo primeiro proprietário.

4. NÃO APLICAÇÃO DO REGIME ESPECIAL DOS BENS EM SEGUNDA MÃO

Nos termos do artigo 16.º do Regime Especial de Tributação dos Bens em Segunda Mão, Objectos de Arte, de Colecção e Antiguidades, aprovado pelo Decreto-Lei n.º 199/96, de 18 de Outubro, tal regime especial de tributação em IVA não pode ser aplicado às transacções intracomunitárias de meios de transporte que sejam considerados novos em face dos critérios estabelecidos no n.º 2 do artigo 6.º do RITI.

CAPÍTULO IV

O ELEMENTO TERRITORIAL DO CONCEITO DE IMPORTAÇÃO DE BENS

1. LEGISLAÇÃO

1.1. Código do IVA

«Artigo 5.º

1 – Considera-se importação a entrada em território nacional de:

a) Bens originários ou procedentes de países terceiros e que não se encontrem em livre prática ou que tenham sido colocados em livre prática no âmbito de acordos de união aduaneira;

b) Bens procedentes de territórios terceiros e que se encontrem em livre prática.

2 – Todavia, sempre que os bens sejam colocados, desde a sua entrada em território nacional, sob um dos regimes previstos nos n.ᵒˢ I) a IV) da alínea b) do n.º 1 do artigo 15.º, sob o regime de importação temporária com isenção total de direitos, sob o regime de trânsito externo ou sob o procedimento de trânsito comunitário interno, a importação só se verifica quando forem introduzidos no consumo.»

1.2. Directiva do IVA

«Artigo 60.º

A importação de bens é efectuada no Estado-Membro em cujo território se encontra o bem no momento em que é introduzido na Comunidade.

314 *A Incidência e os Critérios de Territorialidade do IVA*

ARTIGO 61.º

Em derrogação do disposto no artigo 60.º, quando um bem que não se encontre em livre prática esteja abrangido, desde a sua introdução na Comunidade, por um dos regimes ou situações previstos no artigo 156.º ou por um regime de importação temporária com isenção total de direitos de importação ou por um regime de trânsito externo, a sua importação é efectuada no Estado-Membro em cujo território o bem deixa de estar abrangido por esses regimes ou situações.

Da mesma forma, quando um bem que se encontre em livre prática esteja sujeito, desde a sua introdução na Comunidade, a um dos regimes ou situações previstos nos artigos 276.º e 277.º, a sua importação é efectuada no Estado-Membro em cujo território o bem deixa de estar sujeito a esses regimes ou situações.»

1.3. Sexta Directiva

«ARTIGO 7.º

[...]

1. Por «importação de um bem», entende-se:

a) A entrada no território da Comunidade de um bem que não preenche as condições enunciadas nos artigos 9.º e 10.º do Tratado que institui a Comunidade Económica Europeia ou, caso se trate de um bem ao qual se aplique o Tratado que institui a Comunidade Europeia do Carvão e do Aço, que não se encontre em livre prática;

b) A entrada no território da Comunidade de um bem proveniente de um território terceiro, que não seja um bem referido na alínea a).

2. A importação de um bem é efectuada no Estado-membro em cujo território o bem se encontra no momento em que entra no território da Comunidade.

3. Em derrogação do n.º 2, sempre que um bem referido na alínea a) do n.º 1 seja colocado desde a sua entrada no território da Comunidade sob um dos regimes a que se refere o n.º 1, alíneas a), b), c), e d) do ponto B, do artigo 16.º, sob um regime de admissão temporária com isenção total de direitos de importação ou de trânsito

Capítulo IV – O Emento Territorial do Conceito de Importação de Bens   315

externo, a importação desse bem é efectuada no Estado-membro em cujo território o bem deixa de estar colocado sob esses regimes.

Da mesma forma, sempre que um bem abrangido pelo n.º 1, alínea b), for colocado, a partir da sua entrada na Comunidade, sob um dos regimes previstos no n.º 1, alínea b) ou c), do artigo 33.ºA a importação desse bem será efectuada no Estado-membro em cujo território o bem sai desses regimes.»

2. ASPECTOS GERAIS

O conceito de "importação de bens", constante do n.º 1 do artigo 5.º do CIVA, implica a passagem fronteiriça dos bens e a sua consequente entrada no território nacional, pelo que o critério de conexão relevante tem subjacente uma relação directa e objectiva com o território nacional. Como o TJCE já salientou – nomeadamente, nos acórdãos de 5 de Maio de 1982 (processo 15/81, caso *Schul*, Rec. p. I-1409, n.º 14) e de 9 de Fevereiro de 2006 (processo C-305/ /03, Comissão/Reino Unido, Colect. p. I-1213, n.º 33) –, em qualquer operação de importação o facto gerador do imposto é constituído unicamente pela entrada do bem no território de um Estado membro, quer haja ou não transacção, e quer a operação seja efectuada a título oneroso ou gratuito, por um sujeito passivo ou por um particular.

Convém notar, porém, que nem toda a entrada de bens no território nacional implica, para efeitos do IVA, que se esteja perante uma operação considerada como importação de bens.

Desde logo, para que seja qualificada como tal, é necessário que os bens sejam originários ou procedentes de países ou territórios terceiros, e não detenham ainda o estatuto aduaneiro de "mercadorias comunitárias". Tal não quer dizer, para que haja importação para efeitos do IVA, que os bens não possam dar entrada no território nacional a partir de um outro Estado membro, o que é necessário é que os bens não se encontrem em livre prática no território da Comunidade.

Por outro lado, ainda que os bens satisfaçam aquelas condições, não basta que dêem entrada no território nacional para que se considere efectuada a importação, sendo ainda necessário que, quando da sua entrada, os bens não sejam colocados em qualquer um dos regimes ou procedimentos aduaneiros referidos no n.º 2 do artigo 5.º do CIVA, caso em que a importação só se verificará quando os bens forem introduzidos no consumo. Em tais situações, o facto gerador e a exigibilidade do IVA só ocorrem quando os bens deixem de estar submetidos a esses regimes ou procedimentos, conforme determina o n.º 8 do artigo 7.º do CIVA.

São os seguintes os regimes ou procedimentos a que se refere o n.º 2 do artigo 5.º do CIVA: depósito provisório; zona franca ou entreposto franco; entreposto aduaneiro; aperfeiçoamento activo; incorporação de bens para efeitos de construção, reparação, manutenção, transformação, equipamento ou abastecimento das plataformas de perfuração ou de exploração situadas em águas territoriais ou em trabalhos de ligação dessas plataformas ao continente; importação temporária com isenção total de direitos; trânsito externo; e procedimento de trânsito comunitário interno.

3. CONCEITO DE «LIVRE PRÁTICA»

Nos termos do artigo 24.º do TCE, consideram-se em livre prática num Estado membro os produtos provenientes de países terceiros, relativamente aos quais tenham sido cumpridas as formalidades de importação e tenham sido cobrados os direitos aduaneiros ou encargos de efeito equivalente, quando não tenham beneficiado de uma posterior restituição total ou parcial desses direitos ou encargos ("draubaque").

Complementarmente ao artigo 24.º do TCE, o artigo 79.º do Código Aduaneiro Comunitário (CAC), estabelecido pelo Regulamento (CEE) n.º 2913/92, do Conselho, de 12 de Outubro de 1992, enuncia que a introdução em livre prática confere o estatuto de mercadoria comunitária a uma mercadoria não comunitária, implicando a aplicação das medidas de política comercial, o cumprimento das várias formalidades relativas à importação de mercadorias e o pagamento dos direitos que se mostrem devidos.

Em face do disposto no artigo 83.º do CAC, as mercadorias introduzidas em livre prática perdem o estatuto aduaneiro de mercadorias comunitárias quando a declaração de introdução em livre prática for anulada, após a autorização de saída das mercadorias, ou quando se proceder ao reembolso ou à dispensa do pagamento dos direitos de importação correspondentes a essas mercadorias. Essa dispensa ou reembolso podem ocorrer no âmbito do regime do aperfeiçoamento activo sob a forma de sistema de draubaque; em relação a mercadorias

Capítulo IV – O Emento Territorial do Conceito de Importação de Bens   317

defeituosas ou não conformes com as estipulações do contrato, nos termos do artigo 238.º do CAC; ou nas situações previstas no artigo 239.º do CAC, sempre que o reembolso ou a dispensa do pagamento estiverem subordinados à condição de as mercadorias serem exportadas ou reexportadas ou receberem um destino aduaneiro equivalente.

4. TERRITÓRIO ADUANEIRO DA COMUNIDADE

Código Aduaneiro Comunitário:[163]

«ARTIGO 3.º

1. O território aduaneiro da Comunidade abrange:
   – o território do Reino da Bélgica,
   – o território do Reino da Dinamarca, excepto as Ilhas Faroé e a Gronelândia,
   – o território da República Federal da Alemanha, excepto a Ilha Helgoland e o território de Büsingen (Tratado de 23 de Novembro de 1964 entre a República Federal da Alemanha e a Confederação Suíça),
   – o território da República Helénica,
   – o território do Reino de Espanha, excepto Ceuta e Melilha,
   – o território da República Francesa, com excepção dos territórios ultramarinos, de São Pedro e Miquelon e de Mayotte,
   – o território da Irlanda,

---

[163] O Código Aduaneiro Comunitário integra o Regulamento (CEE) n.º 2913/92, do Conselho, de 12 de Outubro de 1992, o qual foi alterado pelos seguintes actos comunitários: Regulamento (CE) n.º 82/97, do Parlamento Europeu e do Conselho, de 19 de Dezembro de 1996; Regulamento (CE) n.º 955/1999, do Parlamento Europeu e do Conselho, de 13 de Abril de 1999; Regulamento (CE) n.º 2700/2000, do Parlamento Europeu e do Conselho, de 16 de Novembro de 2000; Regulamento (CE) n.º 648/2005, do Parlamento Europeu e do Conselho, de 13 de Abril de 2005; Regulamento (CE) n.º 1791/2006, do Conselho, de 20 de Novembro de 2006; Acto de Adesão da Áustria, da Finlândia e da Suécia (adaptado pela Decisão 95/1/CE, Euratom, CECA do Conselho); e Acto relativo às condições de adesão da República Checa, da República da Estónia, da República de Chipre, da República da Letónia, da República da Lituânia, da República da Hungria, da República de Malta, da República da Polónia, da República da Eslovénia e da República Eslovaca e às adaptações dos Tratados em que se funda a União Europeia.

318   A Incidência e os Critérios de Territorialidade do IVA

- o território da República Italiana, excepto os municípios de Livigno e Campione d'Italia e as águas territoriais do Lago de Lugano que se encontram entre a margem e a fronteira política da área situada entre Ponte Tresa e Porte Ceresio,
- o território do Grão-Ducado do Luxemburgo,
- o território do Reino dos Países Baixos na Europa,
- o território da República da Áustria,
- o território da República Portuguesa,
- o território da República da Finlândia,
- o território do Reino da Suécia,
- o território do Reino Unido da Grã-Bretanha e da Irlanda do Norte e das Ilhas do Canal e da Ilha de Man,
- o território da República Checa,
- o território da República da Estónia,
- o território da República de Chipre,
- o território da República da Letónia,
- o território da República da Lituânia,
- o território da República da Hungria,
- o território da República de Malta,
- o território da República da Polónia,
- o território da República da Eslovénia,
- o território da República Eslovaca,
- o território da República da Bulgária,
- o território da Roménia.

2. Tendo em conta as Convenções e Tratados que lhes são aplicáveis, considera-se igualmente que fazem parte do território aduaneiro da Comunidade, apesar de situados fora do território dos Estados-Membros, os seguintes territórios:

a) FRANÇA

O território do Principado do Mónaco, conforme definido na Convenção Aduaneira assinada em Paris em 18 de Maio de 1963 (Jornal Oficial da República Francesa, de 27 de Setembro de 1963, p. 8679),

b) CHIPRE

O território das zonas de soberania do Reino Unido em Akrotiri e Dhekelia, conforme definido no Tratado relativo à Fundação da República de Chipre, assinado em Nicósia em 16 de Agosto de 1960 (United Kingdom Treaty Series No 4 (1961) Cmnd. 1252).

Capítulo IV – O Emento Territorial do Conceito de Importação de Bens   319

3. Incluem-se no território aduaneiro da Comunidade as águas territoriais, as águas marítimas interiores e o espaço aéreo dos Estados-membros e territórios referidos no n.º 2, com excepção das águas territoriais, das águas marítimas interiores e do espaço aéreo pertencentes aos territórios que não fazem parte do território aduaneiro da Comunidade, nos termos do n.º 1.»

5. TERRITÓRIOS TERCEIROS PARA EFEITOS FISCAIS[164]

Manual do Trânsito – Documento TAXUD/801/2004, de 1 de Maio de 2004:[165]

«Os seguintes territórios (designados por territórios não fiscais), embora façam parte do território aduaneiro da Comunidade, não estão incluídos no seu território fiscal:
Ilhas Anglo-Normandas;
Ilhas Canárias;
Departamentos ultramarinos franceses de Guadalupe, Martinica, Guiana Francesa e Reunião;
Monte Athos;
Ilhas Åland.
O disposto na Directiva 77/388/CEE não é aplicável aos territórios não fiscais.
A fim de assegurar que os impostos fiscais (IVA e impostos especiais de consumo) sejam objecto de controlo e tidos em conta, a circulação intracomunitária de mercadorias comunitárias com proveniência ou destino aos territórios não fiscais ou entre estes territórios deve ser feita ao abrigo do regime de trânsito comunitário interno, quando aplicável, ou de documentos comprovativos do estatuto aduaneiro das mercadorias.»

---

[164] Complementarmente, veja-se o n.º 4 do capítulo III da Parte I deste livro.
[165] Cf. versão electrónica, consultada a 4 de Maio de 2008, na página da rede global com o endereço: ‹http://ec.europa.eu/taxation_customs/resources/documents/customs/procedural_aspects/transit/common_community/transit_manual_pt.pdf›.

320 *A Incidência e os Critérios de Territorialidade do IVA*

6. IMPORTAÇÕES ILÍCITAS

6.1. Importações ilícitas abrangidas pela incidência do IVA

1) Acórdão do TJCE de 28 de Maio de 1998, processo C-3/ /97, caso *Goodwin e Unstead*, Colect. p. I-3257:

Através deste acórdão, o TJCE declarou que, nos termos do artigo 2.º da Sexta Directiva, as importações de perfumes contrafeitos deveriam ser submetidas a tributação em IVA, em virtude de serem produtos que, ao estarem em concorrência directa com os perfumes importados ou produzidos licitamente, não poderiam ser considerados fora do comércio.

2) Acórdão do TJCE de 29 de Junho de 2000, processo C- -455/98, caso *K. Salumets e o.*, Colect. p. I-4993:

Estando em causa no processo a entrada ilícita, em território finlandês, de álcool etílico proveniente de um país terceiro, o TJCE salientou que o álcool etílico não se trata de uma mercadoria cuja comercialização seja proibida por força da sua própria natureza ou das suas características particulares, pelo que o álcool importado por contrabando e aquele que é objecto de operações lícitas são susceptíveis de se encontrar em concorrência entre si.

Em face disso, o TJCE declarou o seguinte:

> «A Sexta Directiva [...], as Directivas 92/12/CEE do Conselho, de 25 de Fevereiro de 1992, relativa ao regime geral, à detenção, à circulação e aos controlos dos produtos sujeitos a impostos especiais de consumo e 92/83/CEE do Conselho, de 19 de Outubro de 1992, relativa à harmonização da estrutura dos impostos especiais sobre o consumo de álcool e bebidas alcoólicas bem como o Regulamento (CEE) n.º 2913/92 do Conselho, de 12 de Outubro de 1992, que estabelece o Código Aduaneiro Comunitário devem ser interpretados no sentido de que as respectivas disposições relativas à tributação e à dívida fiscal se aplicam igualmente à importação em contrabando para o território aduaneiro comunitário de álcool etílico proveniente de países terceiros.»

Capítulo IV – O Emento Territorial do Conceito de Importação de Bens 321

6.2. Importações ilícitas não abrangidas pela incidência do IVA

1) Acórdão do TJCE de 28 de Fevereiro de 1984, processo 294/82, caso *Eigenberger*, Réc. p. 1177:

Em relação a uma entrada de estupefacientes no território aduaneiro e fiscal da Comunidade, o TJCE declarou que o artigo 2.º da Sexta Directiva, assim como o artigo 2.º da Segunda Directiva, deveriam ser interpretados no sentido de que não há tributação em IVA pela importação ilegal de estupefacientes, quando essa importação não esteja confinada aos circuitos económicos controlados pelas autoridades competentes para fins médicos ou científicos.

2) Acórdão do TJCE de 6 de Dezembro de 1990, processo C--343/89, caso *Witzemann*, Colect. p. I-4477:

Através deste acórdão, o TJCE decidiu que o artigo 2.º da Sexta Directiva não dava azo à tributação de uma importação de moeda falsa.

7. SAÍDA DE BENS DO REGIME DE TRÂNSITO COMUNITÁRIO EXTERNO

Acórdão do TJCE de 11 de Julho de 2002, processo C-371/ /99, caso *Liberexim*, Réc. p. I-4477:

No processo em referência foram submetidas ao TJCE, por parte de um tribunal neerlandês, duas questões prejudiciais relacionadas com o momento e o local em que se considera efectuada a importação de bens, para efeitos do n.º 3 do artigo 7.º da Sexta Directiva. No essencial, o TJCE foi chamado a pronunciar-se, no que concerne a determinadas mercadorias transportadas por via rodoviária sob o regime aduaneiro de trânsito comunitário externo, introduzidas no mercado comunitário depois de terem sido cometidas várias infracções ao regime no território de diferentes Estados membros, qual das irregularidades determinou o momento e o local em que essas mercadorias se devem considerar como tendo saído do referido regime. Adicio-

322 *A Incidência e os Critérios de Territorialidade do IVA*

nalmente, o tribunal neerlandês pretendia saber se o acto que determina a saída do regime de trânsito comunitário externo deve, para produzir esse efeito, ser guiado pela intenção de colocar essas mercadorias em circulação na Comunidade sem respeitar as disposições comunitárias aplicáveis.

Em resposta, o TJCE declarou o seguinte:

«1) Quando determinadas mercadorias, transportadas por via rodoviária sob o regime aduaneiro de trânsito comunitário externo, são introduzidas no mercado comunitário depois de terem sido praticados vários actos irregulares no território de diferentes Estados-Membros, a saída do referido regime nos termos do artigo 7.º, n.º 3, da Sexta Directiva [...] tem lugar no território do Estado-Membro onde é praticado o primeiro acto que pode ser qualificado de subtracção à fiscalização aduaneira.

Deve considerar-se uma subtracção à fiscalização aduaneira qualquer acto ou omissão que tenha por resultado impedir, ainda que momentaneamente, a autoridade aduaneira competente de ter acesso a uma mercadoria sob fiscalização aduaneira e de efectuar os controlos previstos pela regulamentação aduaneira comunitária.

2) A subtracção de uma mercadoria à fiscalização aduaneira não exige a existência de um elemento intencional, mas pressupõe unicamente a reunião de condições de natureza objectiva.»

8. BENS EM REGIME DE IMPORTAÇÃO TEMPORÁRIA

Acórdão do TJCE de 9 de Fevereiro de 2006, processo C--305/03, Comissão/Reino Unido, Colect. p. I-1213:

Neste processo esteve sob apreciação a taxa do IVA aplicada no Reino Unido às vendas de objectos de arte, de colecção ou antiguidades por empresas leiloeiras, previamente importados naquele Estado membro em regime de importação temporária com isenção total de direitos.

A questão principal, como o TJCE evidenciou no n.º 26 do acórdão, residia em saber se a margem de lucro que os leiloeiros obtinham com a venda em hasta pública de objectos de arte impor-

Capítulo IV – O Emento Territorial do Conceito de Importação de Bens   323

tados em regime de importação temporária deveria ser tributada como uma operação no território do país.

Sobre a matéria, o Tribunal assinalou, no n.º 35 do acórdão, que a Sexta Directiva estabelece regimes diferentes a aplicar, respectivamente, à importação de objectos de arte e à venda em hasta pública de objectos de arte, sendo a primeira operação abrangida pelo n.º 2 do artigo 2.º da Sexta Directiva [actual alínea d) do n.º 1 do artigo 2.º da Directiva do IVA] e a segunda operação abrangida pela parte C do artigo 26.º-A da Sexta Directiva (actuais artigos 333.º a 341.º da Directiva do IVA).

De harmonia com as considerações tecidas no n.º 41 do texto decisório, não obstante o momento da importação definitiva de um bem, colocado em regime de importação temporária desde a sua entrada na Comunidade, por força do n.º 3 do artigo 7.º da Sexta Directiva (actual artigo 61.º da Directiva do IVA), ser diferido para o momento em que o bem sai do regime, decorre da possibilidade de derrogação prevista no n.º 1 do artigo 16.º da Sexta Directiva (actual artigo 155.º da Directiva do IVA) que todas as operações efectuadas ao abrigo do referido regime temporário devem ser tributadas como se tivessem sido efectuadas no território do país após a importação definitiva dos bens.

Assim, concluiu sobre esta matéria o TJCE, no n.º 42 do aresto, que *"nos casos em que um objecto de arte é vendido em hasta pública no regime de importação temporária e, na sequência desta operação, importado para o território comunitário, há que distinguir a venda em hasta pública da importação e tributar separadamente as duas operações".*

PARTE III

AS NORMAS DE ISENÇÃO
E A SUA COMPLEMENTARIDADE
COM AS REGRAS DE LOCALIZAÇÃO
DAS OPERAÇÕES

CAPÍTULO I

RELAÇÃO ENTRE AS REGRAS DE LOCALIZAÇÃO E AS NORMAS DE ISENÇÃO

A estreita relação entre as normas relativas ao lugar das operações e as normas de isenção justificam que, no quadro da presente temática, se dedique um espaço a estas últimas.[166]

Da aplicação das regras da legislação interna que definem os critérios de localização das transmissões de bens, prestações de serviços, aquisições intracomunitárias de bens e importações de bens, é possível apurar se tais operações devem ou não ser consideradas efectuadas em território nacional.

Se as mesmas não forem consideradas localizadas no território nacional, resulta, desde logo, que se tratam de operações não sujeitas ao IVA português, pelo que não poderão ser submetidas a tributação em Portugal.

No entanto, se da aplicação das regras de localização resultar que uma dada operação se encontra abrangida pela incidência do IVA português, tal não implica necessariamente que essa operação seja efectivamente tributada. Com efeito, pode ocorrer que, por aplicação de uma norma de isenção prevista na legislação do IVA, essa operação, apesar de englobada no âmbito de incidência do imposto, se encontre dele isenta, acabando, portanto, a operação por não ser objecto de tributação em IVA.

---

[166] Sobre esta matéria, com bastante mais desenvolvimento, pode consultar-se J. G. XAVIER DE BASTO, ob. cit., pp. 228 a 267; CLOTILDE CELORICO PALMA, *Introdução ao Imposto sobre o Valor Acrescentado*, Cadernos do IDEFF, n.º 1, 2.ª ed., Almedina, Coimbra, 2005, pp. 122 a 146; e RUI LAIRES, *Apontamentos sobre a Jurisprudência Comunitária em Matéria de Isenções do IVA*, Almedina, Coimbra, 2006.

328 *A Incidência e os Critérios de Territorialidade do IVA*

Entre o processo de aplicação das normas que definem as regras de localização territorial das operações sujeitas a IVA e das normas que definem as isenções do imposto existe um elo indissociável. É através da conjugação entre as normas relativas ao lugar das operações e as normas de isenção nas operações internacionais, que é assegurada, no âmbito do comércio intracomunitário e internacional, a consagração do princípio da tributação segundo o país de origem ou do princípio da tributação segundo o país de destino.[167]

Dado que a efectiva tributação de uma transmissão de bens, prestação de serviços, aquisição intracomunitária de bens ou importação de bens, considerada ocorrida em Portugal, depende também da inaplicabilidade de uma qualquer norma de isenção em vigor, de seguida apresenta-se uma breve resenha das isenções do IVA previstas na legislação.[168]

---

[167] Cf. sobre esta temática ANTÓNIO CARLOS DOS SANTOS, *Integração Europeia e Abolição das Fronteiras Fiscais: do Princípio do Destino ao Princípio da Origem?*, in "Ciência e Técnica Fiscal", n.º 372, DGCI/CEF, Lisboa, 1993, pp. 9 a 91.

[168] A sucinta descrição das actividades, operações ou entidades que beneficiam de isenções de IVA, a que se procede neste capítulo, não dispensa a consulta das condições previstas nos próprios textos legislativos.

CAPÍTULO II

DISPOSIÇÕES QUE ESTABELECEM AS ISENÇÕES DO IVA

1. ISENÇÕES NAS OPERAÇÕES INTERNAS

1.1. Legislação aplicável

As isenções nas operações internas encontram-se definidas no artigo 9.º do CIVA, o qual tinha por base o disposto no artigo 13.º da Sexta Directiva, correspondendo actualmente aos artigos 131.º a 137.º da Directiva do IVA.

No entanto, cumpre assinalar que, para além da transposição das normas de isenção que vinham consagradas no artigo 13.º da Sexta Directiva, o "Acto Relativo às Condições de Adesão do Reino da Espanha e da República Portuguesa e as Adaptações dos Tratados", em anexo ao Tratado de Adesão destes dois países, contém disposições em matéria de isenções nas operações internas.[169] De harmonia com

---

[169] Tratado de Adesão do Reino de Espanha e da República Portuguesa às Comunidades Europeias, assinado a 12 de Junho de 1985, entrado em vigor a 1 de Janeiro de 1986. O artigo 395.º do Acto Relativo às Condições de Adesão estabelecia que os dois novos Estados membros ficariam obrigados, a partir da data da adesão, a tomar internamente as medidas necessárias para dar cumprimento à legislação comunitária em vigor, com excepção daquela para que fosse estabelecido outro prazo, em particular nos casos previstos no Anexo XXXVI. Conforme ficou definido no capítulo II do referido Anexo XXXVI, o Estado português dispôs de um período transitório de três anos, a contar da data da adesão, para implementar as várias directivas comunitárias atinentes ao IVA. Com efeito, Portugal só se encontrou obrigado a implementar o IVA – e a fazê-lo de acordo com o sistema previsto nas citadas directivas comunitárias – a partir de 1 de Janeiro de 1989. Ainda assim, como é sabido, o IVA entrou em vigor em Portugal a 1 de Janeiro de 1986, já nessa altura com um regime jurídico baseado no sistema do IVA comunitário e muito próximo deste.

330   *A Incidência e os Critérios de Territorialidade do IVA*

o n.º 1 do artigo 378.º do referido Acto, as disposições comunitárias elencadas no respectivo Anexo XXXII mostravam-se aplicáveis aos dois novos Estados membros, nas condições fixadas nesse mesmo anexo. Este, por sua vez, no n.º 3 do respectivo capítulo IV, fazia referência às disposições atinentes à Sexta Directiva do IVA. De entre as várias disposições relativas ao IVA, constantes desse n.º 3, cabe aqui fazer referência à sua alínea b), estabelecendo o seguinte: *"Para aplicação das disposições do n.º 3, alínea b), do artigo 28.º, a República Portuguesa é autorizada a isentar as operações indicadas nos pontos 2, 3, 6, 9, 10, 16, 17, 18, 26 e 27 do anexo F."* Ficou, assim, autorizada a adopção por Portugal de um conjunto de isenções listadas no Anexo F da Sexta Directiva, em aplicação do disposto no n.º 3 do seu artigo 28.º, o qual abrangeu, nomeadamente, prestações de serviços efectuadas por advogados e por outros profissionais liberais, intérpretes, veterinários, guias turísticos, empresas funerárias e estabelecimentos hospitalares, assim como o transporte de pessoas e as transmissões de bens imóveis. Algumas das referidas isenções ainda hoje integram o elenco constante do artigo 9.º do CIVA.

Para além das isenções previstas no artigo 9.º do CIVA, que dependem da natureza das operações realizadas e, em alguns casos, também da natureza das entidades que realizam essas operações, Portugal ficou também autorizado, pelo segundo travessão da alínea a) do n.º 3 do capítulo IV do Anexo XXXII, a adoptar o regime especial de isenção nas operações internas aplicável aos sujeitos passivos com actividades empresariais ou profissionais de reduzida dimensão, que vem estabelecido nos artigos 53.º a 59.º do CIVA, tendo por base o n.º 2 do artigo 24.º da Sexta Directiva, correspondente ao actual do artigo 287.º da Directiva do IVA.

1.2. Actividades ou operações internas isentas

Em traços gerais, as actividades ou operações internas abrangidas pelas isenções previstas no artigo 9.º do CIVA inserem-se nas seguintes áreas:

> *i*) Transmissões de bens e prestações de serviços na área da medicina: n.º 1) serviços médicos e paramédicos; n.º 2) estabelecimentos hospitalares; n.º 3) protésicos dentários; n.º 4) transmissões de órgãos, sangue e leite humanos; e n.º 5) transporte de doentes ou feridos;

Capítulo II – Disposições que Estabelecem as Isenções do IVA 331

ii) Transmissões de bens e prestações de serviços em áreas sociais: n.º 6) segurança e assistência sociais; n.º 7) infantários, creches, lares, casas de trabalho, colónias de férias, albergues de juventude, etc.; e n.º 18) cedência de pessoal para fins de assistência espiritual;

iii) Actividades artísticas, recreativas e desportivas: n.º 8) estabelecimentos ou instalações para a prática das referidas actividades; n.º 15) actividades de actores, músicos, desportistas, artistas tauromáquicos e outros artistas; n.º 16) transmissão ou cedência de direitos de autor; n.º 34) cedência de bandas de música, sessões de teatro e ensino de *ballet* e de música, por associações de cultura e recreio; e n.º 37) empresas públicas de rádio e televisão sem carácter comercial;

iv) Outras actividades culturais: n.º 12) locação de livros, partituras, discos e outros suportes; n.º 13) visitas a museus, monumentos, galerias de arte, parques, jardins, etc.; n.º 14) congressos, conferências, seminários, cursos, etc., de natureza científica, cultural, educativa ou técnica; n.º 17) vendas de livros editados pelo próprio autor; e n.º 19) organismos que prossigam objectivos de natureza política, sindical, religiosa, cívica, recreativa, desportiva, cultural, etc.;

v) Ensino e formação profissional: n.º 9) ensino; n.º 10) formação profissional; e n.º 11) lições a título pessoal ("explicações");

vi) Angariação de fundos para certas actividades isentas: n.º 20);[170]

vii) Serviços prestados por agrupamentos autónomos de pessoas que prossigam actividades isentas: n.ºs 21) e 22);

viii) Serviços postais e venda de selos: n.º 23) serviços postais, com excepção de telecomunicações; e n.º 24) venda de selos de correio e de selos fiscais;

ix) Serviços funerários e de cremação: n.º 26);

x) Operações financeiras: n.º 27);

xi) Seguros: n.º 28);

xii) Imóveis: n.º 29) locação de imóveis; e n.º 30) transmissão de imóveis;

---

[170] V. Despacho Normativo n.º 118/85, de 31 de Dezembro, alterado pelo n.º 8 do artigo 30.º da Lei n.º 9/86, de 30 de Abril.

332 A Incidência e os Critérios de Territorialidade do IVA

xiii) Apostas mútuas e jogos de fortuna ou azar: n.º 31);
xiv) Transmissão de bens cuja aquisição não conferiu direito a dedução: n.º 32);
xv) Agricultura: n.º 33) transmissões de bens e prestações de serviços agrícolas; e n.º 34) cooperativas de prestação de serviços a agricultores;
xvi) Refeições em cantinas: n.º 36).

Das isenções previstas nos n.ºˢ 6), 7), 9), 10), 13) e 14) do artigo 9.º do CIVA beneficiam, por via de regra, as pessoas colectivas de direito público e outras instituições reconhecidas. Além disso, as isenções previstas nos n.ºˢ 8), 12), 13), 14), 19) 20) e 35) do artigo 9.º são concedidas a entidades prestadoras dos serviços que sejam organismos sem finalidade lucrativa. Para efeitos do IVA, o conceito de "organismo sem finalidade lucrativa" encontra-se definido no artigo 10.º do Código.

Nos termos do artigo 12.º do CIVA, às isenções constantes dos n.ºˢ 10), 33), 34) e 36) do artigo 9.º, bem como, em certas circunstâncias, às isenções previstas nos seus n.ºˢ 2), 29) e 30), podem os sujeitos passivos renunciar, optando pela aplicação do imposto a essas operações.[171]

Além das referidas isenções nas operações internas, previstas no artigo 9.º do CIVA, os n.ºˢ 8 a 10 do artigo 15.º do mesmo Código prevêem isenções para as transmissões de triciclos, cadeiras de rodas, com ou sem motor, e automóveis ligeiros de passageiros ou mistos para uso de pessoas com deficiência, assim como para as transmissões de bens alimentares para posterior distribuição a pessoas carenciadas, efectuadas a instituições particulares de solidariedade social e a organizações não governamentais sem fins lucrativos.

2. TRANSMISSÕES INTRACOMUNITÁRIAS DE BENS E SERVIÇOS CONEXOS

No artigo 14.º do RITI vêm definidas as isenções relativas às transmissões de bens com destino a outros Estados membros da

---

[171] A renúncia às isenções previstas nos n.ºˢ 29) e 30) do artigo 9.º do CIVA está actualmente submetida às formalidades e aos condicionalismos previstos no Decreto-Lei n.º 21/2007, de 15 de Maio, que revogou o Decreto-Lei n.º 241/86, de 20 de Agosto, que anteriormente regulamentava essa matéria.

Capítulo II – Disposições que Estabelecem as Isenções do IVA   333

Comunidade. Essa disposição tinha por base comunitária a parte A do artigo 28.º-C da Sexta Directiva, correspondendo aos actuais artigos 138.º e 139.º da Directiva do IVA.

As operações isentas ao abrigo das alíneas a) a d) do artigo 14.º do RITI são, respectivamente, as seguintes:[172]

i) Transmissões de bens expedidos ou transportados com destino a outro Estado membro, quando o adquirente seja um sujeito passivo registado para efeitos do imposto sobre o valor acrescentado noutro Estado membro e aí se encontre abrangido por um regime de tributação das aquisições intracomunitárias de bens;

ii) Transmissões onerosas de meios de transporte novos expedidos ou transportados com destino a outro Estado membro, quando o adquirente seja qualquer pessoa estabelecida ou domiciliada noutro Estado membro;[173]

iii) Transferências para outros Estados membros de bens móveis corpóreos para os fins da actividade da empresa de um sujeito passivo, nas mesmas condições em que a transmissão dos bens, se efectuada para um sujeito passivo noutro Estado membro, também pudesse beneficiar da isenção prevista na alínea a) do artigo 14.º do RITI;[174]

---

[172] Note-se, porém, em face do disposto no n.º 2 do artigo 14.º do Regime Especial de Tributação dos Bens em Segunda Mão, Objectos de Arte, de Colecção e Antiguidades, aprovado pelo Decreto-Lei n.º 199/96, de 18 de Outubro, que as isenções previstas nas alíneas a) e c) do artigo 14.º do RITI não se aplicam às transmissões de bens em segunda mão, de objectos de arte, de colecção ou de antiguidades, efectuadas por um sujeito passivo revendedor ou por um organizador de vendas em leilão, que estejam abrangidas pelo referido regime especial.

[173] Nos termos da alínea e) do artigo 1.º do RITI, estão sujeitas a IVA "*[a]s transmissões de meios de transporte novos efectuadas a título oneroso, por qualquer pessoa, expedidos ou transportados pelo vendedor, pelo adquirente ou por conta destes, a partir do território nacional, com destino a um adquirente estabelecido ou domiciliado noutro Estado membro*". No entanto, como se vê, por força do disposto na alínea b) do artigo 14.º do RITI, embora abrangidas pelo âmbito de incidência do imposto, tais operações encontram-se isentas no Estado membro de origem dos meios de transporte novos. Em contrapartida, são tributadas no Estado membro de destino as aquisições de meios de transporte novos, independentemente de quem proceda à respectiva aquisição. Na legislação interna portuguesa, a sujeição a IVA das aquisições intracomunitárias de meios de transporte novos encontra-se prevista na alínea b) do artigo 1.º do RITI.

[174] Salvo as situações expressamente previstas no n.º 2 do artigo 7.º do RITI, nos termos do n.º 1 desse artigo "*[c]onsidera-se transmissão de bens efectuada a título*

334   *A Incidência e os Critérios de Territorialidade do IVA*

iv) Transmissões de bens sujeitos a impostos especiais de consumo, expedidos ou transportados para outro Estado membro em conformidade com o disposto no Código do Impostos Especiais sobre o Consumo, quando o adquirente se trate de um sujeito passivo isento do imposto noutro Estado membro ou uma pessoa colectiva estabelecida ou domiciliada noutro Estado membro que não esteja nele abrangida pela incidência do imposto sobre o valor acrescentado.

Em matéria de isenção do IVA em prestações de serviços que se relacionem com a expedição ou transporte de bens destinados a outros Estados membros, a mesma encontra-se prevista na alínea q) do n.º 1 do artigo 14.º do CIVA, quando o adquirente dos serviços de expedição ou transporte for um sujeito passivo do IVA registado em Portugal. Conforme estabelece a alínea s) do n.º 1 do artigo 14.º do CIVA, a isenção é extensível às prestações de serviços de intermediários a actuarem em nome e por conta de outrem, quando relacionadas com a expedição ou transporte de bens com destino a outros Estados membros.

Nos termos da alínea t) do n.º 1 do artigo 14.º do CIVA, beneficia também de isenção o transporte de mercadorias entre as Regiões Autónomas dos Açores e da Madeira e outros Estados membros, ou vice-versa. Idêntica isenção é aplicada no caso do transporte de pessoas, por força do disposto na alínea r) do n.º 1 do artigo 14.º do CIVA

---

oneroso, para além das previstas no artigo 3.º do Código do IVA, a transferência de bens móveis corpóreos expedidos ou transportados pelo sujeito passivo ou por sua conta, com destino a outro Estado membro, para as necessidades da sua empresa". Todavia, nas circunstâncias previstas na alínea c) do artigo 14.º do RITI, essas transferências podem beneficiar de isenção no Estado membro de origem dos bens, nomeadamente, quando a entidade que procede à transferência dos bens se configurar como um sujeito passivo do IVA no Estado membro de destino. Em contrapartida, são tributadas no Estado membro de destino as aquisições intracomunitárias de bens que consistam na afectação nesse Estado membro, por um sujeito passivo, de bens objecto de transferência pelo próprio ou por sua conta a partir de outro Estado membro. Na legislação interna portuguesa, a sujeição a IVA dessas aquisições intracomunitárias de bens encontra-se prevista na alínea a) do n.º 1 do artigo 4.º do RITI.

Capítulo II – Disposições que Estabelecem as Isenções do IVA

3. EXPORTAÇÕES, OPERAÇÕES EQUIPARADAS A EXPORTAÇÃO E TRANSPORTES INTERNACIONAIS

O artigo 14.º do CIVA respeita, em geral, às isenções na exportação para fora da Comunidade, nas operações assimiladas a exportação e nos transportes internacionais. Estas disposições tinham por base comunitária o artigo 15.º da Sexta Directiva e, actualmente, os artigos 146.º a 153.º da Directiva do IVA.

As operações isentas ao abrigo do artigo 14.º do CIVA são, em traços gerais, as seguintes:

i) Exportações de bens em geral: n.º 1, alínea a);

ii) Exportações pelos próprios adquirentes dos bens: n.º 1, alínea b);[175]

iii) Prestações de serviços relativas a bens adquiridos ou importados e destinados a reexportação: n.º 1, alínea c);

iv) Embarcações e aeronaves, seu equipamento e bens de abastecimento, não abrangendo embarcações desportivas ou de recreio: n.º 1, alíneas d) a j), n.ᵒˢ 2, 3 e 5;

v) Relações diplomáticas e consulares, organismos internacionais, Organização do Tratado do Atlântico Norte (OTAN) e forças armadas de Estados que sejam parte da OTAN: n.º 1, alíneas l), m), n) e v);[176]

vi) Organismos que prossigam actividades humanitárias, caritativas ou educativas: n.º 1, alínea o);

vii) Prestações de serviços relacionadas com a exportação de bens ou com regimes de trânsito: n.º 1, alínea p);

viii) Transporte de pessoas ou mercadorias provenientes ou com destino ao estrangeiro, incluindo as provenientes ou com destino às Regiões Autónomas dos Açores e da Madeira ou entre ilhas dessas Regiões Autónomas: n.º 1, alíneas r) e t), e n.º 4;[177]

---

[175] No caso de transmissões de bens para fins privados com destino a adquirentes residentes em países terceiros, que os transportem na sua bagagem pessoal para fora da Comunidade, as formalidades e condicionalismos desta isenção constam do Decreto-Lei n.º 295/87, de 31 de Julho.

[176] As formalidades e condicionalismos destas isenções constam do Decreto-Lei n.º 143/86, de 16 de Junho, e do Decreto-Lei n.º 185/86, de 20 de Agosto.

[177] Em relação ao transporte internacional de passageiros, a possibilidade de estabelecer uma isenção com direito à dedução do imposto suportado a montante decorria da alínea

336 *A Incidência e os Critérios de Territorialidade do IVA*

ix) Prestações de serviços realizadas por intermediários que actuem em nome e por conta de outrem, quando intervenham como tal em operações abrangidas pelo artigo 14.º do CIVA ou, em geral, em operações realizadas fora da Comunidade: n.º 1, alínea s);

x) Ouro adquirido pelo Banco de Portugal: n.º 1, alínea u).

Conforme se esclarece no artigo 8.º do Regime Especial de Tributação dos Bens em Segunda Mão, Objecto de Arte, de Colecção e Antiguidades, aprovado pelo Decreto-Lei n.º 199/96, de 18 de Outubro, as transmissões de bens em segunda mão, de objectos de arte, de colecção ou de antiguidades abrangidas pelo referido regime especial são isentas do IVA nos termos do artigo 14.º do CIVA, quando se verifiquem os pressupostos estabelecidos nesta última disposição.

4. AQUISIÇÕES INTRACOMUNITÁRIAS DE BENS

No artigo 15.º do RITI vêm previstas algumas isenções do IVA aplicáveis às aquisições intracomunitárias de bens, as quais tinham por base comunitária a parte B do artigo 28.º-C da Sexta Directiva, correspondendo actualmente aos artigos 140.º e 141.º da Directiva do IVA.

Resumidamente, as isenções previstas no artigo 15.º do RITI são as seguintes:

i) Aquisições intracomunitárias de bens cuja transmissão ou importação no território nacional seria isenta: n.º 1, alíneas a) e b);

ii) Aquisições intracomunitárias de bens efectuadas por sujeitos passivos estabelecidos em outros Estados membros ou por entidades estabelecidas em países terceiros, que pudessem beneficiar do reembolso do IVA ao abrigo do Decreto-Lei n.º 408/87, de 31 de Dezembro: n.º 1, alínea c);[178]

---

b) do n.º 3 do artigo 28.º conjugada com o n.º 17 do anexo F da Sexta Directiva. Actualmente corresponde ao artigo 371.º conjugado com alínea 10) da parte B do anexo X da Directiva do IVA.

[178] Sobre esta matéria, veja-se o capítulo III da Parte IV, *infra*.

Capítulo II – Disposições que Estabelecem as Isenções do IVA   337

iii) Aquisições intracomunitárias de bens efectuadas por um sujeito passivo não residente, sem estabelecimento estável nem registo para efeitos do IVA em Portugal, que, no quadro das designadas "operações triangulares"[179], utilize um número de identificação fiscal emitido em outro Estado membro, que não aquele de proveniência dos bens, e os transmita a um sujeito passivo registado para efeitos do IVA em Portugal, sendo este último expressamente designado na factura como o devedor do imposto por essa transmissão: n.º 2.

5. IMPORTAÇÕES DE BENS E SERVIÇOS CONEXOS[180]

5.1. Isenções previstas no CIVA

Uma parte das disposições que contêm isenções do IVA na importação de bens, assim como em prestações de serviços com elas conexas, vem prevista no próprio CIVA, ao passo que outras isenções na importação vêm consagradas em legislação complementar ao CIVA. As isenções aplicáveis na importação de bens constam, na sua maioria, do artigo 13.º do CIVA, que tinha por base o artigo 14.º da Sexta Directiva e que tem correspondência hoje em dia nos artigos 143.º a 145.º da Directiva do IVA.

Em traços gerais, as importações de bens e serviços conexos, isentos ao abrigo do artigo 13.º do CIVA, são agrupáveis nas seguintes categorias:

i) Bens cuja transmissão seja isenta: n.º 1, alínea a);
ii) Embarcações e aeronaves, seus equipamentos e bens de abastecimento: n.º 1, alíneas b) a d), e n.º 3;
iii) Pescado: n.º 1, alínea e);
iv) Serviços conexos com a importação incluídos no valor tributável desta: n.º 1, alínea f);

---

[179] Sobre este assunto, veja-se a secção B do capítulo III da Parte II, *supra*.

[180] Sobre a aplicação das isenções do IVA na importação de bens, pode ver-se a Circular n.º 99/2007 (Série II), de 21 de Dezembro, da DGAIEC, e a Circular n.º 37/2008 (Série II), de 1 de Maio, da DGAIEC, disponíveis em ‹www.dgaiec.min-financas.pt›.

338 A Incidência e os Critérios de Territorialidade do IVA

v) Reimportação de bens: n.º 1, alínea g);
vi) Ouro importado pelo Banco de Portugal: n.º 1, alínea h);
vii) Gás, através do sistema de distribuição de gás natural, e electricidade: n.º 1, alínea i);
viii) Triciclos, cadeiras de rodas, com ou sem motor, automóveis ligeiros de passageiros ou mistos para uso próprio de pessoas com deficiência: n.º 1, alínea j);
ix) Acordos internacionais, relações diplomáticas e consulares, organismos internacionais e forças armadas de Estados que são partes da OTAN: n.º 2, alíneas a) a d).

Refira-se, ainda, que as isenções previstas na alínea p) do n.º 1 do artigo 14.º do CIVA abrangem também as prestações de serviços directamente relacionadas com a importação temporária com isenção total de direitos ou com a importação de bens destinados aos regimes ou locais previstos no n.º 1 do artigo 15.º do mesmo Código.[181]

5.2. Isenções previstas em legislação complementar

Além das isenções previstas no artigo 13.º do CIVA, as isenções do IVA na importação de bens, relativas a certas situações particulares, vêm estabelecidas em diversa legislação complementar ao CIVA.

Assim, no artigo 16.º do RITI vem estabelecida uma isenção na importação de bens, quando a mesma preceda uma imediata transmissão isenta dos mesmos bens com destino a outro Estado membro da Comunidade. Esta disposição tinha por base a parte D do artigo 28.º-C da Sexta Directiva, correspondendo à actual alínea d) do artigo 143.º da Directiva do IVA. Para que a isenção opere, o importador deve comprovar que os bens se destinam a um sujeito passivo noutro Estado membro e proceder à subsequente expedição ou transporte para esse fim no prazo de trinta dias. Os sujeitos passivos registados para efeitos do IVA noutros Estados membros podem também beneficiar da isenção na importação prevista no artigo 16.º do RITI, desde que se assegurem que as correspondentes obrigações acessórias são cumpridas por um despachante oficial ou por uma empresa transitária devidamente licenciada nos termos da legislação aplicável.

---

[181] V., *infra*, o n.º 6 deste capítulo, sobre isenções especiais relacionadas com o tráfego internacional de mercadorias.

Capítulo II – Disposições que Estabelecem as Isenções do IVA 339

Por seu turno, no Decreto-Lei n.º 398/86, de 26 de Dezembro, vem estabelecida uma isenção do IVA na importação de mercadorias que sejam objecto de pequenas remessas, sem carácter comercial, provenientes de países terceiros, que actualmente tem por base comunitária a Directiva 2006/79/CE, do Conselho, de 5 de Outubro de 2006.[182]

O Decreto-Lei n.º 179/88, de 19 de Maio, versa sobre a isenção do IVA na importação de mercadorias contidas na bagagem pessoal dos viajantes, transpondo a Directiva 69/169/CEE, do Conselho, de 28 de Maio de 1969.[183]

O Decreto-Lei n.º 31/89, de 25 de Janeiro, respeita à isenção do IVA na importação definitiva de certos bens, que transpõe um conjunto de actos comunitários, nomeadamente, a Directiva 68/297/CEE, do Conselho, de 19 de Junho de 1968, relativa à importação de combustível contidos nos reservatórios dos veículos comerciais, e a Directiva 83/181/CEE, do Conselho, de 28 de Março de 1983, relativa à importação definitiva de vários tipos de bens. O Decreto-Lei n.º 31/89 contempla diversas isenções de IVA na importação, entre outros, em casos de transferência de bens por ocasião da mudança de residência, de casamento, de transferência de actividades ou de aquisição por via sucessória, de importação de certos bens de reduzido valor, de produtos agrícolas, de substâncias de âmbito científico ou médico, amostras, assim como bens importados por certas instituições ou no quadro das relações internacionais.

---

[182] No plano comunitário, vigorava anteriormente a Directiva 78/1035/CEE, do Conselho, de 19 de Dezembro de 1978, com as suas subsequentes alterações, nomeadamente, as decorrentes da Directiva 81/933/CEE, do Conselho, de 17 de Novembro de 1981, e da Directiva 85/576/CEE, do Conselho, de 20 de Dezembro de 1985. A Directiva 78/1035/ /CEE foi revogada pelo artigo 6.º da Directiva 2006/79/CE, do Conselho, de 5 de Outubro de 2006. Esta última, porém, não comportou alterações de conteúdo em relação às disposições comunitárias então vigentes, já que o seu objectivo foi sistematizar e dar maior clareza e racionalidade à anterior directiva sobre a matéria, pelo que não implicou alterações ao Decreto-Lei n.º 398/86, de 26 de Dezembro.

[183] Esta directiva já teve diversas alterações, a mais recente das quais promovida pela Directiva 2007/74/CE, do Conselho, de 20 de Dezembro de 2007.

340 A Incidência e os Critérios de Territorialidade do IVA

6. ISENÇÕES ESPECIAIS RELACIONADAS COM O TRÁFEGO INTERNACIONAL DE MERCADORIAS

No artigo 15.º do CIVA vêm previstas algumas isenções relacionadas com o tráfego internacional de mercadorias, nomeadamente com operações ligadas à submissão de mercadorias a regimes aduaneiros económicos ou suspensivos. Essas isenções decorrem da possibilidade dada aos Estados membros pelo artigo 16.º da Sexta Directiva (com a redacção constante da parte E do seu artigo 28.º-C), que vem actualmente consignada nos artigos 154.º a 163.º da Directiva do IVA.

Descritas aqui de uma forma sucinta, essas isenções abrangem as seguintes operações:

i) Importações de bens para entrepostos não aduaneiros: n.º 1, alínea a);

ii) Transmissões de bens, e prestações de serviços com elas conexas, no âmbito de regimes de depósito temporário, zona franca, entreposto franco, entreposto aduaneiro, aperfeiçoamento activo ou de entreposto não aduaneiro, assim como de bens colocados em plataformas de perfuração ou de exploração situadas em águas territoriais: n.º 1, alíneas b) a d), e n.ºˢ 2 a 7;

iii) Transmissões de bens, e prestações de serviços com elas conexas, enquanto os bens estiverem submetidos a regimes de importação temporária com isenção total de direitos ou de trânsito: n.º 1, alínea e).

Além disso, no artigo 6.º do Decreto-Lei n.º 198/90, de 19 de Junho[184], vem estabelecida uma isenção do IVA para as transmissões de bens efectuadas a exportadores nacionais, quando os bens sejam por estes exportados no prazo de sessenta dias a contar da data da aceitação da declaração aduaneira de exportação, uma vez verificadas as formalidades e restantes condicionalismos previstos na mesma disposição.

---

[184] Com as alterações decorrentes do Decreto-Lei n.º 96/2004, de 23 de Abril.

Capítulo II – Disposições que Estabelecem as Isenções do IVA   341

7. OPERAÇÕES RELACIONADAS COM OURO PARA INVESTIMENTO[185]

Em face do disposto no n.º 1 do artigo 3.º do Regime Especial Aplicável ao Ouro para Investimento, aprovado pelo Decreto-Lei n.º 362/99, de 16 de Setembro[186], que estabelece o regime especial do IVA aplicável ao ouro para investimento, estão isentas do imposto as transmissões, as aquisições intracomunitárias e as importações de ouro para investimento. Além disso, nos termos do n.º 4 do artigo 2.º do Regime Especial, estão também isentas as prestações de serviços de intermediários que actuem em nome e por conta de outrem em operações relativas a ouro para investimento.

Os sujeitos passivos que pratiquem as referidas operações podem renunciar à isenção do IVA, nos termos do artigo 5.º do Regime Especial.

O conceito de "ouro para investimento", para efeitos do Regime Especial, consta do respectivo artigo 2.º.

8. DEDUÇÃO DO IVA RELACIONADO COM OPERAÇÕES ISENTAS

8.1. Isenções «simples» ou «incompletas»

As isenções previstas no artigo 9.º do CIVA são denominadas de "isenções simples" ou "isenções incompletas". Os sujeitos passivos que realizem operações abrangidas pelo artigo 9.º do CIVA não aplicam o IVA nas transmissões de bens ou prestações de serviços isentas, mas, em contrapartida, não podem exercer a dedução nem solicitar o reembolso do IVA pago nas aquisições de bens ou serviços relacionadas com essas operações. Excepção a esta regra de não dedução do IVA suportado nas aquisições, é o caso previsto na subalínea V) da alínea b) do n.º 1 do artigo 20.º do CIVA, relativamente às pres-

---

[185] Sobre esta matéria, veja-se também o n.º 7 da secção A do capítulo I da Parte II.

[186] Este diploma procedeu à transposição para o ordenamento interno da Directiva 98/80/CE, do Conselho, de 12 de Outubro de 1998.

342 *A Incidência e os Critérios de Territorialidade do IVA*

tações de serviços abrangidas pelos n.ᵒˢ 27) e 28) do artigo 9.º, quando os destinatários estejam estabelecidos ou domiciliados fora da Comunidade ou quando essas prestações de serviços digam directamente respeito a bens que se destinem a ser exportados para fora da Comunidade.

Por força do disposto no n.º 3 do artigo 54.º do CIVA, a inviabilidade de dedução do IVA suportado nas aquisições ocorre também no caso de realização de operações isentas ao abrigo do regime especial de isenção previsto nos artigos 53.º a 59.º do CIVA.

8.2. Isenções «completas» ou «operações à taxa zero»

As isenções do IVA são designadas de "isenções completas" ou "operações à taxa zero" quando se está perante situações em que os sujeitos passivos que realizam as operações não aplicam o IVA nas transmissões de bens ou prestações de serviços que efectuam, mas estão autorizados a obter o reembolso do IVA pago nas aquisições de bens ou serviços relacionadas com essas operações.

Para além da situação particular no âmbito de certas operações isentas ao abrigo dos n.ᵒˢ 27) e 28) do artigo 9.º do CIVA, tal ocorre também no caso da realização de operações isentas ao abrigo dos artigos 14.º e 15.º do CIVA, cuja faculdade de dedução do IVA suportado a montante vem consignada, respectivamente, na subalínea I) e na subalínea IV) da alínea b) do n.º 1 do artigo 20.º do CIVA. O mesmo se passa em relação às isenções previstas no artigo 14.º do RITI, por via do disposto n.º 2 do artigo 19.º do RITI. Idêntico regime é aplicado às operações isentas ao abrigo do artigo 6.º do Decreto-Lei n.º 198/90, de 19 de Junho.

No que respeita às isenções previstas no Regime Especial Aplicável ao Ouro para Investimento, aprovado pelo Decreto-Lei n.º 362/ /99, de 16 de Setembro, salvo renúncia à isenção, o direito à dedução só pode ser exercido quanto às despesas enumeradas no artigo 8.º do Regime Especial.

CAPÍTULO III

COMPROVAÇÃO DO DIREITO À ISENÇÃO NAS OPERAÇÕES INTERNACIONAIS

1. TRANSMISSÕES INTRACOMUNITÁRIAS DE BENS

Para efeitos da isenção que vinha prevista no primeiro parágrafo da alínea a) da parte A do artigo 28.°-C da Sexta Directiva e, actualmente, no n.° 1 do artigo 138.° da Directiva do IVA [correspondente ao artigo 14.°, alínea a), do RITI], os fornecedores de bens expedidos ou transportados para outros Estados membros da Comunidade podem obter confirmação da qualidade de sujeito passivo do IVA noutro Estado membro do adquirente dos bens, assim como informação sobre a validade do respectivo número de IVA, recorrendo ao "Sistema de Intercâmbio de Informações sobre o IVA", identificado por "sistema VIES".[187]

No entanto, para além do reconhecimento do adquirente como assumindo a qualidade de sujeito passivo noutro Estado membro, a aplicação da referida isenção exige também que os bens sejam efectivamente expedidos para um outro Estado membro da Comunidade. A questão da produção de prova da verificação das condições de isenção no caso de transmissões de bens com destino a outros Estados membros foi objecto de três acórdãos do TJCE, todos eles datados de 27 de Setembro de 2007, proferidos nos seguintes processos: C-409//04 (caso *Teleos e o.*, Colect. p. I-?); C-146/05 (caso *A. Collée*, Colect. p. I-?); e C-184/05 (caso *Twoh International*, Colect. p. I-?).

---

[187] O acesso ao "sistema VIES" obtém-se através da página da rede global com o endereço: ‹http://ec.europa.eu/taxation_customs/vies/vieshome.do›.

344 A Incidência e os Critérios de Territorialidade do IVA

1) Acórdão do TJCE de 27 de Setembro de 2007, processo C-409/04, caso *Teleos e o.*, Colect. p. I-?:

No acórdão relativo ao processo C-409/04 estavam em causa situações em que os bens (telemóveis) eram produzidos e entregues pelos fabricantes no Reino Unido, com vista a serem expedidos para outros Estados membros pelo adquirente, o qual, para efeitos de comprovação do direito à isenção, entregava aos fornecedores declarações de expedição "CMR".[188] No entanto, a administração fiscal do Reino Unido veio a apurar que, em certos casos, as declarações de expedição eram fictícias e que os bens não haviam saído do Reino Unido. Assim, muito embora tivesse chegado à conclusão de que os fornecedores dos bens desconheciam que as declarações de expedição não correspondiam à realidade, a administração fiscal do Reino Unido decidiu liquidar adicionalmente aos fornecedores o IVA relativo às operações que haviam sido indevidamente consideradas como isentas.

Sobre a matéria, o TJCE entendeu, em primeiro lugar, para que operasse a isenção então prevista no primeiro parágrafo da alínea a) da parte A do artigo 28.º-C da Sexta Directiva (artigo 138.º, n.º 1, da Directiva do IVA), que os bens teriam necessariamente de ser expedidos ou transportados para outro Estado membro e que, na sequência dessa expedição ou transporte, os bens teriam de sair fisicamente do Estado membro de origem.

No entanto, quando os fornecedores tenham agido de boa fé, apresentem provas que, à primeira vista, pareceriam justificar o direito à isenção e tenham feito diligências razoáveis para se assegurar de que não estavam perante operações fraudulentas, considerou o TJCE que as autoridades fiscais não poderiam proceder à liquidação adicional do IVA aos fornecedores dos bens.

Por último, o TJCE afirmou que a circunstância de o adquirente dos bens ter declarado a aquisição intracomunitária de bens perante as autoridades fiscais do Estado membro que alegadamente teria sido o Estado membro de destino dos bens não poderia representar, por si só, uma prova determinante de que os bens haviam saído do Estado membro de origem.

---

[188] Declaração de expedição prevista na Convenção Relativa ao Contrato de Transporte Internacional de Mercadorias por Estrada, assinada em Genebra a 19 de Maio de 1956, na redacção que lhe foi dada pelo Protocolo de 5 de Julho de 1978.

Capítulo III – Comprovação do Direito à Isenção nas Operações Internacionais 345

2) Acórdão do TJCE de 27 de Setembro de 2007, processo C-146/05, caso *A. Collée*, Colect. p. I-?:

No processo C-146/05 esteve em apreço determinar se a obtenção de prova relativa à ocorrência de uma transmissão intracomunitária de bens com direito à isenção poderia ter lugar em momento posterior. Em causa estava a venda de veículos automóveis por um concessionário a um sujeito passivo de outro Estado membro e que foram efectivamente transportados com destino ao adquirente nesse outro Estado membro. No entanto, por razões de carácter extra-fiscal, ligadas à exclusividade territorial no exercício do comércio, o concessionário simulou a intervenção no negócio de um intermediário, actuando em nome próprio e por conta de outrem, de modo que o concessionário facturou os automóveis ao intermediário, com IVA do Estado membro de origem, tendo, por sua vez, o intermediário facturado ao comprador dos veículos a transacção intracomunitária.

Tendo a administração fiscal alemã detectado a simulação, veio a recusar ao intermediário a dedução do IVA que lhe havia sido facturado pelo concessionário, considerando inválidas as facturas que haviam sido emitidas em relação a toda a operação. Perante isso, o concessionário pretendeu reconstituir a transacção real, facturando ele próprio ao efectivo comprador a venda dos veículos com destino a outro Estado membro e aplicando a isenção prevista no primeiro parágrafo da alínea a) da parte A do artigo 28.º-C da Sexta Directiva (artigo 138.º, n.º 1, da Directiva do IVA). A administração fiscal alemã, porém, veio a recusar a aplicação da isenção, uma vez que os lançamentos contabilísticos necessários e os respectivos documentos comprovativos não haviam sido produzidos de forma regular logo após a realização da transacção.

Sobre a matéria, o TJCE entendeu que, uma vez que se demonstrou que a transmissão intracomunitária de bens teve efectivamente lugar nas circunstâncias previstas na norma de isenção em apreço, as autoridades fiscais não poderiam recusar a aplicação dessa isenção apenas com o fundamento de que a respectiva prova não fora produzida atempadamente.

Além disso, o TJCE considerou que o facto de o sujeito passivo ter inicialmente ocultado a realização de uma transacção intracomunitária só poderia pôr em crise a aplicação da isenção na eventualidade de existir um risco de perda de receitas fiscais e de tal risco não ter sido completamente eliminado pelo sujeito passivo.

346 A Incidência e os Critérios de Territorialidade do IVA

3) Acórdão do TJCE de 27 de Setembro de 2007, processo C-184/05, caso *Twoh International*, Colect. p. I-?:

No processo C-184/05 esteve sob apreciação o caso de componentes de computadores que eram produzidos e entregues pelos fabricantes nos Países Baixos, com vista a serem expedidos para Itália pelo próprio adquirente dos bens. Embora o adquirente não tivesse apresentado ao fornecedor dos bens qualquer comprovativo da expedição ou transporte dos bens com destino a outro Estado membro, o fornecedor decidiu aplicar a isenção prevista no primeiro parágrafo da alínea a) da parte A do artigo 28.º-C da Sexta Directiva (artigo 138.º, n.º 1, da Directiva do IVA). Dado que o fornecedor não possuía qualquer prova da expedição ou transporte dos bens para fora dos Países Baixos, a administração fiscal desse país procedeu a liquidação adicional do IVA ao fornecedor. A liquidação foi por este impugnada com a alegação de que a administração fiscal dos Países Baixos estaria obrigada a solicitar à sua congénere italiana informações susceptíveis de demonstrar o carácter intracomunitário das referidas transacções.

Pronunciando-se sobre essa questão, o TJCE considerou que as autoridades fiscais do Estado membro de expedição ou transporte dos bens não estavam obrigadas a pedir informações às autoridades fiscais do Estado membro de destino indicado pelo fornecedor, não decorrendo tal obrigação, nem da própria norma de isenção em apreço, nem da sua conjugação com a Directiva 77/799/CEE, do Conselho, de 19 de Dezembro de 1977, relativa a assistência mútua entre administrações fiscais, ou com o Regulamento (CEE) n.º 218/92, do Conselho, de 27 de Janeiro de 1992, relativo à cooperação administrativa no domínio dos impostos indirectos.

4) Ofício-circulado n.º 30 009, de 10 de Dezembro de 1999, da DSIVA:

No plano interno, a matéria é objecto do ofício-circulado n.º 30 009, de 10 de Dezembro de 1999, da DSIVA, através do qual se divulgou o seguinte:

«1. Nos termos da alínea a) do artigo 14.º do Regime do IVA nas Transacções Intracomunitárias (RITI), as transmissões

Capítulo III – Comprovação do Direito à Isenção nas Operações Internacionais 347

de bens, efectuadas por um sujeito passivo do imposto dos referidos na alínea a) do n.º 1 do artigo 2.º do mesmo diploma, beneficiam da isenção aí prevista desde que verificadas as seguintes condições:

– os bens sejam expedidos ou transportados pelo vendedor, pelo adquirente ou por conta destes, a partir do território nacional para outro Estado membro da União Europeia; e

– o adquirente se encontre registado para efeitos do imposto sobre o valor acrescentado noutro Estado membro, tenha indicado o respectivo número de identificação fiscal e aí se encontre abrangido por um regime de tributação das aquisições intracomunitárias de bens.

2. Apesar da norma remissiva constante do artigo 34.º do RITI[189], determinando a aplicação da disciplina geral do Código do IVA (CIVA), em tudo o que não se revelar contrário ao disposto naquele Regime, o estatuído no n.º 8 do artigo 28.º do Código não poderá ter aplicação em sede de transacções intracomunitárias, já que tal norma elenca, com carácter taxativo, as isenções que, de entre as previstas no CIVA, estão submetidas às regras de comprovação aí expressamente previstas.

3. Todavia, a não submissão das isenções previstas no RITI às formas de comprovação estabelecidas no n.º 8 do artigo 28.º do CIVA[190] não implica que não seja necessário comprovar a verificação dos pressupostos daquelas isenções, necessidade essa que, actualmente, se encontra genericamente referida no n.º 4 do artigo 14.º da Lei Geral Tributária, e que já anteriormente decorria do teor do artigo 6.º do Estatuto dos Benefícios Fiscais, aplicável em matéria de IVA por força do artigo 1.º do mesmo Estatuto.

4. Perante a falta de norma que, na legislação do IVA, indique expressamente os meios considerados idóneos para comprovar a verificação dos pressupostos da isenção prevista na alínea a) do artigo 14.º do RITI, será de admitir que a prova da saída dos bens do território nacional possa ser efectuada recorrendo aos meios gerais de prova, nomeadamente através das seguintes possibilidades alternativas:

– os documentos comprovativos do transporte, os quais, consoante o mesmo seja rodoviário, aéreo ou marítimo, poderão

---

[189] Actual artigo 33.º do RITI.
[190] Actual artigo 29.º do CIVA.

348 *A Incidência e os Critérios de Territorialidade do IVA*

ser, respectivamente, a declaração de expedição (CMR), a carta de porte ("Airwaybill" – AWB) ou o conhecimento de embarque ("Bill of landing" – B/L);
- os contratos de transporte celebrados;
- as facturas das empresas transportadoras;
- as guias de remessa; ou
- a declaração, no Estado membro de destino dos bens, por parte do respectivo adquirente, de aí ter efectuado a correspondente aquisição intracomunitária.»

2. EXPORTAÇÕES DE BENS E OPERAÇÕES ASSIMILADAS A EXPORTAÇÃO

Nos termos do n.º 8 do artigo 29.º do CIVA, as transmissões de bens e as prestações de serviços isentas ao abrigo das alíneas a) a j), p) e q) do n.º 1 do artigo 14.º e das alíneas b), c), d) e e) do n.º 1 do artigo 15.º do mesmo Código, deverão ser comprovadas através dos documentos alfandegários apropriados ou, não havendo obrigação legal de intervenção dos serviços aduaneiros, de declarações emitidas pelo adquirente dos bens ou utilizador dos serviços, indicando o destino que lhes irá ser dado.

No n.º 9 do artigo 29.º do CIVA, estabelece-se que a falta dos documentos comprovativos referidos anteriormente determina a obrigação para o transmitente dos bens ou prestador dos serviços de liquidar o imposto correspondente.

Em relação à isenção nas transmissões de bens para fins privados com destino a adquirentes residentes em países terceiros, que os transportem na sua bagagem pessoal para fora da Comunidade, inserida no âmbito da alínea b) do n.º 1 do artigo 14.º do CIVA, a respectiva prova é produzida nos termos previstos no Decreto-Lei n.º 295/87, de 31 de Julho.

Acórdão do TJCE de 21 de Fevereiro de 2008, processo C-271/06, caso *Netto Supermarkt*, Colect. p. I-?:

Esta decisão versou sobre a responsabilidade do fornecedor dos bens no pagamento do IVA, no caso de lhe terem sido apresentados documentos supostamente comprovativos da exportação de mercado-

Capítulo III – Comprovação do Direito à Isenção nas Operações Internacionais 349

rias para fora da Comunidade, vindo mais tarde a apurar-se que se tratavam de documentos falsificados.

Em causa no processo principal estava um supermercado alemão que, após a venda das mercadorias com liquidação do IVA, reembolsava os seus clientes do imposto se estes fizessem prova da exportação dos bens.

Na sequência de diligências solicitadas pelo próprio supermercado junto das autoridades aduaneiras, estas chegaram à conclusão de que, entre os anos de 1993 e 1998, um grande número de provas de exportação apresentadas pelos seus clientes tinham sido elaboradas a partir de impressos aduaneiros falsos ou com recurso à falsificação de um carimbo alfandegário. Por esse motivo, a administração fiscal alemã decidiu proceder à liquidação adicional do IVA ao sujeito passivo.

Na sequência de impugnação desse acto tributário, veio a ser solicitado ao TJCE que se pronunciasse sobre se o n.º 2 do artigo 15.º da Sexta Directiva [actual alínea b) do n.º 1 do artigo 146.º da Directiva do IVA] dava a possibilidade de os Estados membros considerarem devido pelo fornecedor dos bens o IVA correspondente a operações cujos pressupostos de isenção não estavam preenchidos, mas sem que o sujeito passivo se tivesse apercebido disso, mesmo actuando de forma diligente.

Sobre esta matéria, o TJCE começou por referir que, nos termos do proémio do artigo 15.º da Sexta Directiva (actual artigo 131.º da Directiva do IVA), compete aos Estados membros a fixação das condições de aplicação da isenção nas exportações de bens, com vista a evitar a fraude, a evasão ou o abuso. A fixação dessas condições, porém, deve ter em consideração os princípios gerais de direito que fazem parte da ordem jurídica comunitária, entre eles, os princípios da segurança jurídica, da proporcionalidade e da protecção da confiança legítima.

A propósito da aplicação do princípio da proporcionalidade ao caso concreto, o TJCE frisou no n.º 23 do acórdão que *"seria claramente desproporcionado imputar ao sujeito passivo a responsabilidade pela perda de receitas fiscais causada pela actuação fraudulenta de terceiros sobre os quais não tem qualquer influência"*. É certo, recordou o Tribunal, que não é contrário ao direito comunitário exigir que o fornecedor tome todas as medidas razoavelmente exigíveis para se assegurar de que não está na presença de uma fraude fiscal. Todavia, a circunstância de o fornecedor dos bens ter actuado de boa-fé, de ter tomado as medidas razoáveis ao seu alcance e de estar excluída a sua participação na fraude constituem elementos relevantes para afastar a sua responsabilidade pelo pagamento do imposto.

Além disso, em relação à aplicação ao caso concreto do princípio da segurança jurídica, o TJCE salientou, no n.º 26 do acórdão, que as autoridades fiscais que, por um lado, haviam fixado a lista de documentos idóneos para justificar a isenção e que de início aceitaram como justificativos os documentos apresentados pelo fornecedor, não poderiam, posteriormente, obrigá-lo a pagar o IVA relativo às operações em causa em virtude de uma fraude da qual o mesmo não tinha tido possibilidade de tomar conhecimento.

Em face dessas considerações, na parte do dispositivo, o TJCE declarou que *"[o] artigo 15.º, ponto 2, da Sexta Directiva [...] deve ser interpretado no sentido de que não obsta a que os Estados- -Membros isentem do imposto sobre o valor acrescentado uma entrega de bens para exportação para fora da Comunidade Europeia quando, embora não se verifiquem os pressupostos da isenção, o sujeito passivo não tenha podido aperceber-se de que tais pressupostos não estavam preenchidos, mesmo tendo actuado com a diligência de um comerciante avisado, devido à falsificação da prova da exportação apresentada pelo comprador"*.

PARTE IV

ASPECTOS COMPLEMENTARES
RELATIVOS ÀS REGRAS DE LOCALIZAÇÃO
DAS OPERAÇÕES

CAPÍTULO I

LIQUIDAÇÃO E ENTREGA DO IVA PELOS DESTINATÁRIOS DAS OPERAÇÕES

1. INTRODUÇÃO

As regras que definem a localização em território nacional das operações previstas na incidência do IVA, por via de regra, não atendem ao critério do lugar da sede, estabelecimento estável ou domicílio da entidade que realiza tais operações. Nesse domínio, o único caso merecedor de relevo é o da regra geral de localização das prestações de serviços, a qual, ainda assim, dado o significativo número de excepções, acaba por ter um âmbito de aplicação relativamente reduzido.

Assim, da aplicação das regras relativas ao lugar de tributação, ocorrem frequentes situações em que a entidade que pratica uma dada transmissão de bens ou uma prestação de serviços considerada efectuada em Portugal não dispõe em território nacional de sede, estabelecimento estável ou domicílio.

Acresce que a definição de sujeito passivo constante do primeiro parágrafo da alínea a) do n.º 1 do artigo 2.º do CIVA é bastante ampla, englobando no conceito todas as pessoas singulares ou colectivas que exerçam uma actividade económica, onde quer que o exercício da mesma ocorra. Assim, a circunstância de se estar na presença de uma entidade não estabelecida em território português que nele pratique transmissões de bens ou prestações de serviços não é impeditiva de a mesma se configurar como um sujeito passivo do IVA em vigor em Portugal.[191]

---

[191] O mesmo sucede em relação às entidades não residentes, sem estabelecimento estável em território português, que aqui efectuem aquisições intracomunitárias de bens, por

354 *A Incidência e os Critérios de Territorialidade do IVA*

Todavia, a qualificação como sujeito passivo do imposto, nos termos do primeiro parágrafo da alínea a) do n.º 1 do artigo 2.º do CIVA, das pessoas singulares ou colectivas não sediadas, estabelecidas ou domiciliadas no território nacional, em relação às transmissões de bens ou prestações de serviços por si efectuadas em Portugal nem sempre se verifica. Com efeito, no segundo parágrafo da alínea a) e nas alíneas e) a h) do n.º 1 do artigo 2.º do CIVA estabelecem-se excepções à qualificação como sujeito passivo destas entidades, quando estejam em causa as circunstâncias ou as operações expressamente previstas nessas disposições. Em tais casos, a qualidade de sujeito passivo do imposto, que fica obrigado à respectiva liquidação e pagamento, incumbe aos adquirentes dos bens ou destinatários dos serviços.

2. OPERAÇÕES PRATICADAS POR ENTIDADES NÃO ESTABELECIDAS

2.1. Legislação aplicável

No plano comunitário, a matéria relacionada com as situações em que os destinatários das operações praticadas por entidades não estabelecidas são, ou podem ser, aqueles que ficam obrigados à liquidação e entrega do IVA devido por essas operações vinha prevista no n.º 1 do artigo 21.º da Sexta Directiva (com a redacção que lhe era dada pelo seu artigo 28.º-G), sob a epígrafe "Devedores de imposto". Actualmente, a matéria vem regulada em moldes idênticos nos artigos 193.º e seguintes da Directiva do IVA, em especial nos artigos 194.º e 196.º, inseridos, sob a epígrafe "Devedores do imposto perante o Fisco", na secção 1 do capítulo I do seu título XI.

O direito comunitário recorre à expressão "devedores de imposto" para designar aqueles que estejam ou possam estar obrigados a proceder directamente ao pagamento do IVA às administrações fiscais, quer sejam os próprios fornecedores dos bens ou prestadores dos serviços, quer sejam os adquirentes dos bens, destinatários dos serviços ou, eventualmente terceiras pessoas, quer sejam os importadores de

---

força do disposto na alínea d) do n.º 1 do artigo 2.º do CIVA, conjugado com as remissões para a alínea a) do n.º 1 do artigo 2.º do CIVA contidas nas alíneas a) e b) do n.º 1 do artigo 2.º do RITI.

Capítulo I – Liquidação e Entrega do IVA pelos Destinatários das Operações 355

bens ou as pessoas que em factura ou documento equivalente mencionem indevidamente o IVA. Por sua vez, a expressão "sujeito passivo" é reservada pelo legislador comunitário para as pessoas singulares ou colectivas que exerçam uma actividade económica, onde quer que esse exercício ocorra, correspondendo à definição de sujeito passivo que consta do primeiro parágrafo da alínea a) do n.º 1 do artigo 2.º do CIVA.

No entanto, o legislador português entendeu englobar também na definição de sujeito passivo as outras entidades que a legislação comunitária designa apenas de devedores do imposto, por razões que se prendem com a circunstância de, ao serem-lhes atribuídas obrigações relacionadas com o apuramento do imposto, com a declaração e entrega deste nos cofres do Estado e, eventualmente, com o cumprimento de obrigações acessórias complementares, tais entidades se configurarem também como sujeitos passivos de obrigações tributárias em razão dessas operações.[192]

Os casos em que, na legislação portuguesa, as situações de inversão do sujeito passivo[193], ou seja, os casos em que o adquirente dos bens ou destinatário dos serviços está obrigado a proceder à "autoliquidação" do imposto, devido ao facto de o transmitente dos bens ou prestador dos serviços não se encontrar estabelecido em Portugal, vêm previstas no segundo parágrafo da alínea a) e nas alíneas e) a h) do n.º 1 do artigo 2.º do CIVA.[194]

Seguidamente, indica-se com mais detalhe cada uma dessas situações.

2.2. Artigo 2.º, n.º 1, alínea a), segundo parágrafo, do CIVA

Em relação aos serviços enumerados no n.º 8 do artigo 6.º do CIVA, prestados por entidades não residentes, sem estabelecimento

---

[192] Sobre a matéria, cf. J. G. Xavier de Basto, *A Tributação do Consumo e a sua Coordenação Internacional*, Cadernos de Ciência e Técnica Fiscal, n.º 164, Lisboa, 1991, DGCI/CEF.

[193] Assiste-se com frequência ao recurso à expressão inglesa *"reverse charge"* para aludir a tais situações.

[194] As alíneas i) e j) do n.º 1 do artigo 2.º do CIVA prevêm outras situações em que os adquirentes de certos bens ou serviços são os sujeitos passivos do imposto, mas tal não se deve ao facto de os transmitentes ou prestadores não se encontrarem estabelecidos no território nacional, pelo que não vêm aqui ao caso.

356 *A Incidência e os Critérios de Territorialidade do IVA*

estável em território português, a pessoas singulares ou colectivas abrangidas pelo primeiro parágrafo do n.º 1 do artigo 2.º do CIVA, com sede, estabelecimento estável ou domicílio em Portugal, o segundo parágrafo daquele n.º 1 confere a estas últimas a qualidade de sujeitos passivos em relação a tais operações.

Nas condições indicadas, os destinatários das prestações de serviços são considerados os sujeitos passivos do imposto ainda que, no exercício da sua actividade, pratiquem exclusivamente operações isentas do IVA.

As prestações de serviços listadas no n.º 8 do artigo 6.º do CIVA são, em traços gerais, as seguintes: cessão ou concessão de direitos de autor, de *brevets*, licenças, marcas de fabrico e de comércio e outros direitos análogos; serviços de publicidade; serviços de consultores, engenheiros, advogados, economistas e contabilistas e gabinetes de estudo em todos os domínios, compreendendo os de organização, investigação e desenvolvimento; tratamento de dados e fornecimento de informações; operações bancárias, financeiras e de seguro ou resseguro, com excepção da locação de cofres-fortes; colocação de pessoal à disposição; locação de bens móveis corpóreos, com excepção dos meios de transporte; serviços de telecomunicações; cedência de direitos sobre atletas desportivos; serviços de radiodifusão e televisão; serviços prestados por via electrónica; cessão ou concessão do acesso a sistemas de distribuição de gás natural ou de electricidade, a prestação de serviços de transporte ou envio através dos mesmos e as prestações de serviços directamente conexas; serviços de intermediação em nome e por conta de outrem no fornecimento das prestações de serviços acima enumeradas; e obrigação de não exercer uma actividade profissional ou um direito acima enumerados.[195]

2.3. Artigo 2.º, n.º 1, alínea e), do CIVA

A alínea e) do n.º 1 do artigo 2.º do CIVA reporta-se às prestações de serviços enumeradas no n.º 11 do artigo 6.º (transporte intracomunitário de bens); no n.º 13 (serviços acessórios de um transporte intracomunitário de bens); no n.º 16 (intermediação em nome e por

---

[195] Sobre as regras de localização destes serviços, veja-se, *supra*, a secção E do capítulo II da Parte II.

Capítulo I – Liquidação e Entrega do IVA pelos Destinatários das Operações   357

conta de outrem num transporte intracomunitário de bens ou em serviços acessórios deste); na alínea b) do n.º 17 (outros serviços de intermediação em nome e por conta de outrem); e no n.º 19 (trabalhos sobre bens móveis corpóreos e peritagens a eles referentes).[196]

Quando os referidos serviços sejam prestados por entidades não residentes, sem estabelecimento estável em território português, tendo como destinatárias pessoas singulares ou colectivas abrangidas pelo primeiro parágrafo do n.º 1 do artigo 2.º do CIVA, com sede, estabelecimento estável ou domicílio em Portugal, a alínea e) daquele n.º 1 confere a estas últimas a qualidade de sujeitos passivos em relação a tais operações.

Saliente-se, porém, que os destinatários dos serviços a que alude a alínea e) do n.º 1 do artigo 2.º do CIVA apenas são considerados os sujeitos passivos do imposto quando estejam enquadrados no regime normal de tributação ou quando estejam abrangidos por um regime de tributação das aquisições intracomunitárias de bens. Tal acepção resulta da circunstância de os n.ᵒˢ 11, 13, 16, 17 e 19 do artigo 6.º do CIVA estabelecerem como condições para que haja lugar à aplicação da regra de localização aí prevista que o adquirente dos serviços seja um sujeito passivo dos referidos nas alíneas a) e d) do n.º 1 do artigo 2.º do CIVA e que utilize o respectivo número de identificação fiscal para efectuar a aquisição.

2.4. Artigo 2.º, n.º 1, alínea f), do CIVA

Em relação aos serviços previstos na alínea a) do n.º 10 do artigo 6.º do CIVA, em que a locação de um meio de transporte seja efectuada por um locador estabelecido fora da Comunidade mas a exploração e utilização efectiva do mesmo ocorra em território nacional, a alínea f) do n.º 1 do seu artigo 2.º nomeia o locatário o sujeito passivo do imposto por essa operação, quando este se trate de um sujeito passivo do IVA nos termos do primeiro parágrafo da alínea a) desse n.º 1.[197]

---

[196] Sobre as regras de localização destes serviços, veja-se, *supra*, as secções C, J, L e M do capítulo II da Parte II.

[197] Sobre a referida regra de localização, veja-se a secção G do capítulo II da Parte II.

358 *A Incidência e os Critérios de Territorialidade do IVA*

Nas condições indicadas, os locatários são considerados os sujeitos passivos do imposto ainda que, no exercício da sua actividade, pratiquem exclusivamente operações isentas do IVA.

Ofício-circulado n.º 92 219, de 11 de Setembro de 1997, da DSIVA:

«[...]
2.1. Apesar dos ajustamentos ocorridos na redacção do n.º 10 do artigo 6.º do CIVA, e que levaram à criação das alíneas a) e b), mantêm-se inalteráveis as regras de localização as regras de localização das prestações de serviços de locação de meios de transporte.

Nessa matéria, a única alteração ocorrida resulta do aditamento de uma alínea f) ao n.º 1 do artigo 2.º do CIVA, considerando-se sujeitos passivos do imposto os adquirentes daqueles serviços, quando se verifiquem, cumulativamente, as seguintes condições:

- o prestador dos serviços (locador) não tenha, no território da Comunidade Europeia, sede, estabelecimento estável ou domicílio a partir do qual os serviços sejam prestados;
- a utilização e exploração efectivas do meio de transporte ocorram no território nacional; e
- o adquirente dos serviços (locatário) seja um sujeito passivo do IVA no território nacional.»

2.5. Artigo 2.º, n.º 1, alínea g), do CIVA

Na sequência da transposição para a ordem jurídica interna da Directiva 2000/65/CE, do Conselho, de 17 de Outubro de 2000, pelo Decreto-Lei n.º 179/2002, de 3 de Agosto, foi aditada uma alínea g) ao n.º 1 do artigo 2.º do CIVA. Esse aditamento visou a implementação de um mecanismo que permita assegurar mais eficazmente a boa cobrança do imposto nas situações em que o transmitente dos bens ou o prestador dos serviços não disponha de sede ou de estabelecimento estável em Portugal e aqui não tenha procedido à nomeação de representante fiscal.

A mencionada disposição respeita às transmissões de bens e às prestações de serviços que não sejam abrangidas pelo segundo parágrafo da alínea a) e pelas alíneas e), f) e h) do n.º 1 do artigo 2.º do CIVA, realizadas pelas referidas entidades.

Capítulo I – Liquidação e Entrega do IVA pelos Destinatários das Operações   359

Nos termos da alínea g) do n.º 1 do artigo 2.º do CIVA, são os destinatários das operações os sujeitos passivos das transmissões de bens ou prestações de serviços efectuadas por entidades que não disponham de sede, estabelecimento estável ou domicílio em território nacional e que não tenham procedido à nomeação de representante fiscal prevista no artigo 30.º do CIVA.

A qualidade de sujeito passivo verifica-se quando os adquirentes dos bens ou dos serviços sejam pessoas singulares ou colectivas abrangidas pelo primeiro parágrafo do n.º 1 do artigo 2.º do CIVA, com sede, estabelecimento estável ou domicílio em Portugal, ainda que, no exercício da sua actividade, pratiquem exclusivamente operações isentas.

Ofício-circulado n.º 30 073, de 24 de Março de 2005, da DSIVA:

Pese embora a motivação acima indicada, no ofício-circulado n.º 30 073, de 24 de Março de 2005, da DSIVA, elaborado a propósito do reembolso do IVA a sujeitos passivos não residentes e sem estabelecimento estável Portugal, o âmbito de aplicação da alínea g) do n.º 1 do artigo 2.º do CIVA encontra-se algo restringido, nos seguintes termos:

«1. A alínea g) do n.º 1 do art.º 2.º do CIVA engloba no conceito de sujeito passivo "as pessoas singulares ou colectivas referidas na alínea a), que sejam adquirentes em transmissões de bens ou prestações de serviços efectuadas no território nacional por sujeitos passivos que aqui não tenham sede, estabelecimento estável ou domicílio nem disponham de representante nos termos do art.º 29.º"».[198]

No entanto, não obstante a inexistência de sede, estabelecimento estável ou domicílio, os sujeitos passivos não residentes estarão adstritos ao cumprimento das obrigações decorrentes do CIVA, caso aqui possuam um registo para efeitos de IVA, independentemente da possibilidade que lhe é dada de proceder à nomeação de um representante, sujeito passivo do imposto sobre o

---

[198] Actual artigo 30.º do CIVA.

360 *A Incidência e os Critérios de Territorialidade do IVA*

valor acrescentado no território nacional, munido de procuração com poderes bastantes.

Nestes casos, ficam nomeadamente sujeitos ao cumprimento das obrigações do Código do IVA, designadamente as de liquidação e pagamento do imposto devido pelas operações realizadas no território nacional ficando esvaziada de conteúdo a disposição contida na alínea g) do n.º 1 do art.º 2.º do CIVA.

[...]»

2.6. Artigo 2.º, n.º 1, alínea h), do CIVA

Nos termos da alínea h) do n.º 1 do artigo 2.º do CIVA, os adquirentes de gás, através do sistema de distribuição de gás natural, ou de electricidade, quando os fornecedores desses bens não disponham de sede, estabelecimento estável ou domicílio no território nacional, são considerados os sujeitos passivos dessas operações. Essa qualidade de sujeito passivo dos adquirentes verifica-se quando estes sejam pessoas singulares ou colectivas abrangidas pelo primeiro parágrafo do n.º 1 do artigo 2.º do CIVA, que disponham de sede, estabelecimento estável ou domicílio em território português, ainda que, no exercício da sua actividade, pratiquem exclusivamente operações isentas do IVA.[199]

Ofício-circulado n.º 30 081, de 26 de Julho de 2005, da DSIVA:

«[...]

1.5 – Assim, deve considerar-se o seguinte:

– Os sujeitos passivos, revendedores ou não, que efectuam aquisições de gás, através do sistema de distribuição de gás natural, ou de electricidade, nas condições referidas na alínea h) do n.º 1 do artigo 2.º, do CIVA, (cujos transmitentes não disponham no território nacional de sede, estabelecimento estável a partir do qual a transmissão seja efectuada, ou domicílio) devem proceder à liquidação do imposto devido. O imposto liquidado nestas circuns-

---

[199] Sobre as regras de localização destas operações, veja-se a secção D do capítulo I da Parte II.

Capítulo I – Liquidação e Entrega do IVA pelos Destinatários das Operações 361

tâncias pode ser objecto de dedução, nos termos dos artigos 19.º a 23.º do Código do IVA, sendo os respectivos valores relevados no quadro 06 da declaração periódica, nos campos 1 a 4 (base tributável e imposto a favor do Estado) e 21 ou 24 (IVA dedutível), se for caso disso; [...]»

3. APURAMENTO E ENTREGA DO IVA PELOS DESTINATÁRIOS DAS OPERAÇÕES

3.1. Sujeitos passivos que realizem operações que conferem direito à dedução do IVA

Quando enquadrados nas situações acabadas de enumerar no n.º 2 deste capítulo, os sujeitos passivos do IVA obrigados à apresentação da declaração periódica de imposto, prevista no artigo 41.º do CIVA, devem indicar nessa declaração o valor das aquisições de bens ou serviços submetidas ao mecanismo de "autoliquidação" do IVA, assim como o montante do imposto correspondente. O valor da base tributável será feito constar dos campos 1, 3 ou 5 do quadro 06 da declaração, consoante a taxa do IVA que for aplicável. Por sua vez, o valor do respectivo imposto deve ser indicado nos campos 2, 4 ou 6 do mesmo quadro.[200]

Simultaneamente, estando em causa aquisições de bens ou serviços cuja dedução do IVA não esteja excluída nos termos do artigo 21.º do CIVA, que se relacionem com a realização pelo sujeito passivo de operações a jusante susceptíveis de conferir direito à dedução, total ou parcial, do IVA suportado, o sujeito passivo deverá indicar o valor do imposto dedutível nos campos 20 a 24 do mesmo quadro 06.

A este respeito, assinale-se que apenas a realização por um sujeito passivo das operações enumeradas no n.º 1 do artigo 20.º do CIVA é susceptível de lhe permitir desonerar-se dos montantes de IVA pagos em razão das aquisições de bens ou serviços por ele efectuadas. Quando tal suceder, estabelecem as alíneas c) e d) do n.º 1 do artigo

---

[200] Note-se que tal não abrange as aquisições intracomunitárias de bens, cuja declaração é feita nos campos 10 e 11 do quadro 06.

362 *A Incidência e os Critérios de Territorialidade do IVA*

19.º do CIVA que, para apuramento do imposto devido ao Estado, os sujeitos passivos devem deduzir ao imposto incidente sobre as operações tributáveis que efectuaram o IVA devido pela aquisição dos bens ou serviços abrangidos pelos n.os 8, 11, 13 e 16, pela alínea b) do n.º 17 e pelos n.os 19 e 22 do artigo 6.º do CIVA, assim como o imposto pago como destinatário de operações tributáveis abrangidas pela alínea g) do n.º 1 do artigo 2.º do CIVA, isto é, operações efectuadas por sujeitos passivos estabelecidos no estrangeiro que não tenham no território nacional um representante legalmente acreditado, quando estes não tiverem facturado o IVA.

3.2. Sujeitos passivos que apenas realizem operações que não conferem direito à dedução do IVA

Relativamente a este tipo de sujeitos passivos, uma das situações possíveis respeita àqueles que estiverem enquadrados no regime de tributação das aquisições intracomunitárias de bens, por não verificarem as condições de não sujeição previstas no artigo 5.º do RITI. Esses sujeitos passivos estão obrigados à apresentação da declaração de imposto prevista no artigo 29.º do RITI, relativamente aos períodos em que realizem operações tributáveis. Para esses casos, determina o n.º 4 do artigo 27.º do CIVA que o imposto devido pelos destinatários das operações que a seguir se indicam seja por estes pago até ao final do mês seguinte àquele em que se torna exigível, nos termos do n.º 2 do artigo 22.º do RITI. Tal ocorre com as aquisições de bens ou serviços efectuadas nas condições previstas na alínea g) do n.º 1 do artigo 2.º do CIVA, dos serviços abrangidos pelo n.º 8, pela alínea b) do n.º 10, pelos n.os 11, 13 e 16, pela alínea b) do n.º 17 e pelo n.º 19 do artigo 6.º do CIVA, assim como dos bens a que se refere o n.º 22 do mesmo artigo 6.º, quando os transmitentes dos bens ou prestadores dos serviços não se encontrem estabelecidos no território nacional.

O regime acabado de indicar também se aplica ao Estado e demais pessoas colectivas públicas, quando as respectivas actividades se encontrem não sujeitas a IVA em aplicação do n.º 2 do artigo 2.º do CIVA, mas não verifiquem as condições de não sujeição das aquisições intracomunitárias de bens definidas no artigo 5.º do RITI. Assim, quando tais entidades estejam obrigadas à apresentação da declaração de imposto a que se refere o artigo 29.º do RITI, e sejam

Capítulo I – Liquidação e Entrega do IVA pelos Destinatários das Operações 363

destinatárias das operações acima indicadas, ficam submetidas às mesmas obrigações e prazos de entrega do IVA "autoliquidado".

Além dos indicados, pode suceder que outros sujeitos passivos que pratiquem exclusivamente operações isentas, sem direito à dedução do IVA suportado nas aquisições, sejam destinatários de operações em relação às quais fiquem obrigados à liquidação e entrega ao Estado do correspondente imposto. Tal sucede com as aquisições de bens ou serviços efectuadas nas condições previstas na alínea g) do n.º 1 do artigo 2.º do CIVA, assim como dos serviços abrangidos pelo n.º 8 e pela alínea b) do n.º 10 e dos bens enumerados no n.º 22 do artigo 6.º do CIVA, quando os transmitentes ou prestadores não se encontrem estabelecidos no território nacional. Se os destinatários destas operações não estiverem obrigados a entregar a declaração periódica nos termos do artigo 29.º do RITI, o n.º 3 do artigo 27.º do CIVA determina que o imposto seja por estes entregue nas tesourarias de finanças até ao final do mês seguinte àquele que o imposto se tornou exigível em aplicação das regras previstas no artigo 7.º do CIVA.

3.3. Formalidades para a dedução do IVA devido pelos destinatários das operações

Acórdão do TJCE de 1 de Abril de 2004, processo C-90/02, caso *Gummersbach*, Colect. p. I-3303:

No processo em referência esteve em causa, no essencial, determinar se um sujeito passivo obrigado à "autoliquidação" do IVA, pelo facto de ser adquirente de determinados serviços a um sujeito passivo estabelecido noutro Estado membro, poderia exercer o direito à dedução desse montante de IVA "autoliquidado", considerando que não possuía uma factura emitida nos termos legais pelo prestador dos serviços.

A análise desenvolvida pelo TJCE centrou-se, em primeiro lugar, em apurar se em casos de "autoliquidação" o direito à dedução decorreria exclusivamente do disposto na alínea d) do n.º 1 do artigo 18.º da Sexta Directiva (actual alínea f) do artigo 178.º da Directiva do IVA), ou se estaria também dependente do estabelecido na alínea a) do n.º 1 do mesmo artigo (actual alínea a) do artigo 178.º da Directiva do IVA).

364   *A Incidência e os Critérios de Territorialidade do IVA*

A esse respeito, no n.º 47 do acórdão, o TJCE concluiu que *"apenas o referido artigo 18.º, n.º 1, alínea d), é aplicável ao procedimento de autoliquidação como o do caso vertente"*. Por conseguinte, um sujeito passivo que seja devedor do imposto na qualidade de destinatário de uma prestação de serviços não está obrigado a possuir uma factura elaborada nos termos do n.º 3 do artigo 22.º da Sexta Directiva, na redacção desta disposição que lhe era dada pelo artigo 28.º-H, com vista ao exercício do direito à dedução.[201] Estaria apenas obrigado ao cumprimento das formalidades estabelecidas pelo Estado membro respectivo no exercício da possibilidade que era facultada pela alínea d) do n.º 1 do artigo 18.º da Sexta Directiva.

Todavia, o TJCE assinalou, no n.ºs 50 a 52, que a possibilidade dada aos Estados membros na referida alínea d), em relação à imposição e ao alcance das formalidades a cumprir para que o direito à dedução possa ter lugar, *"não devem ultrapassar o estritamente necessário para controlar a aplicação correcta do procedimento de autoliquidação em causa"*. Sendo assim, se a administração fiscal considera que dispõe dos dados necessários para determinar que o sujeito passivo é devedor do IVA na qualidade de destinatário de uma prestação de serviços, não pode impor, em matéria de direito à dedução desse imposto, condições adicionais que possam ter como efeito a impossibilidade de essa dedução se efectivar.

Tal ponto de vista levou a que o Tribunal declarasse, no dispositivo do acórdão, que *"[u]m sujeito passivo que seja devedor do imposto sobre o valor acrescentado correspondente enquanto destinatário de serviços, nos termos do artigo 21.º n.º 1, da Sexta Directiva [...] não é obrigado a possuir uma factura emitida nos termos do n.º 3 do artigo 22.º da referida directiva para poder exercer o seu direito à dedução"*.

---

    [201] Os factos a que respeitava o processo principal haviam ocorrido nos anos de 1994 e 1995, pelo que a decisão se reportava à redacção da referida disposição anterior às alterações em matéria de facturação promovidas pela Directiva 2001/115/CE, do Conselho, de 20 de Dezembro de 2001. No entanto, como o TJCE afirmou no n.º 44 do acórdão, as alterações introduzidas ao n.º 3 do artigo 22.º por esse acto comunitário são relativas à obrigação de facturação, mas não visam as condições que dão direito à dedução enquanto tais. As regras comunitárias relativas à facturação, para efeitos do IVA, encontram-se actualmente nos artigos 217.º a 240.º da Directiva do IVA.

CAPÍTULO II

REPRESENTAÇÃO DE NÃO RESIDENTES
SEM ESTABELECIMENTO ESTÁVEL

Em resultado da aplicação das regras relativas ao lugar de tributação em IVA das operações, sucede com frequência que entidades que não dispõem de sede, estabelecimento estável ou domicílio em Portugal realizem transmissões de bens, prestações de serviços ou aquisições intracomunitárias de bens consideradas efectuadas em território nacional.

Salvo os casos previstos no n.º 1 do artigo 2.º do CIVA em que a obrigação de liquidação e pagamento do IVA incumba aos adquirentes dos bens ou destinatários dos serviços, as entidades não estabelecidas constituem-se, relativamente às referidas operações, como sujeitos passivos do IVA português, estando obrigados ao cumprimento da generalidade das obrigações previstas na legislação do IVA. Para o efeito, no artigo 30.º do CIVA e no artigo 24.º do RITI encontra-se previsto e regulado, para efeitos do IVA, o estatuto da representação fiscal. Estas disposições tinham por base comunitária o n.º 2 do artigo 21.º da Sexta Directiva, com a redacção que lhe era dada pelo seu artigo 28.º-G, correspondendo, actualmente, ao artigo 204.º da Directiva do IVA.

Assim, nos casos em que o transmitente dos bens ou prestador dos serviços não residente e sem estabelecimento estável em território nacional seja o sujeito passivo de operações efectuadas no território nacional, a legislação prevê a nomeação de um representante fiscal, com vista a assegurar o cumprimento das obrigações decorrentes da tributação.

O representante fiscal deve ser um sujeito passivo do IVA sediado, estabelecido ou domiciliado em território português e estar munido de uma procuração com poderes bastantes, respondendo solidariamente com o representado pelo cumprimento dessas obrigações.

O representante fiscal deve cumprir todas as obrigações previstas na legislação do IVA que impendam sobre o seu representado, incluindo o respectivo registo no ficheiro de contribuintes, sendo considerado o devedor do imposto relativo às operações realizadas por aquele. No entanto, o sujeito passivo não estabelecido em território nacional é solidariamente responsável com o representante pelo pagamento do imposto devido.

A identidade do representante fiscal deve ser comunicada ao adquirente dos bens ou destinatário dos serviços antes de ser efectuada a operação.

Na sequência das alterações promovidas pelo Decreto-Lei n.º 179/2002, de 3 de Agosto – que transpôs para a ordem jurídica interna da Directiva 2000/65/CE, do Conselho, de 17 de Outubro de 2000 –, passou a ser facultativa a nomeação de representante fiscal pelas entidades que disponham de sede, estabelecimento estável ou domicílio noutro Estado membro da Comunidade. A obrigação de nomeação de representante fiscal no território nacional, prevista no CIVA e no RITI, subsiste apenas para as entidades residentes em países terceiros que não disponham de um estabelecimento estável no território fiscal da Comunidade.

Assim, só os sujeitos passivos não residentes, sem estabelecimento estável em Portugal, que também não disponham de sede, estabelecimento estável ou domicílio em qualquer outro Estado membro da Comunidade é que estão obrigados a nomear representante fiscal para efeitos do IVA. Por seu turno, os sujeitos passivos não residentes, sem estabelecimento estável em Portugal, mas que disponham de sede, estabelecimento estável ou domicílio noutro Estado membro, não estão abrangidos por essa obrigação, mas podem optar por proceder à nomeação de um representante fiscal para efeitos do IVA em território nacional.

Quanto às transacções intracomunitárias, idêntico regime em matéria de representação fiscal dos sujeitos passivos não residentes sem estabelecimento estável em Portugal vem previsto no artigo 24.º do RITI.

Quando as entidades não estabelecidas em território português, que nele realizem transmissões de bens ou prestações de serviços, não tenham nomeado representante fiscal ou não dêem conhecimento dessa nomeação aos adquirentes dos bens ou dos serviços, compete a estes últimos proceder à liquidação e entrega do correspondente imposto, quando prossigam, eles próprios, actividades abrangidas

Capítulo II – Representação de não Residentes sem Estabelecimento Estável 367

pela incidência do IVA. Como se viu, tal obrigação resulta da norma de incidência pessoal contida na alínea g) do n.º 1 do artigo 2.º do CIVA, constituindo-se como um mecanismo destinado a assegurar a boa cobrança do imposto.[202]

Acórdão do TJCE de 15 de Junho de 2006, processo C-249/ /05, Comissão/Finlândia, Colect. p. I-?:

Tratou-se de uma acção de incumprimento promovida pela Comissão Europeia contra a Finlândia por este Estado membro exigir a nomeação de representante fiscal, para efeitos do IVA, aos sujeitos passivos estabelecidos noutros Estados membros ou em países terceiros com quem aquele país celebrara acordos de assistência mútua. Sob especial enfoque da Comissão estava a alegação de que a Finlândia, ao impor semelhante obrigação, se encontrava a violar o n.º 2 do artigo 21.º da Sexta Directiva, conforme redacção dessa disposição que lhe era dada pelo artigo 28.º-G (actual artigo 204.º da Directiva do IVA), assim como o n.º 8 do artigo 22.º da Sexta Directiva, conforme redacção dessa disposição que lhe era dada pelo artigo 28.º-H (actual artigo 273.º da Directiva do IVA).

Tendo considerado a acção procedente, o TJCE declarou que *"[a]o impor a obrigação de indicar um representante fiscal aos sujeitos passivos que efectuam operações tributáveis na Finlândia mas residem noutro Estado-Membro ou em país terceiro com o qual tenha sido celebrado um acordo de assistência administrativa mútua em matéria de impostos indirectos cujo âmbito de aplicação corresponda ao da Directiva 76/308/CEE do Conselho, de 15 de Março de 1976, [...] a República da Finlândia não cumpriu as obrigações que lhe incumbem por força dos artigos 21.º e 22.º da Sexta Directiva [...]"*.

---

[202] Veja-se, no entanto, a discutível interpretação preconizada no ofício-circulado n.º 30 073, de 24 de Março de 2005, da DSIVA (reproduzido, *infra*, no n.º 2 do capítulo III desta Parte IV).

CAPÍTULO III

REEMBOLSO DO IVA A ENTIDADES NÃO ESTABELECIDAS

1. LEGISLAÇÃO APLICÁVEL

Sobre esta matéria rege o Decreto-Lei n.º 408/87, de 31 de Dezembro, o qual transpõe para o ordenamento interno a Directiva 79/1072/CEE, do Conselho, de 6 de Dezembro de 1979 ("Oitava Directiva"), relativa ao reembolso do IVA a sujeitos passivos estabelecidos noutros Estados membros da Comunidade, e a Directiva 86//560/CEE, do Conselho, 17 de Novembro de 1986 ("Décima Terceira Directiva"), respeitante ao reembolso do IVA a empresas não estabelecidas no território da Comunidade.

A Oitava Directiva vigorará até 31 de Dezembro de 2009, sendo, a partir de 1 de Janeiro de 2010, revogada e substituída pela Directiva 2008/9/CE, do Conselho, de 12 de Fevereiro de 2008. A Oitava Directiva continuará a ser aplicável aos pedidos de reembolso apresentados até 31 de Dezembro de 2009.

As normas actualmente relevantes que integram o Decreto-Lei n.º 408/87, de 31 de Dezembro, com as suas subsequentes alterações, a última das quais promovida pelo n.º 4 do artigo 47.º da Lei n.º 55--B/2004, de 30 de Dezembro, são as seguintes:

«ARTIGO 1.º

Os sujeitos passivos não estabelecidos no território nacional terão direito ao reembolso do imposto sobre o valor acrescentado (IVA) que suportaram em transmissões de bens e prestações de serviços aqui efectuados, nos termos e nas condições dos artigos seguintes.

Artigo 2.º

Para efeitos do disposto no presente diploma, entende-se por sujeitos passivos não estabelecidos no território nacional as pessoas, singulares ou colectivas, que comprovem a sua sujeição ao imposto sobre o valor acrescentado noutro Estado-Membro da Comunidade Europeia e que, no período a que se refere o pedido de reembolso, satisfaçam as seguintes condições:

a) Não tenham no território nacional nem a sede da sua actividade económica nem um estabelecimento estável a partir do qual tenham sido efectuadas operações, nem, na falta de sede ou de estabelecimento estável, o seu domicílio ou a sua residência habitual;

b) Não tenham efectuado qualquer transmissão de bens ou prestação de serviços que se considerem realizadas no território nacional, com excepção:

I) Das prestações de serviços de transporte e das prestações acessórias dessas prestações, isentas por força da alínea f) do n.º 1 do artigo 13.º ou dos artigos 14.º ou 15.º do Código do Imposto sobre o Valor Acrescentado (CIVA);

II) Das prestações de serviços previstas nos n.ᵒˢ 8,11, 13 e 16 e na alínea b) do n.º 17 do artigo 6.º do CIVA;

III) Das operações cujo imposto seja devido pelos adquirentes, nos termos da alínea g) e h do n.º 1 do artigo 2.º do CIVA e do n.º 5 do artigo 24.º do Regime do IVA nas Transacções Intracomunitárias.

Artigo 3.º

1. O direito ao reembolso respeita ao imposto suportado pelo sujeito passivo não estabelecido no território nacional nas transmissões de bens e nas prestações de serviços que tenham sido efectuadas no território nacional ou que tenha incidido sobre a importação ou aquisição intracomunitária de bens, desde que esses bens e serviços sejam utilizados para os fins das operações correspondentes às referidas nas alíneas a) e b) do n.º 1 do artigo 20.º do CIVA, no n.º 2 do artigo 19.º do Regime do IVA nas Transacções Intracomunitárias e na alínea b) do artigo 2.º do presente diploma.

2. Não haverá direito a reembolso do imposto suportado nas despesas enumeradas no artigo 21.º do CIVA, nas condições aí previstas.

Capítulo III – Reembolso do IVA a Entidades não Estabelecidas   371

Artigo 4.º

1. Os pedidos de reembolso devem respeitar ao imposto suportado nas transmissões de bens e prestações de serviços efectuadas ao sujeito passivo não estabelecido no território nacional no período do ano civil imediatamente anterior, desde que o montante a reembolsar seja superior a € 19,95.

2. Não obstante o disposto no número anterior, poderão ser solicitados reembolsos referentes ao imposto suportado num período não inferior aos três meses imediatamente anteriores, desde que o montante a reembolsar seja superior a € 159,62.

3. Poderão, todavia, ser apresentados pedidos de reembolso por um período diferente dos estabelecidos nos números anteriores, desde que esse período termine em 31 de Dezembro do ano imediatamente anterior e o montante a reembolsar seja superior a € 19,95.

4. Em qualquer dos casos referidos nos números anteriores, o pedido deve ser apresentado no Serviço de Administração do IVA, da Direcção Geral das Contribuições e Impostos, o mais tardar até ao último dia útil do mês de Junho do ano seguinte àquele em que o imposto se tornou exigível.

Artigo 5.º

1. O pedido de reembolso deve ser apresentado, no prazo definido no n.º 4 do artigo anterior, à Direcção de Serviços de Reembolsos do IVA, da Direcção-Geral das Contribuições e Impostos, pelo sujeito passivo referido no artigo 2.º, em requerimento de modelo a aprovar por portaria do Ministro das Finanças, conforme à Directiva n.º 79//1072/CEE e acompanhado dos seguintes documentos:

a) Originais dos documentos de importação e das facturas ou documentos equivalentes, passados nos termos dos artigos 35.º ou 38.º do Código do IVA, comprovativos de que o IVA foi suportado;[203]

b) Certificado, emitido pelo Estado membro onde se encontra estabelecido, comprovativo da sua sujeição a imposto sobre o valor acrescentado, o qual será válido pelo período de um ano a contar da data de emissão.

---

[203] Reporta-se aos actuais artigos 36.º e 39.º do CIVA.

372   *A Incidência e os Critérios de Territorialidade do IVA*

2. O Serviço de Administração do IVA pode solicitar quaisquer outras informações necessárias para apreciar o fundamento do pedido de reembolso.

Artigo 6.º

1. Os reembolsos do imposto, quando devidos, deverão ser efectuados pelo Serviço de Administração do IVA até ao fim do sexto mês seguinte ao da apresentação do pedido, formulado nos termos do Artigo anterior.

2. O prazo referido no número anterior começará a ser contado a partir da data em que dêem entrada no Serviço de Administração do IVA todos os documentos exigidos no presente decreto-lei.

3. O Serviço de Administração do IVA aporá um visto em cada factura ou documento de importação utilizados para efeitos do pedido de reembolso, restituindo-os no prazo de um mês ao sujeito passivo.

4. As decisões de rejeição do reembolso, devidamente fundamentadas, devem ser notificadas ao requerente no prazo previsto no n.º 1, podendo ser objecto de recurso hierárquico, sem prejuízo de impugnação judicial, com os fundamentos e nos termos estabelecidos no Código de Procedimento e de Processo Tributário, devendo esta última ser apresentada no Serviço de Finanças-Lisboa 3.

5. Nos casos em que o reembolso implique encargos com a transferência de fundos, estes serão suportados pelo requerente, por dedução no respectivo montante.

Artigo 7.º

1. No caso de reembolsos indevidos, o Serviço de Administração do IVA procederá à cobrança das importâncias indevidamente restituídas, bem como das respectivas multas, através da Repartição de Finanças do 3.º Bairro Fiscal de Lisboa, sem prejuízo das disposições relativas à assistência mútua em matéria de cobrança de IVA.

2. Se houver lugar à imposição de qualquer penalidade ou à exigência de qualquer importância indevidamente recebida, nos termos do CIVA, ficarão suspensos quaisquer outros reembolsos ao sujeito passivo, até que aquelas se mostrem pagas.

Capítulo III – Reembolso do IVA a Entidades não Estabelecidas

Artigo 8.º

1. As pessoas, singulares ou colectivas, não estabelecidas no território da Comunidade Económica Europeia que no respectivo país sejam sujeitos passivos de um imposto geral sobre o volume de negócios é concedido o direito ao reembolso do IVA nos termos e nas condições requeridos para os sujeitos passivos comunitários, desde que seja reconhecida a reciprocidade de tratamento por parte dos Estados em que se encontrem estabelecidas.

2. Para o exercício do direito ao reembolso, os sujeitos passivos referidos no número anterior devem nomear um representante residente no território nacional, munido de procuração com poderes bastantes, que cumprirá as obrigações derivadas do presente diploma e responderá, solidariamente com o representado, pelo cumprimento de tais obrigações.

3. Nos casos abrangidos pelo presente artigo, do certificado referido na alínea b) do n.º 1 do artigo 5.º deverá constar a sujeição a um imposto geral sobre o volume de negócios, bem como o reconhecimento, no país respectivo, do direito ao reembolso dos sujeitos passivos estabelecidos em Portugal.

[...]»

2. PROCEDIMENTOS EM MATÉRIA DE REEMBOLSO DO IVA

Ofício-circulado n.º 30 073, de 24 de Março de 2005, da DSIVA:

O ofício-circulado n.º 30 073, de 24 de Março de 2005, da DSIVA, que a seguir se transcreve, versa sobre o reembolso do IVA a sujeitos passivos não residentes, sem estabelecimento estável em território nacional.[204]

«1. A alínea g) do n.º 1 do art.º 2.º do CIVA engloba no conceito de sujeito passivo "as pessoas singulares ou colectivas referidas na alínea a), que sejam adquirentes em transmissões de

---

[204] As referências ao Despacho Normativo n.º 342/93, de 30 de Outubro, devem considerar-se feitas para o Despacho Normativo n.º 53/2005, de 15 de Dezembro.

bens ou prestações de serviços efectuadas no território nacional por sujeitos passivos que aqui não tenham sede, estabelecimento estável ou domicílio nem disponham de representante nos termos do art.º 29.º".[205]

No entanto, não obstante a inexistência de sede, estabelecimento estável ou domicílio, os sujeitos passivos não residentes estarão adstritos ao cumprimento das obrigações decorrentes do CIVA, caso aqui possuam um registo para efeitos de IVA, independentemente da possibilidade que lhe é dada de proceder à nomeação de um representante, sujeito passivo do imposto sobre o valor acrescentado no território nacional, munido de procuração com poderes bastantes.

Nestes casos, ficam nomeadamente sujeitos ao cumprimento das obrigações do Código do IVA, designadamente as de liquidação e pagamento do imposto devido pelas operações realizadas no território nacional ficando esvaziada de conteúdo a disposição contida na alínea g) do n.º 1 do art.º 2.º do CIVA.

2. Assim, observar-se-á o seguinte:

2.1 Os reembolsos solicitados por sujeitos passivos não residentes, sem sede, estabelecimento estável ou domicílio em território nacional, que aqui não possuam registo e não tenham procedido à nomeação de representante, deverão ser concedidos ao abrigo do Decreto-Lei n.º 408/87, de 31 de Dezembro, verificados que sejam os respectivos pressupostos e condicionalismos.

2.2 Os reembolsos solicitados por sujeitos passivos não residentes, sem sede, estabelecimento estável ou domicílio em Portugal, mas que aqui tenham procedido à nomeação de representante, sujeito passivo do IVA no território nacional, munido de procuração com poderes bastantes, deverão ser concedidos ao abrigo do art.º 22.º do CIVA e respectiva legislação complementar – Despacho Normativo n.º 342//93, de 30 de Outubro – através da apresentação da declaração periódica que é devida.

2.3 Os reembolsos solicitados por sujeitos passivos não residentes, sem sede, estabelecimento estável ou domicílio em Portugal, que, embora não tenham procedido à nomeação de representante, sujeito passivo do IVA no território nacional, munido de procuração com poderes bastantes, aqui possuam, no entanto, um registo para efeitos

---

[205] Actual artigo 30.º do CIVA.

Capítulo III – Reembolso do IVA a Entidades não Estabelecidas 375

de IVA, deverão ser concedidos ao abrigo do art.º 22.º do CIVA e respectiva legislação complementar – Despacho Normativo n.º 342/ /93, de 30 de Outubro – igualmente através da apresentação da respectiva declaração periódica do imposto.

3. Verificando-se, contudo, que esta não tem sido a prática de muitos dos sujeitos passivos, torna-se necessário estabelecer um período transitório, que termina no fim do mês seguinte ao da divulgação das presentes instruções, durante o qual os reembolsos entretanto solicitados por sujeitos passivos não residentes, sem sede, estabelecimento estável ou domicílio em território nacional e que aqui tenham procedido ao registo para efeitos de IVA, sejam concedidos recorrendo às normas legais através das quais foram solicitados (Decreto-Lei n.º 408/87, de 31 de Dezembro ou art.º 22 do CIVA e respectiva legislação complementar – Despacho Normativo n.º 342/93, de 30 de Outubro).

4. Os serviços da Administração Fiscal, em especial o Serviço de Finanças de Lisboa – 3, deverão consciencializar os sujeitos passivos referidos no ponto 2.3 das obrigações a que estão sujeitos, designadamente, em termos de dados correctos e completos no que respeita ao início de actividade, restantes obrigações declarativas e de liquidação e pagamento.»

3. REEMBOLSO A SUJEITOS PASSIVOS ESTABELECIDOS NOUTROS ESTADOS MEMBROS

3.1. Sujeitos passivos isentos

Acórdão do TJCE de 26 de Setembro de 1996, processo C- -302/93, caso *Debouche*, Colect., p. I-4495:

Neste aresto esteve em causa apreciar se um advogado estabelecido na Bélgica, onde se tratava de um sujeito passivo isento ao abrigo da possibilidade conferida na alínea b) do n.º 3 do artigo 28.º da Sexta Directiva, poderia solicitar o reembolso do IVA neerlandês, suportado em despesas profissionais realizadas nos Países Baixos, considerando que neste segundo Estado membro a profissão de advogado se encontrava submetida a tributação nos termos gerais.

376 *A Incidência e os Critérios de Territorialidade do IVA*

O TJCE analisou o disposto na alínea b) do artigo 3.º e no primeiro parágrafo do artigo 5.º da Oitava Directiva, bem como no n.º 2 e na alínea a) do n.º 3 do artigo 17.º da Sexta Directiva [correspondentes ao artigo 168.º e à alínea a) do artigo 169.º da Directiva do IVA]. Assinalou, em particular, que o último período da alínea b) do artigo 3.º da Oitava Directiva, em relação a um sujeito passivo que beneficie de isenção e que, por consequência, não tenha direito à dedução do imposto pago a montante no interior do seu país, também não consagra a possibilidade de reembolso do IVA pago noutro Estado membro. Desse modo, as autoridades fiscais belgas haviam procedido adequadamente ao não terem emitido o certificado nos termos previstos na referida disposição.

Tal perspectiva, segundo acrescentou o Tribunal, é corroborada pela circunstância de a Oitava Directiva não ter por objectivo pôr em causa o sistema definido pela Sexta Directiva, pelo que a inviabilidade de dedução do IVA suportado na Bélgica, decorrente do n.º 2 do artigo 17.º da Sexta Directiva, inviabiliza também a possibilidade de obtenção de reembolso do IVA noutro Estado membro.

Assim, no trecho do dispositivo do acórdão, o TJCE declarou o seguinte:

«O artigo 3.º, alínea b), da Oitava Directiva [...] deve ser interpretado no sentido de que um advogado que beneficie de uma isenção, no Estado-Membro em que está estabelecido, por força do artigo 28.º, n.º 3, alínea b), e do Anexo F da Sexta Directiva [...] não tem, por esse facto, o direito de solicitar à administração competente desse Estado-Membro a passagem do certificado aí referido e não tem, portanto, direito ao reembolso do IVA que incide sobre serviços que lhe foram prestados num Estado-Membro no qual não está estabelecido e no qual as prestações efectuadas por advogados não estão isentas.»

3.2. Sujeitos passivos «mistos»

Acórdão do TJCE de 13 de Julho de 2000, processo C-136/ /99, caso *Monte Dei Paschi Di Siena*, Colect., p. I-6109:

Em causa no processo em referência estava a possibilidade de um sujeito passivo do IVA estabelecido em Itália, que prosseguia

Capítulo III – Reembolso do IVA a Entidades não Estabelecidas 377

actividades bancárias e financeiras, obter o reembolso do IVA incidente sobre despesas suportadas em França relativas à instalação neste Estado membro de um escritório de representação, que não constituía um estabelecimento estável para efeitos do IVA.

Para o efeito, o TJCE necessitou pronunciar-se sobre se os artigos 2.º e 5.º da Oitava Directiva deveriam ser interpretados no sentido de que a um sujeito passivo estabelecido num Estado membro, no qual efectuava operações que só parcialmente conferiam direito à dedução do IVA, deveria ser concedido o direito ao reembolso do IVA suportado noutro Estado membro, no qual essa entidade não estava estabelecida nem praticava operações abrangidas pelo IVA.

Para analisar a questão, o TJCE observou, no n.º 21 do acórdão, baseando-se no artigo 5.º da Oitava Directiva, que o direito ao reembolso do IVA é determinado nos termos do artigo 17.º da Sexta Directiva (artigos 168.º e seguintes da Directiva do IVA), tal como este é aplicado no Estado membro que procede à apreciação do reembolso. No entanto, de harmonia com o decidido no acórdão de 26 de Setembro de 1996, relativo ao processo C-302/93 (caso *Debouche*, Colect. p. I-4495), o Tribunal reafirmou que se o sujeito passivo, no Estado membro em que se encontra estabelecido, praticar operações isentas que não conferem o direito à dedução, também não pode ter direito ao reembolso do IVA suportado noutro Estado membro.

Uma vez que no caso que tinha sob apreciação se tratava de um sujeito passivo com um direito à dedução parcial no seu Estado membro de estabelecimento, pelo facto de aí praticar operações que conferiam direito à dedução a par de operações que não conferiam esse direito, o TJCE concluiu que o reembolso do IVA ao abrigo da Oitava Directiva deveria também ser um reembolso parcial.

Para determinar a parcela reembolsável do IVA, o acórdão, porém, não remeteu pura e simplesmente para o *pro rata* do sujeito passivo no Estado membro de estabelecimento. Com efeito, no seu n.º 28, vem referido ser também necessário examinar se as operações sujeitas a imposto e dele não isentas no Estado membro de estabelecimento dariam lugar à dedução do imposto a montante se tivessem sido praticadas no Estado membro de reembolso. Se tal não suceder, o *pro rata* do sujeito passivo, para efeitos de determinar a percentagem do IVA a reembolsar nos termos da Oitava Directiva, teria de ser reformulado em função das operações que dariam lugar à dedução caso fossem realizadas no Estado membro de reembolso.

378 *A Incidência e os Critérios de Territorialidade do IVA*

Ademais, conforme se assinala no n.º 29 do texto decisório, caberá ainda apreciar, à luz do artigo 5.º da Oitava Directiva, se o IVA contido nas despesas em causa seria dedutível no Estado membro de reembolso. Nessa matéria, só o IVA referente a despesas que confeririam direito à dedução no Estado membro de reembolso é que pode ser reembolsado por este ao abrigo da Oitava Directiva.

Posto isto, o Tribunal concluiu declarando o seguinte:

«Os artigos 2.º e 5.º da Oitava Directiva [...] devem ser interpretados no sentido de que:
– conferem aos sujeitos passivos estabelecidos num Estado-
-Membro em que apenas efectuam parte das operações sujeitas a imposto o direito ao reembolso parcial do imposto sobre o valor acrescentado que incidiu, no Estado-Membro em que não estão estabelecidos, sobre bens ou serviços utilizados para os efeitos das respectivas operações no Estado-Membro de estabelecimento;
– o montante do imposto sobre o valor acrescentado reem-
bolsável é calculado, em primeiro lugar, determinando quais as operações que conferem direito a dedução no Estado-Membro de estabelecimento e, em segundo lugar, tendo exclusiva-
mente em consideração as operações que confeririam também direito a dedução no Estado-Membro de reembolso caso aí tivessem sido efectuadas, bem como as despesas que conferem direito a dedução neste último Estado.»

3.3. Carácter probatório do certificado de sujeito passivo

Acórdão do TJCE de 28 de Junho de 2007, processo C-73/06, caso *Planzer Luxembourg*, Colect. p. I-?:

Na sequência do indeferimento pela administração fiscal alemã de um pedido de reembolso apresentado ao abrigo da Oitava Direc-
tiva, com o fundamento de que a sociedade requerente se encontrava sediada na Suiça, e não no Luxemburgo, foram suscitadas no processo em referência duas questões prejudiciais. Por um lado, a questão de saber se a emissão do certificado de sujeito passivo do IVA pelas autoridades fiscais do Estado membro de estabelecimento, para efeitos de obter o reembolso do imposto noutro Estado membro, vincula

este último a considerar esse sujeito passivo como sediado ou titular de um estabelecimento estável no Estado membro emissor do certificado. Por outro lado, caso não exista uma tal vinculação, o que deve entender-se por "sede da actividade económica" na acepção do n.º 1 do artigo 1.º da Décima Terceira Directiva.

Assim, em relação à primeira questão, o TJCE foi chamado a pronunciar-se sobre se o certificado emitido em conformidade com o modelo constante do anexo B da Oitava Directiva prova necessariamente que o sujeito passivo está estabelecido no Estado membro de emissão.

Nesse domínio, o TJCE frisou que o certificado a que se referem a alínea b) do artigo 3.º e o segundo parágrafo do artigo 9.º da Oitava Directiva permite presumir que o requerente do reembolso, não só é um sujeito passivo do IVA no Estado membro que o emite, mas ainda que aí está estabelecido sob alguma forma, seja por dispor aí da sede da sua actividade económica, seja por ser titular de um estabelecimento estável a partir do qual são efectuadas as operações. Sendo assim, a administração fiscal do Estado membro de reembolso está, em princípio, vinculada às indicações que figuram no certificado, tanto em termos de facto como de direito. Tal não pode obstar, no entanto, a que a administração fiscal do Estado membro de reembolso procure assegurar-se da realidade económica do estabelecimento cujo endereço vem mencionado no certificado, tendo em conta, nomeadamente, que as condições de reembolso ao abrigo da Oitava Directiva e as condições previstas na Décima Terceira Directiva podem ser diferentes.

Ainda assim, se a administração fiscal do Estado membro de reembolso tiver dúvidas acerca da realidade económica do estabelecimento referido no certificado, não pode recusar o reembolso ao sujeito passivo, a não ser que tenha procedido a verificações prévias que lhe permitam pôr em causa a veracidade das informações dele constantes. Para tanto, a administração fiscal do Estado membro de reembolso pode deitar mão da possibilidade conferida no artigo 6.º da Oitava Directiva, solicitando ao sujeito passivo as informações adicionais que considere necessárias para a apreciação do fundamento do pedido de reembolso, assim como os instrumentos comunitários de cooperação e assistência administrativas adoptados para assegurar a boa aplicação do IVA e para evitar a fraude e a evasão fiscal, nomeadamente, o Regulamento (CE) n.º 1798/2003, do Conselho, de 7 de Outubro de 2003, relativo à cooperação administrativa no domínio

380 A Incidência e os Critérios de Territorialidade do IVA

do IVA, e o Regulamento (CE) n.º 1925/2004, da Comissão, de 29 de Outubro de 2004, que estabelece as normas de execução de certas disposições do Regulamento (CE) n.º 1798/2003.

Na sequência disso, se as informações obtidas revelarem que o endereço mencionado no certificado não corresponde à sede da actividade económica do sujeito passivo ou a um estabelecimento estável a partir do qual aquele efectua as suas operações, as autoridades fiscais do Estado membro de reembolso têm o direito de recusá-lo, sem prejuízo do eventual exercício do direito de recurso jurisdicional por este último.

Em relação à segunda questão prejudicial que vinha colocada, estava em causa a interpretação da expressão "sede da sua actividade económica", utilizada no n.º 1 do artigo 1.º da Décima Terceira Directiva.

Após recordar o conceito de estabelecimento estável que vem sendo delineado pela jurisprudência comunitária no domínio do IVA, o TJCE salientou que, se é certo que um mesmo local pode corresponder simultaneamente à sede da actividade económica e a um estabelecimento estável da entidade em questão, o simples facto de o n.º 1 do artigo 1.º da Décima Terceira Directiva, assim como o artigo 1.º da Oitava Directiva, se referirem de modo distinto aos conceitos de sede da actividade económica, por um lado, e de estabelecimento estável a partir do qual as operações são efectuadas, por outro, demonstra que o primeiro conceito reveste alcance autónomo em relação ao segundo.

No caso em apreço, o tribunal nacional era de opinião que o local a partir do qual as actividades de transporte da empresa em questão eram efectivamente exercidas se situava na Suíça. No entanto, assinalou o TJCE, a circunstância de o local a partir do qual as actividades da empresa eram efectivamente exercidas não se situar no Estado membro de emissão do certificado não excluía a hipótese de a mesma ter a sede da sua actividade económica nesse Estado membro.

Segundo a definição constante dos n.ºs 60 e 61 do acórdão, a sede da actividade económica, na acepção do n.º 1 do artigo 1.º da Décima Terceira Directiva, reporta-se ao local onde são tomadas as decisões essenciais de direcção de uma sociedade e onde são exercidas as funções de administração central. A determinação do local da sede da actividade económica de uma sociedade implica a tomada em consideração de um conjunto de factores, no primeiro plano dos quais figuram a sua sede estatutária, o local da administração central, o local de reunião da direcção da sociedade e o local em que é decidida a política geral desta sociedade. Outros elementos, como o domicílio dos principais elementos da direcção e o local de reunião das assembleias-gerais, o local em que são guardados os documentos administrativos e a contabilidade e no qual se realizam de modo predominante as actividades financeiras, nomeadamente bancárias, também podem entrar em linha de conta. Por esse motivo, acrescentou o TJCE no n.º 62 do acórdão, uma implantação fictícia, como a que caracteriza uma sociedade "caixa de correio" ou de "fachada", não pode ser qualificada de sede de uma actividade económica, na acepção do n.º 1 do artigo 1.º da Décima Terceira Directiva.

Em face do exposto, o TJCE veio a declarar o seguinte:

«1) Os artigos 3.º, alínea b), e 9.º, segundo parágrafo, da Oitava Directiva [...] devem ser interpretados no sentido de que o certificado em conformidade com o modelo que figura no anexo B desta directiva permite, em princípio, presumir não apenas que o interessado é sujeito passivo do IVA no Estado--Membro ao qual pertence a Administração Fiscal que lho emitiu mas ainda que está estabelecido neste Estado-Membro.

Porém, estas disposições não implicam que esteja vedado à Administração Fiscal do Estado-Membro de reembolso que tenha dúvidas quanto à realidade económica do estabelecimento cujo endereço é mencionado nesse certificado assegurar-se desta realidade, socorrendo-se das medidas administrativas previstas para esse efeito pela regulamentação comunitária em matéria de imposto sobre o valor acrescentado.

2) O artigo 1.º, ponto 1, da Décima Terceira Directiva [...] deve ser interpretado no sentido de que a sede da actividade económica de uma sociedade é o local onde são tomadas as decisões essenciais de direcção geral desta sociedade e onde são exercidas as funções da sua administração central.»

382 A Incidência e os Critérios de Territorialidade do IVA

3.4. Facturas comprovativas do direito ao reembolso

Acórdão do TJCE de 11 de Junho de 1998, processo C-361/ /96, caso *Grandes Sources d'Eaux Minérales Françaises*, Colect. p. I-3495:

No processo em referência esteve em causa apurar se as autoridades fiscais alemãs poderiam ter recusado o reembolso do IVA a um sujeito passivo estabelecido em França, em virtude de este não estar na posse do original da factura emitida por uma empresa alemã. Segundo se apurara, a empresa alemã emitira efectivamente a factura original e havia procedido à sua remessa por via postal para o escritório dos advogados da empresa francesa, tendo aquela, no entanto, sido alvo de extravio.

Submetida a matéria ao TJCE, a título prejudicial, este foi chamado a pronunciar-se, em primeiro lugar, sobre se a alínea a) do artigo 3.º da Oitava Directiva impediria um Estado membro de poder definir na respectiva legislação interna que um sujeito passivo tem a faculdade de fazer prova do direito ao reembolso através da apresentação de uma cópia da factura ou do documento de importação, em caso de extravio dos originais desses documentos por motivos que não lhe são imputáveis.

Nesse domínio, o TJCE começou por salientar, no n.º 26 do acórdão, atendendo ao disposto na alínea a) do artigo 3.º e no n.º 3 do artigo 7.º da Oitava Directiva, que o pedido de reembolso apresentado por um sujeito passivo não estabelecido deve, em princípio, ser acompanhado dos originais das facturas ou dos documentos de importação comprovativos dos montantes do IVA cujo reembolso é solicitado. Todavia, acrescentou no n.º 29 do texto decisório, que a alínea a) do artigo 3.º da Oitava Directiva não significa que se exclua a possibilidade de um Estado membro, em casos excepcionais, reconhecer o direito ao reembolso, quando não subsiste qualquer dúvida de que a transacção realmente teve lugar, que o extravio do original não é imputável ao requerente e que não existe o risco de ocorrer um novo reembolso em momento posterior. Além disso, aditou o Tribunal, invocando o princípio da proporcionalidade, inviabilizar a aceitação de um modo alternativo de provar o direito ao reembolso não é uma exigência necessária, em circunstâncias como as descritas, para prevenir a fraude ou a evasão fiscal.

Capítulo III – Reembolso do IVA a Entidades não Estabelecidas   383

Em face desta acepção, coube ao TJCE, em segundo lugar, pronunciar-se sobre a questão de saber se, uma vez que um sujeito passivo estabelecido na Alemanha gozaria da possibilidade de provar o seu direito ao reembolso do IVA nos termos gerais através de um duplicado ou de fotocópia da factura, o princípio da não discriminação exigiria que a mesma possibilidade fosse igualmente dada aos sujeitos passivos não estabelecidos, para efeitos do reembolso previsto na Oitava Directiva.

Sobre essa matéria, o Tribunal observou que o princípio da não discriminação impede que sejam aplicadas regras diferentes a situações comparáveis ou que seja aplicada a mesma regra a situações diferentes. O facto de se estar na presença de sujeitos passivos não estabelecidos na Alemanha não justificaria um tratamento diferente destes em relação ao tratamento dado aos sujeitos passivos estabelecidos naquele Estado membro. Uma vez que aos sujeitos passivos estabelecidos na Alemanha seria reconhecida, em circunstâncias idênticas às descritas, a possibilidade de comprovarem o direito ao reembolso através de um duplicado ou uma fotocópia do documento original, o princípio da não discriminação impõe que a mesma possibilidade seja reconhecida aos sujeitos passivos não estabelecidos.

Em face do exposto, o TJCE veio a declarar o seguinte:

«O artigo 3.º, alínea a), da Oitava Directiva [...] deve ser interpretado no sentido de que não se opõe a que um Estado--Membro preveja no seu direito interno a possibilidade de um sujeito passivo que não está estabelecido nesse Estado-Membro, na hipótese da perda de uma factura ou de um documento de importação que não lhe é imputável, provar o seu direito ao reembolso apresentando um duplicado da factura ou do documento de importação em questão, quando a transacção que está na origem do pedido de reembolso se realizou efectivamente e não há risco de pedidos de reembolso posteriores.

[...] Dado que um sujeito passivo que está estabelecido num Estado-Membro tem a possibilidade de provar o seu direito ao reembolso do IVA apresentando um duplicado ou uma fotocópia da factura quando o original por si recebido se perdeu e tal perda não lhe é imputável, o princípio de não discriminação enunciado no artigo 6.º do Tratado CE e recordado no quinto considerando da Oitava Directiva [...] exige que tal possibilidade seja igualmente reconhecida ao sujeito passivo que não está

384 *A Incidência e os Critérios de Territorialidade do IVA*

estabelecido neste Estado-Membro, quando a transacção que está na origem do pedido de reembolso se realizou efectivamente e não existe risco de pedidos de reembolso posteriores.»

3.5. Reembolso de IVA indevidamente liquidado

Acórdão do TJCE de 15 de Março de 2007, processo C-35//05, caso *Reemtsma*, Colect. p. I-?:

No processo em referência, tendo por base a regra de localização das prestações de serviços de publicidade, efectuadas por um sujeito passivo sediado em Itália para benefício de um sujeito passivo sediado na Alemanha, as questões suscitadas respeitaram à possibilidade de obtenção de reembolso ao abrigo da Oitava Directiva, bem como a definição do devedor do imposto, no caso de IVA indevidamente liquidado em virtude de uma incorrecta aplicação das regras de localização que abrangem os referidos serviços.

A empresa *Reemtsma*, sediada na Alemanha, não dispondo de estabelecimento estável em Itália, adquirira serviços de publicidade e *marketing* prestados por uma empresa italiana. Esta última procedera indevidamente à liquidação do IVA italiano e à sua entrega nos cofres do Estado. Tendo a *Reemtsma* solicitado o reembolso desse imposto junto da administração fiscal italiana, baseando-se na Oitava Directiva, esta indeferiu o pedido de reembolso, com o fundamento de que as facturas emitidas se referiam a serviços não sujeitos a IVA em Itália, pelo facto de o elemento de conexão territorial não estar preenchido, já que se tratavam de serviços de publicidade que tinham sido prestados a um sujeito passivo estabelecido noutro Estado membro.

A primeira das duas questões prejudiciais submetidas ao TJCE pelo tribunal italiano consistia em saber se os artigos 2.º e 5.º da Oitava Directiva deveriam ser interpretados no sentido conferirem a possibilidade de reembolso de um montante de IVA que não era devido, o qual fora erradamente repercutido e entregue nos cofres do Estado.

Sobre essa matéria, o TJCE começou por recordar a sua jurisprudência anterior, nos termos da qual o exercício do direito à dedução está limitado aos impostos devidos, isto é, aos impostos que correspondam a uma operação tributada em IVA, não bastando que esse imposto esteja mencionado na factura. Invocando o decidido no acórdão de 26 de Setembro de 1996, proferido no processo C-302/ /93 (caso *Debouche*, Colect. p. I-4495, n.º 18), o TJCE afirmou que a Oitava Directiva não tem por objectivo pôr em causa o sistema geral da Sexta Directiva. Além disso, a Oitava Directiva visa estabelecer as modalidades de reembolso do IVA pago num Estado membro por sujeitos passivos estabelecidos noutro Estado membro, tendo como objectivo harmonizar o direito ao reembolso tal como este resulta do n.º 3 do artigo 17.º da Sexta Directiva. Em face disso, do mesmo modo que o direito à dedução, nos termos do artigo 17.º da Sexta Directiva, não seria extensível ao IVA indevidamente facturado, ainda que entregue nos cofres do Estado, o TJCE entendeu que também um montante de IVA facturado nas mesmas condições não pode ser objecto de reembolso em conformidade com a Oitava Directiva.

Quanto à segunda questão prejudicial, estava em causa apurar se o destinatário dos serviços teria direito a pedir a restituição do IVA ao fornecedor que o liquidou indevidamente, podendo este, por seu turno, solicitar o reembolso à administração fiscal, ou, em alternativa, se o destinatário poderia apresentar o pedido de restituição directamente à administração fiscal. Esta problemática, por sua vez, subdividia-se nos três seguintes aspectos: *i*) Saber se o destinatário dos serviços poderia ser considerado, de um modo geral, o devedor do IVA face às autoridades fiscais do Estado membro do lugar em que se realizaram as prestações de serviços; *ii*) Saber se o sistema comum do IVA, assim como os princípios da neutralidade, da efectividade e da não discriminação, se oporiam a uma regulamentação nacional que não atribuía ao destinatário dos serviços um direito ao reembolso do IVA, quando o imposto, embora não fosse devido, tivesse sido pago pelo destinatário dos serviços ao Estado membro em que os mesmos se consideraram localizados; *iii*) Saber se os princípios da equivalência e da não discriminação se oporiam a uma regulamentação nacional que permita ao destinatário dos serviços actuar apenas contra o fornecedor e não contra as autoridades fiscais, quando esse Estado membro, em matéria de tributação directa, permita que, em certos casos de cobrança indevida, tanto a pessoa responsável pela cobrança do imposto como o devedor do mesmo possam obter a restituição junto das autoridades fiscais.

Em relação à primeira parte da segunda questão, o TJCE começou por recordar que a alínea a) do n.º 1 do artigo 21.º da Sexta Directiva (artigo 193.º da Directiva do IVA) estabelece que são os transmitentes dos bens e os prestadores aqueles que, em princípio, têm a obrigação de liquidar e entregar o IVA devido. Esta regra só é afastada, para além de eventuais derrogações ao abrigo do artigo 27.º da Sexta Directiva (artigo 395.º da Directiva do IVA), nas situações expressamente previstas no próprio artigo 21.º da Sexta Directiva (artigos 194.º e seguintes da Directiva do IVA). Por conseguinte, quando a entrega de bens ou a prestação de serviços tributável for efectuada por um sujeito passivo não estabelecido no território do país, os Estados-Membros podem adoptar disposições que prevejam que o imposto é devido por outra pessoa, podendo esta ser o destinatário dos serviços tributáveis. No entanto, mesmo numa situação em que se se aplica o mecanismo de reversão fiscal, a relação da *Reemtsma* é com as autoridades fiscais do Estado membro de estabelecimento, ou seja a Alemanha, e não com as do Estado membro em que o seu fornecedor facturou e declarou indevidamente o IVA, ou seja, a Itália. Assim, com excepção dos casos expressamente previstos pelas disposições do n.º 1 do artigo 21.º da Sexta Directiva, só o fornecedor deve ser considerado o devedor do IVA perante as autoridades fiscais do Estado membro do lugar das operações.

Quanto ao respeito pelos princípios da neutralidade, da efectividade e da não discriminação no domínio do IVA, a questão centrava-se em saber se esses princípio eram postos em causa se não se atribuísse ao destinatário dos serviços um direito ao reembolso do IVA, numa situação em que tal imposto, embora não fosse devido, tivesse sido pago pelo destinatário às autoridades fiscais. Sobre este assunto, o TJCE observou que cabe ao ordenamento interno de cada Estado membro prever as condições em que os pedidos de reembolso podem ser apresentados. No entanto, essas condições devem respeitar os princípios da equivalência e da efectividade, ou seja, não devem ser menos favoráveis do que as condições relativas a pedidos equivalentes efectuados no âmbito das operações internas, nem devem ser fixadas condições que, na prática, inviabilizem o exercício de direitos previstos na ordem jurídica comunitária.

Uma vez que o n.º 1 do artigo 20.º da Sexta Directiva (artigos 184.º a 186.º da Directiva do IVA) se limita a definir as condições para que o IVA a montante possa ser regularizado pelos adquirentes dos bens ou dos serviços, cabe, em princípio, aos Estados membros determinar as condições em que o IVA indevidamente facturado pode ser objecto de regularização. Em face disso, aludindo a jurisprudência anterior, o TJCE assinalou que, em princípio, se deve admitir que o fornecedor que pagou por erro o IVA às autoridades fiscais possa

Capítulo III – Reembolso do IVA a Entidades não Estabelecidas 387

exigir a estas o seu reembolso. Por outro lado, o destinatário dos serviços pode intentar uma acção cível para repetição do indevido contra este fornecedor. Segundo o TJCE, um tal procedimento não poria em causa os princípios da neutralidade e da efectividade, uma vez que, por essa via, se permite que o destinatário que tenha suportado IVA que lhe foi facturado erradamente possa obter o reembolso dos montantes indevidos.

Para o efeito, acrescentou o Tribunal, a autonomia processual dos Estados membros deve ser reconhecida e respeitada, mas esta não deve tornar o reembolso do IVA excessivamente difícil ou impossível, nomeadamente em caso de insolvência do fornecedor. De harmonia com os princípios acima mencionados, os Estados membros devem, portanto, prever os instrumentos e as vias processuais necessárias para permitir ao destinatário dos serviços recuperar o imposto indevidamente facturado, de modo a que o princípio da efectividade seja respeitado.

Um terceiro aspecto integrante da segunda questão prejudicial posta pelo tribunal italiano consistia em apurar se os princípios da equivalência e da não discriminação se oporiam a uma regulamentação interna segundo a qual o destinatário dos serviços apenas pode actuar contra o fornecedor e não contra as autoridades fiscais, num contexto nacional em que existem, para efeitos de tributação directa, situações em que, quer a pessoa responsável pela cobrança indevida do imposto, quer o devedor do mesmo, podem actuar contra as referidas autoridades. Sobre o assunto, o acórdão assinalou que a proibição da discriminação, enquanto uma manifestação específica do princípio da igualdade de tratamento, não tem aplicação no caso em apreço, uma vez que as normas em matéria de tributação directa não têm relação com o sistema do IVA.

Posto isto, no dispositivo do acórdão o TJCE declarou o seguinte:

«1) Os artigos 2.º e 5.º da Oitava Directiva [...] devem ser interpretados no sentido de que o imposto sobre o valor acrescentado não devido que foi facturado por erro ao beneficiário das prestações e seguidamente pago à Administração Fiscal do Estado-Membro do lugar destas prestações não pode ser objecto de reembolso nos termos destas disposições.

2) Com excepção dos casos expressamente previstos pelas disposições do artigo 21.º, n.º 1, da Sexta Directiva [...], na redacção da Directiva 92/111/CEE do Conselho, de 14 de

A Incidência e os Critérios de Territorialidade do IVA

Dezembro de 1992, é unicamente o fornecedor quem deve ser considerado o devedor do imposto sobre o valor acrescentado perante as autoridades fiscais do Estado-Membro do lugar das prestações.

3) Os princípios da neutralidade, da efectividade e da não discriminação não se opõem a uma regulamentação nacional, como a em causa no processo principal, segundo a qual apenas o fornecedor pode requerer o reembolso dos montantes indevidamente pagos a título do imposto sobre o valor acrescentado às autoridades fiscais e o destinatário dos serviços pode intentar uma acção cível para repetição do indevido contra este fornecedor. No entanto, se o reembolso do IVA se tornar impossível ou excessivamente difícil, os Estados-Membros devem prever os instrumentos necessários para permitir ao referido destinatário recuperar o imposto indevidamente facturado, de modo a que o princípio da efectividade seja respeitado.

Esta resposta não é afectada pela regulamentação nacional em matéria de tributação directa.»

3.6. Prazo para proceder ao reembolso

Acórdão do TJCE de 19 de Janeiro de 2006, processo C-90/ /05, Comissão/Luxemburgo, Colect. p. I-?:

Tratou-se de uma acção de incumprimento de Estado, promovida pela Comissão Europeia contra o Luxemburgo, em virtude de este não estar a respeitar o prazo de seis meses, previsto no n.º 4 do artigo 7.º da Oitava Directiva, para proceder ao reembolso do IVA.

O Luxemburgo reconheceu o incumprimento do prazo, tendo apenas invocado que o mesmo se devia ao aumento do número de pedidos e a mudanças do sistema informático, que haviam atrasado o processamento dos reembolsos.

Tendo recordado, como é jurisprudência reiterada, que um Estado membro não pode justificar o incumprimento de uma directiva comunitária com base em aspectos administrativos de ordem interna, o TJCE declarou que ao não respeitar o prazo de seis meses para proceder ao reembolso do IVA o Luxemburgo não se encontrava a dar cumprimento ao disposto no n.º 4 do artigo 7.º da Oitava Directiva.

Capítulo III – Reembolso do IVA a Entidades não Estabelecidas 389

3.7. Juros pelo atraso no pagamento do reembolso

Acórdão do TJCE de 7 de Maio de 1998, processo C-390/96, caso *Lease Plan*, Colect. p. I-2553:[206]

No acórdão em referência, para além de aspectos relativos à localização das operações e ao conceito de estabelecimento estável para efeitos do IVA, esteve sob apreciação o direito ao recebimento de juros pelo atraso no pagamento de reembolsos ao abrigo da Oitava Directiva.

Neste domínio, estava em causa saber se um Estado membro poderia, em relação aos juros a pagar pelo atraso no reembolso, iniciar a respectiva contagem apenas a partir do momento em que fosse interpelado pelo credor para pagar esses juros, assim como se a taxa de juro poderia ser inferior àquela que era paga na Bélgica aos sujeitos passivos que estivessem registados nesse país.

Para o efeito, o Tribunal foi chamado a pronunciar-se sobre os anteriores artigos 6.º e 59.º do Tratado (actuais artigos 12.º e 49.º do TCE).

Como salientou o TJCE, citando jurisprudência anterior, nomeadamente o seu acórdão de 14 de Fevereiro de 1995, proferido no processo C-279/93 (caso *Schumacker*, Colect. p. I-225, n.º 30), a discriminação entre as duas situações só poderia consistir na aplicação de regras diferentes a situações comparáveis ou da mesma regra a situações diferentes.

Em princípio, referiu o Tribunal no n.º 36 do acórdão, a situação de um sujeito passivo estabelecido num Estado membro, que nele exerça uma actividade económica habitual, não é equiparada à situação de um sujeito passivo estabelecido noutro Estado membro, que não exerce naquele primeiro Estado membro uma actividade habitual.

No entanto, considerando que nenhum fundamento havia sido apresentado que justificasse a discriminação operada na Bélgica, o Tribunal acabou por decidir, relativamente a essa questão prejudicial suscitada no processo, o seguinte:

«O artigo 59.º do Tratado CE é contrário a uma legislação nacional que concede aos sujeitos passivos não estabelecidos

---

[206] Sobre os outros aspectos em foco neste processo, pode consultar-se a sinopse do acórdão que consta do n.º 6 da secção A do capítulo II da Parte II, *supra*.

num Estado-Membro, que solicitem, em conformidade com a Oitava Directiva [...], o reembolso do imposto sobre o valor acrescentado, juros unicamente a contar da interpelação desse Estado-Membro e a uma taxa inferior à que se aplica aos juros recebidos de pleno direito pelos sujeitos passivos estabelecidos no território deste Estado no termo do prazo legal de reembolso.»

3.8. Reembolso a empresas que exerçam actividades de tratamento de resíduos

Acórdão do TJCE de 25 de Janeiro de 2001, processo C-429/ /97, Comissão/França, Colect. p. I-637:[207]

Este acórdão foi proferido relativamente a uma acção de incumprimento proposta pela Comissão Europeia contra a República Francesa. A acção resultou de a administração fiscal francesa recusar o reembolso do IVA previsto na Oitava Directiva a empresas encarregadas da recolha, triagem, transporte e eliminação de resíduos estabelecidas noutros Estados membros. A posição francesa advinha do entendimento de que as referidas prestações de serviços eram operações consideradas realizadas em território francês, nos termos do quarto travessão da alínea c) do n.º 2 do artigo 9.º da Sexta Directiva [artigo 52.º, alínea c), da Directiva do IVA], pelo que a Oitava Directiva não seria o meio adequado para se obter a restituição do IVA suportado em França. No entanto, o TJCE entendeu que a regra de localização aplicável seria a regra geral de localização das prestações de serviços, à data constante do n.º 1 do artigo 9. da Sexta Directiva (artigo 43.º da Directiva do IVA).

Em face desse ponto de vista, o TJCE declarou o seguinte:

«Ao recusar restituir aos contribuintes estabelecidos noutro Estado-Membro que não a República Francesa, titulares de um contrato principal que tem por objecto uma prestação de serviços complexa em matéria de eliminação dos resíduos, o imposto

---

[207] O teor deste aresto encontra-se descrito com mais pormenor no n.º 8.3. da secção A do capítulo II da Parte II, *supra*.

Capítulo III – Reembolso do IVA a Entidades não Estabelecidas 391

sobre o valor acrescentado que estes pagaram ao Estado francês quando subcontrataram a um contribuinte estabelecido em França uma parte dos trabalhos previstos nesse contrato, a República Francesa não cumpriu as obrigações que lhe incumbem por força da Oitava Directiva [...], especialmente do seu artigo 2.º.»

4. REEMBOLSO A EMPRESAS OU PROFISSIONAIS INDEPENDENTES NÃO ESTABELECIDOS NA COMUNIDADE

4.1. Conceito de «sede da actividade económica»

Acórdão do TJCE de 28 de Junho de 2007, processo C-73/06, caso *Planzer Luxembourg*, Colect. p. I-?:[208]

Neste acórdão o TJCE, entre outros aspectos, pronunciou-se sobre o conceito de "sede da actividade económica" para efeitos do n.º 1 do artigo 1.º da Décima Terceira Directiva, tendo concluído que o mesmo *"deve ser interpretado no sentido de que a sede da actividade económica de uma sociedade é o local onde são tomadas as decisões essenciais de direcção geral desta sociedade e onde são exercidas as funções da sua administração central"*.

4.2. «Cláusula da nação mais favorecida» prevista no GATS

Acórdão do TJCE de 7 de Junho de 2007, processo C-335/05, caso *RLP*, Colect. p. I-?:

No processo em referência, um tribunal alemão solicitou ao TJCE que se pronunciasse sobre se o n.º 2 do artigo 2.º da Décima Terceira Directiva deveria ser interpretado restritivamente, no sentido de que a concessão de vantagens comparáveis por parte de países terceiros não diz respeito aos Estados que, na qualidade de partes contratantes

---

[208] Uma referência mais detalhada a este acórdão pode ver-se no n.º 3.3. deste capítulo, *supra*.

do Acordo Geral sobre o Comércio de Serviços (GATS), podem invocar a cláusula da nação mais favorecida.

Em causa esteve a possibilidade de reembolso, ao abrigo da Décima Terceira Directiva, dos montantes de IVA pagos na Alemanha pela sociedade *RLP*, com sede na República Checa. Esses montantes de IVA haviam sido suportados antes da adesão da República Checa à Comunidade Europeia. Da factualidade dada como assente pelo tribunal alemão constava que a *RLP* não exercia qualquer actividade tributável na Alemanha e que aí pagara IVA em aquisições destinadas à sua actividade empresarial. Estariam assim reunidas as condições para a obtenção pela recorrente do reembolso desse imposto, não fora a circunstância, igualmente dada como assente, de a República Checa não conferir uma reciprocidade de tratamento.

Em face disso, a administração fiscal alemã entendera que não se encontravam reunidos todos os pressupostos para o reembolso do IVA, uma vez que a Décima Terceira Directiva estabelece, no n.º 2 do seu artigo 2.º, que *"os Estados-membros podem sujeitar o reembolso [...] à concessão pelos Estados terceiros de vantagens comparáveis no domínio dos impostos sobre o volume de negócios"*.

O tribunal alemão, porém, admitia que a referida disposição da Décima Terceira Directiva pudesse não ser aplicável à situação em apreço, em virtude de ambos os Estados serem parte no "Acordo Geral sobre o Comércio de Serviços" (abreviadamente conhecido por "GATS"). De harmonia com a cláusula da nação mais favorecida, prevista no n.º 1 do artigo II do GATS, no que concerne às medidas abarcadas pelo Acordo, cada Membro outorga, imediata e incondicionalmente, aos serviços e aos prestadores de serviços de qualquer outro Membro um tratamento não menos favorável do que aquele que conceda a serviços similares e a prestadores de serviços similares de qualquer outro país. Desse modo, admitia o tribunal alemão, a circunstância de a República Checa não conceder, ao tempo dos factos tributários, reciprocidade de tratamento às empresas alemãs, não desobrigaria as autoridades fiscais alemãs de proceder ao reembolso do IVA às empresas checas, do mesmo modo que o faria a empresas doutros países. A ser assim, o disposto no n.º 2 do artigo 2.º da Décima Terceira Directiva deveria, na óptica do tribunal alemão, ser interpretado restritivamente, de modo a não poderem ser excluídas do direito ao reembolso do IVA as empresas de qualquer país integrante da Organização Mundial de Comércio (OMC), independentemente do requisito da reciprocidade. A perspectiva prefigurada pelo tribunal alemão assentava em três pressupostos, a saber: *i)* a obrigatoriedade de a disposição em causa do direito comunitário ser interpretada à luz do artigo II do GATS; *ii)* a possibilidade de os particulares invocarem, perante os órgãos jurisdicionais nacionais, a produção de efeitos directos de uma regra constante dos acordos celebrados no quadro da OMC; *iii)* a inexistência de qualquer disposição no GATS que, em relação a um Estado que seja parte no acordo, salvaguarde o incumprimento do acordado por parte desse Estado.

Na sua decisão, porém, o TJCE resolveu não abordar o problema dessa forma. De harmonia com a decisão, o n.º 2 do artigo 2.º da Décima Terceira Directiva não impõe aos Estados membros da Comunidade nenhuma obrigação de negarem o reembolso quando não se verifiquem condições de reciprocidade, limitando-se a conferir-lhes essa possibilidade. Assim, os Estados membros que por força de um acordo internacional estejam obrigados a conceder o reembolso do IVA, ainda que não haja reciprocidade, podem fazê-lo.

Em consonância com esse ponto de vista, na parte do dispositivo do acórdão, o TJCE declarou que *"[o] artigo 2.º, n.º 2, da Décima Terceira Directiva [...] deve ser interpretado no sentido de que a expressão 'Estados terceiros' que dele consta inclui todos os Estados terceiros e que esta disposição não ofende o poder nem a responsabilidade dos Estados-Membros de respeitar as suas obrigações resultantes de acordos internacionais como o Acordo Geral sobre o Comércio de Serviços".*

CAPÍTULO IV

LOCALIZAÇÃO DAS OPERAÇÕES NO CONTINENTE OU NAS REGIÕES AUTÓNOMAS

1. INTERESSE DA DISTINÇÃO

Nos termos do artigo 105.º da Directiva do IVA, correspondente ao anterior n.º 6 do artigo 12.º da Sexta Directiva, *"Portugal pode aplicar, às operações efectuadas nas Regiões Autónomas dos Açores e da Madeira e às importações efectuadas directamente nestas regiões, taxas de montante inferior às aplicadas no Continente"*. O n.º 6 do artigo 12.º da Sexta Directiva havia sido objecto de aditamento na sequência do Acto de Adesão da Espanha e de Portugal às Comunidades Europeias[209], conforme previsto no capítulo V do respectivo anexo I.

Em conformidade com as mencionadas disposições comunitárias, a possibilidade de aplicação de um conjunto de taxas mais reduzido nas regiões autónomas vem actualmente consagrada no n.º 2 do artigo 49.º da Lei Orgânica n.º 1/2007, de 19 de Fevereiro, que aprovou a Lei das Finanças das Regiões Autónomas, tendo revogado a Lei n.º 13/98, de 24 de Fevereiro. Aí se refere, à semelhança do que sucede desde a entrada em vigor do IVA a 1 de Janeiro de 1986, que a redução a definir pelas assembleias legislativas regionais está limitada à proporção de 30% em relação às correspondentes taxas em vigor no continente.[210]

---

[209] Assinado a 12 de Junho de 1985 e publicado no JOCE L302, de 15 de Novembro de 1985.

[210] O n.º 2 do artigo 49.º da Lei Orgânica n.º 1/2007 estabelece o seguinte: *"As Assembleias Legislativas das Regiões Autónomas podem ainda, nos termos da lei, diminuir*

396 *A Incidência e os Critérios de Territorialidade do IVA*

O estabelecimento de um valor mínimo para as taxas do IVA a vigorar nas regiões autónomas, por via de uma remissão para uma proporção de, pelo menos, 70% do nível de taxas em vigor no continente, tem sido, desde a entrada em vigor do IVA em Portugal, sucessivamente mantida. Com efeito, antecipando até a possibilidade inicialmente conferida na Sexta Directiva, já a Lei n.º 2-B/85, de 28 de Fevereiro, através dos n.ºˢ 2 e 3 do seu artigo 32.º, autorizava o Governo a definir taxas mais reduzidas de IVA para as operações sujeitas a IVA ocorridas nas Regiões Autónomas dos Açores e a Madeira, na condição de que da redução não resultassem taxas inferiores a 70% das taxas aplicadas no continente. Note-se que a data de publicação daquele diploma antecedeu em alguns meses a assinatura do Acto de Adesão às Comunidades Europeias, tendo a proporção nele fixada, segundo se julga saber, sido desde logo objecto de prévio assentimento por ambas as partes durante as negociações.

No uso da autorização facultada pela Lei n.º 2-B/85 foi aprovado e publicado o Decreto-Lei n.º 347/85, de 23 de Agosto, o qual, nessa altura, fixou as taxas do IVA para as regiões autónomas em 6%, 12% e 21%, então correspondentes no continente à taxa reduzida (8%), à taxa normal (16%) e à taxa agravada (30%).

Desde aí, sempre que têm ocorrido alterações às taxas do IVA vigentes no continente, o mencionado diploma tem sido, em simultâneo, objecto da correspondente actualização, no intuito de se manter a necessária proporção entre essas taxas e as vigentes nas Regiões Autónomas.

Foi assim, nomeadamente, através da Lei n.º 2/92, de 9 de Março, da Lei n.º 39-B/94 de 27 de Dezembro, do Decreto-Lei n.º 91/96, de 12 de Julho, da Lei n.º 16-A/2002, de 31 de Maio, da Lei n.º 39//2005, de 24 de Junho, e, mais recentemente, através da Lei n.º 26--A/2008, de 27 de Junho.

---

as taxas nacionais dos impostos sobre o rendimento (IRS e IRC) e do imposto sobre o valor acrescentado, até ao limite de 30%, e dos impostos especiais de consumo, de acordo com a legislação em vigor."

2. CRITÉRIOS DEFINIDOS NO DECRETO-LEI N.º 347/85, DE 23 DE AGOSTO

No contexto indicado, o n.º 3 do artigo 18.º do CIVA, reproduzindo o disposto no n.º 1 do artigo 1.º do Decreto-Lei n.º 347/85, de 23 de Agosto, estabelece que as taxas do IVA a aplicar às operações efectuadas nas Regiões Autónomas dos Açores e da Madeira são fixadas em 4%, 8% e 14%, correspondendo, respectivamente, às taxas de 5%, 12% e 20% em vigor no continente.

Em face disso, a taxa reduzida de 4% incide sobre os bens e serviços previstos na lista I e a taxa intermédia de 8% é aplicável aos bens e serviços enumerados na lista II, anexas ao CIVA, sendo os restantes bens e serviços tributados à taxa geral de 14%.

Esse leque de taxas aplica-se às transmissões de bens, prestações de serviços e aquisições intracomunitárias de bens consideradas efectuadas naqueles territórios, bem como às importações cujo desembaraço alfandegário neles tenha lugar.

Para efeitos de determinação da taxa aplicável, o n.º 2 do artigo 1.º do Decreto-Lei n.º 347/85 estipula que as transmissões de bens e as prestações de serviços se devem considerar localizadas no continente ou nas regiões autónomas tendo em conta os critérios estabelecidos no artigo 6.º do CIVA, com as necessárias adaptações.

As regras relativas ao lugar das transmissões de bens e das prestações de serviços são, assim, aplicáveis por remissão do n.º 2 do artigo 1.º do Decreto-Lei n.º 347/85, já não para definir se uma operação se encontra ou não abrangida pela incidência do IVA português, mas para determinar se a taxa do imposto incidente sobre uma operação sujeita ao imposto é a que estiver em vigor no continente ou a vigente nas Regiões Autónomas dos Açores e da Madeira.

Como única excepção a esta regra, conta-se o n.º 3 do artigo 1.º do Decreto-Lei n.º 347/85 que estabelece que as prestações de serviços de transporte, para efeitos de determinação da taxa, sejam consideradas efectuadas no lugar em que o prestador dispuser da sede ou do estabelecimento estável a partir do qual os serviços são prestados.

398 A Incidência e os Critérios de Territorialidade do IVA

3. ALGUNS CASOS PARTICULARES

3.1. Serviços relacionados com imóveis

Conforme se esclarece no n.º 2 do ofício-circulado n.º 17 077, de 1 de Julho de 1986, da ex-DSCA, por aplicação dos critérios decorrentes da alínea a) do n.º 5 conjugada com a alínea a) do n.º 6 do artigo 6.º do CIVA, as prestações de serviços relacionadas com um bem imóvel situado nas regiões autónomas dos Açores ou da Madeira, incluindo os serviços de análise de terrenos, estudos prévios, projectos, cálculos, vistorias, *etc.*, são objecto de tributação à taxa em vigor nesses territórios. Ainda que o sujeito passivo prestador dos serviços tenha a respectiva sede no continente e não disponha de um estabelecimento estável na Região Autónoma em que o imóvel estiver situado, tem sempre lugar a aplicação da taxa em vigor neste último território.

Do mesmo modo, elucida-se também no n.º 2 do ofício-circulado, os adiantamentos recebidos em relação à empreitada de um bem imóvel são tributados à taxa do território em que se localiza o imóvel.

3.2. Trabalhos sobre bens móveis corpóreos

No n.º 3 do ofício-circulado n.º 17 077, de 1 de Julho de 1986, da ex-DSCA, por via da remissão para a regra decorrente da conjugação da alínea c) do n.º 5 com a alínea c) do n.º 6 do artigo 6.º do CIVA, indica-se que os trabalhos sobre bens móveis corpóreos devem ser objecto de tributação à taxa do lugar onde os bens se encontram. Por conseguinte, um contrato celebrado entre uma empresa do continente a uma empresa de uma região autónoma, com vista à assistência a uma máquina ou equipamento ali situados, dá lugar à aplicação da taxa do IVA em vigor nas regiões autónomas.

Ainda assim, em face do aditamento dos n.ºˢ 19 a 21 ao artigo 6.º do CIVA, posterior ao referido ofício-circulado, pode colocar-se a questão de saber se a posição nele reflectida deve subsistir, pelo menos em todos os casos relativos a trabalhos sobre bens móveis corpóreos. Com efeito, do aditamento das referidas disposições parece decorrer que a taxa do IVA a aplicar será a correspondente ao espaço fiscal em que o adquirente dos serviços se encontrar estabelecido,

Capítulo IV – Localização das Operações no Continente ou nas Regiões... 399

quando este seja um sujeito passivo do IVA e os bens, após a execução dos trabalhos, sejam expedidos ou transportados para fora do espaço fiscal em que aqueles foram realizados.

3.3. Bens objecto de instalação ou montagem

No n.º 4 do ofício-circulado n.º 17 077, de 1 de Julho de 1986, da ex-DSCA, tendo em consideração o disposto no n.º 2 do artigo 7.º do CIVA, indica-se que todos os bens que sejam entregues ao adquirente apenas depois de instalados ou montados devem ser objecto de tributação à taxa em vigor no espaço fiscal em que ocorre a instalação ou montagem.

Assim, no caso prefigurado nesse ofício-circulado, em que uma empresa sediada no continente, sem estabelecimento estável nas regiões autónomas, procede à venda de determinados bens e realiza a respectiva instalação ou montagem nas regiões autónomas, as regras a aplicar são as seguintes:

«*a*) Se facturar separadamente os bens e a montagem, aplicará a taxa do Continente aos bens e a das Regiões à montagem;
b) Se facturar conjuntamente os bens e a montagem, tal significa que a entrega dos bens é efectuada nas Regiões Autónomas e, portanto, será aplicável a taxa em vigor naquele espaço fiscal.»

3.4. Serviços previstos no artigo 6.º, n.º 8, do CIVA

No n.º 5 do ofício-circulado n.º 17 077, de 1 de Julho de 1986, da ex-DSCA, em relação aos serviços actualmente enumerados no n.º 8 do artigo 6.º do CIVA (à data do ofício-circulado tratava-se do n.º 6 do mesmo artigo), afirma-se que a taxa do IVA a aplicar é a correspondente ao espaço fiscal onde se encontrar o utilizador ou destinatário dos serviços.

Ainda assim, cumpre salientar que a regra do então n.º 6 do artigo 6.º do CIVA, assim como a do actual n.º 8 do mesmo artigo, determina a tributação no espaço fiscal do adquirente ou destinatário dos serviços quando este se trate de um sujeito passivo do imposto. Note-se que, quando da elaboração do ofício-circulado, a norma reflexa do então n.º 6 do artigo 6.º, ou seja, o então n.º 7 do mesmo artigo, em nenhum caso estabelecia como condição que o adquirente ou destinatário fosse um sujeito passivo do IVA. Mesmo actualmente, o n.º 9 do artigo 6.º, apenas na sua alínea a), respeitante a destinatários estabelecidos ou domiciliados em outros Estados membros da Comunidade, impõe a condição de estes serem sujeitos passivos do IVA.

Neste contexto, a formulação do ofício-circulado, bem como as alterações de redacção posteriores ao mesmo, podem dar azo a dúvidas sobre os critérios a seguir quando se pretenda determinar se um serviço actualmente enumerado no n.º 8 do artigo 6.º deve ser tributado à taxa do continente ou das regiões autónomas. Todavia, dado que o ofício-circulado aludiu apenas ao então n.º 6 do artigo 6.º, não fazendo qualquer referência ao então n.º 7 desse artigo, afigura-se que a intenção seria reportar-se apenas aos casos em que os adquirentes ou destinatários dos serviços fossem sujeitos passivos do imposto. Se bem se entende, no caso de o destinatário dos serviços não ser um sujeito passivo aplica-se a taxa em vigor no espaço fiscal da sede, estabelecimento estável ou domicílio do prestador.

PARTE V

AS FUTURAS REGRAS DE LOCALIZAÇÃO DAS PRESTAÇÕES DE SERVIÇOS PREVISTAS NA DIRECTIVA 2008/8/CE

CAPÍTULO I

INTRODUÇÃO

Na Directiva 2008/8/CE, do Conselho, de 12 de Fevereiro de 2008, vêm previstas alterações às actuais regras de localização das prestações de serviços. Na mesma data, no sentido de adaptar as modalidades de cooperação e intercâmbio de informações entre as administrações fiscais dos Estados membros às futuras regras relativas ao lugar das prestações de serviços, foi alterado o Regulamento (CE) n.º 1798/2003, do Conselho, de 7 de Outubro de 2003, através do Regulamento (CE) n.º 143/2008, do Conselho, de 12 de Fevereiro de 2008.

Em matéria de lugar de tributação das prestações de serviços, o acervo de alterações mais relevante entrará em vigor a 1 de Janeiro de 2010. Todavia, no sentido de evitar um eventual impacto negativo no orçamento dos Estados membros, algumas das futuras regras de localização das prestações de serviços só entrarão em vigor em datas posteriores.

Com mais frequência do que sucede em relação às regras em vigor até 31 de Dezembro de 2009, os futuros critérios de localização das prestações de serviços variam consoante os destinatários das mesmas sejam sujeitos passivos do imposto actuando como tal ou sejam destinatários que não se encontrem a actuar na qualidade de sujeitos passivos do imposto.

A alteração mais notória respeita aos serviços prestados a outros sujeitos passivos. Neste domínio, a regra geral de localização aplicável a essas prestações de serviços passa a atender ao critério do lugar em que o destinatário dos mesmos disponha de sede, de estabelecimento estável para o qual os serviços sejam prestados ou, na falta destes, de domicílio ou residência habitual. No que respeita à localização dos serviços prestados a não sujeitos passivos, manter-se-á, como regra geral, o critério do lugar em que o prestador dos serviços

404 *A Incidência e os Critérios de Territorialidade do IVA*

dispõe da respectiva sede, de um estabelecimento estável a partir do qual os serviços são prestados ou, na falta destes, de domicílio ou residência habitual.

À semelhança do que sucede actualmente, as futuras regras gerais de localização das prestações de serviços comportarão várias excepções, sendo algumas delas aplicáveis consoante os destinatários sejam ou não sujeitos passivos, ao passo que outras são independentes dessa natureza. Todavia, aos serviços destinados a pessoas colectivas que não sejam sujeitos passivos mas que estejam registadas para efeitos do IVA, nomeadamente, por realizarem aquisições intracomunitárias de bens por ele abrangidas, são aplicáveis as mesmas regras de localização que regem os serviços prestados a outros sujeitos passivos do imposto.

Nos capítulos seguintes, dá-se conta das futuras regras relativas ao lugar de tributação das prestações de serviços, bem como das datas a partir das quais vigorarão.

CAPÍTULO II

REGRAS A VIGORAR A PARTIR DE 1 DE JANEIRO DE 2010

1. LOCALIZAÇÃO DOS SERVIÇOS PRESTADOS A SUJEITOS PASSIVOS

1.1. Regra geral

Nos termos do artigo 44.º da Directiva do IVA, com a redacção que entrará em vigor a 1 de Janeiro de 2010, a regra geral de localização das prestações de serviços efectuadas a outro sujeito passivo do IVA passará a ser o lugar onde este disponha da sede da sua actividade económica ou do estabelecimento estável para o qual os serviços sejam prestados, ou, na falta de sede e de estabelecimento estável, o lugar onde o sujeito passivo destinatário dos serviços tem domicílio ou residência habitual.[211]

---

[211] Note-se que, de harmonia com as definições a constar do futuro artigo 43.º da Directiva do IVA, com a redacção a vigorar a partir de 1 de Janeiro de 2010, para efeitos da aplicação das regras relativas ao lugar das prestações de serviços, considera-se que:

«1. O sujeito passivo que também exerça actividades ou realize operações que não sejam consideradas entregas de bens nem prestações de serviços tributáveis, nos termos do n.º 1 do artigo 2.º, é considerado sujeito passivo relativamente a todos os serviços que lhe sejam prestados.

2. Uma pessoa colectiva que não seja sujeito passivo e esteja registada para efeitos do IVA é considerada sujeito passivo.»

406   *A Incidência e os Critérios de Territorialidade do IVA*

A partir da mesma data, a redacção do artigo 196.º da Directiva do IVA será alterada no sentido de prever, nas situações em que seja aplicável a regra geral de localização dos serviços prestados a outros sujeitos passivos, que compete a estes últimos proceder à liquidação do imposto, quando o prestador dos serviços não esteja estabelecido no Estado membro do destinatário dos mesmos.

1.2. Serviços relacionados com bens imóveis

Nos termos do artigo 47.º da Directiva do IVA, com a redacção que entrará em vigor a 1 de Janeiro de 2010, o lugar das prestações de serviços relacionadas com bens imóveis manter-se-á o lugar onde está situado o bem imóvel.[212]

No entanto, o âmbito de aplicação da regra é objecto de uma extensão, passando a abranger também as prestações de serviços hoteleiros e equiparáveis.

Assim, a aplicação do referido critério de localização abrangerá, nomeadamente:

i) Os serviços prestados por peritos e agentes imobiliários;
ii) As prestações de serviços de alojamento no sector hoteleiro ou em sectores com funções análogas, tais como campos de férias ou terrenos destinados a campismo;
iii) A concessão de direitos de utilização de bens imóveis; e
iv) Os serviços de preparação e de coordenação de obras em imóveis, incluindo serviços prestados por arquitectos e por empresas de fiscalização de obras.

1.3. Transporte de passageiros

Nos termos do artigo 48.º da Directiva do IVA, com a redacção que entrará em vigor a 1 de Janeiro de 2010, o lugar das prestações de serviços de transporte de passageiros manter-se-á o lugar onde se efectua o transporte, em função das distâncias percorridas.[213]

---

[212] A mesma regra de localização será aplicável aos serviços relacionados com bens imóveis prestados a não sujeitos passivos.
[213] A mesma regra de localização será aplicável aos serviços de transporte de passageiros prestados a não sujeitos passivos.

Capítulo II – Regras a Vigorar a Partir de 1 de Janeiro de 2010

1.4. Serviços culturais, artísticos, desportivos, científicos, educativos, recreativos e similares

Nos termos do artigo 53.º da Directiva do IVA, com a redacção que entrará em vigor a 1 de Janeiro de 2010, o lugar das prestações de serviços relativas a actividades culturais, artísticas, desportivas, científicas, educativas, recreativas e similares manter-se-á o lugar onde essas actividades são materialmente executadas.[214]

O âmbito de aplicação da regra passará, de um modo expresso, a incluir as feiras e exposições.

A mesma regra de localização é aplicável aos organizadores das referidas actividades, bem como às prestações de serviços acessórias dessas actividades.

A regra de localização dos referidos serviços, quando prestados a sujeitos passivos do imposto, manter-se-á em vigor entre 1 de Janeiro de 2010 e 31 de Dezembro de 2010.

A partir de 1 de Janeiro de 2011, tratando-se de serviços relacionados com as referidas actividades prestados a sujeitos passivos, os mesmos passarão, em boa parte, a ser abrangidos pela regra geral contida no artigo 44.º da Directiva do IVA, ficando apenas incluído no artigo 53.º o próprio acesso às manifestações culturais, artísticas, desportivas, científicas, recreativas, etc., a que acima se alude.[215]

1.5. Serviços de restauração e de *catering*

Nos termos do artigo 55.º da Directiva do IVA, com a redacção que entrará em vigor a 1 de Janeiro de 2010, o lugar das prestações de serviços de restauração e de *catering* passa a ser o lugar onde essas prestações forem materialmente executadas.[216]

---

[214] A mesma regra de localização será aplicável aos serviços relativos a actividades culturais, artísticas, desportivas, científicas, educativas, recreativas e similares prestados a não sujeitos passivos.

[215] Note-se que a regra de localização a constar do artigo 53.º a partir de 1 de Janeiro de 2010 manter-se-á com plena aplicação em relação ao serviços prestados a não sujeitos passivos, mas passará, a partir de 1 de Janeiro de 2011, a constituir o n.º 1 do artigo 54.º da Directiva do IVA.

[216] A mesma regra de localização será aplicável aos serviços de restauração e de *catering* prestados a não sujeitos passivos.

408   *A Incidência e os Critérios de Territorialidade do IVA*

Esta regra de localização não abrangerá as prestações de serviços de restauração e de *catering* que sejam executadas a bordo de embarcações, aeronaves ou comboios durante uma parte de um transporte de passageiros efectuada no interior da Comunidade.

1.6. Locação de «curta duração» de meios de transporte

Nos termos do n.º 1 artigo 56.º da Directiva do IVA, com a redacção que entrará em vigor a 1 de Janeiro de 2010, o lugar das prestações de serviços de locação de curta duração de um meio de transporte passa a ser o lugar onde o meio de transporte for efectivamente colocado à disposição do destinatário.[217]

A partir dessa data, o n.º 2 do artigo 56.º da Directiva do IVA passará a conter uma definição de locação de "curta duração", considerando-se como tal a posse ou utilização contínua do meio de transporte durante um período não superior a trinta dias ou, tratando--se de embarcações, durante um período não superior a noventa dias.

Cabe salientar, relativamente à locação de meios de transporte que não for considerada de "curta duração", que a partir de 1 de Janeiro de 2010 se aplicará a futura regra geral de localização das prestações de serviços efectuadas a sujeitos passivos do IVA.

1.7. Serviços de restauração ou de *catering* prestados a bordo de meios de transporte

Nos termos do n.º 1 do artigo 57.º da Directiva do IVA, com a redacção que entrará em vigor a 1 de Janeiro de 2010, o lugar das prestações de serviços de restauração ou de *catering* que sejam materialmente executadas a bordo de embarcações, aeronaves ou comboios durante a parte do transporte de passageiros efectuada no território da Comunidade será o ponto de partida do transporte de passageiros.[218]

---

[217] A mesma regra de localização será aplicável à locação de curta duração de meios de transporte tendo como destinatários não sujeitos passivos.

[218] A mesma regra de localização será aplicável às prestações de serviços de restauração e de *catering* que sejam materialmente executadas a bordo de embarcações, aeronaves ou comboios durante a parte do transporte de passageiros efectuada no território da Comunidade, quando tenham como destinatários não sujeitos passivos.

Capítulo II – Regras a Vigorar a Partir de 1 de Janeiro de 2010 409

A partir dessa data, o n.º 2 do artigo 57.º da Directiva do IVA passará a conter as seguintes definições, em tudo semelhantes às já hoje existentes no n.º 2 do artigo 37.º da Directiva do IVA para efeitos de transmissões de bens efectuadas a bordo dos mencionados meios de transporte:

i) "Parte de um transporte de passageiros efectuada no território da Comunidade" é a parte de um transporte efectuada sem escala fora da Comunidade, entre o lugar de partida e o lugar de chegada do transporte de passageiros;

ii) "Lugar de partida de um transporte de passageiros" é o primeiro ponto previsto para o embarque de passageiros na Comunidade, eventualmente após uma escala fora da Comunidade;

iii) "Lugar de chegada de um transporte de passageiros" é o último ponto previsto para o desembarque na Comunidade de passageiros que tenham embarcado no território da Comunidade, eventualmente antes de uma escala fora da Comunidade;

iv) No caso de um transporte de ida e volta, o trajecto de volta é considerado um transporte distinto.

2. LOCALIZAÇÃO DOS SERVIÇOS PRESTADOS A NÃO SUJEITOS PASSIVOS DO IVA

2.1. Regra geral

Nos termos do artigo 45.º da Directiva do IVA, com a redacção que entrará em vigor a 1 de Janeiro de 2010, a regra geral de localização das prestações de serviços efectuadas a uma pessoa que não seja sujeito passivo mantém-se o lugar onde o prestador dos serviços dispõe da sede da sua actividade económica ou do estabelecimento estável a partir do qual os serviços sejam prestados, ou, na falta de sede ou de estabelecimento estável, o lugar do domicílio ou residência habitual do prestador dos serviços.

410 A Incidência e os Critérios de Territorialidade do IVA

2.2. Intermediações em nome e por conta de outrem

Nos termos do artigo 46.º da Directiva do IVA, com a redacção que entrará em vigor a 1 de Janeiro de 2010, o lugar das prestações de serviços efectuadas por intermediários, agindo em nome e por conta de outrem, a pessoas que não sejam sujeitos passivos será o lugar onde se considera efectuada a operação principal.

2.3. Serviços relacionados com bens imóveis

Nos termos do artigo 47.º da Directiva do IVA, com a redacção que entrará em vigor a 1 de Janeiro de 2010, o lugar das prestações de serviços relacionadas com bens imóveis manter-se-á o lugar onde está situado o bem imóvel.[219]

No entanto, o âmbito de aplicação da regra é objecto de uma extensão, passando a abranger também as prestações de serviços hoteleiros e equiparáveis.

Assim, a aplicação do referido critério de localização abrangerá, nomeadamente:

i) Os serviços prestados por peritos e agentes imobiliários;

ii) As prestações de serviços de alojamento no sector hoteleiro ou em sectores com funções análogas, tais como campos de férias ou terrenos destinados a campismo;

iii) A concessão de direitos de utilização de bens imóveis; e

iv) Os serviços de preparação e de coordenação de obras em imóveis, incluindo serviços prestados por arquitectos e por empresas de fiscalização de obras.

2.4. Transporte de passageiros

Nos termos do artigo 48.º da Directiva do IVA, com a redacção que entrará em vigor a 1 de Janeiro de 2010, o lugar das prestações de serviços de transporte de passageiros manter-se-á o lugar onde se efectua o transporte, em função das distâncias percorridas.[220]

---

[219] A mesma regra de localização será aplicável aos serviços relacionados com bens imóveis prestados a sujeitos passivos.

[220] A mesma regra de localização será aplicável aos serviços de transporte de passageiros prestados a sujeitos passivos.

Capítulo II – Regras a Vigorar a Partir de 1 de Janeiro de 2010   411

2.5. Transporte de bens

Nos termos do artigo 49.° da Directiva do IVA, com a redacção que entrará em vigor a 1 de Janeiro de 2010, o lugar das prestações de serviços de transporte de bens, com excepção do transporte intracomunitário de bens, efectuadas a pessoas que não sejam sujeitos passivos, continua a ser o lugar onde se efectua o transporte, em função das distâncias percorridas.

Nos termos do artigo 50.° da Directiva do IVA, com a redacção que entrará em vigor a 1 de Janeiro de 2010, tratando-se de prestações de serviços de transporte intracomunitário de bens, efectuadas a pessoas que não sejam sujeitos passivos, o respectivo lugar de tributação mantém-se o lugar de partida do transporte.

A partir dessa data, o artigo 51.° da Directiva do IVA conterá as seguintes definições:

    i) "Transporte intracomunitário de bens" é o transporte de bens cujos lugares de partida e chegada se situem no território de dois Estados-Membros diferentes;

    ii) "Lugar de partida" é o lugar onde tem efectivamente início o transporte dos bens, não considerando os trajectos efectuados para chegar ao lugar onde se encontram os bens;

    iii) "Lugar de chegada" é o lugar onde termina efectivamente o transporte dos bens.

Nos termos do artigo 52.° da Directiva do IVA, com a redacção que entrará em vigor a 1 de Janeiro de 2010, os Estados-Membros poderão não submeter ao IVA a parte do transporte intracomunitário de bens, destinados a pessoas que não sejam sujeitos passivos, correspondente aos trajectos efectuados em águas que não façam parte do território da Comunidade.

2.6. Serviços culturais, artísticos, desportivos, científicos, educativos, recreativos e similares

Nos termos do artigo 53.° da Directiva do IVA, com a redacção que entrará em vigor a 1 de Janeiro de 2010, o lugar das prestações de serviços relativas a actividades culturais, artísticas, desportivas, científicas, educativas, recreativas ou similares, incluindo feiras e

412   *A Incidência e os Critérios de Territorialidade do IVA*

exposições, manter-se-á o lugar onde essas actividades são materialmente executadas.[221]

A mesma regra de localização é aplicável aos organizadores das
referidas actividades, bem como às prestações de serviços acessórias
dessas actividades.

2.7. Serviços acessórios dos transportes

Nos termos da alínea a) do artigo 54.º da Directiva do IVA, com
a redacção que entrará em vigor a 1 de Janeiro de 2010, o lugar das
prestações de serviços acessórias dos transportes, tais como carga,
descarga, manutenção e actividades similares, efectuadas a pessoas
que não sejam sujeitos passivos, será o lugar onde essas prestações
são materialmente executadas.

2.8. Peritagens e trabalhos relativos a bens móveis

Nos termos da alínea b) do artigo 54.º da Directiva do IVA, com
a redacção que entrará em vigor a 1 de Janeiro de 2010, o lugar das
prestações de serviços que consistam em peritagens ou trabalhos
relativos a bens móveis corpóreos, efectuadas a pessoas que não
sejam sujeitos passivos, será o lugar onde essas prestações são materialmente executadas.

2.9. Serviços de restauração e de *catering*

Nos termos do artigo 55.º da Directiva do IVA, com a redacção
que entrará em vigor a 1 de Janeiro de 2010, o lugar das prestações
de serviços de restauração e de *catering* passa a ser o lugar onde
essas prestações forem materialmente executadas[222].

---

[221] A mesma regra de localização será aplicável aos serviços relativos a actividades
culturais, artísticas, desportivas, científicas, educativas, recreativas e similares prestados a
sujeitos passivos. A partir de 1 de Janeiro de 2011 a regra manter-se-á plenamente aplicável
aos serviços em causa que sejam prestados a não sujeitos passivos, passando, no entanto,
a constar do n.º 1 do artigo 54.º da Directiva do IVA.

[222] A mesma regra de localização será aplicável aos serviços de restauração e de
catering prestados a sujeitos passivos.

Capítulo II – Regras a Vigorar a Partir de 1 de Janeiro de 2010   413

Esta regra de localização não abrangerá as prestações de serviços de restauração e de *catering* que sejam executadas a bordo de embarcações, aeronaves ou comboios durante uma parte de um transporte de passageiros efectuada no interior da Comunidade.

2.10. Locação de «curta duração» de meios de transporte

Nos termos do n.º 1 artigo 56.º da Directiva do IVA, com a redacção que entrará em vigor a 1 de Janeiro de 2010, o lugar das prestações de serviços de locação de curta duração de um meio de transporte passa a ser o lugar onde o meio de transporte for efectivamente colocado à disposição do destinatário.[223]

A partir dessa data, o n.º 2 do artigo 56.º da Directiva do IVA passará a conter uma definição de locação de "curta duração", considerando-se como tal a posse ou utilização contínua do meio de transporte durante um período não superior a trinta dias ou, tratando-se de embarcações, durante um período não superior a noventa dias.

A mencionada regra de localização vigorará até 31 de Dezembro de 2012.

Saliente-se, relativamente à locação de meios de transporte que não seja considerada de "curta duração", que a partir de 1 de Janeiro de 2010 continuará a operar a regra geral de localização das prestações de serviços efectuadas a não sujeitos passivos do IVA, que passará a integrar o artigo 45.º da Directiva do IVA.

2.11. Serviços de restauração ou de *catering* prestados a bordo de meios de transporte

Nos termos do n.º 1 do artigo 57.º da Directiva do IVA, com a redacção que entrará em vigor a 1 de Janeiro de 2010, o lugar das prestações de serviços de restauração ou de *catering* que sejam materialmente executadas a bordo de embarcações, aeronaves ou comboios

---

[223] A mesma regra de localização será aplicável à locação de curta duração de meios de transporte tendo como destinatários sujeitos passivos.

414 *A Incidência e os Critérios de Territorialidade do IVA*

durante a parte do transporte de passageiros efectuada no território da Comunidade será o ponto de partida do transporte de passageiros[224]. A partir dessa data, o n.º 2 do artigo 57.º da Directiva do IVA passará a conter as seguintes definições:

i) "Parte de um transporte de passageiros efectuada no território da Comunidade", a parte de um transporte efectuada sem escala fora da Comunidade, entre o lugar de partida e o lugar de chegada do transporte de passageiros;

ii) "Lugar de partida de um transporte de passageiros", o primeiro ponto previsto para o embarque de passageiros na Comunidade, eventualmente após uma escala fora da Comunidade;

iii) "Lugar de chegada de um transporte de passageiros", o último ponto previsto para o desembarque na Comunidade de passageiros que tenham embarcado no território da Comunidade, eventualmente antes de uma escala fora da Comunidade;

iv) No caso de um transporte de ida e volta, o trajecto de volta é considerado um transporte distinto.

2.12. Serviços por via electrónica prestados por sujeitos passivos não estabelecidos na Comunidade

Nos termos do primeiro parágrafo do artigo 58.º da Directiva do IVA, com a redacção que entrará em vigor a 1 de Janeiro de 2010, o lugar dos serviços prestados por via electrónica por sujeitos passivos sediados ou estabelecidos fora da Comunidade, com destino a não sujeitos passivos residentes na Comunidade, será o lugar de residência dos destinatários dos serviços.[225]

---

[224] A mesma regra de localização será aplicável às prestações de serviços de restauração e de *catering* que sejam materialmente executadas a bordo de embarcações, aeronaves ou comboios durante a parte do transporte de passageiros efectuada no território da Comunidade, quando tenham como destinatários sujeitos passivos.

[225] Para simplificação do texto, neste capítulo e nos seguintes, quando se alude ao lugar dos destinatários dos serviços que não sejam sujeitos passivos do IVA, utiliza-se a expressão elíptica "lugar de residência dos destinatários", sendo certo que a formulação legislativa é mais detalhada, referindo-se a "lugar onde essas pessoas estão estabelecidas ou têm domicílio ou residência habitual" ou a outras expressões congéneres.

Esta regra é aplicável, nomeadamente, aos serviços por via electrónica enumerados no anexo II da Directiva do IVA, o qual, entre 1 de Janeiro de 2010 e 31 de Dezembro de 2014, terá o seguinte título: "Lista indicativa dos serviços prestados por via electrónica a que se refere o artigo 58.º e a alínea k) do primeiro parágrafo do artigo 59.º".

No segundo parágrafo do artigo 58.º da Directiva do IVA, com a redacção que entrará em vigor a 1 de Janeiro de 2010, passará a estabelecer-se que a circunstância de o prestador dos serviços e o destinatário dos mesmos comunicarem por correio electrónico não significa, por si só, que se esteja na presença de um serviço considerado prestado por via electrónica.

2.13. Diversos serviços prestados a não residentes na Comunidade

Nos termos do artigo 59.º da Directiva do IVA, com a redacção que entrará em vigor a 1 de Janeiro de 2010, o lugar das prestações dos serviços a seguir indicadas, efectuadas a não sujeitos passivos residentes fora da Comunidade, manter-se-á o lugar de residência dos destinatários dos serviços. As prestações de serviços abrangidas por esta regra são as seguintes:

i) Cessões e concessões de direitos de autor, de patentes, de licenças, de marcas industriais e comerciais e de outros direitos similares;

ii) Prestações de serviços de publicidade;

iii) Prestações de serviços de consultores, engenheiros, gabinetes de estudo, advogados, peritos contabilistas e outras prestações similares e, bem assim, tratamento de dados e fornecimento de informações;

iv) Obrigações de não exercer, total ou parcialmente, uma actividade profissional ou um dos direitos referidos no presente artigo;

v) Operações bancárias, financeiras e de seguros, incluindo as de resseguro, com excepção do aluguer de cofres-fortes;

vi) Colocação de pessoal à disposição;

vii) Locação de bens móveis corpóreos, com excepção de todos os meios de transporte;

416   A Incidência e os Critérios de Territorialidade do IVA

viii) Acesso aos sistemas de distribuição de gás natural e de electricidade, bem como prestações de serviços de transporte ou transmissão através desses sistemas, e prestação de outros serviços directamente relacionados;

ix) Serviços de telecomunicações;

x) Serviços de radiodifusão e televisão;

xi) Serviços prestados por via electrónica, nomeadamente os referidos no anexo II da Directiva do IVA.[226]

3. PREVENÇÃO DA DUPLA TRIBUTAÇÃO E DA NÃO TRIBUTAÇÃO

O artigo 59.º-A da Directiva do IVA, com a redacção que entrará em vigor a 1 de Janeiro de 2010, atribuirá a seguinte faculdade aos Estados membros:

«A fim de evitar casos de dupla tributação, de não tributação ou de distorções de concorrência, os Estados-Membros podem, no que diz respeito aos serviços cujo lugar de prestação se rege pelos artigos 44.º, 45.º, 56.º e 59.º, considerar:

a) O lugar das prestações desses serviços ou de alguns desses serviços situado no seu território como se estivesse situado fora da Comunidade, quando a utilização e a exploração efectivas dos serviços tenham lugar fora da Comunidade;

b) O lugar das prestações desses serviços ou de alguns desses serviços situado fora da Comunidade como se estivesse situado no seu território, quando a utilização e a exploração efectivas dos serviços tenham lugar no seu território.

Todavia, a presente disposição não é aplicável aos serviços prestados por via electrónica a pessoas que não sejam sujeitos passivos e que estejam estabelecidas fora da Comunidade.»

---

[226] O anexo II da Directiva do IVA entre 1 de Janeiro de 2010 e 31 de Dezembro de 2014 terá o seguinte título: "Lista indicativa dos serviços prestados por via electrónica a que se refere o artigo 58.º e a alínea k) do primeiro parágrafo do artigo 59.º". O segundo parágrafo do artigo 59.º da Directiva do IVA, com a redacção que entrará em vigor a 1 de Janeiro de 2010, passará a estabelecer que a circunstância de o prestador dos serviços e o destinatário dos mesmos comunicarem por correio electrónico não significa, por si só, que se esteja na presença de um serviço considerado prestado por via electrónica.

Capítulo II – Regras a Vigorar a Partir de 1 de Janeiro de 2010 417

O artigo 59.º-B da Directiva do IVA, com a redacção que entrará em vigor a 1 de Janeiro de 2010, estabelecerá o seguinte:

«Os Estados-Membros aplicam a alínea b) do artigo 59.º-A aos serviços de telecomunicações e aos serviços de radiodifusão e televisão a que se refere a alínea j) do primeiro parágrafo do artigo 59.º, prestados a pessoas que não sejam sujeitos passivos, estabelecidas ou com domicílio ou residência habitual num Estado-Membro, por sujeitos passivos cuja sede de actividade económica ou estabelecimento estável a partir do qual são prestados os serviços se situe fora da Comunidade ou que, na falta de sede ou de estabelecimento estável, tenham domicílio ou residência habitual fora da Comunidade.»

4. MAPA RECAPITULATIVO DOS SERVIÇOS PRESTADOS

A partir de 1 de Janeiro de 2010, a alteração da regra geral de localização dos serviços prestados a sujeitos passivos implicará um aumento significativo do número de situações em que o IVA é devido pelo destinatário no Estado membro onde se encontrar estabelecido. Daí que, com vista à implementação de medidas de controlo dessas operações, se preveja a necessidade de os prestadores de serviços apresentarem um mapa recapitulativo reportando os casos em realizaram prestações de serviços abrangidas pela referida regra geral, quando a obrigação de liquidação do imposto caiba ao adquirente nos termos previstos no artigo 196.º da Directiva.

A partir da mencionada data, a obrigação de reportar as referidas situações e os elementos a indicar passarão a constar da alínea c) do artigo 262.º e das alíneas a), b) e d) do n.º 1 do 264.º da Directiva do IVA.

CAPÍTULO III

REGRAS A VIGORAR A PARTIR
DE 1 DE JANEIRO DE 2011

1. SERVIÇOS CULTURAIS, ARTÍSTICOS, DESPORTIVOS, CIENTÍFICOS, EDUCATIVOS, RECREATIVOS E SIMILARES PRESTADOS A SUJEITOS PASSIVOS

Nos termos do artigo 53.º da Directiva do IVA, com a redacção que entrará em vigor a 1 de Janeiro de 2011, apenas o lugar dos serviços relativos ao acesso ou acessórios do acesso às manifestações culturais, artísticas, desportivas, científicas, educativas, recreativas e eventos similares, incluindo o acesso a feiras e exposições, se manterá o lugar onde essas manifestações se realizam, nos casos em que tais serviços sejam prestados a sujeitos passivos do IVA.

A partir dessa data, tratando-se de outros serviços relacionados com as referidas actividades, prestados a sujeitos passivos do imposto, esses serviços passarão a ser abrangidos pela regra geral contida no artigo 44.º da Directiva do IVA.

2. LOCALIZAÇÃO DOS SERVIÇOS PRESTADOS A NÃO SUJEITOS PASSIVOS DO IVA

As regras de localização dos serviços prestados a não sujeitos passivos do IVA, que estejam em vigor a partir de 1 de Janeiro de 2010, em termos de conteúdo, não sofrem qualquer alteração a 1 de Janeiro de 2011.

No entanto, por via da alteração de redacção a partir dessa data do artigo 53.º da Directiva do IVA, a regra relativa ao lugar dos serviços culturais, artísticos, desportivos, científicos, educativos, recreativos e similares, prestados a não sujeitos passivos, embora se mantenha a mesma, passará a constar do n.º 1 do artigo 54.º da Directiva do IVA.

Nessa conformidade, a partir de 1 de Janeiro de 2011, a regra que integra as alíneas a) e b) do artigo 54.º, respeitante a serviços acessórios dos transportes e a peritagens e trabalhos relativos a bens móveis, prestados a não sujeitos passivos, passará a constar das alíneas a) e b) do n.º 2 desse artigo, embora se mantenha inalterada.

CAPÍTULO IV

REGRAS A VIGORAR A PARTIR
DE 1 DE JANEIRO DE 2013

1. LOCALIZAÇÃO DOS SERVIÇOS PRESTADOS A SUJEITOS PASSIVOS

As regras de localização dos serviços prestados a sujeitos passivos do IVA, em vigor a partir de 1 de Janeiro de 2010, com a alteração a vigorar a partir de 1 de Janeiro de 2011, não sofrerão qualquer modificação a 1 de Janeiro de 2013.

2. LOCAÇÃO DE MEIOS DE TRANSPORTE A NÃO SUJEITOS PASSIVOS

Nos termos do primeiro parágrafo do n.º 2 do artigo 56.º da Directiva do IVA, com a redacção que entrará em vigor a 1 de Janeiro de 2013, o lugar dos serviços de locação de meios de transporte, com excepção da locação de curta duração, tendo como destinatários não sujeitos passivos do IVA, passa a ser o lugar de residência do destinatários dos serviços.

No entanto, nos termos do segundo parágrafo do n.º 2 do artigo 56.º da Directiva do IVA, com a redacção que entrará em vigor a 1 de Janeiro de 2013, essa regra não será aplicável à locação de barcos de recreio. De harmonia com essa disposição, a partir de tal data, o lugar dos serviços de locação de barcos de recreio, com excepção da locação de curta duração, tendo como destinatários não sujeitos passivos do IVA, passa a ser o lugar em que a embarcação seja colocada à disposição do destinatário dos serviços, quando coincida com o lugar da sede ou do estabelecimento estável do prestador a partir do qual os serviços sejam efectivamente realizados.

A partir de 1 de Janeiro de 2013, manter-se-á a definição de locação de "curta duração", integrante do n.º 2 do artigo 56.º da Directiva do IVA, mas passará a constar do n.º 3 desse artigo.

CAPÍTULO V

REGRAS A VIGORAR A PARTIR
DE 1 DE JANEIRO DE 2015

1. LOCALIZAÇÃO DOS SERVIÇOS PRESTADOS A SUJEITOS PASSIVOS

As regras de localização dos serviços prestados a sujeitos passivos do IVA, em vigor a partir de 1 de Janeiro de 2010, com a alteração a vigorar a partir de 1 de Janeiro de 2011, não sofrerão qualquer modificação a 1 de Janeiro de 2015.

2. SERVIÇOS DE TELECOMUNICAÇÕES, RADIODIFUSÃO, TELEVISÃO OU POR VIA ELECTRÓNICA PRESTADOS A NÃO SUJEITOS PASSIVOS

Nos termos do primeiro parágrafo do artigo 58.º da Directiva do IVA, com a redacção que entrará em vigor a 1 de Janeiro de 2015, o lugar dos serviços de telecomunicações, de radiodifusão e televisão e de serviços por via electrónica, prestados a não sujeitos passivos do IVA, passará a ser, em todos os casos, o lugar de residência dos destinatários dos serviços. A partir dessa data, a regra de localização dos mencionados serviços estender-se-á, portanto, às situações em que os prestadores dos mesmos se encontram sediados ou estabelecidos na Comunidade, isto é, passará a aplicar-se independentemente de os prestadores dos serviços se encontrarem ou não estabelecidos na Comunidade.

Nessa conformidade, o título da subsecção 8 da secção 3 do capítulo 3 do título V da Directiva do IVA passará a ser: "Prestações

424   *A Incidência e os Critérios de Territorialidade do IVA*

de serviços de telecomunicações, de radiodifusão e televisão e serviços electrónicos a pessoas que não sejam sujeitos passivos".

Também como reflexo dessa alteração, a partir de 1 de Janeiro de 2015 serão objecto de revogação, no artigo 59.º da Directiva do IVA, as alíneas i), j) e k) do primeiro parágrafo, assim como o seu segundo parágrafo.[227]

3. PREVENÇÃO DA DUPLA TRIBUTAÇÃO E DA NÃO TRIBUTAÇÃO

O artigo 59.º-A da Directiva do IVA, a partir de 1 de Janeiro de 2015, terá a seguinte redacção:

«A fim de evitar casos de dupla tributação, de não tributação ou de distorções de concorrência, os Estados-Membros podem, no que diz respeito aos serviços cujo lugar de prestação se rege pelos artigos 44.º, 45.º, 56.º, 58.º e 59.º, considerar:

a) O lugar das prestações desses serviços ou de alguns desses situado no seu território como se estivesse situado fora da Comunidade, quando a utilização e a exploração efectivas do serviço tenham lugar fora da Comunidade;

b) O lugar das prestações desses serviços ou de alguns desses serviços situado fora da Comunidade como se estivesse situado no seu território, quando a utilização e a exploração efectivas do serviço tenham lugar no seu território.»

Na mesma data o artigo 59.º-B da Directiva do IVA será revogado.

---

[227] Embora tal não obste à entrada em vigor da referida regra na data prevista, o artigo 6.º da Directiva 2008/8/CE determina que a Comissão apresente, até 31 de Dezembro de 2014, um relatório sobre a viabilidade da aplicação eficaz dessa regra, bem se a mesma continua, nessa data, a corresponder à política geral seguida no que diz respeito ao lugar das prestações de serviços.

CAPÍTULO VI

SISTEMA SIMPLIFICADO DE CUMPRIMENTO DE OBRIGAÇÕES POR VIA ELECTRÓNICA

De harmonia com o disposto no n.º 4 do artigo 1.º da Directiva 2008/8/CE, do Conselho, de 12 de Fevereiro de 2008, o actual "Regime especial aplicável aos sujeitos passivos não estabelecidos que prestem serviços electrónicos a pessoas que não sejam sujeitos passivos", previsto nos artigos 357.º a 369.º da Directiva do IVA, manter-se-á em vigor até 31 de Dezembro de 2014. Até essa data, o regime abrange apenas os serviços prestados por via electrónica por sujeitos passivos residentes em países terceiros, sem estabelecimento estável na Comunidade.

Trata-se de um regime simplificado de pagamento do imposto e de cumprimento da obrigação de declaração periódica das mencionadas operações, através de um único ponto de contacto electrónico, também designado de "sistema de balcão único" ou *"one-stop-system"*.

No ordenamento interno, o regime actualmente previsto nos artigos 357.º a 369.º da Directiva do IVA encontra-se transposto pelo Decreto-Lei n.º 130/2003, de 28 de Junho, que aprovou o "Regime especial para sujeitos passivos não estabelecidos na Comunidade que prestem serviços por via electrónica a não sujeitos passivos nela residentes".

A partir de 1 de Janeiro de 2015, o referido regime especial passará a abranger também as prestações de serviços de telecomunicações e de radiodifusão ou televisão, sendo essa extensão reflectida em ajustamentos de redacção do regime especial.

Paralelamente, à data de 1 de Janeiro de 2015, entrará em vigor um sistema de balcão único congénere a aplicar aos mesmos serviços quando sejam prestados por sujeitos passivos estabelecidos na Comunidade. Trata-se do "Regime especial para a prestação de serviços de telecomunicações, de radiodifusão e televisão ou de serviços electrónicos efectuada por sujeitos passivos estabelecidos na Comunidade mas não no Estado-Membro de consumo". Esse regime irá estar previsto e regulado nos artigos 369.º-A a 369.º-K da Directiva do IVA, sendo aplicável quando os destinatários das referidas operações sejam não sujeitos passivos residentes num Estado membro diferente daquele onde se encontra estabelecido o prestador.

Saliente-se que, em qualquer dos casos, a adesão ao sistema de balcão único será facultativa, podendo os sujeitos passivos optar pelo cumprimento das obrigações declarativas e de pagamento nos termos gerais, por via da obrigação de registo em cada um dos Estados membros em que residam os não sujeitos passivos destinatários dos serviços.